本书出版得到“龙图法律教育基金”的资助

2021
第 1 辑·总第 9 辑

# 师大法学

ECNU LAW REVIEW

华东师范大学法学院　组编
张志铭　主编
段磊　朱慈蕴　执行主编

法律出版社
LAW PRESS · CHINA
北京

**图书在版编目(CIP)数据**

师大法学. 第9辑. 2021年：第1辑 / 华东师范大学法学院组编；张志铭主编. -- 北京：法律出版社，2022

ISBN 978-7-5197-7385-4

Ⅰ. ①师… Ⅱ. ①华… ②张… Ⅲ. ①法学-文集 Ⅳ. ①D90-53

中国版本图书馆CIP数据核字(2022)第238706号

**师大法学(2021年第1辑·总第9辑)**
**SHIDA FAXUE (2021 NIAN DI-1 JI · ZONG DI-9 JI)**

华东师范大学法学院 组编
张志铭 主编

策划编辑 蒋 橙
责任编辑 蒋 橙
装帧设计 鲍龙卉

**出版发行** 法律出版社
**编辑统筹** 法律应用出版分社
**责任校对** 朱海波
**责任印制** 刘晓伟
**经　　销** 新华书店

**开本** 710毫米×1000毫米 1/16
**印张** 26.5 **字数** 406千
**版本** 2022年12月第1版
**印次** 2022年12月第1次印刷
**印刷** 唐山玺诚印务有限公司

地址：北京市丰台区莲花池西里7号(100073)
网址：www.lawpress.com.cn
投稿邮箱：info@lawpress.com.cn
举报盗版邮箱：jbwq@lawpress.com.cn

销售电话：010-83938349
客服电话：010-83938350
咨询电话：010-63939796



**书号**：ISBN 978-7-5197-7385-4　　**定价**：98.00元

凡购买本社图书，如有印装错误，我社负责退换。电话：010-83938349

# 卷首语

应华东师范大学法学院之邀，我荣幸地与段磊教授共同主编本辑《师大法学》。即将呈现于读者面前的是一组围绕公司法而写的多篇论文，它们的面世付梓，恰逢我国公司法第三次修改之际，相信会对我国公司法的完善产生较大影响。

我们看到，为本辑《师大法学》贡献智慧的绝大多数学者，都是我国公司法学界的青年才俊，他们在公司法领域已经有大量的学术成果问世，而且已经成为各自工作岗位的中流砥柱。这些论文既有对有限公司股权转让中合同目的、优先购买权等的讨论，也有从公司融资创新视角讨论股债交融现象及其司法应对路径；既有抓住公司治理这一公司法核心制度，分别讨论公司内部权利配置与转移、董事监督义务等问题，也有以上市公司为主，讨论对控制股东进行控制、检视投服中心股权行使及其路径重构和如何引入合规官制度等热点问题；同时还有在信托法视角甚至民法视角下讨论公司法的问题等。这些论文既有大量来自境外相关制度的引介与评价，也有以中国的司法与监管实例为基础而进行的归纳与分析，其中更多的是这些学者的独立思考、睿智观点和具有可操作性的修法建议，相信各位读者定会从中看到这些闪亮的精华而收获满满。

在诸多论文中，有两篇论文引人注目，它们出自公司法与金融法领域非常著名的两位学者神田秀树教授与神作裕之教授之手。神田秀树教授结合日本公司法自20世纪90年代起的一系列修改的发展历史，强调公司法是对公司实践和市场经济的回应，不仅具有连贯性，而且有相当多的内容来自经济产业省、金融厅、东京证券交易所等机构为促进公司活力、完善公司治理而实施的一些先行先试的成熟规则。比如,日本公司法引入的监察等委员会设置公司的制度、独立董事监事制度以及董事的监督义务,很多都是借鉴东京证券交易所制定的上市规则、企业行为规范、公司治理准则等。神作裕之教授则以公司机关的选择为题,阐释日本公司法上自由与强制的关系。在论文最后,神作裕之教授提出两个始终为日本学界与实务界所关心的问题:一是法人股东通过代表或者代理人行使股东权时可能产生的代理成本问题;二是中小股东的保护问题,并认为对这些问题的讨论将会持续性地影响公司法的完善。

由两位日本教授的文章启发,我们来看我国公司法的演进,又何尝不是对公司实践与经济体制改革的及时回应,以及吸收已有的法律、行政法规成功的规则,而将其体现在公司法的修改中呢?众所周知,我国自 1993 年颁布公司法以来,除 2005 年进行了大规模修改外,其实还有四次修正,也可称之为小修。1993 年公司法经历了 1999 年第一次修正:一是第 67 条的修改,取消直接由国有资产监管部门监管国有独资公司的资产,改为国有独资公司设监事会,并规定了监事会的组成、职权等规则,有助于促进国有公司市场化改革;二是在第 229 条增加第 2 款,强调属于高新技术的股份有限公司,其发起人以无形财产出资的比例,公司发行新股、申请股票上市等条件,由国务院另行规定,由此来提供符合高科技企业特点的公司法规则。在 2004 年对 1993 年公司法进行了第二次修正,仅将第 131 条第 2 款"以超过票面金额为股票发行价格的,须经国务院证券管理部门批准"删除,但它是将公司发行股票的定价权回归给企业与市场。2013 年为了配合工商登记制度改革,全国人大常委会对 2005 年公司法进行了第三次修正,虽涉及 12 个条文,但主要内容是为了配合全面认缴制的引入,取消了最低资本额的门槛要求,以及发起人可以认足发行的股本或者股份即可设立公司。显然,这样的修法极大地激发了公司创设的积极性。而在 2018 年公司法的第四次修正,则是应中国证监会的建议,通过修改第 142 条,在增加完善允许股份回购情形的同时,还适当简化股份回购的决策程序,提高公司持有本公司股份的数额上限,延长公司持有所回购股份的期限。显然,第四次公司法修正案在股份回购制度中赋予公司更多自主权,有利于促进完善公司治理、推动资本市场稳定健康发展。

当然,2005 年公司法的出台,更是顺应了我国公司实践中面临的诸多问题而进行的大修,其中诸多规则既有国际经验的借鉴,亦充分体现了中国本土特色,堪称一部现代化的公司法。而本次公司法修改,已经成为社会关注度极高的修法活动。在2021年年底全国人大向社会公布公司法修改草案并公开征求意见时,仅短短一两个月内,就获得来自国家各部委、各级人民法院、全国高校和科研机构、企业界(国有企业、上市公司、资本市场等)、律师界、社会公众等方方面面的修改建议数万条。相信我国公司法与日本公司法一样,不仅会将最高人民法院出台的公司法司法解释以及中国证监会的上市公司各项规范等成熟规则引入公司法,还将一如既往地回应社会生活和司法实践,吸收各位学者殚精竭虑而作出的各项研究精华。我们拭目以待,一部更具活力的现代公司法即将蓄势而发。

朱慈蕴

2022年5月5日

# 目录
Contents

## 师大法学论坛



## 译文

## 专题研讨（公司法修订）



## 论文

# 师大法学论坛

# 公司法现代化的走向*

朱慈蕴**

公司法是商法的基本法，公司法的现代化可以说是一个国家商业文明现代化的标志之一。目前，我国正在进行公司法的大范围修订。在本次修订中，如何回应当前实践中公司法现代化的需求，又如何体现公司法现代化的走向，这需要进行全面且深入的探讨。

## 一、公司法现代化的标志

一个国家公司法的现代化应当有其识别的标志，具体而言，可以将以下四个方面作为判断公司法现代化的标志。

（一）最有利于鼓励投资

公司法现代化的第一个标志是应该最有利于鼓励投资。提到鼓励投资，一般会想到鼓励股东投资设立公司。这的确是鼓励投资的一个角度，而且是非常重要的角度。但是，作为现代公司的运营资金其实来自两个方面：一是股东投入公司的股本金；二是债权人投入公司的借入资金。

一方面，现代公司制度基本上放弃了严格资本制度，包括最低法定资本门槛的放弃，不断放宽的投资类型，认缴制或者授权资本制的引入等，极大地鼓励了投资者创设公司的积极性。我国公司法自 1993 年颁行以来，历经 2005 年和

* 本文系 2022 年 3 月 31 日在华东师范大学法学院所作讲座的文字稿，由华东师范大学法学院研究生史金戈记录整理。

** 深圳大学法学院特聘教授，清华大学法学院教授。

2013 年的重大修改,公司资本管制也已非常缓和化,如彻底放弃了有限公司和股份公司的最低门槛,实行了全面认缴制等。从资本的角度来说,我国公司法已经将最优惠的利好全部给予了投资人,当然是希望更多有好创造、好技术,未来做成事业的人进行投资,使他们在资本上不受太多的局限。这样的资本制度无疑有利于股东投资设立公司。

另一方面,通过融资从债权人处获得的资金对公司的正常运营也非常重要,尤其是在现代公司多负债经营且负债率很高的场景下,对债权人的保护也是现代公司法的应有之义。但是,债权人与股东不同,他们不是公司成员,股东对公司有决策权、分红权和剩余财产分配请求权等权利,而债权人则没有。债权人只是根据合同,依照合同的约定享有到期还本付息的权利。因此,在公司制度中有一个很形象的表述,即"债权人是不在场的当事人"。公司法是否要考虑对债权人的保护,是否对债权人的保护只依靠《民法典》就足够了?当然不是。既然公司的运营需要两个轮子——股东投入的股本和债权人投入的借入资本,那这两者之间的利益是需要平衡的,不能让债权人的权益得不到有效保护。

因此,一部好的公司法应当既有利于股东出资设立公司,也有利于债权人的利益保护。

(二)最有利于鼓励好公司的永续

公司法现代化的第二个标志是应该最有利于鼓励好公司的永续。通常认为公司法人制度的优势共有四点:一是其独立人格;二是其营利性目标;三是其复数成员相互制约的模式;四是其永续性。因为公司制度非常明确地解决了股东处分自己股权而又不影响公司存续的问题,这就为好公司的永续提供了条件。什么样的公司才能很好地利用公司的永续性,把自己做强、做大、做永久呢?当然是一个非常有活力、有完善的公司治理、敢于及时准确进行信息披露的公司。这样的好公司会得到市场的认可、债权人的信任、消费者的青睐。现代化的公司法一定是从制度设计方面有利于鼓励好公司的永续,如为这些公司创造更多的、可选择的公司治理结构等。

(三)最有利于促进经济可持续发展

公司法不仅要关注公司内部的关系,更应关注公司制度能否有效地促进经济的可持续发展。因为公司是市场的基本细胞,市场经济有没有活力,其实都在这些细胞的活力上。公司如何去维持或者创造可持续发展的持续力,在保护中小投资者的利益、促进能源节约与有效利用、实现自然环境的和谐等方面,公司法都可以有所作为。公司怎么处理眼前利益和长远利益,怎么处理代际关系,怎样让社会更和谐,能够得到可持续的发展,这是公司法现代化的又一个标志。

(四)最有利于保持公司法与时俱进的活力

最后一个标志是一部现代化的公司法应当具有与时俱进的活力。言外之意,公司法要根据实践不断修正,让公司法能更好地促进、鼓励投资,更好地让好公司永续,更好地促进经济的可持续发展。所以,公司法不能长期处于不变的状态,而应该随时根据经济活动的发展来进行及时的调整。因此,公司法应当处于一个常修的状态。但是现实中,1993 年制定的公司法,只在 2005 年进行过一次大的修订,而 2005 年之后无论是 2013 年修改还是 2018 年修改,其实都不是公司法的主动修改。2013 年是为了配合工商登记制度的改革进行了公司资本制度的重大修改,而 2018 年股份回购制度的修改,也是中国证监会和证券交易所结合资本市场的现状,为促进上市公司利用资本市场来维护自己的公司利益、增加上市公司的活力而进行的。虽然这两次的小修改并不像本次这样的大修订,但其意义仍然重大。因为这恰恰体现了公司法与时俱进的精神,根据客观需要,让公司法能够常修、常变。当然,希望每一次修改都能够有更多公司法理论上的支持,而不只是单纯地回应实践的需要,这才是真正的与时俱进。这就要求公司法理论研究以及对修法的理论探索应当持续进行,特别是应当成立公司法修改委员会进行长期研究。

## 二、能与 ESG 相契合的公司法才是现代化的公司法

(一)公司制度与 ESG 理念具有内在契合性

一个现代化的公司法一定是能够能动地回应 ESG[environment(环境)、social(社会)和 governance(公司治理),以下简称 ESG]。为什么要强调 ESG?众所周知,我国颁布的《民法典》被称为“绿色民法典”,强调其与传统民法典的

不同之处。自20世纪末开始,尤其是进入21世纪以来,在全球范围内兴起了ESG运动。ESG概念的提出是因为人类在发展中追求环境的保护,因为环境的恶化对人类可持续发展的威胁非常大。而公司是非常重要的经济细胞,2005年公司法中就引入了公司的社会责任。当然,那个时候的社会责任可能从某种意义上讲,宣示性的意义要大于实际意义。在今天,其实社会责任依然是公司必须要追求的一个基本目标。当然,公司治理是一个长远的课题,也是永远在发展中的内容。换言之,要有一个有效的公司治理,而不应把公司作为掏空的对象,从而成为谋取私利的工具。所以,公司法修订时应当强调并重视ESG理念的内容。

目前,ESG运动在全球已经广泛开展,实际上其中也包含金融监管的内容,如鼓励投资投向有利于保护环境、能够尽到社会责任、有良好公司治理的公司中去。其实这些年ESG运动也在中国逐渐发展,希望这次公司法修订能够比较主动地去回应一下ESG理念的内容。

具体如何回应呢?其实公司制度与ESG理念具有天然的内在契合性。ESG理念所追求的目标就是经济的可持续发展。所以,那些破坏环境、破坏资源而追求一时发展的行为,都是违背ESG目标的。与此相呼应,公司法实际上创造了为公司永续发展的一种制度保障,公司法提供这样的制度保障,与ESG理念在追求经济的可持续发展的目标上具有相同性或者一致性。

公司组织的创造是一个伟大的发明,来自通常所说的公司制度的四大优势。一是独立担责的法人资格。公司一旦成立,便具有一个独立的法人格,独立地对外承担责任,即使资不抵债,一般情况下不会牵涉公司的股东,这使股东可以放心大胆地去投资。假设一个公司失败了,最多就是把股东投进公司的资金赔光,不会牵涉股东个人的其他财产,从而产生更多的投资活力。所以,独立担责的法人资格非常重要,这是一个非常独特的优势。二是公司有追求营利的经济动力。三是有复数成员制衡的社团机制。这次公司法修订草案甚至规定了一人股份有限公司,完全放开了投资设立公司的成员限制,只要一人以上即可。但是,一人公司一般都是公司制度中的特例情况,复数成员是常态。而复数成员就具有制衡性。公司的股东,无论是大股东还是小股东,虽然在表决权上会按照出资比例,或者按照当事人之间的约定去行使权利,但是谁都不能利用自己手上的权利把公司视为获取私利的工具。在这种情况下成员之间相互监督,构成一种制衡关系。四是股份自由转让带来的功能,即公司可以永久存在,也就是通常所说的“公司是一个铁打的营盘,股东是流水的兵”。股东随时可以把自己的股份转让出去,但公司的存续不受影响。当然,由于公司的性质不同,有些公司具有人合性,在股权转让的自由度上做了一些约束。例如,现行《公司法》第 71 条的约束是:对外转让股权的股东要取得其他股东过半数同意,其他股东如果不同意该对外转让,需要自己购买该股权。如果其他股东不愿意购买,视为同意该股权的对外转让。所以,从这个意义上讲,承认股份的自由转让是公司法上特有的机制,这也是一个非常有活力的机制。

当然,ESG 运动的兴起意义还在于对公司本质发起的拷问。其实自公司制度诞生起就一直存在一个问题:公司为谁而生?公司靠谁而存?有观点认为,公司的存在是为了股东的利益,所以股东利益至上。如今看来,特别是 ESG 运动兴起以后,公司是否只为了股东的利益而存在?当然不是。比如,公司要回应债权人保护的问题,能不能让债权人也无后顾之忧。此外,股东的利益并不都是一致性的,特别是控制股东与小股东之间利益冲突,对中小股东的保护也是现代公司法持之以恒追求的目标。再如,越来越多公司里有员工持股或者股权激励,这说明一个好公司的发展是需要靠员工同心协力的,甚至一个好公司需要对环境的保护、社区的发展尽到自己应尽的责任。所以,在当下,公司到底为谁而生,靠谁而存,值得再进一步去思考。

（二）公司法对 ESG 理念的回应

接下来需要回答的是现代公司法中应当怎样回应 ESG 理念,可以分为以下几个重点领域:

第一,ESG 理念可以为公司的目的条款注入新的活力。ESG 标准是鼓励公司在设立目标上更倾向于碳中和、绿色金融、绿色投资、绿色发展等,从而让投向这些领域的公司会更容易获得股东投资的青睐。

第二,ESG 标准细化了公司履行社会责任的方向。比如,公司最基本的要求之一是维护员工的利益,这有助于实现共同富裕;同时要在公司制度中为不在场的债权人提供保护,做到维护债权人的利益;还特别提倡公司要为社会公益事业实施捐助等。这些在未来的公司法中都可以有具体的体现。此外,现在我国证监会以及两个证券交易所已经在鼓励上市公司主动披露开展 ESG 的报告,而不是单纯的社会责任报告,所以这一点未来会更好地体现在公司制度中。

第三,ESG 目标赋予了公司董事的信义义务新内涵。传统的公司制度强调董事是公司的受托人,要维护公司资产不受非正常的侵害。今后要实现合规经营的目标,既要考虑对公司股东、公司整体利益的维护和负责,也要考虑平衡债权人、员工等利益相关者的利益,还要为环境保护、资源有效利用等负责。因此,公司董事的信义义务就一定会有一些新的内涵赋予其中。当然,目前存在的争议是董事为股东利益负责,同时还要为其他投资者或者利益相关者负责,这两个责任会不会产生冲突,会不会导致董事的信义义务落空,甚至谁的利益都维护不好。从现在全球发展的情况看,在董事问责的意义方面,一定会要求董事在营利性目标与社会责任之间力图达到一定程度的平衡,实际上就是要在公司发展与股东利益的追求方面,处理好眼前利益与长远利益的衡平,更好地担负起相关者利益维护与环境、资源保护等义务。后者一定会成为董事信义义务的新内涵。

第四,ESG 理念对公司完善内部治理提出更新、更高的要求。比如,按照 ESG 的标准,未来会要求公司治理模式的多样化,公司有更多的自主权利。董事会权利要有相应的扩大,但同时也会引致责任的担当。举例而言,这次公司法修订过程中,在公司资本的安全性角度赋予了董事会一些新的权利,同时也是一种责任。董事会接手新设立的公司后,就有义务去核查公司资本是否完整、安全、有效、到位。董事会还享有催缴出资的权利,但在权利不断扩大的过程中,董事的责任担当也会越来越重。

另外,为了更好地协调公司内部的治理,保障监督机制的有效贯彻,还需要不断地健全程序性规则。举例而言,2005 年公司法引入了股东会临时提案的规则,即股东可以在股东会召开前 10 天提出议案。问题是:如果股东提出了议案,而且该议案符合要求,也符合相关规定,但是被股东会(董事会)拒绝了,那么股东有什么救济措施?现行公司法对此没有规定。再者,如果股东的提案权被滥用,又应当如何制裁或者如何约束等。这需要进一步明确和完善公司机构程序化规则的内容。此外,关于公司治理的完善还要落实公司控制人的责任,实际控制人是公司当中最有权利的一类人,对于他们的责任怎么明确,也是未来公司法必须重点注意的地方。最后,特别强调的是公司治理不仅需要回应上述几点内容,还有最重要的一点是公司治理要维护全体股东的平等,关于这一点在后文进行详述。

综上所述,现代公司法必须能动地回应 ESG 理念,这是现代公司制度非常重要的一个表征。

## 三、现代公司法应关注公司资本体系化建设

### (一)公司资本制度缓和化

现代公司法应关注公司资本体系化的建设。什么是公司资本体系化的建设?简言之,从 2005 年公司法到 2013 年公司法修改,其中一个趋势是资本制度管制越来越缓和,包括不设最低门槛,可以全面认缴,对认缴的期限不做任何限制等,所以在 2013 年以后出现了大量的公司。实际上这一系列制度的缓和就是为了鼓励投资人利用公司制度去运营、发展事业,去促进经济发展,这是资本不断缓和的一个目标。

但是,资本不断缓和甚至不设最低门槛,被解读为对公司没有了资本的要求。其实公司资本的重要性并未因为公司资本制度的缓和而消失。因为公司资本是公司独立人格得以产生和维系的重要基础,也是公司对外承担责任的物质基础。如果没有公司资本,公司人格不成立。例如,虽然不设最低门槛,但至少要发行一股股份,即便这一股股份是一元,也得用一元去注册,零资本不可以注册。公司没有任何资本是不被允许的。当然,如果注册资本是一元,是否有债权人愿意把资金借给公司去冒险?显然,这种可能性很小。因此,一个正常的公司,它的资本应当与它的经营规模和经营性质相匹配,否则还有一个揭开公司面纱制度去限制它。不过,虽然公司资本制度已经进行了如此多的改革,但体系化建设却没有引起重视。

### (二)公司资本体系化的含义

公司资本的体系化建设包括资本进口端、资本中端和资本出口端这三个方面的内容。

1. 资本进口端的体系化建设

在资本进口端方面,有观点认为其已经是全面认缴制了,还能怎么软化。为了更进一步地缓和资本制度,已经把最优的利益让给了出资人,给予了股东享受期限利益的好处。但由于没有配套的制度,全面认缴制已经在实践中被许多不良的股东所滥用。比如,股东可能是有意识,也可能是无意识地经营失败,然后把自己的股权转让给其他没有能力缴足出资的受让人,结果未来缴纳期限到期时,这些受让人无法缴纳出资,导致公司资本形同虚设。所以,本次公司法修订试图围绕全面认缴制进行资本进口端制度的修补。

进行修补的方式,如引入公司法上的股东出资加速到期制度。此前《全国法院民商事审判工作会议纪要》的相关规定就是一种尝试,但这些规定没有脱离破产法的影响。如果认为公司是因为负债累累不能偿债,即已经达到了破产标准,但债权人不申请破产,才可以主张加速到期。将公司是否达到破产状态作为公司法中加速到期的前提,这是有问题的。如果一个公司真的达到了破产标准,那就不能允许债权人的个别受偿。因为破产法中的帝王条款就是全体债权人公平受偿,这是不能破坏的一个基本规则。既然公司已经达到了破产标准,就不应当允许个别债权人去追偿。事实上,在全部或者大部分资本未届交付期时,公司不能偿债,经常是因为资本未缴付给公司而致公司不能偿债,因为此时公司虽拥有股东未来缴资的承诺,但在公司的资产负债表上那是公司对股东的一个远期债权。该远期债权不具有流动性,也没有办法偿债。既然是这些远期承诺不具有流动性,导致公司无法偿债,当然不能认定为公司处于破产状态。如果此时引入加速到期规则,即可解决公司面临的债务危机。这是公司法中非常重要的一个基本制度,也是与全面认缴制相伴而生的制度。

另外,有观点主张取消全面认缴制。既然公司资本门槛已经很低,许多公司的规模也不大,而且有限责任公司可以随时召集股东会增发股本,那就没有必要保留全面认缴制。同时,也有观点主张对全面认缴制进行修补,设置首期出资比例或者出资期限的限制。虽然这些主张可以修补全面认缴制的一些弊端,但是对于确认 2013 年工商登记制度改革以来的成果是非常不利的。所以,后来没有在全面认缴制上进行改革,而是引入了加速到期制度。具体而言,如果公司不能偿债,公司或者债权人都有权利要求未到缴纳期的股东提前缴纳出资。当然,目前还存在具体制度设计上的问题,如是由特定股东提前缴纳其全部出资,还是由全体股东按比例提前缴纳出资等,公司法修订草案还没有作出详细的规定。

在资本进口端方面,除此之外还要考虑引入无面额股制度。什么是无面额股?众所周知,我国上市公司发行的股票多数是面值一元,这是一个商业惯例。但是,许多上市公司实际股份价值远远高于一元。超过面值的部分,在公司会计制度上,会在两个科目下进行记载,一元面值计入股本,另外超过面值的部分计入资本公积。虽然分成了两个科目进行记载,但这两个科目的性质是一样的吗?计入股本的是股本,计入资本公积的还是股本吗?按照我国的会计制度,资本公积不能随便分红,也不可以回购,只能用于转增资本。这样分成两个科目来记账,在实务中引出了很多问题。同样,有限责任公司没有股份的概念。一般情况下,股东是按照股权比例来行使相关权利。如果有限责任公司也把所有的股权均分成相等的份额,并把全部的股权都计入股本中,其实没有资本公积也是可以的。所以,如果把上市公司发行股票的面额取消,让其把发行的股份都计入公司股本中,便可以解决上述问题。

在我国现行公司法下,股份公司因为强调股份面值而致股东投入公司的资产被人为地分为两部分,且事实上两部分的性质并无区别。但在实践中却也引发混乱。比如,有个别法院在处理对赌协议的纠纷时认为,如果是股东与公司对赌,计入股本的部分不能收回,而计入资本公积的部分可以收回。其实,按照会计制度的原则它们都是不能收回的,两者之间并没有存在本质上的区别。因此,未来发行无面额股是一个趋势。

无面额股还有很多好处。例如,现在实施面额股的情况下不允许折价发行,其实有一些上市公司虽亏损十分严重,实际价值已经低于面值一元,但这类公司不一定都是没有发展潜力的公司,可能需要通过重整和重新融资,吸引新的投资人进入。然而,根据现在的规定,有面额的股份不可以低于面值发行股份,这实际上就影响了这些价值低于面值的公司进行融资。对于许多高科技企业而言,前期需要大量的资金投入。如果有投资人能够接受高科技的理念,愿意去资助,这些公司还是有机会发展起来的。所以,无论是低于面额的融资,还是拆分合并,这些都不会涉及面额本身,只涉及股份的数量。无面额股制度的引入会使公司资本制度更加灵活。

再就是类别股制度。在现行法下,除优先股外,在特定情况下公司可以发行一些可赎回、可回购的股份。公司法修订草案中提到了公司可以发行类别股,但是关于类别股的内涵一定要在章程中予以明确,这意味着公司法没有限制公司创设一些新的类别股。比如,双重表决权股的引入,在某种意义上就是为了鼓励那些人力资本更重要的人物(如创始人)在公司当中拥有更多的控制力。公司不断地融资,新的股本进来后无疑会不断地稀释创始人的股份,让其控制力下降。双重表决权股制度实际上既考虑到公司的融资便利性,也能够维护创始人对公司的控制权,是相当不错的一个制度。但是,我们在公司法中增加类别股,当然不仅要考虑融资的便利,还要特别关注引入类别股的约束,避免类别股被滥用而引发的不同类别股东之间的利益失衡。

2. 资本中端的体系化建设

资本中端的体系化建设涉及公司的资本运营,重点强调资本运营的稳健和合规。比如,公司要处理重大资产或者对外担保时,这些权限怎么确定,归谁掌控,怎样让董事、高级管理人员对公司尽到信义义务,保证公司资本运营的稳定性。

这里重点涉及股权转让的问题。根据公司法修订草案的规定,股东进行股权转让时,需要通知公司。通知公司的目的是让公司配合履行股权变更的程序。如果公司拒绝按时履行股权变更程序,出让人和受让人都可以起诉公司,要求公司承担怠慢的相应责任。但是,瑕疵股权转让,包括未届缴付期限或者出资掺水、未及时足额缴付的股权转让,还涉及公司资本是否充实的问题。比如,当股东的股权未届出资期限,股东拟进行转让时,按照公司法修订草案的规定,属于未到期的股权转让,由受让人承担未来的缴纳出资义务。如果是出资期限届满,但股东没有足额缴纳,或者是掺水股(股份不真实,存在高估的情况),这样的瑕疵股权转让的补足出资责任主要在出让人,但是受让人在明知或者应当知道的前提下承担连带责任。这样的规定能否解决公司的资本安全问题?其实尚有疑问。

对于第一类问题,受让人要为未来缴纳出资承担责任,但如何保证受让人有支付能力呢?对于第二类问题,出让人是主要的责任人,受让人在明知或者应当知道的情况下承担连带责任。但是，如果出让人是法人，在转让股权以后就注销了，或者自然人找不到，如何追究出让人的责任？受让人只有在明知或者应知的情况下才承担补足出资的责任，这里的明知或者应知由谁来举证？如此来看，瑕疵股权转让对公司资本的影响并没有消失。因此，公司法修订时还需要有针对性地进行完善。最重要的是建立瑕疵股权转让时应当取得公司同意的制度。因为瑕疵股权意味着在股权之上有对公司的负债，也就是说，该股东既是股权拥有者，又是对公司欠债的债务人。按照民法上的基本规则，债务人转让自己的债务，需要经过债权人的同意。所以，当瑕疵股权转让时，公司作为债权人有权利审查受让人是否有能力来缴纳出资。瑕疵股权转让到底是出让人承担责任，还是未来的受让人承担责任，在公司同意的前提下其实双方是可以协商的。所以，该制度对中端的资本运营具有重要意义。

3. 资本出口端的体系化建设

资本出口端的体系化建设，也就是资本后端的问题。后端的制度如何创新？其主要涉及公司形成的资本是股东投入进来的，未来是否或者怎样向股东进行分配的问题。这种分配最常见的是分红，也包括股份回购、股份赎回、财务资助等。现行公司法明确规定公司没有盈利时不得分红。但是否一定要在盈利的情况下才能分红，这是一个问题。

公司进行股份回购的时候要遵守什么样的规则？当前采取了原则禁止、例外允许的规则。在公司法修改之前，股份回购的条件非常苛刻，仅限于四种场合，如为奖励职工的回购、行使异议股份回购请求权导致的回购等。严守这四种场合基本上相当于公司不能回购。因此，2018 年，根据中国证监会的要求，通过对公司法的修改增加了两种场合，其中一种为“上市公司为维护公司价值及股东权益所必需”，这使上市公司在维护自身利益方面具有更多的灵活性。比如，当资本市场非常低迷，公司的股份价格非常低廉时，公司也可以以非常低廉的价格把本公司的股票购买回来，从而减少市场上的流通股份，这无疑会使剩余流通股份的价值上涨，让公司股票价格恢复到应有的位置上。当资本市场行情好转时，公司再把持有的这部分股份卖出去，既维护了公司的股价，也给公司带来了一定的好处。此外，2018 年修改公司法时，还允许公司在决定维护公司价值而回购股份时，尝试将决策权授权给董事会。

所以,从这一制度来看,它是一种有针对性的、回应实务需求的立法变化。一方面,其在成文法上坚持了资本维持的原则;另一方面,根据实践需要,增加回购场合,接近向股东进行分配的目标。需要强调的是,当增加一种向股东分配的规则或者制度时,还要特别注意制度设计的配套性。举例而言,2018 年修改股份回购制度时,没有对护盘性回购的资金来源作出规定,也没有对公司持有后的处置,包括向股东分配时如何保证股东平等。

关于资本后端的制度设计,许多国家在资本的出口上采用了偿债能力测试,即无论何种场合,只要向股东进行分配,就统一适用偿债能力测试的标准。其具体的标准可以有所不同。但最重要的是,当董事会经偿债能力测试决定向股东进行分配时,它还必须公开声明,该分配不仅不影响未来一定时间内(如两年内)公司的偿债能力,还能保证公司持续经营能力。因为如果公司将资本都向股东进行了分配,导致经营的资本没有了,公司的持续性经营就难以维持。当然,董事会作出这种声明和保证后,未来如果公司出现问题,董事们要承担相应责任。所以,对公司所有向股东进行分配的事项采用统一的偿债能力测试,就不需要逐项规定资本维持的有关制度。当然,偿债能力测试规则将使董事会的决策权利扩大,但它的责任也更重了。所以,当一些国家采用这种偿债能力测试以后,反而董事会同意向股东进行分配的决策更严苛了。

需要特别注意的是,偿债能力测试主要是指:在后端向股东进行分配的时候是否可以用偿债能力测试来作为统一的标准,无论是股份回购、股份赎回、分红、财务资助,还是对赌,都使用偿债能力测试来进行约束。自美国法在公司制度上创设了这种偿债能力测试标准以后,各国在学习该制度的时候也分成了两种类型:一种是全盘接受,如新西兰、澳大利亚,这两个国家的制度与美国的制度没有太大区别;另一种就是折中地引入偿债能力测试,也就是说仅在某些场景下允许使用偿债能力测试来进行规制,如股份回购、对赌、财务资助或者分红等,究竟哪些资本出口可以进行偿债能力测试,各国有所不同。对于我国而言,采用折中模式引入偿债能力测试,可能更具现实性。

另外,如果不能对公司资本制度进行体系化的建设,会出现进口端的管制不完善,而出口端几乎是严格限制的情况。可以想象,投资人会担心如果向公司投入了股本,未来资本能否安全回来。例如,投资人希望公司给出一个回购股本的承诺,允许在特定场合下股东可以回赎部分股本,而非待公司清算时才能收回投资,这可能会使投资人更愿意出资。再如,目前公司法上关于对赌协议的规定,与公司对赌即使获得法院支持,最终还要通过公司减资才能实现。而公司减资,要向债权人进行通知和公告,征得债权人同意,或者给债权人提供担保后才能进行。这无疑增加了对赌协议兑现的难度。未来如果采用偿债能力测试,由董事会根据客观情况去考量,当公司有能力、有条件时,可以选择对赌,让投资人收回他的股本,这样他们在进入公司的时候,就没有太多的顾虑。换言之,如果进口端进行了很多的创新,而出口端不做配套改革的话,其实这种创新是难以为继的。当然,这里特别强调偿债能力测试绝不是随便向股东进行分配,而是指公司在有能力的情况下才能够向股东进行某些分配。

## 四、完善公司治理是公司法现代化的重中之重

完善公司治理的问题是公司法现代化的重中之重。公司治理的核心是什么?一方面是维持决策和运营的高效,另一方面是维护公司利益的有效监督,这两个角度应当有机结合。所以,希望未来的公司制度能够更好地在这两个方向结合。

### (一)股东权利需进一步彰显

#### 1. 股东权利的来源

股东权利需要进一步彰显,这次公司法修订中也考虑到了这一点。比如,对股东行使表决权进行了维护,特别是人事权,即股东提名董事、罢免董事的权利,这一点特别重要。其实在最高人民法院《关于适用〈中华人民共和国公司法〉若干问题的规定(五)》出台时,就强调了人事权的保障。有观点提出,人事权既然如此重要,特别是在董事会换届时,一般不能以临时提案的方式推出候选人,否则会导致股东的人事权被剥夺或者被变相剥夺。举例而言,在万科案中,作为"白衣骑士"的深圳地铁入主万科以后,根据万科的公司章程的规定,新股东要持股 180 天以上才拥有股东大会的提案权。这一章程规定实际上对收购公司的一方非常不利,深圳地铁进来以后也受到了这样的限制。在 2018 年年底,万科董事会的任期就已经届满了。但是 2019 年 3 月万科通知召集定时

股东大会的时候,没有在召集通知中加入相关的董事会换届事项,这就意味着万科的董事会可能要延期。直到股东大会召开前 10 天,此时深圳地铁持股时间已达 180 天,其立刻向董事会提出了临时议案,内容是董事会的换届事项,含换届后的新一届全部董事的提名。董事会按照公司法的规定,在收到该临时提案后 2 日内通知了其他股东,并将该临时提案提交股东大会审议。问题在于,虽然本案是一个特例,但该做法实际上导致了其他股东提名董事的权利被变相剥夺了。因为其他股东不知道本次股东大会要进行董事会换届,已经没有机会提出新的临时议案,这种情况就构成对股东人事权的一种变相剥夺。本次公司法修订草案中也进一步明确了股东的提案权,规定临时提案不可以涉及董事会换届事项。这保障了股东的一项重要权利。

除公司法明文赋予的股东权利外,公司章程也可以赋予一些股东的权利。比如,累积投票制就是由公司章程来规定的,如果公司章程不规定,可以不使用累积投票制。不过上市公司存在例外情况,《上市公司治理准则》第 17 条要求上市公司尽可能地使用累积投票制,这一规定是对股东权利的彰显。

2. 股东权利能否限制

股东权利能不能被限制?因为公司法规定的股东权利绝大多数是固有权利,如上述知情权、利润分配请求权、表决权、人事权等都是固有权利,所以这类权利一般情况下是不能在没有法律明示或者本人同意的情况下被剥夺的,即便采用多数决的方式也不能。2013 ~2016 年,我国有不少上市公司遭遇了敌意并购,而且这些敌意并购大多数采用了违规举牌的方式,即收购方在收购过程中先不进行披露,等到取得控制地位后再披露。这种违规举牌导致很多公司发生了控制权争夺战。现有控股股东认为敌意收购人是违规举牌,其收购的股份无效。显然类似主张不能得到支持,因为证券市场的一个基本规则是:只要符合交易规则的交易恒定有效。虽然违反了信息披露规则,可以对信息披露违规进行处罚,但是只要该交易是按照市场上的交易规则进行的,该交易则是恒定有效的。于是原控股股东又提出,虽然无法主张收购股份无效,但可以限制敌意收购人的表决权,并向法院进行了起诉。法院在没有法律明确规定的前提下,也未支持这一请求。直到后来新证券法进行了修订,明确规定违规举牌获得的股份 3 年之内不能行使表决权。当然,还可以讨论 3 年时间不得表决,是否对收购人限制太严,无人愿意去收购一家上市公司。可是,公司并购行为本身有其积极的意义,可以实现上市公司价值的重新发现,发挥资本市场资源的重新配置功能。这就是法律无明文规定,或者未经当事人自己同意,不得剥夺股东权利。

3. 股东平等原则的遵守与执行

股东权利的保障最重要的一个原则是股东平等原则。当公司进行分红、股份回购时,或者股东行使优先购买权时,要特别强调股东平等原则。虽然许多国家的公司法规定分红的决策权在董事会,但是依然需要召开股东会,召开股东会的目的重点是确保该项分配对全体股东的平等对待。

(二)控制股东对公司和其他股东的信义义务

这次公司法修订进一步强化了控制股东的信义义务问题,同时希望这次修订能够完善中国特色的实际控制人制度。比如,是否可以对实际控制人提起诉讼,甚至可以在揭开公司面纱的规则中使用等。

(三)股东会中心主义与董事会中心主义

在公司治理中是选择股东会中心主义还是董事会中心主义,应当根据公司的不同性质和规模来选择。首先要区分公众公司与封闭公司。如果是公众公司,当然最好的选择是董事会中心主义。因为上市公司股东众多且分散,由股东会决策是没有效率的。董事会运营公司,他们最了解公司的需求,他们的决策可能更体现公司的真实情况。如果是封闭公司,包括不上市的股份有限公司,实行董事会中心主义还是股东会中心主义其实差别不大。因为封闭公司中股东会和董事会的成员重合度极高,所以权利归属于哪个机关都无所谓。

界定董事会中心主义的标志包括几个重要的权利归属。应特别强调的是授权资本制。这次公司法修订草案在股份有限公司当中引入了授权资本制。在上文公司资本制度中没有提到授权资本制,这是因为授权资本制虽然字面上有"资本"两个字,但实际上是公司治理的问题。也就是说,授权资本制主要的内涵是谁有增发股本的决策权。如果把增发股本的权利授予董事会,就是授权资本制。

举例而言,授权资本制其实对公司控制权的争夺影响是特别大的。在国美案中,黄光裕因为操纵市场等证券欺诈行为被羁押入狱。黄光裕虽不能继续担任国美公司董事长,或者执行董事,或者 CEO,但他的股东身份没有被剥夺。由于国美公司在香港特别行政区上市,其公司章程中规定有授权董事会增发股本的权利。在他入狱之后,公司当时的董事长陈晓利用授权资本制的规定,通过董事会决定引入了一个战略投资者——贝恩集团,向其定向增发了股本,结果导致黄光裕的股本被稀释了。所以,在狱中黄光裕提议召开临时股东会,并向这次股东会提交了五项议案,其中四项议案涉及公司的人事权,还有一项议案是收回给董事会的授权,取消授权资本制。他在狱中还要提议召开临时股东会,引发了媒体的关注。结果是五项议案中有四项议案被否决,即与人事有关的四项议案都被否决,唯独收回授权、取消授权资本制的议案被通过了。这意味着至少贝恩集团在这件事上与黄光裕站在了同一条战线上。言外之意,贝恩集团也不希望自己的股份以后被稀释。虽然媒体从议案被否决的数量上看,评论黄光裕大败,其实黄光裕是大胜,其中的关键就在于终止了授权资本。从此以后黄光裕不需要担心其股权被稀释。只要公司想进行增资,就必须经由股东会来决定,而黄光裕在股东会上仍然保留其控制权利。

为什么要引入授权资本制?因为董事会最了解公司什么时候需要增资,当然在这种情况下要给董事会匹配相应的义务。也就是说,董事会进行增资,不管是定向增发,还是向全体股东增发,都要有充分的理由,而且要证明增资是为了满足公司利益的最大化,而不是为了保住自己的董事地位。所以,相应的义务和规则是必须要明确的。比如,授权资本制下的价格和定向增发时的优先认购权等问题。如果这些制度不完善,授权资本制很容易被滥用。

包括授权资本制在内,还有利润分配决策权、公司资本回购决策权、剩余权等,如果这些权利都归属于董事会,可以说是董事会中心主义。此外,无论将来公司法中如何规定董事会中心主义的规则,如何向董事会赋予重要的权利,但董事的信义义务是一定要完善的。如果董事的信义义务不完善,就很难说是一种完善的公司治理。

(四)公司治理模式的多样性

如同公司的多样性,每家公司的治理需要也不一样。现代公司法应当提供多种公司治理模式供投资人选用,这也体现在公司法修改草案中。由于篇幅所限,不再展开讨论。

## 五、结　　语

以上简要地对公司法现代化的标志进行了分析,在此基础上提出公司法现代化的过程中需要回应 ESG 理念的有关内容,并且公司法应重点关注公司资本的体系化建设以及公司治理的完善。本次公司法修订对上述一些内容已经作出了积极的回应,希望能够坚持这个方向,进一步推动中国公司法的现代化进程。

# 债、物、财产、组织：民法之“两仪四象”*

李　宇**

本题缘起于主办方希望讲一个把民法总则和信托结合起来的主题。这就需要把信托制度放到民法的一般视野下加以阐述。而信托与民法总则之间的距离可以说非常遥远,但又非常接近。

在我们的认知体系之中,民法总则是私法体系上的王冠,它代表了私法中最抽象的一般性规则。它不仅是民法典这样一部普通法典的总则,而且是全部私法之总则。而信托似乎又很特别、很边缘,是整个法律体系之中非常小众的一个学科,甚至边缘到连司法考试和法律职业资格考试都从来没有把它列入考试范围,以至于我们很多法学院的课堂上也不教这门课。

那么,民法总则和信托两者到底有何种联系?也许本文的题目,可以为解读两者之间的关系提供一个切口。

## 一、民法“两仪”和“四象”之引线

所谓民法之“两仪”,指代的是民法所处理的关系中的对人关系和对世关系。对人关系处理的是特定的相对人之间的关系,而对世关系涉及当事人和世界上不特定的多数人之间的关系。这两种关系又会演化出所谓“四象”,即债权关系、物权关系、财产关系和组织关系。这“四象”之间存在某种隐秘而直接的

---

* 本文系 2021 年 12 月 15 日在华东师范大学法学院 104 报告厅所作讲座的文字稿。初稿由华东师范大学法学院研究生史金戈记录,修改稿由上海财经大学法学院研究生陈乃绮协助整理。

** 上海财经大学法学院副教授,法学博士。

联系。虽然在我们的民法体系之中,它们被分编处理,债权在合同编之中,物权关系在物权编之中,组织处在民法总则和各种特别法之中,但是它们彼此之间是存在内在联系的。那么,它们的内在联系是什么?这可能需要我们超越各编之间形式上的分隔,去探究其中的脉络,并通过体系上的观察,为我们理解和完善现行法上的许多制度提供若干线索。而信托,恰恰是解锁这四种关系的一把钥匙,因为信托具有横跨这四种关系的性质。

(一)信托何以为“两仪四象”之匙

典型的信托关系,通常会有三方当事人,委托人将自己的财产移转给受托人,由受托人为了受益人的利益而对信托财产进行管理或处分。信托财产的所有权由受托人享有,而受益人只享有受益权。受托人和受益人之间存在各种具有相对性的法律关系:受托人负有信义义务,应当为受益人的利益而忠实地管理信托财产,不得谋取私利。尽管他对信托财产拥有名义上的所有权,但并不能如一个完全所有权人一样有权做任意处分。同时,他也应当尽到一个谨慎之人在同类情形下应有的注意义务,妥善管理信托财产,以获取相应的收益。相较而言,受益人享有对受托人的权利,有权要求他履行信义义务,并且当信托财产产生收益时,有权要求按照信托文件的约定向自己分配。在这个层面上,两者处于类似于债权人和债务人的地位。因此,比较法上也经常会把信托理解为一种债之关系。但是,信托又不仅仅是债之关系,也含有物权关系性质。

首先,受托人所享有的所有权不等于纯正意义上的所有权,它受到信义义务的限制。如果受托人违反了信义义务,将信托财产移转给第三人,他的行为可能不会发生有权处分的效力,可能会被受益人申请法院撤销。比较法上有些规则甚至对这种行为采用相对无效的构成模式。这种行为虽然是形式上的所有人所为,但实际上不发生物权变动的效力,因此受托人所享有的所有权也被概括成一种所谓的不完全所有权。

其次,受益人又享有什么样的权利?仅仅是对受托人的债权性质的权利吗?似乎也不是。至少在受托人违背信义义务或者超越权限而处分信托财产的时候,受益人有权主张物权性质的救济。与比较法上所采用的具体构造有所不同,我国《信托法》规定受益人有权申请撤销受托人所为的处分,并有权要求恢复原状或损害赔偿。

在英美法上,受益人不仅可以主张受托人的违法处分行为不发生效力,而且可以追及被不当处分的信托财产。这涉及一项重要的权利——追踪权(tracing)。信托财产被移转到第三人之手,只要能够被识别,那么受益人就一直可以追及该物,从第三人手中追索回来。甚至在信托财产被不当处分,已经混入第三人的财产的时候(如金钱,受托人把受信托管理的金钱不当转移给第三人,该笔钱与第三人的其他固有财产已经混为一体),受益人仍然可以按照价值范围内的一定比例追踪下去。这种追踪权利超出了单纯的债权债务关系的范畴,而包含了对物的效果。因此,信托关系既含有物权的性质,又含有债权的性质,其性质很难一言以蔽之。

对此,在比较法上存在立法模式的差异,也有理论上的各种争论,不仅在移植信托法的大陆法系国家是如此,在它的起源地英美也是如此。在英美,长久存在信托究竟是一种契约还是一种财产的争论。契约说大致相当于我们大陆法系所称的债权说,而财产说大致相当于物权说。这两种学说在百年前就已经开始交锋,到 21 世纪也没有落下帷幕。美国当代最著名的几位信托法学者之间依然存在契约说和财产说的截然对立,但这仍是物债体系下的分歧。然而近年来又出现了一种有力的学说,认为信托并不仅仅是一种物或债,还可能有组织法的性质。也就是说,用债权或者物权都不足以定义信托的性质。

(二)信托沟通“两仪”横跨“四象”

信托有多种类型,从基本范畴上来讲,可以分为普通信托、商业信托、公益信托三大类型。我国《信托法》称之为民事信托、营业信托和公益信托。尽管理论上对这三种信托如何分类存在争议,但是一个基本的共识是,所谓的民事信托主要是指传统的私人之间为了家庭成员扶养、家庭财富传承或者遗产管理之类的目的所设立的信托。这是信托的原初形态,也被称为普通信托,有时又称为家事信托(当然,普通信托是一个商业信托和公益信托以外的“兜底概念”,不限于家事信托,但家事信托是其典型形态)。

1. 普通信托

在信托的起源地英美,甚至在更早的罗马法上的罗马式信托,早期的信托主要是为遗产管理服务的。一个拥有一定财产的人可以把财产传承给下一代,最简洁的方式是继承。然而通过继承他无法确保子孙后代能够善用财产。如果子孙后代交友不慎或者自己挥霍无度,留下的财产越多,可能被败光得越快。如果采用信托的方式,则财产由委托人所信得过的亲朋好友或者社会名流加以管理,以指定的数额和方式向受益人分配。通过这样隔代的安排,可以把财产有序地在众多受益人之中进行分配,从而避免受益人自己直接支配财产而产生的各种风险。

这样一种信托安排是信托的原初形态。虽然它当时也含有规避封建负担和租税的动机,但是它之所以能够存活至今,根本上还是契合了家庭财富管理中的需要。这种需要不仅存在于当今所谓的高净值人群中,也存在于普通的家庭中。以北京、上海这样的城市为例,一户普通的家庭如果拥有两套以上房产,也是动辄千万元以上的规模。在面临财富传承的时候,他们同样会面临前文所述的那些顾虑,更不要说那些拥有更为庞大财富的人群。所以,从这种角度来看,家事信托并非高净值人士的奢侈品。我们现在流行把民事信托称为家族信托,甚至银保监会的文件也用此称谓,但是家族并不完全指豪门大族,对于一般的人群而言,这种信托也是具有普惠性的,因此也许称为家事信托更为合理。家事信托不一定与所谓的大家族挂钩,只要有一定的财产,同时又面临着不方便通过直接继承方式加以传承的情况,家事信托就有用武之地。

2. 商业信托

商业信托是在商业社会逐渐演化发展出来的,它是为了财产的盈利所构建的一种机制。委托人把财产转给受托人去管理,并不是为了传承财富给自己的家庭后代,而是希望在当时就获取收益,是出于类似于设立公司或者其他商业组织的考虑。这样的信托实际上是一种商事组织的形态,其和传统的家事信托存在一个重大的结构上的差别:传统的家事信托通常是他益信托,是为了委托人以外的受益人的利益而设立的,信托委托人和受益人是不同的。而商业信托之中,通常委托人和受益人是合一的,因此称为自益信托,是为了委托人自己的利益所设立的信托。

商业信托具有类似于公司的构造,需要委托人兼受益人自己参与到信托运营的重大事项之中。日常事项仍然由受托人自行负责,但是重大事项,如信托的变更终止或者信托的合并,应当由该组织的成员来决定,而不是由管理者来决定。商业信托已经不仅仅是传统的债或者物之关系能够解释的,因为它会形成组织化的机制。正如我们在公司法、合伙企业法或者其他商事组织法中所看到的,它会涉及法人制度,涉及一些组织法的通则。因此,商业信托已经一脚踏入了组织法的门槛,而超越了债法或者物法的范畴。

3. 公益信托

公益信托不是为了受益人或者委托人利益,而是为了某种公益或者慈善目的,委托人将其财产移转给受托人进行管理。单纯从债和物的体系上看,它似乎仍然具有传统的信托特征,但是同时又跨入了组织法的另一个领域——财团法。在比较英美法系信托制度的时候,早有大陆法系的学者指出,大陆法系尽管没有英美式的信托制度,但是类似的法律目的也可以通过其他制度来达到,其中一个就是财团制度。财团和公益信托的目的都是服务于公益,两者在功能上具有相当的替代性,区别只是在于公益信托并没有被一般性地认可为是一种主体,而财团被认为是法人的一种。但是,两者的内部构造差别不大。因为两者的基础都是没有所有人的目的财产,两者没有成员,也没有自律化的机制,通常只有一个基础文件,在财团法人之中称为捐助章程,在公益信托之中称为信托文件,它们主导了目的财产的运行。两者也具有同样类似的外部监督机制,如主要依靠法院来进行监督。所以,两者实际上具有功能上的相似性。

从信托的三大范畴来看,传统的普通信托似乎是债和物的组合体,而商业信托踏入了类似于社团法人这样的组织法领域,公益信托又踏入了财团法人这样的组织法领域。可见,同样一个法律制度,它完全可能横跨物、债,同时兼具组织法的性质。

4. 以信托沟通“四象”

第三象“财产”,又处于一个什么样的位置?有时我们在思考信托性质的时候,会以所有权为原型:委托人把一个不动产交付给受托人,并且移转登记到受托人名下,然后受托人将从不动产之中产生的租金或者其他收入向受益人分配。此时受托人拥有的所有权是不是物权法经典意义上的所有权?受益人所享有的受益权在物权法上又是什么样的定位?

这些问题在物权法上可能是得不出终极答案的,因为物权法只能回答当信托财产属于物的情形时的问题。如果信托财产本身并非物,而是权利甚至是一堆财产，那又怎么能够用物权法上的物权性质来定义受托人享有的权利的性质？受托人享有的本来就不是所有权，如拥有的是一堆证券，那么这个时候说受托人享有物权，显然是解释不通的。认为受益人享有的是物权，也讲不通。对于证券的归属意义上的权利不应称为物权，至于证券上可设定用益物权或者担保物权，则另当别论。实际上，信托制度并不仅仅是一个物法上或者债法上的制度，它也是财产法上的制度。这里的财产就是处于组织和物法之间的特别财产，而这样一种特别财产在传统的民法理论上并没有得到足够的重视，至少在民法上没有得到与债和物相提并论的那种重视地位，也没有在商法上得到如组织法一般同等的重视地位。而这样一种对财产范畴的理解，恰恰可能是连通债、物和组织之间的一座桥梁。所以，以这样性质多维的信托为引线，我们来简单看看“四象”之间到底有什么样的差别和联系。

## 二、民法“四象”之异同

### （一）第一象：债

首先从债法关系开始，物债二分是民法学上的基本范畴，这样一种范畴不仅在大陆法系存在，在英美法系也是如此。但是，若认为债和物之间截然对立，恐怕未必。

#### 1. 债与物具有共性

关于物权的对世性，它指的是物权不受世界上所有人侵害，可以排除他人之干涉。但是，债权是不是就没有这样一种意义上的对世性？其实也不是。正如先前有很多文献所指出的，债权也有不可侵性，任何人都负有不得侵害债权或者物权之义务，只不过物权的外在公示性过于明显。因为一个人拥有动产或者不动产，其他人都可以认知到这个物是该人的，我就不会去侵害，所以看起来世界上所有人都负有物权意义上的不侵害义务。但是，人们对债权实际上也负有不侵害义务，只是债权通常不为人所知，因此只有对那些知情并加害的人才会发生第三人侵害债权的责任。可是如果着眼于知情这一点，那两者的差别就没有那么明显。用当代美国法律经济学者的研究成果来说，这实际上只是一个信息成本的问题。对于物权而言，由于物是外在的，大众都能看到，自然知晓不应该去侵害。债权的存在一般人不知道,但是如果知道而侵害,那么,与知道而侵害物权本质上又有何区别?因此,在排他干涉的意义上,债权也存在不可侵性,或者说是对世性。

另外,归属意义上的权利问题,债权、物权都是如此。物权归属于权利人,因此如果物被他人侵夺,物权人有权请求返还原物,如果侵夺他人之物的人陷入破产,物权人有权行使取回权,该财产并不属于侵占人的破产财产。而债权同样有归属意义上的问题,也有取回权问题。如果一个债权本来属于A,但是被置于B的名下,不管是出于正当还是不正当的手段,只要B破产,A照样可以行使取回权,只是此时取回的并非物,而是一个债权。这个债权仍然不属于B,因为B只是代持或者基于其他关系,并没有取得债权的法律行为或者法律上的根据,该债权也不属于B的破产财产。在这种意义上,债权同样会有取回的问题,与物权在归属意义上是具有共性的。

既然有归属意义上的概念,自然也会衍生出处分意义上和责任财产意义上的概念。如果A处分他自己的债权,不管是转让还是质押,与A处分物权并没有本质的不同。A如果把物权让与C,那需要实施法律行为,有的时候要完成相应的公示手续,如果A把债权处分给C,照样要满足处分行为上的要求,在必要情况下也可能会发生公示的问题。就如《民法典》第768条所规定的,债权重复转让时会以登记来决定顺序。本质上,基于法律行为而导致债权、物权的移转和设定负担都需要处分行为,都需要权利公示,仍是因为它们作为归属意义上的财产权被处分时具有一些共性。

从这些角度来看,我们会理解德国学者所提出的把债权让与制度规定在债法之中是不当的,因为同样的处分在物权法之中也有出现。按理说债权法应该处理债权人和债务人的关系,债权让与制度难道不应该跟物权让与规定在一起吗?这样一种体例上的疑问,恰恰揭示出在归属意义上,债权和物权是具有共性的。1992年《荷兰民法典》就突破了债法和物法在此问题上的束缚而设立财产法总则,其中规定了各种权利的让与和其他处分。

综上所述,似乎债权和物权存在大面积的雷同。那么,两者各自的个性又在哪里?

2. 债的个性在于给付

债的关系之中最具个性的无非是给付。虽然债务人对债权人所负有的是一种义务，然而这种义务区别于一般意义上那种不侵害义务。因为它的特点是要完成特定的给付，这并不是一种消极的不侵害，而是要有某种积极的作为，如给钱、给物或者提供劳务。当然，它也可能是一种消极的不作为，只是此种不作为在一般意义上本来是可以作为的，现在通过特别的约束来限制自己，如约定竞业禁止。这就已经不是一般性的义务。所以，债的本质可能在于这种特定人之间的给付，这是物权所一般不具备的（但是在他物权中也可能存在给付）。

这样一种给付把双方锁定在一个特定的法律关系之中，背后也隐含了对经济资源的一种利用方法，这种利用方法本质上是对债务人责任财产的利用。虽然债权被称为对人权，但实际上还是对财产的权利，只不过所针对的并非特定的财产，而是债务人的一般财产。因为在现代法上债务已经不再是人的责任，不再像古代法上那样，如果不履行债务，可能会要求债务人强制服劳役，甚至会将其投放到债务人监狱里去。现代法上的债务责任只是一种物的责任，如果违反债务，也只承担损害赔偿责任，而损害赔偿又指向的是债务人的全部责任财产。就此层面而言，如果不能完成特定给付，债权就会转变成对债务人的全部责任财产的一种请求权。

在这点上，债权与物权是存在直接差别的。债权可以指向特定的物，但是从资源分配的角度来看，是一种不排他的资源分配方法。债权人通过和债务人之间的约定或者其他的法律事实，能够以一种不排他的方式利用债务人所代表的经济资源。而相对来说，物权法处理的就是一种具有排他性的经济资源利用方式。从这个角度切入，也可能更有助于理解为何物权需要法定，而债权是可以自由的。从权利行使意义上来看，债和物确有差别，与权利归属意义确实不相同。

（二）第二象：物

物法的世界也许比教科书中涉及的物权的几大特性复杂得多。物权有多种，所有权也许能最纯粹地代表教科书上对物权的描述，包括各种效力，如追及力、排他力等。从所有权角度来看，似乎物权和债权之间差别非常明显。然而如果我们把目光投放到用益物权、担保物权这些特殊类型,就会发现它们和债权的边界并没有那么清晰。教科书上所描述的债权和物权的典型特征,是基于对所有权和金钱债权之间的比较得出的,但是两者之间存在广阔的中间地带。如果不是金钱债权,而是特定物债权,法律对它的很多保护实际上超出了对金钱债权的保护。而在物权关系之中,所有权代表了另一极,再往债权那一极方向偏的话,就有用益物权和担保物权了。而用益物权绝不仅仅是一种单纯的支配权,还更多地带有关系的特征。正如苏永钦教授和张永健教授提到的,物权可以在相当程度上被理解为一种关系权。

苏永钦教授进一步指出,传统的物权这个词可能不太精确。讲债的时候,我们通常讲债之关系。《德国民法典》第二编编名用的是债之关系法,第三编就用了物权法。一个是权,一个是关系,两者果真是如此泾渭分明吗?这个泾渭分明充其量体现在典型的金钱债权和所有权之间,而用益物权更多的是一种关系。物权法的规范重点,就用益物权而言,也恰恰是所有人和用益物权人之间的关系。我国《民法典》物权编之用益物权分编的绝大多数条文处理的都不是这两个物权人和第三人之间的关系,而是这两个物权人之间的关系。这种彼此之间的关系不是法律直接创设,而是由合同所创设的。除个别极少数的法定物权类型之外,绝大多数用益物权都是意定物权。如果两个当事人合意创设一个用益物权关系,与通过非物权的某种方式就特定的物如何利用达成合意,这两者之间的界限其实并不是那么分明。就租赁而言,把一个不动产出租给他人,与把不动产给他人设定一个用益物权,从关系的本质上来讲,两者实际上是差不多的,只不过在民法上把一个定义为物权,另一个定义为债权而已。然而在定义为债权的时候,租赁权又往往带上了一些物权的特性。诸如"买卖不破租赁"、先买权等制度,会使承租人的保护程度接近于物权,甚至有的时候还要超过物权。比如,《民法典》新增加的承租人优先续租权就连物权人都不具有。如果一个用益物权到期终止,那权利就消灭了。用益物权人并没有要求续期的权利,更没有要求优先续期的权利,岂不是说在这个关系之中,对债权人的保护有时甚至会强于物权人?

而在物权关系之中,似乎有的时候也不那么纯粹地带有物权的特征。比如,有的用益物权的转让需要所有人同意。典型的例子就是《农村土地承包法》

第 34 条规定的土地承包经营权转让，需要发包人同意。这与债权转让的自由度相比，甚至还不如债权转让，因为债权转让原则上不需要债务人同意。所有权的转让自由是不能被合意限制的，就算设定限制，也只具有债法上的意义（违反者应负违约责任），但不影响所有权的变动。某些特殊物上的所有权的转让自由，会受到公法上的限制，但法律极少会规定所有权转让需要经过某种主体的同意。用益物权就不尽然。同样是物权，为什么用益物权的可转让性可以被否定，甚至还被贬低到不如债权可让与性的程度，这不是物债本身区分这样一个简单的结论就可以回答的。

另外，在用益物权人和所有人之间还会发生所谓的物上之债的关系。苏永钦教授也曾指出，“物务”的概念，就是债权对应债务，物权对应“物务”，这个“物务”就是物上之债的另一种汉语表达。在用益物权关系之中，这种义务表现得尤为明显。尽管法律对此规定还不是很周全，但是它也体现出很多迹象。比如，在地役权关系之中，《民法典》第 384 条规定，如果地役权人两次以上不支付相应的对价，那么所有人可以终止地役权。另外，在有些新创设的物权类型之中，本该规定物上之债，但是没有规定，然而实践中又必然不可避免。例如，在居住权关系之中，A 如果给 B 设立一个居住权，A 与 B 之间必然会发生物上之债，如房屋的修缮问题，如果房屋在居住权存续期间出现了瑕疵，需要维修，那么由谁来维修？在传统民法之中，对于这种修缮义务通常会规定得非常清楚，会区分通常修缮与重大修缮。通常修缮由居住权人负责，重大修缮由所有权人负责，两者之间这种债之关系，就是一种物上之债。如果 A 转移所有权给 B，B 必然也要承受此种物上之债。将来如果发生承重墙坏了之类需要大修的情况，当然是由 B 来修，哪怕 B 在与 A 之间的转让合同之中根本没有约定过这种义务的转移，B 也会基于所有权变动的事实，自动承受居住权关系之中的物上债务。所以，这种物上之债在英美法上用一个很形象的制度名词来描述：“Running with Lands”，跟着土地跑，土地去哪了，这种物务就跟到哪去了。对于修缮问题，我国的居住权制度中并无规定，存在真正的法律漏洞。再如，还有其他费用的负担，如日常水电费、物业费，A 把房屋设立居住权给 B，谁来支付这些费用？到底是 B 还是 A，法律也没有规定。这些费用如果没有约定由谁来付，就需要依靠法律方法论。如果居住权合同对此没有自行约定，就必须进行漏洞补充的作业,以法理填补漏洞。这些林林总总的看上去仅仅处理双方之间关系的内容,实际上是一种会对第三人产生约束力的关系,它不仅仅是一种单纯的债权债务关系。这也可能就是物上之债的特点,它会随物而转。除债务之外,会随物而转的还有负担,或者从权利人角度来看,就是权利。

甲设立一个地役权给乙,或者设立一个居住权给乙,甲的所有权如果再次移转至丙之手,丙就必须要承受乙的权利,也就是甲给物设定的负担。这种随物而转的权利或者负担,也许不是某种积极的给付,不是债法意义上的物上之债,但仍然是在财产上分割出一块权能或者权利给他人。而财产的取得者丙,或者说后手,只能取得被分割后的剩余部分的权利,这是一般的债法意义上的权利所不具备的。如果单纯是通过合同创设一种权利,显然甲给乙设定的权利并不能随物而转,不能对抗第三人。从这个角度来看,这种负担或者权利移转得以对抗后手的这种对抗力,是物权和债权的关键的区分点。

(三)第三象:财产

通过这样一种区别的关键点,到了财产和组织意义上,我们又可以发现彼此连通的桥梁。这种物权化的利用方式就是把经济资源或者财产标的做一种具有对抗第三人效力的切割。本来是 A 享有完整所有权,现在 A 分割出一块给 B 设立一个用益物权,那么这个标的上的 A 的权利就已经不再完整,而且是一种物权法意义上的得以对抗第三人的不完整。因此 A 的后手只要取得了标的,不完整状态仍持续,后手所取得的本来就只是部分的利用权。这样一种部分切割利用权完全可能发生在物权以外的财产权上——物权可以做这样的切割,其他难道就不可以吗?不动产和动产以外的财产标的难道就不能做这样的切割吗?当然也应该允许,尽管现行法上空间相对狭小,但是在比较法上没有任何问题。这就导向第三象,即财产层面。

1. 基于财产的对抗效力

如果甲和乙之间并不仅仅是达成就某项动产或者不动产进行分割利用的约定,他们的约定所指向的标的超越了物的范畴,包括了集合财产,又当如何?甲把他的知识产权、股权、物权、债权打包给乙设立某一个具有对世性质的利用权,是否可以?应该也是可以的。在英美法上,信托制度就是这样一种利用方式。甲作为受托人,虽然持有财产,但这些财产上的利用权已被委托人切割出来给乙,有可能是完整切割(乙是唯一受益人),也可能是甲和乙共同分享(他们是共同受益人,甲兼任受托人,由甲来管理财产,二人都受益)。这时甲和乙实际上是在一个集合财产上存在一种具有对抗第三人效力的关系。也许这些财产之中连物都没有,比如是一些债权或者一些股权。在这种关系中,乙在股权、知识产权或者债权上的此种受益权,同样具有对抗第三人效力。甲如果不当处分这些财产,如把信托财产中的债权或者股权擅自转让给第三人,乙是可以追及的,无论是用大陆法系信托法技术上的撤销制度,还是用英美法上的追踪制度,乙都可以追及。在这种意义上,乙的权利岂不就是那种能够对抗第三人的权利?然而这又不是物权,因为股票不是物,所以乙享有的权利很难用物权来解释。然而它的性质确实有和物权相同的地方,因为它可以追索至他人。从第三人角度来看,他要承受甲、乙之间的信托关系的法效果。如果甲、乙之间没有这样的信托关系,就不可能对抗第三人,第三人从甲手里受让的股权或者其他财产权,他就取得完全权利,就不用承受来自乙的权利的主张。然而由于信托制度的作用,第三人必须承受来自乙的权利的主张。当然,第三人在一定程度上可以获得保护。如果第三人满足善意有偿取得的要件,他可以免受受益人追索,那就是另一层面的问题了。不管怎么样,在一定程度上乙的权利主张是可以对抗第三人的。从这个角度来看,作为第三象的“财产”似乎是物法的放大版,把物法的概念范畴放大,辐射到物法以外的领域,也可以起到对抗第三人的效力。

这样一种制度在大陆法上也有相对应的类型,尽管并不一定严丝合缝。信托制度并不是英美法系专有的制度。我们今天所说的信托制度主要继受于英美法系,然而在大陆法上,历来也有功能类似的制度,只不过其细节构造有所不同而已。在罗马法上以及在大陆法系近现代民法上都有类似于英美法上 trust 的制度,制度名称不同,但是功能上确实具有类似性,尽管它们在受益权的对世效力方面是不太一样的,这方面英美法上的信托制度确实要比罗马式或者日耳曼式的信托略胜一筹。

考察民法之中的传统制度可以发现,双方之间分享某种财产的关系具有对抗第三人效力,在信托制度之外也有。比如财产上的用益权,用益权是大陆法系之中传统的古老的类型,我们没有规定,只规定了它的相近类型,就是居住权。居住权的标的是住宅,但是如果不是以住宅为标的,类似权利就会进入更广泛的用益权的范畴。用益权的标的可以是不动产,也可以是动产,可以是权利,也可以是集合式财产。作为一个集合体的财产也可以设立用益权,如《德国民法典》就专门规定了财产上的用益权,只不过该民法典规定了财产上的用益权要一项一项去设定。比如,甲有一堆财产,如动产、不动产、股权、知识产权,甲需要就每一项标的为乙设立一个用益权,最终才能完成这样一个集合财产上的用益权的设定。设定完成后,乙在甲整个集合财产上享受设定的用益权,当然会受到物权法的保护。甲如果处分这些财产,乙作为用益权人是可以追及的,无论甲把这些组成集合财产的单个的分子转让给何人,乙都可以与之对抗。如果集合体之中压根就没有物(动产或不动产),只有债权和股权,甲如果处分这些债权、股权,乙照样可以依凭用益权对抗第三人。这样一种关系就已经超脱了第二象物法的层面,进入了财产法的层面,尽管用益权在体例上还是被规定在物权编之中。不管是德国还是其他当代大陆法系国家,其绝大多数民法典都把用益权规定在物权编之中。实际上用益权不仅仅是一个物法上的制度,它还是一个财产法上的制度。1992 年《荷兰民法典》单独设了第三编"财产法总则"。财产法总则中除了规定财产权变动的一般规则,还规定了用益权。有些物权标的只能是动产、不动产,所以《荷兰民法典》仍然设有物权编,但是物权编规定的是所有权、居住权这样一些权利,而对于可以以一切财产为标的的用益权,是规定在财产法总则中的。显然是因为这种用益权不能单纯用物权解释,它是一种财产法上的一般制度。

在这样一种财产法的区域里面,我们可以看到更多层次的、丰富的、多样的财产类型。对于这样一个集合意义上的财产的概念,民法教科书上一般只会在权利客体之中做简短的介绍。我国的教科书是如此,德国、法国的教科书也是如此,如在拉伦茨和吕特斯等人的民法总论著作中会用比较简短的篇幅来介绍作为权利客体的财产的问题。之所以在民法总论的著作中如此简短,是因为财产很难抽象出一般规则,而更多地散落在民法分则和特别法之中,彼此之间的形态也是各具差异。但是,这不妨碍我们在学理体系的意义上去观察它们。尽管在法典体系上,它们更多的不是作为一般性规则出现在总则中,但是在学理体系上,我们还是有必要把它作为一个共通性的制度来把握。

2. 概括财产和特别财产

财产是一个具有多层次意义的概念。把它和债、物并列，主要是着眼于一种特别财产的概念，即财产可以分为一般财产和特别财产。这种理论在法国法系比较流行：一个人所有的全部责任财产构成了他的概括财产，原则上每个人只有一份概括财产，他的概括财产都可以被用来偿还他的债务。从这个意义上来看，财产约等于人格，因为每个人都必然或多或少会有财产，如果一个人真的不名一文，那么他在法律交往中就无从发生很多法律关系，他在法律世界中就可能是隐而不显的（当然这不是说他的人格就低人一等）。至于法人或者非法人组织，更是必然会有财产，财产构成了一个法人或者非法人组织对外法律交往的基础。

这种意义上的财产其实与债法意义上权利所对应的标的没有太大的差别，因为一个人的概括财产构成了他用于偿还债务的一般担保。而具有特殊意义的是特别财产。一个人原则上只有一份概括财产，但是在例外情况下也可以有多份概括财产。这种概括财产在法国法系理论上被称为专项概括财产，或者叫特别概括财产。德国法上有时候会用“目的财产”或者“特别财产”这样的称谓来描述它。不管是特别财产、目的财产还是专项财产，都具有一个共同特点，它是为了特定的目的而结合在一起，会从一般概括财产之中分离，或者区隔于一般概括财产。这种现象在民商法中非常常见，除信托财产之外，还有合伙财产、夫妻共同财产、遗产、家庭共同财产等。这些财产可能会分成两种情况，即一人数财产和数人一财产。

3. 一人数财产

一人数财产的例子有信托。信托财产，名义上归属于受托人，然而和受托人的固有财产相分离。如果一个信托公司本身拥有资本金1亿元，甲是委托人，甲把他的1000万元财产信托给这家公司，由该公司来管理。该公司名下虽然有1.1亿元的财产，但它自己的固有财产是1亿元，对外如果发生自有的负债，必须以自有的1亿元去清偿，不能拿甲给它的1000万元的信托财产去清偿。同样道理，如果因为信托事务管理而发生对外的债务，那只能以信托财产去清偿，而不能用信托公司的固有财产去清偿，这是责任财产的应有之义。[1] 如果从概括财产一般原理而论,债务跟着财产走,信托事务上发生的债务以信托财产偿还,受托人自己事务上的债以他的固有财产偿还,两者是分离的。这意味着受托人会持有两份财产,一份是信托财产,另一份是固有财产,这样就出现了一人一财产的例外,变成了一人二财产。

4. 数人一财产

数人一财产的典型例子就是遗产、合伙财产、夫妻共同财产。

(1)遗产

如果三个继承人甲、乙、丙同时取得了遗产,这份遗产构成了在分割之前清偿遗产债务的责任财产。遗产上如果有 1000 万元的债务,这个遗产本身有 2000 万元,那么首先遗产要用来清偿遗产债务。如果甲、乙、丙另有个人债务,那些债权人能否就遗产求偿?甲对外欠了 3000 万元,乙欠了 2000 万元,丙欠了 1000 万元。被继承人原来欠债 1000 万元。若被继承人的债权人也一并主张就该遗产还债,就会出现遗产上的债权人和继承人的个人债权人之间的权利冲突。此时应当如何处理?如果不承认特别财产的概念,最终就会导致所有的债权人都有权就这 2000 万元遗产主张权利。因为按照当然继承主义,人一死,遗产就归属于全体继承人了,既然归属于全体继承人,也就成为各继承人各自的责任财产,凭什么他们个人的债权人不能就遗产求偿?当然也可以,但是这样处理,恐怕会对遗产债权人造成极度的不公平。

所以,各国继承法上共同的规则是,遗产首先要用来清偿遗产债务,剩余的才会分配给继承人。分配给继承人之后,遗产才真正变成了一般意义上的继承人的固有财产,所以继承人的债权人也只有等到遗产被实际分割到继承人手中之后,才能向继承人主张权利,而不可能越过遗产分割程序,和遗产上的债权人一起主张权利,更不可能在遗产债权人之前提前主张。这样一种安排背后隐藏的理念实际上就是基于财产的不同性。虽然采用当然继承主义,似乎遗产在被

---

〔1〕 不过,比较法上,规则并不一致。例如,英美法上,传统规则是,对于信托关系上的债务,受托人要承担无限责任,受托人用自己的固有财产偿还了信托债务之后,可以从信托财产中求偿。为什么要采用这样特殊的构造?是为了抑制受托人的风险行为。受托人如果只以信托财产为限对外承担债务责任,受托人就可能从事高风险投资,亏光了也不用自己掏钱。由于英美法上传统以家事信托为原型,不允许受托人从事高风险投资,因此原则上受托人要负无限责任。这个问题在我国信托法上争议极大,受托人到底是负有限责任还是无限责任,目前尚无共识。

继承人去世后，马上就变成了全体继承人的共有财产，但实际上在法律观念上它们区别于继承人的其他财产。或者我们用固有财产来描述继承人的其他财产，固有财产和遗产实际上是分离的，是两个责任财产。而遗产这一责任财产，只供用于清偿遗产债务。如果不足以清偿遗产债务，在有些国家法律上会有遗产破产程序。如果遗产足以清偿债务，还有剩余财产，才会轮到继承人的个人债权人去求偿。可见在遗产制度之中，法律已经隐含了将不同财产进行切割，安排各个财产只承受各自财产上应负担的债务，如有剩余再供作他用，如无剩余不再供作他用的规则。

（2）合伙财产

合伙财产也是如此，当然普通合伙的这种资产分隔程度相对要弱一点。因为我国关于合伙的法律规定没有体现这样的原则。甲、乙、丙三个人共同成立一个合伙企业，按照合伙合同的约定，须相互出资，出资流向哪里？如果是采用合伙企业的架构，那就是出资到某一个合伙企业名下。但是如果不采用合伙企业的架构，就按照民法典上合伙合同的规则来，无从把出资财产转移到合伙企业名下，但是三个人的出资肯定还是要区别于三人的固有财产。如果约定甲出不动产，乙出动产，丙出钱，难道各自仍然保有各自的财产，就算完成出资吗？显然不能。不动产必须要交出来，动产和钱也要交出来，交到哪去，交给谁？如果没有一个像合伙企业这样的主体，那岂不是至少要求变成一个共有财产？比如，把该不动产变成甲、乙、丙三人共有，把动产也交到三个人共同占有之下，把金钱存到一个户头上，这个户头可以是联合账户，也可以是以某人名头开设，但是受三人共同控制，这才算完成出资义务。所谓的出资本身就意味着要从合伙人的固有财产中分离出来，否则就不能叫出资。出资完成之后，就使各自应出的资产变成了合伙人的共有财产，从而该共有财产实际上就已经具有了特别的法律地位。出资形成的合伙财产是不是应该优先用于清偿合伙债务？这一点我国《民法典》规定得不清楚，但是在《合伙企业法》中规定得很清楚：合伙财产首先应当用于清偿合伙企业的债务，合伙人的个人债权人不能直接要求以合伙财产来清偿他们的债务。合伙人的个人债权人充其量只能要求以合伙人在合伙企业中所占的财产份额来清偿。

通过这种架构，实际上我们已经看到了组织法的影子。在 1997 年《合伙企业法》公布之前,我国法律上压根就没有提到合伙企业是一种法人或者非法人组织。在《合伙企业法》公布之后,合伙企业就具有这样一种财产分割的效力:合伙企业财产优先用于清偿合伙产生的债务,如有剩余分配给合伙人之后,合伙人的个人债权人可以从分得的财产中求偿。但是,在合伙企业存续期间,合伙人的个人债权人不能对合伙企业财产有所主张,只能要求强制执行合伙人在合伙企业中的财产份额。

在一般的合伙合同的情形中,由于并没有明确这样的原则,会产生各种不能厘清的法律关系。如果甲、乙、丙三个人共同设立一个合伙企业,但是没有去办理合伙企业登记,出资已经完成,把动产、不动产、金钱都汇总到一起,构成了1000 万元的财产,并对外发生债务。如果这 1000 万元不能优先用于清偿合伙债权人的权利,跟合伙打交道的债权人恐怕都会心里犯嘀咕。要是各个合伙人本身负债就很多,谁还愿意跟合伙打交道?虽然三人拿出了 1000 万元,但是甲、乙、丙各自身负 5000 万元的债务,那么与合伙打交道的债权人可能会担心无从就合伙财产受偿。所以,在一般的合伙关系中,如果没有明确这种责任财产具有一定程度上的独立性,这对合伙的发展是非常不利的。因此,在英美法的合伙法上早就可以看到这样一种承认一定程度资产分隔的原则,有的理论称为双重优先原则。我国《合伙企业法》也参考了此种原则,但是《民法典》“合伙合同”一章中并未规定此种原则。之所以造成这样一种合伙合同法和合伙企业法之间相互背离的局面,纯粹是因为历史原因。中国没有先完成合伙合同的立法,再来完成合伙企业立法,而是倒着走:《合伙企业法》先行(特别法先行),一般法反而没有及时地跟上。于是就产生了这样一种麻烦。

(3)夫妻共同财产

夫妻共同财产和共同债务之间有不可分离的联系,这是《民法典》婚姻家庭编编纂过程中争议极大的一个问题,也是社会各界普遍关注的一个问题。夫妻共同债务是否以夫妻共同财产为限来偿还?理论上一直有人主张应负有限责任,也就是说,夫妻关系存续期间发生的共同债务,那就以共同财产来偿还,共同财产不足以偿还的,不需要以夫妻一方在离婚后的个人财产来承担偿还责任。也就是夫妻一方不需要以个人财产承担连带责任。而以往的观点经常认为夫妻一方对于共同债务负连带责任。所以,离婚之后,共同财产哪怕已经被债权人瓜分殆尽,一方还得不断地以个人财产去偿还,造成了很多的悲剧。当然,这不仅仅是因为共同财产制度没有厘清,还有共同债务太过宽泛等原因。根据很多报道,夫妻离婚之后财产早就被执行完毕了,而妇女一边带着孩子生活,一边收入还不断地被债权人扣划,其债务来源很可能根本就不明不白,与夫妻共同生活也没什么关系。这些问题和原先的婚姻法司法解释脱不了干系。直到最高人民法院于2018年公布施行夫妻债务的司法解释,才算是初步解决了这个问题。《民法典》第1064条吸收了该司法解释的主体内容。不过到目前为止,只是说在夫妻共同债务这个层面加以收缩了:原则上共债共偿,与共同生活无关的债务不算是共同债务。但是,这样做是不是就足够了?理论上一直有人主张,既然是共同债务,说明是在共同生活期间发生的,用于承担债务的责任财产应当是夫妻共同财产。如果一个人结婚之前的个人财产不必为他的婚后共同债务承担责任,为什么离婚之后的个人财产还要为婚姻存续期间的债务承担责任,一直到死亡为止?也就是说责任跟债务是不是应该匹配?

这个问题到现在也没有彻底解决,尽管实际上是有类似的立法存在的。但是,我们在法律和司法解释条文之中已经可以捕捉到一点迹象,现在并不倾向于把夫妻共同债务理解为连带责任。在婚姻法司法解释中曾经出现过"连带"的字样,但是这些司法解释在《民法典》通过后重新修订发布,已经没有"连带"的字样。它不再说夫妻共同债务由夫妻一方连带偿还〔1〕,这意味着共同偿还和连带偿还之间的差异逐渐被认识。这并不是第一象债法意义上的人的责任,而更多的是第三象意义上的责任,即财产上的责任。如果共同财产没有了,被执行完毕了,未必需要夫妻一方一直到死都得以个人财产负连带责任。当然,这方面的法律发展还需要假以时日再做观察,是否会达到有限责任的状态,目前还不确定。

但在这里其实也可以看到,在第三象财产意义上,财产更多的是和债务上的责任联系在一起的,同时又带有物法的特征。把财产的集合作为整体切割出来,形成一种独立的财产,这种财产其实离第四象组织已经不远了。因为组织

〔1〕 最高人民法院《关于适用〈中华人民共和国婚姻法〉若干问题的解释(二)》(已失效)第25条、第26条规定,夫妻对共同债务承担连带清偿责任。最高人民法院《关于适用〈中华人民共和国民法典〉婚姻家庭编的解释(一)》第35条、第36条不再称连带清偿责任。

无非是在这一堆特别的财产上安上一个主体的名目而已,只不过各种组织另有各自的个性。

(四)第四象:组织

法律上有各种各样的组织。在私法上最有用的分类是财团和社团。财团有法人财团和非法人财团,社团有社团法人和非法人社团。尽管现行法采用了营利法人和非营利法人的二分法,但这种二分法其实是失败的,因为它只能服务于税法或者公法上的目的。在税法上,营利法人与非营利法人被区别对待,非营利法人享有诸多税收优惠;在公法上,非营利法人受到比较多的管制,营利法人相对管制较少。但这都跟私法没有关系,因为私法着重解决的是私人之间的法律关系。无论是税法上的优待,还是行政管制的强化或弱化,都是私人与国家之间的关系,不是私人之间的关系。下面着重分析财团和社团。

1. 财团

财团相对简单,它是第三象财产的一个自然而然的延伸,因为财团没有人的因素,或者说没有成员的因素。当然不是完全没有人,有管理者,但管理者与财团的关系基本上是债法上的关系。一堆财产,法律如果不把它规定为法人,那可能是一个特别财产。在英美法上可能用信托,在大陆法上可能用类似的制度。比如,《意大利民法典》第 2447 条之一至第 2447 条之九规定了一种特别的制度:一个股份有限公司,它可以把不超过 10% 的财产切割出来,设立一个特别财产,这个特别财产只供用于清偿特别财产上所发生的债务,而不用于清偿公司的一般债务。为什么会有这样的制度?原因至少在于债法和物法上的规则都不能解决这样的问题。这样一种在一个主体上切割出来一块特别财产,它跟一个独立主体之间距离还有多远?如果把这 10% 看作一个子公司,它也会产生类似的资产分隔的效力,现在只不过法律上不给它一个主体的名分,只是一种特别财产。之所以不把它设计成一个独立的主体,是因为有各种好处。如果设立一个独立主体,设立一个子公司,各种税费、行政管制接踵而至。现在它不是一个主体,所以它自然也没有那么多的事情。但是有好处,也有不方便之处。不方便之处在于,这一块独立的责任财产不能对外实施法律行为,还得以公司的名义去对外实施法律行为,可能在法律交往上不那么方便。如果要选择法律交往上更为方便的形式,那就可以设立法人。

所以，如果是为了一个特定目的而服务的一堆财产，不选择把它设置为一个特别财产，那就可以把它设计为一个财团法人。财团法人与特别财产之间的距离实际上就是一个法人名分的距离。而这个法人名分通常而言，只要满足国家管制的要求或者许可的要求就够了。除此之外，财团相比于这种独立的、特别的财产，其实并没有体现更多的东西。当然，财团法人需要管理，但是特别财产也需要管理。就管理关系而言，两者不存在本质性的区别。

2. 社团

从财团法人往前走，会看到社团法人——当然也可能是非法人社团。就社团而言，尽管我们通常把它描述成是人的集合，而不是财产的集合，但实际上社团也必然会有财产。一个没有财产的社团是无法想象的，哪怕是非营利社团，肯定也要以财产为活动基础。一个俱乐部、一个协会不能没有财产，没有财产，它凭什么对外发生各种关系？其中首先是债之关系。一个不名一文的组织，没有任何责任财产，哪个权利人愿意与它发生债之关系？没有一般担保，没有责任财产，债是空的。法律上的债，必然和责任财产相联系。日常生活中所说的人情债、感情债，那是不需要责任财产的，在这个意义上也可以说情债非债。在社团法人的层面，首先要有财产。因此，无论是营利社团还是非营利社团，社员出资义务其实都是免不了的。哪怕是以劳务出资，也是出资，最后会转变成金钱赔偿责任。只要能转变成金钱赔偿责任，最后都意味着要有责任财产，要存在一般担保。

而社团之所以区别于财产、财团，仅仅是因为社团另外还有人的集合的层面。我们也许又要回到原点，从第一象开始，债就是人与人之间的关系。到了最后，社团法意义上的人与人之间的关系，和债法意义上的人与人之间关系有何不同？两者具有很大的共性，它们最终都要归于一种以合意为基础的关系。从合意出发，我们会从最初的合同之债开始。虽然债包括了意定之债和法定之债，但毫无疑问合同之债是核心，是典型；而法定之债看上去好像与意思没有关系，但是如果把法定之债的规则看作对意思的模拟，也许它们和意定之债之间的距离就不那么遥远。为什么要返还不当得利？一个理性的人，如果让他来事先设计社会规则，或者给出几种社会规则的选项让他选择，会接受不当得利这样的规则。不当获得利益，当然要返还，如果每个人处在那个位置，他会认为返还是天经地义的。也就是说,如果两个人有机会事先进行合意,他们想必也会达成一种不当得利之债。设想让双方来约定:如果A有朝一日从B那里无法律根据而获得利益,A愿意返还给B,反之亦然。我们每个人也会接受这样的规则。当每个人处于“无知之幕”下的时候,他来设计社会规则,每个人都会同意这样的规则。无因管理也是如此,侵权行为又何尝不是如此?假设甲、乙两个陌生人预先有机会来达成一个协议,将来如果一方因为过错而损害另一方的权利,一方要承担赔偿责任,甲、乙都会同意。

法定之债看上去好像是法律创造的,但是并不像公法意义上的法定或者经济法、社会法意义上的法定,它不是立法者人为设计创造出的债务,可以说是立法者基于市民社会中人之常情所表达的,一个人如果给他同意的机会,他将会同意的规则。所以,从这个角度来看,法定之债的规则无非是立法者对潜在的当事人意思的模拟。因此,我们也可以把整个债法的规则看作具有合意基础的。

那么,社团法上的人与人之间的集合,当然也要以合意为基础。没有合意,一群人如何能够组合在一起设立一个社团?这是债与社团的共同点。所以也可以理解,社团法上所说的社团设立自由,仍是私法自治一般原则的体现。因为设立社团、运营社团本身也是各个当事人基于自己的意思而设立法律关系的产物。但是又有不同点,体现在组织法上的多数决原则上。债法上的合意原则是基于每个人的同意而发生关系的,原则上并不允许部分人的意志凌驾于另外一部分人之上,不管这部分人是多么的多数,除非双方另有合意,如双方约定由一方来确定价格,价格事先不确定,事后由一方说了算。但这只是一种例外,当然在此种情况下,确定价格的一方的权利也不能滥用。债法上,单方决或者多数决是一种例外,然而在组织法上它却是原则,是常态。因为组织要顾及运营的效率性,如果每个人说了才算,组织就无法运行,会产生各种经济上的无效率。

从这个角度来看,似乎组织法的原则和债法的原则距离较远,但是细究组织法上的多数决原则,它的前提也是基于合意而形成的。例如,公司章程是可以经多数决而修改的。这看上去好像就是多数人在约束少数人,然而少数人之所以能够被约束,是因为当初他们就同意这样一种多数决的规则,因为初始章程必须是全体一致才能订立，至少有限责任公司的情形就是如此：在有限公司设立之时，章程必须由全体股东签名盖章。全体股东签名盖章意味着他们已经接受将来决定公司重大事项时多数决就可以拘束所有人这一规则。股份有限公司的情形有所不同。采取发起设立方式设立股份有限公司的，由发起人制订公司章程，章程是全体发起人一致同意的结果。采取募集设立方式设立股份有限公司的，虽然经出席创立大会的认股人所持表决权过半数就可以通过公司章程（《公司法》第 90 条第 2 款、第 3 款），似乎不是全体认股人一致同意章程，但是在发起人向社会公开募集股份时，必须公告招股说明书，招股说明书应当附有发起人制订的公司章程（《公司法》第 85 条、第 86 条），则认股人在决定认股时有机会知悉公司章程，如果认股人不愿意接受该公司章程，完全可以决定不认股；如果认股人决定认购股份，则可表明他已同意该公司章程。就此而言，募集设立的股份有限公司的章程，仍然可以看作全体股东合意的结果。而且，《公司法》规定，创立大会的职权是通过公司章程，而不包括修改公司章程（第 90 条第 2 款第 2 项）。在公司成立环节，即便是多数认股人，也不能背离少数认股人的意思修改章程。虽然社团法人为了顾及组织运营的需要而创设多数决这样一种机制，但是从根本上并没有彻底远离那个“梦开始的地方”，并没有背离合同法，没有背离民法最初的出发点，就是意思自治原则。

（五）“四象”的差别

以上是对“四象”之间共性的大致梳理。我们还可以进一步阐发彼此之间的差别。比如，从债到物、到财产、到组织，可处分性可能就会发生变化。债之关系和物权关系之中的权利，处分自由相对来说是比较强的。债权原则上可以让与，物权也是如此，但是财产和组织就未必如此。财产作为一个集合体，原则上不能让与，组织也是如此。甲如果把他所拥有的整体财产加以让渡，这往往会被认为是无效的。《德国民法典》第 311b 条第 2 款规定，如果约定某人让与其将来财产，这样的约定是无效的。因为它会造成对一个人的经济自由的妨碍。一个人把他的概括财产都让渡出去了，和卖身为奴就没有太大差别了，他的经济自由就几乎丧失殆尽。同样达到类似效果的法律行为往往也被禁止。比如，一个自然人把他将来的所有的债权都让渡出去，在法律上往往也会被认为是无效的。当然，无效的理由未必见于明文规定，而是基于违背公序良俗。

一个人把所有的将来的收入、将来的债权全部转让给某个债权人,以换取一笔融资,会造成过度被钳制的结果,导致他丧失基本自由。

这不仅仅是对债权转让的限制,也包括对将来财产处分的限制。由此也不难理解,为什么过度担保约定会在很多国家被认为无效。尤其是未成年人为家属提供担保,父亲对外面的债权人签了合同,然后债权人让一家老小几口全部签了担保合同。等小孩成年之后读了大学,工作之后,他可能被债权人追得一辈子都抬不起头来。这样一种担保合同在大陆法系和英美法系很多国家都会被认为无效。实际上它与那种处分将来的责任财产没有本质区别,尽管这里发生的是一种债之关系,但是债之关系是以全部责任财产为债的一般担保。

不过,随着时代的发展,这样一种概括财产不得处分的原则也在松动,还出现了例外,典型的例外就是浮动担保制度。浮动担保制度实际上就是在一个主体的全部或者部分概括财产上设定担保,这样一种担保模式在以往可能会被认为是有害的,但是最终商业实践战胜了法律上的顾虑。如今不管是英美还是我国都承认这样的制度。在大陆法系某些国家,会通过其他手段来实现,如概括性的让与担保:法律上没有明文允许设立浮动抵押或者浮动质押,但是由于对让与担保的限制已经极度宽松,不用质押和抵押方式也能达到类似的目的,把全部或者大部分概括财产(包括现有的和将来的)让与给债权人,然后债权人放贷,就可以达到同样的目的。所以,总体来说,浮动担保的一般性法律限制在现代几乎消失了,只不过还会对这种用法有其他的限制而已,如通过主体或者客体加以限制。我国就坚持这两种方法,主体上只能是商事主体,自然人是不可以的;客体上,限定标的的范围只能是动产浮动抵押,充其量再加上财产权利的浮动质押,但是不动产不在其内。这样避免一个人把他作为生存根基的不动产也设立浮动担保,以致摧毁生存基础。

但是,不管怎样限制,或多或少都可以看出一种概括财产不得处分之例外。只要法律上有妥当的手段防止一个人的经济自由遭受毁灭,就未尝不可。一个人要把他的概括财产设立担保固然并非不可以,要设立用益性的权利也可以。比如财产上的用益权,其实就是一种概括财产上的为他人设置的用益关系,这也是可以的。在各个法律制度上都允许在概括财产上设定用益关系,不管是通过信托、用益权还是类似制度。这就会导向第二个层面的问题,就是这“四象”

之间实际上存在一种流变关系，也就是说这四种关系之间不是截然对立的。

## 三、民法“四象”之间的流变

### （一）流变关系与中间形态

理论上对这种流变关系会有各种解释。比如，一种观点认为，物之关系就是债之关系的结合。因为债是特定人对特定人的关系，物是特定人对不特定人的关系，把每一个特定人与特定人的关系组合起来，就成了对世界上所有的不特定人的关系，所以物权无非是债权之结合。当然，这只是其中一说，物权关系实际上具有债权关系所没有的特点，如负担的承受等。组织和概括财产之间也会有流变关系，有的时候可能只是差一个登记，有了登记就变成主体了，没有登记就只是停留在概括财产层面。但是，登记充其量是一个技术问题，真正的差异恐怕不是在于这种纯技术性问题。而且除了登记，有些制度是共通的，如破产制度。在我国现行法上，破产似乎是组织专属的一个制度。《企业破产法》规定，只有企业法人才能破产。除企业法人之外，也通过司法解释等承认，合作社、合伙企业也可以破产。虽然目前在我国法上可破产的似乎只是组织，但是在比较法视野下，可破产者绝不限于组织。遗产可以破产，信托财产也可以破产，这些都不是所谓的主体、不是组织，它是第三象意义上的概括财产。概括财产也可以破产，本质上还是因为概括财产具有责任法意义，具有可独立负债并隔离其他债务之类的特别目的，或者说是一种资产分隔。资产分隔可以通过法人的方式来完成，也可以通过非法人组织或不成立组织的方式来完成。

资产分隔主要是在负担债务的意义上来实现的，自然也会产生资不抵债的问题。既然资不抵债，就会有破产问题。所以，把这些概括财产纳入破产制度适用范围，其实并不存在本质性的障碍。相反，还可以解决很多实践中麻烦的问题，如现在讨论很多的遗产的法律地位问题。遗产在分割完毕、分配给继承人之前到底是什么法律地位？从权属上来说好像是全体继承人共有，但是它与一般的直接共有财产又不一样。遗产与债务之间又是什么关系？如果引入破产制度，可能很多问题就会迎刃而解。

既然“四象”之间存在流变关系，也就是说并不是截然分离的，意味着可能存在中间状态,也就是说会出现横跨多面的一些法律关系。在这样一些法律关系中,相对来说最容易有共识的或者最普遍的,就是租赁。除此之外,中间状态还有担保权。

1. 租赁

租赁在各国法上的定位不是那么清楚,尽管在民法概念体系之中租赁类似于债权,但无法因此无视它已经物权化的事实。很多理论只是用债权物权化来描述它,然而物权化是不是等于物权?每次碰到民法上的这些概念,就让人困惑。"××化"或者"准××"之类概念到底是债权还是物权,"准"的又是 A 还是 B?这些词汇给我们带来了困扰,恰恰是因为它们本质上横跨物债二者。

有的法律直接把租赁权定位成物权,如英美法上的土地租赁权。当然英美法上一般不用物权概念,而是称为财产或财产权(对世权意义上的)。但即便是在大陆法系,租赁关系也绝不能以准物权一言而蔽之。虽然都叫租赁,但各种标的上的租赁权要化成物权的程度也是不相同的。就不动产租赁和动产租赁而言,两者就差别极大。比如"买卖不破租赁"(准确地说是让与不破租赁),我国的规定看上去非常简单,"买卖不破租赁"适用于所有的租赁,不管它是不动产租赁还是动产租赁、是长期租赁还是短期租赁,一概都适用"买卖不破租赁"的规则。但是,这样一种规则恰恰是比较法上的另类,只有中国大陆地区和台湾地区是这么规定的,大概很难见到其他类似的例子。一般的比较法上规定"买卖不破租赁",多半都有限定条件,主要适用于不动产租赁的场合。因为只有不动产租赁才有更强烈的物权化的需要。不动产的承租人被默认为非常弱势,尤其是住宅承租人需要某种强度的法律保护,但是动产租赁就不是如此。而不动产租赁也要看长期性和短期性,长期性的租赁赋予它"买卖不破租赁"的效力,可能是有更强的正当性,短期的就未必如此。由此可见,这种租赁关系的中间状态与纯正的物权关系还是不一样的。

再者,租赁权的物权化是单向的。将用益物权和租赁作对比,用益物权关系之中的对抗效力是双向的。用益物权人可以独立地转让物权,然后所有权人就必须要跟用益物权人的后手继续维持用益物权关系。所有权人也可以自由转让他的所有权,他的后手将会继续承受用益物权关系,这是双向的。然而在"买卖不破租赁"这样一个被认为最能够表现租赁权之物权性质的规则之中,它呈现的法律构造是单向的。因为只有出租人才能自由转让他的所有权，然后他的后手将会承受租赁关系，而承租人是不能自由转让租赁权的，承租人不能通过自由转让租赁权来让出租人承受与承租人后手的关系。不可自由转让租赁权，背后的理由是，租赁关系中人的因素可能更强，出租人更看重承租人的资力，如果承租人的资力比较差，有可能会付不起租金，承租人就有可能把租赁权转让给后手，从而逼出租人来承受后手支付不起租金的风险。当然，理论上出租人可以向承租人追索，然而承租人如果一去不复返，追索是难以实现的。从这个角度来看，租赁权不如物权。

另一个问题是，租赁法上这些所谓的物权化规则，是不是任意法规则？“买卖不破租赁”的规则能被特约放弃吗？甲、乙约定把出租人甲的房屋卖给后手丙，丙有权把乙赶走，或者乙不能对丙主张租赁关系继续存在，这样的约定是否有效？如果从债法的面向来看，似乎它就应该有效。这好像不违背法律强制的目的。租赁也不是物权关系，谈不上内容法定。承租人也未必需要强行法保护。如果说“买卖不破租赁”规则旨在保护租赁关系中的弱势承租人，有的关系之中承租人并不弱势，如两公司之间签订的租赁合同，约定为买卖破租赁，又有何不可？

况且，如果一定要否定这种特约的效力，当事人也可以迂回通过其他的约定来达到类似的效果。比如，租约之中约定附一个解除条件，只要出租人卖了房屋，租赁关系就此终止，这种附解除条件又有何不可？所以，尽管租赁权似乎出现了物权化的某些倾向，但是它离真正的物权还很遥远。遥远可能并不是坏事，因为如果它真的像物权了，可能反而会失掉本应有的灵活性。物权和债权代表了人类配置资源的两种方式，一种是标准化的，另一种是定制化的。如果一切财产关系都被标准化，那就是一种灾难。

2. 担保权

担保权实际上既有债法的面向，也有物法的面向。只不过在现在的担保法之中，债法的面向已经尽量被抽离了，物法所被关注的仅仅是其对抗第三人效力的面向而已。但是，如果双方当事人在担保合同之中约定了一些债法性质的内容，也并无不可。比如，在实践中有这样的约定，抵押合同约定抵押权人占有抵押物，并且在此期间还可以就抵押物收取孳息，是否可以？虽然法律明确规定抵押权是不移转占有、凭登记而创设的担保物权,现在当事人约定不仅办理登记,而且抵押权人还占有了标的物、还在收租,这样的约定是否无效,是否违背了内容法定原则?这种权利是否就不再是抵押权?难道是质权?何况我们还不承认不动产质权。恐怕也不能一概而论。如果考虑到法律规范的目的,担保法为什么会抽离掉那些当事人之间的债务关系的内容,是因为它们与担保本质是不相关的。担保只要满足优先受偿的目的就可以了,至于当事人之间就物的用益如何去设定,其实没有关系。只不过这种用益设定通常只要没有满足用益物权的要件,就不能产生物权法上的效果,不能对抗第三人而已。甲、乙之间约定抵押权人甲收取用益并无不当,将来抵押人乙把抵押物出售,这些用益关系仅仅是一种债之关系,甲不能对抗乙的后手,那又何必一定要把甲、乙之间债法上约定的效力也一股脑地否定?这是没有必要的。

这还仅仅是债法和物法重合的部分。从组织法来看,浮动担保离组织法已经很近了,几乎是一步之遥。如果把 A 的所有责任财产都为 B 设定浮动担保,确实就有可能产生 B 对 A 的某种支配关系。A 虽然是一个主体,可是 A 把将来所得的全部财产以及现有的全部财产都抵押给 B,A 跟一堆责任财产有什么区别?在 B 眼中 A 就是一堆责任财产,而且 B 有优先受偿权,后面再和 A 打交道的债权人受偿都要劣后。B 是 A 的"第一",渐渐地 B 就变成了 A 的"唯一",因为没有人愿意跟 A 打交道。B 已经优先设立一个浮动担保权,其他人跟 A 打交道,债权都必然会劣后。因为 A 已经丧失了经济上的自由,丧失了对外实施民事交往的必要的物质基础,A 和一个客体已经没有区别了。

所以,我们不难理解《民法典》第 416 条为什么要创设超级优先顺位的价款抵押权,就是为了打破浮动抵押权人对抵押人再融资渠道的垄断,避免由于"第一"而成为"唯一"。换句话说,还抵押人最后一点主体的尊严,主体应有的自由,使他成为一个主体而不是客体。这也是担保法上一个重要的课题,即过度担保。如何在发挥担保优势的同时,避免担保人被担保权人所支配、沦为担保权人的客体?

这里我们也可以看到这样一种主客体之间的流变关系,尤其是在组织的场合。自然人好歹还会有一些自由财产(豁免财产),他生活所必需的财产是任谁也无法强制执行的。但是,对组织没有这样一个概念,组织不需要生活,它所有的财产都应该被纳入责任财产的范畴。所以，这是组织法上所面临的特殊问题：承认组织的独立性，组织有它的自由意志，它与单纯的财产、单纯的客体不一样，但是这种组织的自由意志并不是当然就有的。它可能会受到经济关系中某些特殊交易的钳制，法律的任务就是要恢复它作为一个主体的本来面目。

（二）“四象”的自由度

“四象”的自由度如何？通常我们会认为，债法之中自由度是最高的，受合同自由原则支配，只要是特定当事人之间的关系，当事人想怎么做就怎么做，反正无害于第三人，所以怎么约定都行。但是越到后面，似乎强制的一面就增强了，因为到了物法层面就已经不允许随便创设物权关系了。之所以受到物权法定原则的支配，是因为它会广泛地涉及第三人利益。物权法定最重要的理由，不是为了防止封建复辟，也不是为了整理旧物权，而是维护交易安全，或者更确切地讲，是为了防止对第三人造成负外部性，造成过高的成本。

到了财产层面，特别财产必须由法律创设，在此同样遵循的是类型法定原则。物权必须类型法定，财产上的特殊财产效力也必须类型法定。法国法系的民法理论上对此有比较多的阐述，一人一财产是原则，一人数财产是例外。也就是说，特别财产或者目的财产都是要有法律规范去创设的，没有法律规范创设它，那么一个人名下所有的责任财产都应当用作其债务的一般担保。不能随便主张某一部分财产是不属于责任财产范围之内的，否则必然也会有害于第三人利益，所以在责任财产对抗第三人效力方面肯定也要贯彻法定原则。

最后到了组织层面。关于组织的类型，至少在法人领域，是实行法定原则的。在非法人组织领域，严格来说并不实行法定原则。不实行法定原则的理由在于，非法人组织的资产分隔的程度不如法人。法人的特点在于双向的资产分隔，如一家公司设立后，能够追索公司财产的只有公司的债权人，公司债权人不能追索股东的个人财产。这被称为反向资产分隔。另外，还有正向资产分隔，它是指股东的个人债权人不能去追索公司的财产。股东在外面欠了很多钱，债权人只能追索股东在公司的股权，不能去追索公司财产，因为不是公司的债权。这是一种正向资产分隔。通过这双向的资产分隔，最终法律效果使法人财产真正独立出来，只供法人债务清偿之用。由此我们才能发现真正的法人化的好处，法人的创设就不会受到股东的个人债务状况的影响。股东个人负债累累无所谓,因为公司财产是不对股东个人债务负责的,这样才会使公司成为大规模事业的一个工具、一个载体。所以,美国的汉斯曼(Henry Hansmann)教授和克拉克曼(Reinier Kraakman)教授称其为组织法的本质角色,或者说组织法最重要的作用,就是确立这样一种资产分隔的架构,把债权人的权利进行重新配置,这是法律的本质的功能。[1]

至于其他功能,法人法在内部关系上的功能,不需要非得由法律来规定。内部组织关系如何,通过合同可以解决。但是,必须通过法律解决的,就是对第三人权利的安排,主要涉及债权人权利的安排。也正是基于此,法人的外部关系只能法定,而且必须法定;法律不定,合同定不了,交易成本过高,事实上无法做到。这样一来,看上去从债到物再到财产最后到组织,其法定性越来越强,自由度越来越弱。总体上似乎是这样,问题是就具体层面而言,自由度是不是就真的一路弱化,恐怕是不能一概而论的。

1. 债并非完全自由

在债之关系中,有些时候会有法定的干预。法定的干预主要是基于公法上的目的,就私法角度而言并不十分合适。比如,在租赁法之中,经常会有一些保护承租人的规则,它们的默认前提是承租人是弱势群体。然而实证研究发现,承租人通常并不弱或者并不总弱,对承租人的救济更适合用公法上的手段来达成。弱势的承租人租不起房子,可以依靠政府提供的公租房、廉租房,这时候用私法的手段并不十分合适。因为私法通常是不精准的,私法是以平等抽象主体为预设,预设双方对等,所以它的权利义务设计是从这样一种预设前提出发。如果偏离了这样的预设,私法的手段实际上是很拙劣的。它要去保护那些弱势方,经常保护得不精准。租赁法如此,劳动法也是如此。劳动法预设劳动者是弱势群体,可是我们具体去看劳动关系,如果一方是高管,未见得高管就弱;如果一方是技术骨干,未见得他就弱,他利用技术上的优势反而可以挟制公司。所以,私法对于民事主体要做到精准的倾斜保护,实际上相当不合适。因此,债法在原则上保持一个自治法的基调,这还是合理的。

---

〔1〕 See Hansmann et al., *The Essential Role of Organizational Law*, Yale Law Journal, 110, p. 387 (2000); Hansmann et al., *Law and the Rise of the Firm*, Harvard Law Review, 119, p. 1333 (2006).

2. 物权法定与物权自由之间有多远

物法上虽然有很多强制性规范，但是这种强制性规范不能混同于公法上的管制性规范。首先目的就不相同。物权法上的强制性规范并不含有任何行政管制的目的，仅仅是为了防止私人之间的行为对第三人利益造成不利影响。换句话说，其更多在于效率面向。私人之间的物权行为可能对外部第三人造成成本，产生经济上无效率的结果。例如，当事人双方设定了一个乱七八糟的物权，自己看得很开心，但是对于那些后手就很糟糕了。为了防止对后手产生影响，那就把财产权尽量地标准化。打个粗略的比方，货币面额有 5 元、10 元、50 元，哪天拿出一张 70 元的，谁还敢用？物权关系也是如此，A 和 B 创设了一种非标准化的财产权，就不仅仅是 A 和 B 之间的事情，还会对交易中的第三人产生影响。所以，原则上不允许自由创设。问题是这里的界限在什么地方。也就是说，所谓的对第三人造成影响，怎么来判断？如果一个关系不会对第三人造成不利影响，是否还有禁止的必要，那就未必。

物权法定包括了类型法定和内容法定。它的界限到底在哪里？比如，创设一种移转占有的抵押权，是不是就突破了类型法定，还是仅仅是突破了内容法定？如果在一种既定的类型之下，创设一种混合形态的关系，是不是就突破了类型法定？比如，在地役权关系之中同时设定包含人役权的内容，是否可以？

举现实中的例子，比如，就管道铺设创设一个权利，甲是土地使用权人，现在乙要在这里铺设管线，但并不只是为了乙的某一块区域的利益，也是为了乙这个公司的利益。甲现在允许乙铺设管线，约定期限 50 年，并称它为地役权，是不是它就可以产生物权效力？如果是不可以，这种约定就只能变成一种债权，现在约定了，甲哪天把土地使用权转让给后手丙，丙可以不接受乙的权利，对乙主张拆除管线，乙只能照办。这很明显会造成经济上的无效率。所以，界限到底在哪里？违反物权法定的效果到底是什么？虽然理论上有讲违反物权法定的效果，可能会导致物权不能设定，但是至少要能够守住的底线是，不影响债法上约定的效力，可以追究违约责任。问题是能否更进一步。比如，它能不能拘束知情的第三人？这是可以讨论的。说到底，物权法定理由是避免对那些不知情的第三人造成不利影响。如果他知情并且自愿接受，是否可以对物权法定原则作出突破？实例中，这种知情经常反映在对价中。丙买这块地时知道里面铺了管线,所以甲卖这块地给丙本身就打了折扣,结果丙买了之后反过来要求乙拆除,是否合适?有没有法律上其他手段去避免这种情况的发生?这当然有讨论空间。

中文文献会比较多地反思物权法定原则,但在欧美的文献之中似乎不那么多。有学者做过观察,物权法定在近 20 年内,在中文世界讨论得轰轰烈烈,两岸都是如此。可是在欧美去找相关文献,似乎认为物权法定没有全盘反思的必要。英美法系国家没有明文规定物权法定原则,但是据当代学者研究发现,普通法上也存在类似的类型固定原则,也不会通过判例法轻易创设新的物权类型。为什么是这样?一个重要的原因可能是人家的物权是够用的,我们的物权不够用,所以我们总要反思物权规定得太少了。

还有更进一步的例子,南非可以说是当代一个物权自由的立法样本。在南非物权自由,不再限于法定类型。但据实证研究发现,实践中当事人也没有那么异想天开,创设各种千奇百怪的物权类型。他们在登记簿上登记的物权类型也是比较有限的,也就是说大体上并没有超出大陆法系和英美法系传统上既有的物权类型。这说明什么?这说明物权类型到底多少合适,其实是受经济规律支配。物权类型不是越多越好,但具体多少合适,不需要立法者预先去设计它、限制它,让当事人自己去选择。如果甲作为一个物的所有人非要创设一种乱七八糟的物权类型,最终倒霉的可能是甲,因为甲的所有权压根可能转让不出去!潜在的受让人发现物上有各种各样前所未见的负担,就不愿意买了,这个物的价值就降低了,价值降低风险会自然抑制人们去创新物权的动力。所以,有人提出,物权法定的前提是达到物权的最适量,够用就行了。问题是谁能够得出最适量。立法者不可能得出,因为立法者的预见能力是有限的。司法者也得不出来,因为他所用的手段就是判例法,至多只能个别地认可新物权。当事人能不能得出?个别的当事人无法得出,但是经过漫长演进、拥有大量经验积累的当事人群体,确实可能得出,这就是自发秩序。

在几千年的历史中,为什么人类社会发展出的物权类型就那些,这是经过经验检验的,但同时也是符合逻辑的。为什么说符合逻辑?因为逻辑上周全的物权类型,实际上具有足够的开放性。从大陆法系的物权类型来看,其物权类型从所有权开始,所有权是不可能被任意创设的,它本来就是一种最圆满的权利,也不需要取决于法定。我们讲物权法定,主要也不是针对所有权的法定,因为所有权可以说是一种天赋之权,本来就是如此,本来就是最圆满的。所有权的权能上的完整性是固有的,不是法律创设的结果,法律只是确认、保护人类既有秩序中的所有权而已。所谓物权法定,实际上是在对所有权进行切割时候的法定,也就是说这块蛋糕的切法只能按照立法者给定的方式来切,不能乱切一气。对于这种他物权类型的法定,才是物权法定的本质。然而,他物权类型如果具有足够的开放性,其实物权是够用的。那么,他物权类型的开放性如何来判断?用逻辑上的标准就可以了。如果物权类型分成 A、B、C、D 4 种,而这 4 种已经穷尽所有的物权类型,那就必然够用。

(1)担保物权

在担保物权领域,差不多可以说物权类型是够用的。除了留置权、优先权之类少量的、个别化的一些法定担保物权,传统的抵押权和质权就可以覆盖所有的担保物权类型,因为物权标的无非是动产、不动产、权利(或者说物和权利),物和权利上各有各的担保物权可供设定,它们组合起来就是一个逻辑上的闭环。在民法典编纂过程中,有学者主张借鉴美国法上的一元化的担保权益概念。确实,美国《统一商法典》(Uniform Commercial Code,UCC)中的一元化担保权益概念在逻辑上是无死角的,因为它的担保权益就只有一种。以前美国法上也有抵押权、质权等很多种,从 UCC 第九编以后就只有一种了。但是这一种的标的可以是无限的,原则上任何财产都可以设定担保权益,虽然 UCC 只有一种担保权,但是它的客体没有限制,[1] 而且公示方法有登记、占有,理论上可以覆盖所有的可供担保类型,是无死角的,所以被称为“担保物权自由化”的典范。我国形式上没有采用一元化的担保权益概念,仍然维持了大陆法系传统的抵押权、质权的架构。但是这种架构只要在标的上放开,同样是无死角的,因为只要能够在法不禁止的财产上设立抵押权、质权,那二者就不会有遗漏。

问题在于,我国只是对于抵押财产采用了这种开放式的立法,只要法律、行政法规未禁止抵押的财产都可以抵押,这可以称为负面清单模式。但是,对于

---

〔1〕 当然,由于美国《统一商法典》本身适用范围的限制(原则上不涉及不动产),第九编原则上也不涉及不动产上的担保物权。不动产上的担保物权,在美国法上并未实现一元化。美国统一州法全国委员会曾经按照《统一商法典》第九编的思路制定将不动产担保物权一元化的统一法,但并未被各州采纳。

质押财产没有采用这种放开的方式,依照法律、行政法规规定可以质押的财产,才能质押,这可以称为正面清单模式。未法定可以质押的怎么办？有人说可以抵押,法不禁止的都可以抵押。问题是抵押得登记,法律没放开登记,[1]也没说明可以抵押的财产去哪里办理抵押登记,就等于没放开抵押。所以,抵押财产采用所谓的负面清单,是立法者开出的一个空头支票。法不禁止抵押,但是也没有明确允许抵押,就不会专门规定抵押登记,当事人根本就无从设立抵押权。如果说质押财产可以采用负面清单,为什么不会碰到同样的问题？因为质押只需要移转占有,不需要登记。如果是权利质押,不需要移转占有,但是法律也不需要特别为此规定公示方法,因为权利质押只需要以和权利让与相同的方式为之就可以了。只要这种权利可以让与,那就按照让与的办法来设立质押,不需要创设一种专门的质押登记制度。

所以,比较法上,对于质押财产,法律是不会去列举的,不会像我国《民法典》第 440 条一样列举 7 项。质押法只需说一句:"一切可让与的财产皆可质押",就可以了。怎么质押？按照权利让与的方法去做就行了。所以,现行的抵押法和质押法是存在缺漏的,这种缺漏不是因为大陆法系的意定担保物权二元划分体例出现问题,而是因为立法技术上出现问题。立法技术上的问题,当然有各种解决的办法,一种是通过目的性扩张的办法,另一种是在实务上更多地用让与担保来替代质押。没有被禁止让与的权利,即使没有法律、行政法规规定它可以质押,但既然可以让与,当然也就可以设定让与担保。让与担保并没有创设新的物权类型,只是通过所有权或者权利转让的方式来实现担保目的。至少对于处分清算型让与担保的效力,司法解释已经明确予以认可(最高人民法院《关于适用〈中华人民共和国民法典〉有关担保制度的解释》第 68 条)。质押之路有障碍,那就借道让与担保。

总之,担保物权制度不管采用一元式的还是二元式的,只要它能够覆盖所有的客体,它其实不存在死角。

---

[1] 现在的动产和担保统一登记制度,并没有明确除法律明确列举的动产抵押之外是否涵盖权利抵押,更没有明确权利抵押是否具有不动产和动产抵押一样的效力。

(2)用益物权

再看用益物权制度,如果有一种用益物权能够覆盖所有的财产,它也不会有死角。这种用益物权就是大陆法系传统上的用益权,使用权和居住权是用益权的两个缩小版本。用益权的客体可以是物,也可以是财产权利,还可以是集合财产;而使用权标的也可以是物或财产权利,但是使用权的权能缩减了,只能使用没有收益。居住权是一个更缩小的版本,只有使用,通常没有收益(当然法律例外规定,经约定也可以出租,也可以有收益),并且标的范围上最小,只限于房屋或者说只限于住宅。所以,从用益权到使用权再到居住权,是一个权能或客体逐次缩小的谱系。这三者合称为人役权,居住权处于最末端。

一个有趣的法律现象是,在东亚四部民法之中,传统上都不承认人役权。从日本民法到韩国民法再到我国两岸的民法,以往都是不规定人役权的。[1]日本民法近年修正后,在亲属编中规定了个别情况下的居住权。我国《民法典》规定了一般性的居住权。这已经是突破了。这个法律现象不是偶然,说明什么?说明传统上我们对人役权的概念是一种排斥的态度,认为人役权的功能由家庭法上的制度可以取代。因为人役权在罗马法上的起源确实是为了照顾家庭成员。以往是家父制度,家庭财产都归家父所有。家父去世之后,配偶如果没有继承权,遗产都归孩子所有,结果配偶可能就没有财产可供利用。有了用益权制度之后,配偶至少保有对遗产的用益权。东方文化中,父亲、母亲都很重要,子女是要尽孝道的,法律上不可能出现剥夺母亲对遗产的用益权的情况,因此不约而同地不采用这种制度。

然而,用益权发展到现在,早已超越了家事范围的需要,它也可以是商事需要。比如,实践中就有这样的需要。实践中存在一些收益权的现象,各种资产上收益权,包括项目股权上的收益权、应收账款收益权,还有票据上的收益权,以及以前教科书上经常讲到的不动产收益权,公路桥梁渡口收费权等,2000 年担保法司法解释也有所涉及。这些权利到底是什么?始终有很多争论。一说是债权说。债权说有个弱点,它无法解释这个给付关系怎么样存在。就最简单

〔1〕 我国澳门特别行政区不在上述东亚四法域之内,澳门特区民法典是以葡萄牙民法典为蓝本,规定了完整的人役权制度。

的公路收费站而言,甲基于和政府之间签订的特许经营合同取得一个收费权,乙是来往的过路车辆,甲和乙之间有什么债之关系?在乙来之前,双方没关系,在乙来的时候就得交钱,交钱后车辆被放行,有债之关系吗?当场就给付了。如果非要说债之关系,那也是即时清结的债之关系,在交费一秒后就清结完了。如果路上没有车辆来,难道甲就没有债权了吗?没有权利了吗?债权确实没有,一个过往车辆都没有。现在没有车辆来,甲能否转让收费权?可能有观点认为甲有将来债权。但问题是甲的收费权是现实存在的权利。虽然没有债权,收费权是客观存在的,所以它很难用债权来解释。还有人认为这是一种独立的权利或特殊的权利。民法上但凡碰到独立权利说或特殊权利说,往往是在概念上虚晃一枪,其实什么也没解释。

实际上在传统民法上有对应的物权类型,这就是用益权。用益权可以在不动产、动产或者权利上设定。只是这种用益权内容可能会根据标的物的性质而定。如果用益物是一个果园,它就是收取正常的孳息;如果是收费站,那就是收取通行费用;如果是权利,如债权,就是收取债权本息;如果是股权,那就收取股利。只要与物的性质相对应的用益,都在用益权的内容范围之内。

考虑到用益权这样的制度,我们就很好理解现在这种零零碎碎的、情景式的所谓收益权。可是这样一种重要的权利类型,对其没有一般性规定,就产生了很多问题。甲创设一个收益权给乙,可是甲如果把权利本体(如股权)转让了,乙的权利能否对抗后手?如果后手不承认,认为这个约定只是甲、乙之间的债之关系,对他没有约束力,甲、乙这个交易目的是无法充分实现的。

另外,用益权还有一个好处,它可以解释很多现有的权利类型。我国法上虽然没有用益权的一般规定,但是存在实际上属于用益权的个别权利,典型的就是土地经营权。关于土地经营权的权利性质问题,至今争执不休。但是,它在传统的概念体系之中很容易归类,它就是一种土地上的用益权,没有什么太特别之处。例如知识产权上的权利,我国《商标法》第 43 条第 3 款第 2 句规定,商标使用许可未经备案不得对抗善意第三人。甲把一个商标权许可给乙,甲、乙如果办了商标许可备案,乙的权利就可以对抗善意第三人。本来甲、乙只是一个债法上的关系,乙取得的只是一个商标许可权,它是根据许可使用合同创设的,充其量就是无体物的“租赁”或者“借用”,凭什么对抗第三人?现在只要经过备案，就可以对抗善意第三人，这意味着实际上乙的这种权利就是一种物权。如果说它是物权，属于什么物权？在物权法上确实找不到对应的类型，但是它也并不违背物权法定原则。商标法所规定的这种权利，与地役权经登记可以对抗善意第三人有什么区别？所以，它其实也是一种物权。它的性质在理论上可以归类，那就是用益权。所以，用益权在我国法上并不是不存在，只不过缺乏一般性的规则，这才是我国物权法真正的短板。

在我国现行法上，没有一种用益物权能够覆盖所有的财产性客体，只能覆盖若干有限的客体。我国《民法典》物权编专章规定的用益物权，全部是以不动产为标的的，虽然用益物权的法定概念之中讲了用益物权是对不动产和动产享有的权利（《民法典》第323条），但是翻遍全文也没看到动产上的用益物权。这不能说是它的定义出错了，而是因为动产上的用益物权没有配套规定。本来应该有，但是没有。当然，需要补充的并不仅仅是不动产和动产上的用益权，还有权利上的用益权，也包括整体财产上的用益权。如果用益权能够补上，会使一个国家的物权法体系趋于完整。因为用益权的类型是可以很宽泛的，内容更是丰富多样。用益权作为人役权的典型形态，是可以和地役权相呼应的。地役权同样可以容纳各种各样的用途，在类型法定的外表下有丰富的内容。如果一国物权法有了完整的人役权和地役权制度，虽然看上去类型有限，但是由于内容的无限性，足以接近物权最适宜的数量。

3. 财产有多自由

财产这个层面虽然有法定性，但是由于信托制度的存在，法定性下的自由度其实很高。在英美法系，物权法定原则很少遭到反思，反而是2000年以后的当代学者提出了很多探讨物权法定原则正当性的观点。也就是说，他们不是在反思物权法定原则，而是在论证物权法定原则为何正当。一个很大的原因就是信托制度的存在。由于信托的标的范围可以是动产、不动产和权利，同时在内部关系上又像债法一样灵活，如可以创设各种各样的受益权，在普通信托中信托受益权的定制化倾向更加明显。物权法处理的是一种标准化的财产关系，一个法律做出的菜就那么多，尽管很难吃，你也得吃，不能自己点新菜，也不能自己做新菜。但是，如果立法者给的菜里面还有很多可以自由发挥的空间，也许就不那么难吃了。信托恰恰就是这样一种制度。

在信托关系中,商业信托是相对比较定制化的。甲去买一个信托投资产品,各个信托公司或基金公司除投资策略之类大相径庭外,法律上的构造不会差太多。这倒不是法律干预的结果,更多的是市场的选择。在大规模、重复性的商事交易或金融交易中,市场上的合同条款往往会趋近化甚至趋同化(突出的例子就是债券条款和期货合约条款)。这种标准化跟物权的标准化,仍然是两回事。但是,普通信托就很特别了,因为每个受益人的情况都不一样。如果一个老人想为他的妻子、孩子,包括孙子、侄子都安排好财富传承,每个人情况都不一样,女儿可能勤俭持家,儿子就挥霍浪费,那么他可以设计出各种类型的受益权结构。有些受益权可能是可以转让的,有些是不能转让的,有些是限制债权人追索受益权的,这在我国《信托法》第 46 条、第 47 条之下都是允许的。不同类型的受益权结构不仅仅具有对人的效力,也可以有对世的效力。如果受托人违法处分信托财产,这些受益人都还是可以行使对世性的救济。这实际上就使财产上的安排具有更大的灵活性:尽管只有一个制度,但是它可以千变万化。正所谓以至简驭至繁。

在大陆法上,无论是在民法典之内,还是在民法典之外,都有类似的制度。在民法典之外,如德国判例上所承认的日耳曼式信托制度。日耳曼式信托制度不是民法典所规定的,没有成文法,纯粹是法官的判例创造,但是与英美信托制度有类似的效果。在民法典之内,我们也可以看到很多家事领域的特别制度。我们以往学民法可能更多地偏向于总论和财产法,但是大陆法系民法的继承法和家庭法也有类似于信托的安排。比如后位继承制度,被继承人死亡之后,先把财产转移给先位继承人,后来等到先位继承人也死亡了,再转移给后位继承人继承。在先位继承人和后位继承人之间也会产生复杂的权利安排。除此之外,法律往往也设置一些对抗第三人的规则。比如,《法国民法典》就有这样的规定,如果一个财产所有人把他的财产权遗留给他的继承人或者遗赠给其他人,他可以订立不得让与该财产权之条款。他如果担心继承人可能会败家或者交友不慎,可以限制财产流动,让不动产在继承人或者受遗赠人手里不得转让,并可发生对世效力,但前提是要办理登记。只要在不动产登记簿上记载了限制让与的条款,那后手就不可能构成善意,就不可能取得该不动产,从而防止财产落到存心不良之人手里,以保持继承人或受遗赠人的正常生计。当然,为了防止这种禁止转让约定过度限制财富流转的情况出现，法律会规定一个上限，如不得超过 30 年期限。

可见，在财产关系上创设各种灵活的对世性安排，本来就是各国法所共同承认的，充其量只是手段有别、程度不同而已。我国继承法相对来说没有那么细致，但也为后位继承留有一定的制度空间。被继承人在遗嘱中安排后位继承，不为法律所禁止。不过由于缺少法律上的默认规则，会增加当事人自主设计的成本，同时也缺乏特定安排可以对抗第三人的规则。总体来说，继承法的空白可以通过信托法来弥补，信托制度的存在为民法典提供了一个接口。

4. 组织并非完全不自由

组织有法定性。法人类型法定主义看上去对法人限制很严格，只有那么多的法定的法人类型，当事人不能创设新的，而且法人的类型比物权的类型还要少很多。但这并不意味着社会中没有创设更多法人类型的需求。法人类型法定与物权法定一样，也得假设制度设计者已经设计了一个最适量。问题在于，谁又能保证立法者提供的法人类型就一定最适合于大多数人？

所以，在各国的商事法制和民事法制上不断产生新的法人类型，这也是近百年间法律变迁的一个普遍现象，各国都是如此。比如，美国法在传统的合伙和公司之外，创设出了 Limited Liability Company（LLC）这种类型，虽然中文文献中也翻译成有限责任公司，但其实它不是公司，它结合了合同、合伙和公司的长处，是一种独立类型的组织。一方面，它不用像公司一样缴纳双重所得税；另一方面，它又像公司一样，成员承担有限责任。其好处是内部管理的灵活性，内部可以由成员（相当于股东）自行来管理，也可以由经理来管理，不管怎么管理都不影响它的法人独立地位，在内部就避开了公司法上那么多的董事等机关的架构。这样一种企业制度也被日本新公司法所借鉴，称为“合同公司”。欧洲公司法的改革进程中，也出现了更多的新类型的企业形态。

在这些企业形态家族之中，商业信托是其中的一个新成员，所以我们也就不难理解，在很多新兴的交易实践之中，如资产证券化或者不动产投资信托、证券投资基金，更多地会采用商业信托的架构，而不是公司的架构。因为公司架构不够弹性，内部有很多层级化的要求，而且它有双重税负的问题等。公司受到的国家管制也比较多。信托架构就要灵活得多。在当代商事组织法的体系中,商业信托是最灵活的,被称为契约式组织。商业信托在内部关系和外部关系上都具有最大限度的灵活性。另一种比较灵活的组织形式是合伙企业。所以,在私募股权基金和风险投资行业中,合伙企业的数量远远超过公司或者其他组织形态。

一个国家必须提供更多的商事组织形态,才能够满足实践的需要。但是,商事组织确实不是越多越好,因为它也会面临着一个度的问题,可能会对交易安全造成损害。在现阶段,一个比较稳妥的途径还是采用像物权法的模式,类型相对固定,但内容尽量弹性化。比如,现在合伙法的发展、信托法的发展,还有公司法的发展,其实会趋向于更多的弹性化,至少在内部关系上可以尽量弹性化。因为内部关系一般来说与外部没有必然联系。组织法首要的目的是保护外部的债权人,但是,保护外部债权人是靠内部的层级化架构来实现的吗?显然不是。是否像以往的组织法理论所认为的,内部管理越严格,越不大可能损害外部债权人?那也未必。因为哪怕要求设置"一刀切"的内部架构,这些内部架构也不见得会运转健全。像康美药业独董案就是最新的例子。上市公司应该是一个国家法律体系之中受监管程度最深的组织类型,然而又怎么样?独立董事没有起到应有的作用,对股东都不能负责,还指望对债权人负责?对债权人的保护,更多的还是通过财务制度,以及揭破公司面纱这样的规范,确保公司财产真正独立于股东。这就要回到财产和组织法的本质上来。一个财产能够独立、只供清偿该财产上的债务,而不波及其他,就要求独立管理。就像信托关系之中,信托财产独立性是信托的一个效力,但保证独立性的前提是信托财产要分别管理,如果没有分别管理,很可能就会导致丧失独立性。

组织法也是如此。如果组织不能保持独立性,那么组织法给予这样一种资产分隔的责任优待就没有理由了,所以到时候公司只能丧失优待。但是,组织财产独立性与内部人之间(不是财产或物之关系上)是否规范管理其实没有必然关系,所以内部关系上不一定要真的规范到那么彻底。有一种观点认为,我国《公司法》其实并不被那么认真地执行。《公司法》尽管规定了那么多的组织机构,股东、董事之间权责似乎分得很清楚,但是实践中尤其是有限责任公司,有多少事项由股东决定,有多少事项由董事决定,经常是混淆不清的。到底是实践出了问题,还是法律出了问题?混淆不清,恐怕更多还是法律层面有问题,因为法律没有提供更具灵活性的架构。尤其在中小企业之中,股东直接管理其实是一个经济上有效率的现象,因为它的所有权和控制权本来区分就不那么彻底。而且它的股权缺乏流通性,如果公司事务完全委托给经理人去管,到时候丧失利益程度是很大的。股东如果看不惯经理人,实际上很难做到股权一卖就走人,股东首先是被有限责任公司制度套牢的,不能随便退股,想要转让股权也未必能轻易找到后手,与其这样不如直接管理。这就是一个代理成本问题。

因此,在组织法的设计上,公开公司和封闭公司本来就应该作不同对待。而根据我国现行《公司法》,有限公司和股份公司的组织机构是很像的,只是有点小区别,如有限公司的董事要求是 3 ~ 13 人,股份公司是 5 ~ 19 人,至于该上限或下限人数确定的依据并不清楚是什么。那就不应该在有限公司中设置如此之多的强制性规范,以致产生这么多的问题。

归根结底,有限公司的人合性表明它更靠近契约这一端,而股份公司更靠近组织一端,契约和组织之间是有一定的模糊地带的,是流变的关系。就好像“四象”之间的流变关系一样。法律要做的是提供更多的类型,更精准地区分规范对象,而不是“一锅煮”。

(三)公示方法

前文所述的是自由度的问题。自由度的问题最终还是要落脚到公示方法上来。也就是说,如果是债之关系,纯粹是对人关系,那并不需要公示,反正与第三人无关,原则上也不干涉第三人,除非对于那种知情而侵害的第三人,会产生侵权意义上的救济。可是只要是对世关系,要对第三人发生效力,那必然要辅之以相应的公示制度。就公示制度而言,不管是物权、财产还是组织,古往今来大致有四种:占有、标记、控制和登记。

第一种公示方法是占有。占有原初是适用于所有的物的,然而不动产逐渐分化,用登记解决了。占有这种公示方法的公示效果实际上是非常弱的,因为光看占有压根看不出占有人拥有的是什么样的权利。他可能是所有权人,或者质权人,也可能是用益权人,还可能只是一个单纯的债之关系上的承租人或者借用人。所以,在动产上天然地无法创设更多的物权类型。

物权类型法定和物权类型自由之间的论辩,主要还是集中在不动产上的物权类型是否应该尽量增加,很少有人强力主张应增加动产上的物权类型。有些学者讨论提到过,如果有人在他的一块手表上设定一个分时用益物权,周一这块表的使用权归A,周二归B,总共为7个人设定了各有一天来使用该手表的用益物权。这种用益物权就算法律允许创设,也无法公示,不可能起到对抗第三人效力。谁知道第四天戴表的那个人到底是享有所有权,还是仅仅是当天的使用权?所以,动产上天然是无法创设更多的权利关系的。但是实行登记制度的动产除外,如船舶、航空器、机动车等。

第二种公示方法是标记。标记曾经被认为是某些财产权的公示方法,如日本有些林木上的物权类型,它可能是通过在林木上做标记来公示权利的。以往有观点主张,融资租赁中出租人的所有权也可以用标记的方式来公示。出租人把动产(机器设备)出租给融资租赁的承租人,为了标识出租人的权利,防止第三人信赖承租人的占有而从承租人手中善意取得租赁物,所以在出租人的机器设备上打上烙印,标记某某租赁公司,这样承租人在将设备卖给第三人的时候,第三人就有理由看到。可是这样一种烙印或者标记,其公示作用极弱,因为它很容易被破坏。承租人要处分的时候完全可以涂销标记再去处分。

第三种公示方法是控制。银行账户、电子化的证券权益和期货权益、信用证权利等,不存在有形的客体,也不存在纸质的权利凭证,无法以占有为公示方法,但是可以用控制作为公示的方法,当然也可以并行采取登记的公示方法。美国《统一商法典》第九编、联合国国际贸易法委员会《担保交易示范法》等已经规定了若干类型财产的控制。控制作为公示方法,可以说是占有的一种变形,两者的原理有相通之处。

第四种公示方法是登记。登记制度具有占有和标记制度所不具有的功能,因此已成为现代法上主要的公示方法。除第一象债法之外,后面的物法、财产法和组织法基本上是以登记为主流的公示方法。物权不用说了,财产或特别财产,如意大利法、法国法,都是以登记为公示方法。组织法上除某些公法人不需要登记之外,原则上也需要登记。登记有两重含义:一重是主体意义上的登记,宣示了一个法律上主体的存在,从此这个主体就可以以自己的名义对外发生法律交往。另一重是财产关系的公示,债权人由此知道该主体的财产具有资产分隔的效力,区别于任何其他人的财产。

在登记制度观念之下,值得反思的是,有些明明具有对世效力的法律关系,却可以不登记而发生对抗第三人效力，这是否妥当。

典型的例子就是租赁权物权化。关于“买卖不破租赁”，按照现行法规定，只需要承租人处在占有中就足以对抗受让人（《民法典》第725条）。这比以往的合同法时代连占有要件都没有进步一点，可是这个要件也无法起到保护第三人的作用。甲把房屋租给乙，又卖给了丙。甲肯定不会在乙在家的时候带丙来看房，而是趁乙外出的时候带丙来看房。甲告诉丙该房子未租赁，丙就买了。之后乙回来了，乙告诉丙他与甲有租赁关系，并向丙展示了合同，租期20年。丙买了一个带有20年租期的房子，他的寿命可能都没那么久，一辈子都住不进这个房子。这种情况下，虽然有占有，但占有非常弱，第三人往往事先难以获知必要的权利信息。没有合理的、可靠的公示方法，就可以使租赁权发生对抗第三人效力，这种立法是比较罕见的。一般情况下，可采用登记方法或者公证方法。我国台湾地区就是这样，经过公证的不动产租赁是可以适用“买卖不破租赁”规则的。公证的目的主要是防止倒签合同，如甲和乙之间签订了房屋买卖合同，甲将房屋出售给了乙，但是甲又不想卖了，甲找丙来签个租赁合同，并倒签日期，签在房屋买卖合同签订之前，这样甲和丙就可以直接利用法律规定把乙给坑了。公证确实有助于防止倒签合同，然而公证没有公示作用。如果让人买A的房子，他怎么知道A签过公证的租赁合同？所以，我国台湾地区学者批评这个规定。而且公证法还要求保密，如果公证处把租赁合同提供给第三人查询，公证人员还可能违反保密义务，更起不到公示作用了。所以，我国台湾地区规定的选择也是不妥当的。

这个问题在我国民法典编纂过程中，倒不是说没有讨论过。有很多人提出以登记为公示手段才能发生对抗第三人效力的方案。在这个问题上不与登记挂钩，会产生非常严重的第三人保护的问题。就对抗受让人效力而言，租赁权不是物权，却胜似物权。因为它还有另外的优先购买权和优先续租权。这是物权所不具备的。这种情况下如果不用登记，那就很难保护买房人。之所以立法没有规定登记，是考虑到对承租人的保护。确实，当前就房屋租赁而言，短期租赁是很多的，很多承租人也是弱势群体，学生、打工仔，都住个一年两年，还需要办什么登记？有时候房客想办登记，房东还不让办，房东办了登记他要交税，大家自己把这个合同履行完毕了，就不用交税，何必去办登记。所以大家可能都缺乏动力或者意识去办登记,然后如果不登记就会产生无法破买卖的效果,那又会产生另一种风险:出租人不愿意履行租赁合同了,就回头找一个下家签个买卖合同,就把承租人赶走了,其实买卖也不见得是真的。这是一种两难。

立法上克服这种两难,也不是没有其他的方案,如有些欧洲国家民法典规定,长期租赁非经登记不得对抗第三人。要签短期租赁,如三五年,不登记也可以对抗第三人。但是,五年以上的租赁,不登记不能对抗第三人。以五年之类的长期租赁为界限,相比于不分皂白一律规定所有租赁都具有对抗第三人效力,还是有合理性的。

另一个方法就是区分动产和不动产租赁。这里有一个很有意思的法律现象。在我国,尽管从合同法到民法典,对于"买卖不破租赁"这个规则是没有任何标的范围上的限制的,然而在民用航空法上,航空器的融资租赁或者租期 6 个月以上的其他租赁,必须登记才能对抗第三人(《民用航空法》第 33 条)。一架飞机的出售商建造完成飞机后,采用融资租赁的方式出售给甲,乙是融资租赁的承租人,或者是这架飞机一般租赁的租期达到 6 个月以上的承租人,乙就享有占有权(该特别法规定为占有权,该权利的性质仅仅是租赁权,还是一种动产上的用益物权,值得探究)。这个占有权要经过登记才能对抗第三人,如果甲把航空器卖给后手丙,乙要对抗丙,必须经过登记,不经过登记不能对抗丙。这意味着在航空器领域"买卖不破租赁"的前提是租赁已经登记。我们可以倒推,航空器如此重要,财产价值可能远超过世界上很多动产甚至不动产的价值。航空器承租人的权利要对抗第三人尚且必须以登记为要件,其他的动产难道可以享有比航空器承租人还优越的法律地位吗?这里是不是存在一个价值判断上的矛盾?有人可能会认为,航空器有地方登记,一般的动产没地方登记,就算规定非经登记不得对抗第三人,请问去哪登记?这确实是个问题。但在"买卖不破租赁"制度上,立场其实是有点矛盾的。

(四)经济逻辑

这个问题背后也潜藏着经济效率上的考虑,有它的经济逻辑。虽然这四大范畴都是民法教义学上的现象,但是其背后有经济上的理性。

债的领域之所以允许当事人随意地定制他们的关系,不能强行标准化,是因为原则上没有外部性,收益和成本都是由当事人自享自担的。但是,从物到财产再到组织，外部性很明显。不仅是当事人之间享有利益，还会给第三人增加负担，增加不利效应，所以要将成本内部化。内部化的一个主要的途径就是要公示。公示使第三人能够认知财产或者物的关系上存在一些复杂的安排，从而可以决定接受或者不接受、交易或者不交易。这里的第三人当然指的是交易中的第三人，主要是后手（受让人、担保权人等）。

但是，第三人类型不限于此，还有侵权第三人。对于侵权第三人（侵权行为人），在法律上采用公示手段是没有意义的。因为侵权第三人既不会去查阅登记，也不会看什么其他的标记。对侵权第三人的顾及，一个原则就是不能因为权利数量的增加或者权利的质的分割而增加赔偿额。就物权关系而言，不能因为被损毁的物上存在多个用益性的权利而需要使侵权行为人承受更重的负担。因为对于他来说，这个物上实际存在几个权利，他是没有能力也没有机会注意到的，那他只需要赔一份损失就可以了。例如，甲因过失毁损了乙的房屋，造成50万元的损失。尽管乙已经在该房屋上为丙设定居住权，或者将该房屋出租给丙，甲也只应当赔偿50万元。至于50万元在乙和丙之间如何分配，则取决于乙和丙之间的债之关系或者物权关系。如果按物权关系分配，会更多地偏向于使用人丙这一方；如果是单纯的债之关系，那就未必了。就好比征收制度之中一样，当物被征收时，通常承租人是没有单独取得补偿的权利的，用益物权人则有权取得相应的征收补偿（《民法典》第327条），在处理赔偿问题上也是如此。也就是说，权利的分割、权利的法定和权利的公示，主要是在交易环节起作用。如果公示到位，权利规定多一点，自由空间大一点，未尝不可。但是，在侵权第三人场合，应贯彻“赔偿范围与权利数量质量分割无关”的原则。

## 四、结　语

在这样一个“两仪四象”的民法世界之中，民法当为者何？太极生两仪，两仪生四象。意思自治是民法之太极。对人关系和对世关系都可以归结为意思自治。债、物、财产、组织都是可由当事人自主选择的法律关系。虽然在物权、财产和组织关系上出现较多的法定性色彩，但物权的法定性、财产的法定性、组织的法定性，并不是和意思自治相对立的事物。此类法定性和公法上的法定性具有截然不同的内涵,这些财产关系上的法定性,与其说是对意思自治的限制,不如说是意思自治的辅助或者意思自治的补充。因为物权、财产和组织涉及特定人与不特定人之间的关系,超出了合同能够作用的范围。如果特定人要一一和世界上的人去谈判、缔约,理论上虽然不是不可能(至少在理论上是可以通过自主协商缔约,通过一对一的对人关系之集合而形成一种对世关系的),但是在现实世界中,这样缔约不可行,或者成本过高。因此,通过法定规则来模拟当事人所可能达成并集中的对人关系,就成为一种自然的选择。在合同难及或不及之处,由法律为之。同时,从第三人视角来看,未经第三人同意,也不应该允许当事人的意思发生对第三人的效力,否则就侵蚀了第三人的意思自治。就此而言,对世关系的规则也是一种恰当划分民事主体“群己权界”的规则,这正是法律下的自由的本义。

民法应该更多地提供可用的工具供当事人选择,并且保持各种工具之间的弹性状态,避免以过度僵化的概念划定彼此的疆界,以至于当事人动辄越界,而招致违背他们预期的结果。民法的终极使命是以更大的、更具有包容性的外在体系去容纳当事人意思自治的内在价值。

# 译文

# 公司法制的潮流*

神田秀树**　段　磊***　译

**内容摘要**：日本公司法自2005年制定以来进行了一系列的修订，在近20年的公司法制修订历史中，可以观察得出以下特点：2005年日本公司法的制定并非凭空而出，是此前商法修订大潮流的延续。而推动日本商法和公司法修订的原动力是，市场中尤其是证券市场中实际情况的变化。因此，日本公司法在制定和修订中吸收了许多日本经济产业省的特别立法和东京证券交易所上市公司规制的内容。并且与公司法并立，形成了上市公司规范的两大支柱。本文以日本公司法近年修订中的独立董事、设置监察等委员会公司、董事的监督义务等制度为例，对日本公司法制的潮流和特点进行说明。

**关键词**：日本公司法制　独立董事　设置监察等委员会公司　董事监督义务

## 一、前　言

2019年12月4日，日本国会通过了对公司法进行部分修订的决议，并于同年12月11日颁布。本次2019年公司法修订案，除涉及股东大会相关资料电子

---

* 原文题为「会社法制の潮流」，法曹時報73巻3号(2021年3月)445－465頁。

** 日本学习院大学教授，东京大学名誉教授。

*** 华东师范大学法学院副教授，法学博士。本文翻译时，华东师范大学法学院研究生游煜倩作出了许多贡献，在此表示感谢。

化的修订外,将于 2021 年 3 月 1 日起施行。〔1〕 现行的公司法制是 2005 年将此前《商法》中有关公司的规定、《关于股份公司监查等的商法特例法》以及《有限公司法》进行统合并重新制定的《公司法》。2005 年制定的《公司法》,继 2009 年作出了一系列修订后,本次的 2019 年修订是其第二次修订。因此,以 2019 年修订为契机,本文拟就过去 20 年左右的日本公司法制修订历史中的特点以及近年来公司法制面临的若干制度挑战提出笔者的看法。然而,本文并不涉及 2019 年修订的具体内容,也无法详细探讨本文所提出的问题。具体而言,本文将讨论以下四个内容:公司法和经济产业省的特别法之间的关系;公司法与东京证券交易所的上市公司规制之间的关系;2014 年修订中引进的监察等委员会设置公司的制度;董事的义务及其与金融商品交易法的关系。另外,由于本文篇幅所限,我们将主要围绕上市公司进行讨论。〔2〕

## 二、公司法的历史和经济产业省的特别法

鉴于公司法的规范内容,笔者认为在公司法的历史上有以下三个代表性的特征。〔3〕 第一,虽然现行公司法是 2005 年制定的,但在此之前的公司法(当时的商法)修订的大潮流是连续的,还是在某个时间点可以做一个切断?在笔者看来,2005 年公司法制定前后该修订潮流并没有切断,其实在 2000 年修订前的一系列修订与 2001 年修订后的修订之间有一个切断。第二,是什么推动了商法和公司法的修订?由于有多种因素,无法一概而论,但是关于上市公司等大型股份公司的商法和公司法的规范,因为后述的经济产业省(原通商产业省)的特别立法和东京证券交易所关于上市公司的规制是先行制定的,其中一些内容

---

〔1〕 参见政令(第 325 号政令)(2020 年 11 月 20 日颁布),规定修订《公司法》部分条文的法律施行日期。

〔2〕 笔者对中小型公司在公司法上近年来的问题的看法,参见神田秀樹「会社法 · 金融法随想(5)」,判例時報 2453 号(2020 年)139 頁以下。

〔3〕 神田秀樹『会社法入門』(岩波新書,2006 年)以及神田秀樹『会社法入門〔新版〕』(岩波新書,2015 年),尤其是公司法“现代语化”的经过,参见新版第 17 ~ 18 页,关于公司法修订频率的详情参见初版第 33 页以下。另外,以下内容与神田秀樹「会社法 · 金融法随想(2)」,判例時報 2431 = 2432 合併号(2020 年)241 頁以下有重合之处。

被商法修订和2005年公司法制定以及随后的公司法修订所吸收。此外,那些未纳入公司法的内容作为实际问题也相当重要,如今,东京证券交易所关于上市公司的规制,与公司法并立,形成了上市公司规范的两大支柱。第三,针对上市公司等,形成这样多层次立法的背景是什么?笔者认为,在以证券市场为中心的市场中实际情况的变化,成为推动商法和公司法修订的原动力。

回顾过去的商法修订以及公司法的制定、修改,其中存在一些值得关注的点。自1945年至2000年的商法修订史中,商法修订的流程全部经法制审议会审议通过,法务省负责制定法案,然后通过内阁提出法案,经过内阁会议决定提交到国会。但在2000年9月法务省公布商法修订方针[1]后,又新出现了议员立法的方式。事实上,自引入了作为董事的激励报酬的股票期权制度的1997年商法修订起,议员立法和基于法制审议会审议的内阁提出法案这两种方法即开始双线推进,在上述2000年9月的方针中也提及了双线化路径。还有一点具有重要历史意义的是,自那时起,由当时的通商产业省(现在的经济产业省)先行特别立法的做法开始确立下来。因此,在商法修订过程中,大部分仍然是通过法制审议会模式,但是议员立法模式和经济产业省先导型模式也逐渐崭露头角。特别立法是指在特别法的世界先行尝试(尝试设立商法的特例规范),若成功可行,则将该规范吸收为商法主体中的规范,实际上形成了这样的趋势。纳入商法主体时有经由法制审议会向内阁提出法案的路径和议员立法的路径,但是近年来前者逐渐确立下来。过去,特别法曾用于规定税收和反垄断法等特例(这种特例至今仍在继续),但是从某个时期起,也开始用于规定商法(公司法)的特例。并且,一般来说,这些特别法中采用了如下机制,即可以制定规定的事业重组计划等,并取得主管部长的认定,以此来接受商法(公司法)特例规定的适用。

因篇幅有限,不能对此展开详述,只列举以下几个例子。1995年,通过对《特定新规事业实施顺利化临时措施法》的部分修订,引入了新股发行型的股票期权制度,并于上述的1997年商法修订时将其纳入商法主体。此外,《新事业创出促进法》于1998年颁布,设立了面向创业者的股票期权制度的特例。1999

〔1〕 神田秀樹『会社法入門』(岩波新書,2006年)25頁。

年 12 月修订了《新事业创出促进法》,增设了关于检查役员调查和无表决权股份的商法特例(由此开始,商法的特例不仅限于股票期权,还延伸到了更广泛的事项),并将《特定新规事业实施顺利化临时措施法》废除。1999 年 8 月制定了《产业活力再生特别措施法》(以下简称《产活法》),规定了有关检查役员调查、营业转让、股票期权、无表决权股份的商法特例。《产活法》于 2003 年修订后增设了商法的特例事项(合并对价的多样化)。《新事业创出促进法》于 2002 年修订,作为商法的特例,取消了股份公司和有限公司的最低注册资本。

上述制度中,2001 年商法修订将股票期权纳入商法主体,2002 年商法修订将无表决权股份(发行限额的特例)纳入商法主体。最低注册资本制度的废除、营业转让(放宽简易要件 = 降低特别决议要求)、合并对价的多样化(允许金钱等作为合并对价)等,已经在 2005 年公司法制定时作为股份公司的一般规范纳入公司法之中。

此后,尽管《产活法》分别在 2007 年、2009 年、2011 年进行了修订,设立了公司法的特例(《产活法》的名称于 2009 年被修改为《关于产业活力再生和产业活动革新的特别措施法》),该法最终于 2014 年被废除,以同时施行的《产业竞争力强化法》(2013 年制定)取而代之,直至今日。《产业竞争力强化法》规定了关于以本公司股票为对价的要约收购和公司债券本息减免的公司法特例,已于 2019 年公司法修订时增设了股票交付制度,并修改了债券持有人会议的有关规范,将上述两个制度引入公司法(尽管在某些方面的制度形式有所不同)。此外,计划于 2021 年修订的《产业竞争力强化法》预计将规定,允许召开所谓的线上股东大会,减轻董事在进行公司分立(spin-off)时的亏损补偿责任,以及以股份为对价的组织重组中异议股东回购请求权的适用除外情形。

## 三、东京证券交易所的上市公司规制

### (一)概要

从历史的角度来看,在 2005 年公司法制定后,出现了推动其后公司法修订出台的新事物。那就是东京证券交易所通过上市规则,设置了高于公司法的规制,作为上市公司的行为规范(其他交易所也遵循这一做法)。具体而言,东京证券交易所于2006年设置了上市制度完善座谈会，并依据会上研讨，自2007年起，从保护上市公司普通股东利益的角度出发，对上市公司的行为规范（高于公司法的规范）提出要求。[1] 可以说，在此之前，交易所只要求上市公司及时披露，而行为规范只是部分出现在上市标准和退市标准中（存在一些例外情况）。因此，自2007年起上市公司规制发生了巨大变化。究其原因，从保护普通股股东利益的角度来看，不容忽视的现象日益普遍，经相关方研讨认为，通过交易所的规制建立行为规范已成为恰当之举。并且，2014年修订公司法时，法制审议会的附加决议中要求证券交易所采取措施鼓励设立外部董事，从而加强东京证券交易所的独立董事监事制度（后述）。此外，2019年修订公司法时，法制审议会也作出了附加决议，就股东大会资料的电子化提交措施的开始时间，要求证券交易所的规制中设置应早于该修订后公司法的规定。[2]

东京证券交易所针对上市公司制定的《企业行为规范》（《东京证券交易所有价证券上市规程》第4章第4节）分别规定了"应遵守的事项"（该规程第432～444条）和"希望遵守的事项"（该规程第445～452条）。如违反前者，将采取实效性确保措施。《东京证券交易所有价证券上市规程》第5章具体为：进行特别处理（Special Treatment）[该规程（下同）第501条]、改善报告书（第502～505条）、公布（第508条）、上市合同违约金（第509条），但违反后者，则不会采取实效性确保措施。

单列举条目而言，截至2020年11月，"应遵守的事项"包括定向增发（第432条）、股份分割等（第433条）、MSCB等的发行（第434条）、书面行使表决权等（第435条）、创造有利于上市外国公司行使表决权的环境（第436条）、确保独立董事监事制度（第436条之2）、公司治理准则实施与否的理由说明（第436条之3）、上市内国公司的机关（第437条）、注册会计师等（第438条）、为确保业务的适当性而必要的体制完善（第439条）、引入收购防御措施（第440条）、MBO的披露（第441条）、与控股股东进行重要交易等（第441条之2）、上市公司监察事务所进行的监察等（第441条之3）、禁止内幕交易（第442条）、

〔1〕 参见东京证券交易所上市部编『最新東証の上場制度整備の解説』（商事法務，2010年）。

〔2〕 参见东京证券交易所「令和元年会社法改正に伴う上場制度の整備について」（2020年12月17日）。

清除反社会势力(第 443 条)、禁止损害流通市场机能或股东权利的行为(第 444 条)。“希望遵守的事项”包括致力于转向并维持所需的投资单位水平等(第 445 条)、致力于统一买卖单位(第 445 条之 2)、对公司治理准则的尊重(第 445 条之 3)、确保独立董事(第 445 条之 4)、为独立董事监事制度的运作完善环境(第 445 条之 5)、提供独立董事监事等的有关信息(第 445 条之 6)、有利于行使表决权的环境完善(第 446 条)、向无表决权股份股东的交付文件(第 447 条)、预防内幕交易等的体制完善(第 449 条)、清除反社会势力的体制完善等(第 450 条)、准确应对会计准则变化的体制完善(第 451 条)、公平提供关于决算内容的补充说明资料(第 452 条)。

对于包括上市公司在内的提交有价证券报告的公司,金融商品交易法的规制也很重要(以及证券交易所的及时披露制度也很重要),但必须注意的是,由于金融商品交易法其法律目的的限制,规制对象仅限于信息披露及其相关的监察。本文将不涉及金融商品交易法的信息披露制度。[1]

(二)独立董事监事制度和公司治理准则

2014 年公司法修订加强了外部董事的资格要件(本文略),但并未强制要求设置外部董事。然而,设置外部董事被强烈推荐,其方法是采用了已被欧洲各国所采用的“遵守或者解释”(comply or explain)的规范(遵守,或者不遵守时说明不遵守的理由)。具体来说,在会计年度的最终日,若属于公司法上的设置监事会的大型公开公司,且属于金融商品交易法上的有价证券报告提交公司的股份公司,该类公司如果没有设置外部董事,那么该公司应当在该会计年度的定期股东大会上说明设置外部董事是不合适的理由(《公司法》第 327 条之 2)。此外,也应当在事业报告中说明,关于“不合适的理由”应当根据各个公司每个会计年度的具体情况进行记载,而且不得仅将已有两名以上外部监事作为“不合适的理由”(《公司法施行规则》第 124 条第 2 款、第 3 款)。除此之外,在股东大会参考文件中,当向股东大会提交不包括外部董事的董事选举议案时,应当说明“设置外部董事是不合适的理由”(《公司法施行规则》第 74 条之 2)。这一

---

〔1〕 笔者对信息披露制度潮流的看法,参见神田秀樹「有価証券報告書の復権」上村達男先生古稀記念『公開会社法と資本市場の法理』(商事法務,2019 年)449 頁以下。

规范在 2019 年公司法修订时被修改,上述股份公司被要求强制设置外部董事(2019 年修订后的《公司法》第 327 条之 2)。

在上述背景下,作为政府层面的探讨,从 2008 年开始一年左右,金融厅金融审议会金融分科会的"我国金融资本市场国际化研究小组"审议了上市公司等的公司治理准则的强化问题,并于 2009 年 6 月 17 日发布了《我国金融资本市场国际化研究小组报告——旨在加强上市公司等的公司治理》。同日,经济产业省的企业治理研究会也发布了《企业治理研究会报告书》。这些报告提出了两点建议。第一点是"上市企业应该至少设置一名独立役员"。独立役员制度的重点在于"独立"和"役员"两个概念。"独立"不同于"外部",是一个更为严格的概念。"役员"指的是董事或监事。第二点是"设置外部董事,否则披露替代外部董事的公司治理体制"。

金融审议会研究小组和经济产业省公司治理研究会的报告书中建议,应该主要通过运用交易所的规则而非修改法律制度,来实现其提议。因此,东京证券交易所于 2009 年 12 月通过上市规则的修订,引入了独立役员制度(译注:以下将"独立役员"称为"独立董事监事")。金融厅也于 2010 年 3 月根据《金融商品交易法》修订了内阁府令。

东京证券交易所为保护普通股东的利益,2009 年 12 月引入独立董事监事制度,其作为企业行为规范中的"应遵守的事项"规定,要求上市公司确保一名以上的独立董事监事(不会与普通股东产生利益冲突的外部董事或外部监事)。为了确认有关确保独立董事监事的企业行为规范的遵守情况,还规定了上市公司向证券所提交"独立董事监事通知书"的制度。[1] 随后,因 2011 年秋季曝光的上市公司丑闻,2012 年 5 月对独立董事监事制度进行了部分修订。在 2012 年 5 月的修订中,"鉴于独立董事监事包括在董事会中拥有表决权的人员中这一意义的重要性,上市公司应努力确保独立董事监事"。这意味着在独立董事监事中,进一步认识到了独立董事的重要性,以此为方针要求各公司努力确保独立董事监事(关于现在的规范,之后论述)。

在此期间,国内外(尤其是海外)投资者提出,应当在公司法中规定设置外

〔1〕『最新東証の上場制度整備の解説』(商事法务,2010 年)。

部董事的义务,但也遭到了强烈的反对。最终,作为 2014 年公司法修订基础的法制审议会纲要(2012 年 9 月)在强制设置外部董事这一事项上作出了保留,如上所述,只提议在事业报告中作出不设置的说明,以此大力鼓励设置外部董事。但在提交法案时(2013 年 11 月)的研讨过程中最终达成的结论是,设置上述定期股东大会上的说明的规定(《公司法》第 327 条之 2),并确认了"关于设置外部董事是不合适的理由的理解",规定在法务省令中,同时也在法务省令中规定了股东大会参考文件中的说明。

法制审议会在通过纲要时(2012 年 9 月),设置了"附带决议":"有在金融商品交易所的规则中设置规范,要求上市公司努力确保一名以上的独立董事"。如上所述,自 2009 年年底起,东京证券交易所已经推行了"独立董事监事"制度(其他交易所也采用了相同制度),通过交易所的自主规制来实施该规范,从之前的种种经过来看,可以说是一种自然的趋势。

2012 年 8 月 1 日,法制审议会公司法制部会通过了纲要草案和附带决议案,东京证券交易所对上市公司提出以上相关要求。2014 年 2 月 10 日,修订并实施了上市规则。本次修订中,上述 2012 年 5 月修订后的上市规则措辞被修改为"上市公司应当努力确保一名以上的独立董事"(《东京证券交易所有价证券上市规程》第 445 条之 4)。最近,2020 年 2 月,对上市管理等相关指南进行了修订,要求加强上市子公司的独立董事监事的独立性。〔1〕

除上述外,适用于上市公司的东京证券交易所的公司治理准则(作为《东京证券交易所有价证券上市规程》的附件,参见该规程第 445 条之 3)是基于政府成长战略的内阁决定的"《日本再兴战略》改订 2014"(2014 年 6 月 24 日)所制定的。2015 年 3 月,金融厅和东京证券交易所成立共同事务局组建专家会议,制定了上市公司的公司治理准则(草案),此后,东京证券交易所将其规范化,并于 2015 年 6 月 1 日起适用。2018 年 6 月 1 日,准则进行部分修订并施行。该准则在 2015 年制定之初包含了 5 项基本原则、30 项原则、38 项补充原则(合计 73 项规范),2018 年修订后包含了 5 项基本原则、31 项原则、42 项补充原则(合

〔1〕 东京证券交易所「上場子会社のガバナンスの向上等に関する上場制度の整備に係る有価証券上場規程等の一部改正について」(2020 年 2 月 5 日)。

计 78 项规范)。这些规范属于“遵守或解释规范”(如不实施规范且不说明理由的,则会违反上市规则)。但准则的所有基本原则、原则和补充原则作为遵守或解释规范适用于主板市场(市场第一部及市场第二部)的上市公司。在实施规范的情况下,规范要求信息披露时的信息披露以及未实施规范时的理由说明,都在公司治理报告(《东京证券交易所有价证券上市规程》第 419 条)中进行。公司治理准则的原则 4 ~8 规定:“独立外部董事应发挥作用、履行职责,协助公司持续成长及提升中长期企业价值。上市公司应聘请两名以上具备上述资质的独立外部董事。”此外,公司治理准则计划于 2021 年进行部分修订。[1]

如上所述,东京证券交易所的独立董事监事制度率先出台,并在 2014 年公司法修订中被部分纳入。与此同时,东京证券交易所的规程也随着 2014 年公司法修订一并修订。除此之外,2014 年公司法修订引入的涉及控制权变更的募集股份发行等的规范(《公司法》第 206 条之 2),属于东京证券交易所规范升格为公司法的一个例子,可以预想到未来两者也将继续进行这样的联动。

## 四、设置监察等委员会公司

设置监察等委员会公司(《公司法》第 2 条第 11 项之 2)是 2014 年公司法

---

〔1〕 参见金融庁・スチュワードシップ・コード及びコーポレートガバナンス・コードのフォローアップ会議・意見書(5)「コロナ後の企業の変革に向けた取締役会の機能発揮及び企業の中核人材の多様性の確保」(2020 年 12 月 18 日)。另外,关于公司治理准则的主要文献包括神作裕之「コーポレートガバナンス・コードの法制的検討一比較法制の観点から一」,商事法務 2068 号(2015 年)13 頁以下;神作裕之「ダブルコード適用下のコーポレートガバナンスにかかわる制度面の動向」,商事法務 2101 号(2016 年)4 頁以下;加藤貴仁「コーポレートガバナンスと2つのコードーースチュワードシップ・コードとコーポレートガバナンス・コード」,法の支配 186 号(2017 年)82 頁以下;森本滋「取締役会のあり方とコーポレートガバナンス・コード」同『企業統治と取締役会』(商事法務,2017 年)35 頁以下。另外,在实践企业治理准则过程中提供了有效的实务指南有経済産業省「コーポレート・ガバナンス・システムに関する実務指針(CGSガィドライン)」(2017 年 3 月 31 日制定,2018 年 9 月 28 日部分修订),経済産業省「グループ・ガバナンス・システムに関する実務指針(グループガイドライン)」(2019 年 6 月 28 日制定),経済産業省「事業再編実務指針」(2020 年 7 月 31 日制定)以及経済産業省「社外取締役の在り方に関する実務指針」(2020 年 7 月 31 日制定)。

修订后新设的机关设计。[1] 这项修订后的上市公司机关设计必须选择以下的三者之一:从旧商法时期(2002 年修改前)起就有的设置监事会公司(《公司法》第 2 条第 10 项)、2002 年修订新引进的设置提名委员会等公司(《公司法》第 2 条第 12 项)、设置监察等委员会公司(《公司法》第 327 条第 1 款第 1 项、第 328 条第 1 款)。选择哪种机关设计应由章程规定(《公司法》第 326 条第 2 款),并予以登记(《公司法》第 911 条第 3 款第 15 项以下)。依据 2020 年 9 月 7 日东京证券交易所(以下有时简称东证)的资料,在东证全部 3677 家上市公司中,有 1106 家(30.1%)设置监察等委员会公司,有 2495 家(67.9%)设置监事会公司,而设置提名委员会公司仅有 76 家(2.1%)。[2] 在 2014 年公司法修订施行后的 5 年多时间里,超过 1100 家东证的上市公司转型成设置监察等委员会公司。

设置监察等委员会公司,不设监事,但设有监察等委员会,其过半数的成员(监察等委员)应当是外部董事(《公司法》第 331 条第 6 款)。设置监察等委员会后,公司可以将监事、监事会的所有职责(监察)和董事会的部分职责(监督)统合到监察等委员会中去。另外,在某些条件下(后述),董事会可以将业务执行的决定权限委托给董事(可委托的事项与设置提名委员会等公司中董事会可委托给执行官的事项相同),此做法可以通过业务执行与监督的分离,来实现所谓监督模式的董事会。由于无法在此详细阐述公司法中有关设置监察等委员会公司的规定,因此把具体阐述留给教科书等,下面以上市公司为对象,说明设置监察等委员会公司的若干特点。

(一)与设置提名委员会等公司的比较

第一,董事的选任等具有以下特点:(1)担任监察等委员的董事为 3 人以

---

〔1〕 以下内容与神田秀樹「会社法 · 金融法随想(1)」,判例時報 2425 号(2020 年)3 頁以下有重合之处。关于设置监察等委员会公司制度的主要文献有前田雅弘「監查役会と三委員会と監查 · 監督委員会」江頭憲治郎编「株式会社法大系」(有斐閣,2013 年)253 頁以下,松元暢子「監查等に関する規律の見直し——監查等委員会設置会社制度の創設を中心に」神田秀樹编『論点詳解平成 26 年改正会社法』(商事法務,2015 年)43 頁以下,森本滋「監查等委員会設置会社をめぐる法的諸問題」同『企業統治と取締役会』(商事法務,2017 年)164 頁以下。作为大作,参见塚本英巨『監查等委員会導入の実務』(商事法務,2015 年)。

〔2〕 参见东京证券交易所「東証上場会社における独立社外取締役の選任状況及び指名委員会 · 報酬委員会の設置状況」(2020 年 9 月 7 日)。

上,且过半数应当为外部董事(《公司法》第331条第6款)。这一点与设置提名委员会等公司的三个委员会(提名委员会、监察委员会和报酬委员会)相同。(2)对于选举担任监察等委员的董事,股东大会应当分别选任监察等委员的董事和其他董事(《商法》第329条第2款)。(3)担任监察等委员的董事不得兼任设置监察等委员会公司或其子公司的业务执行董事、分公司负责人或者其他员工、执行官等(《商法》第331条第3款)。(4)担任监察等委员的董事的任期为2年(直至选举后两年内最后一个会计年度的定期股东大会结束之时)(章程和股东大会决议均不能缩短该任期时间),其他董事的任期为1年(直至选举后一年内最后一个会计年度的定期股东大会结束之时)(《商法》第332条第1款、第3款、第4款、第5款、第6款)。从第(2)、(3)、(4)点来看,不同于在设置提名委员会等公司中三个委员会被定位为董事会的内部机关的情况,监察等委员会不是董事会的内部机关,其被定位为独立于董事会的机关。[1]

第二,关于董事的报酬等("报酬等"的定义可参见《公司法》第361条第1款),与设置提名委员会等公司有所不同(《商法》第409条第3款),根据《商法》第361条第1款,由公司章程或股东大会决议决定董事的报酬等,但对设置监察等委员会公司另有规定。具体而言,在设置监察等委员会公司中,《商法》第361条第1款的各项事项应当区分担任监察等委员的董事和其他董事进行规定(《商法》第361条第2款)。如果公司章程或股东大会决议没有规定担任监察等委员的各董事的薪酬等事项时,应当在《商法》第361条第1款规定的薪酬等(通常是股东大会决议规定的总额上限)的范围内,由担任监察等委员的董事通过协商确定(《商法》第361条第3款)。

第三,在设置监察等委员会公司中,董事会的权限原则上与设置监事会公司的董事会权限相同(《公司法》第399条之13第1款至第4款,《公司法施行规则》第110条之4、第110条之5)。但是,过半数董事为外部董事时,除法定的基本事项(《公司法》第399条之13第5款但书所列事项,与《商法》第416条第4款但书涉及设置提名委员会等公司所列的事项相同)外,经董事会决议,可

〔1〕 参见坂本三郎编著『一問一答　平成26年改正会社法(第2版)』(商事法務,2015年)16頁以下,49頁。

以将重要业务执行的决定委托给董事(《商法》第 399 条之 13 第 5 款)。此外,也可以在公司章程中规定,可通过董事会决议将重要业务执行的全部或部分决定(《商法》第 399 条之 13 第 5 款但书列举部分除外)委托给董事(《商法》第 399 条之 13 第 6 款)。此外,关于董事会的召集,即使规定了召集权人,由监察等委员会选定的监察等委员也可以召集董事会(《商法》第 399 条之 14)。

第四,监察等委员会的构成和权限。监察等委员会由股东大会选任的担任监察等委员的董事全体组成(《公司法》第 399 条之 2 第 1 款、第 2 款。其中过半数应当为外部董事。《商法》第 331 条第 6 款),并履行下列职责(《商法》第 399 条之 2 第 3 款):(1)对董事职责执行进行监察,制作监察报告。(2)向股东大会提交有关审计人的选任、解任和不再聘任的议案内容的决定。(3)其他董事的选任及其薪酬等有关意见的决定。第(1)、(2)点与设置提名委员会等公司中的监察委员事会的权限相同。毋庸置疑,监察等委员会的权限不能成为董事会的权限。这一点也与设置提名委员会等公司的三个委员会相同。除上述三个基本权限外,监察等委员会还拥有公司法单独规定的将基本权限进行具体化的权限(如财务报表等的监察等。《商法》第 436 条以下)。这方面也与设置提名委员会等公司的监察委员事会相同。

第五,在设置监察等委员会公司中,其他董事进行利益冲突的交易时,若该交易得到监察委员会的同意,则不适用(《商法》第 423 条第 4 款)董事任务懈怠的推定(《公司法》第 423 条第 3 款)。这是在设置提名委员会等公司中没有的规范,是一项旨在促进向设置监察等委员会公司转型的政策性规范。〔1〕

(二)与设置监事会公司的比较

在设置监事会公司中,监事采用独任制,设置监事等委员会公司与此不同,监察均由监察等委员会这一组织来实施。因此,在这方面,两种公司设置了不同的规范(与设置监事会公司不同,《公司法》第 399 条之 2 第 3 款规定了监察等委员会的职责,而不是单个的监察等委员的职责,也不要求设置专职的监察等委员等)。另外,监察等委员会是会议体。例如,与监事会不同(《商法》第

---

〔1〕 参见岩原紳作「『会社法制の見直しに関する要綱案』の解説〔I〕」,商事法務 1975 号(2012 年)8 頁;前田雅弘「監查役会と三委員会と監查・監督委員会」江頭憲治郎编「株式会社法大系」(有斐閣,2013 年)274 頁。

393条第1款),有法定出席人数(定足数)的规定(《商法》第399条之10第1款)。但另一方面,不少针对设置监事会公司的规范被监察等委员会所直接承继。例如,董事不得查阅或复制监察等委员会的会议记录(《商法》第399条之11),通过公司章程而不是董事会决议,可以规定缩短监察等委员会的召集通知期间(《商法》第399条之9第1款)。此外,监察等委员会没有向董事会报告职责执行情况的义务。这几点不同于设置提名委员会等公司的监察委员会。

上述设置监察等委员会公司应如何运作,将成为今后的课题。[1]

## 五、董事的义务

### (一)董事的监督义务等

就公司法在董事义务方面的近年动向而言,有两点大为重要。

第一,关于有问题行为的董事以外的其他董事,以往很重视董事的监督义务这一法理,但近年来发生了变化。也就是说,在过去,董事被认为有义务监督其他董事。代表董事和普通董事都有义务监督其他代表董事或董事的行为是否遵守法律(包括善管注意义务、忠实义务的一般规定)和公司章程,是否合法且适当(最判1973年5月22日民集第27卷第5号第655页,最判1980年3月18日判例时报第971号第101页等)。1973年最高法院的判决认为:"由于股份公司的董事会负责监察公司的业务执行情况,因此组成董事会的董事对公司的职责,不应局限于监察提交给董事会的事项,还应监督代表董事的一般业务执行情况,并在必要时主动召集或要求召集董事会,通过董事会以确保业务执行能适当进行。"[因违反监督义务而被认定负有2005年修订前《商法》第266条之3第1款(原《公司法》第429条第1款)责任的事例]。

不过,1973年最判等是关于中小规模公司且是董事对第三人责任问题的案件。近年来,关于董事对公司责任(《公司法》第423条第1款)且是大规模公司的,监督义务的问题很常见。并且,该领域逐渐产生了变化。具体而言,如果一

〔1〕 笔者对于设有监察等委员会公司的运作方式的看法,参见神田秀樹「会社法・金融法随想(1)」,判例時報2425号(2020年)3頁以下。

家公司定期召开董事会,董事会履行了相应的监督职能(包括已建立和运作了确保业务适当体制的情况),那么,单个的非执行董事的监督义务的范围被认为有所限定(近年的案例包括东京地判 2016 年 7 月 14 日判例时报第 2351 号第 69 页等)。[1]

第二,关于有问题行为的董事对第三人的损害赔偿责任(《公司法》第 429 条第 1 款)仍存在一些课题。《商法》第 429 条第 1 款规定其要件为“关于履行职责存在故意或重大过失时”。这意味着一般可以说是“被认定为任务懈怠,对其存在故意或重大过失时”,但需要注意的是,构成其前提的董事义务,与《公司法》第 423 条第 1 款相关问题的义务有所不同,在适用《公司法》第 429 条第 1 款相关问题的情况下,董事义务可能会得到更严格的解释。具体来说,股东与公司债权人之间存在利益冲突,这会影响董事的义务。福冈高宫崎支判 1999 年 5 月 14 日判例タイムズ第 1026 号第 254 页中指出:“就像本案一样,在没有付款可能性的情况下采购商品的行为是对第三人的直接加害行为,即使濒临破产的公司为了打破僵局而进行冒险性、投机性的经营行为,在与股东的关系中即使有时被认为是正当的,但是在与第三人的交易相对方的关系中,只是强迫进行危险的交易,不存在使之合理化的根据,因此不能成为减轻董事注意义务的理由。在与第三人的关系方面,在经营困难的情况下,必须慎重考虑是否应当缩减或停止事业,甚至是否应当申请破产,以避免损失。”大阪高判 2015 年 10 月 29 日判例时报第 2285 号第 117 页指出:“在要约收购或 MBO 中,董事就企业(股份)价值转移负有公正性义务,应注意该义务在对公司的关系与对股东的关系上的不同之处。”一般而言,在《公司法》第 423 条第 1 款相关问题的情况与《公司法》第 429 条第 1 款相关问题的情况中,对董事的义务需要作出不同的解释。

除上述方面以外,在与传统案件(最大判 1969 年 11 月 26 日民集第 23 卷第 11 号第 2150 页等)不同类型的案件(包括上市公司的案件)中,根据《公司法》

---

〔1〕 参见藤田友敬「取締役会の監督機能と取締役の監視義務・内部統制システム構築義務」上村達男先生古稀記念『公開会社法と資本市場の法理』(商事法務,2019 年)357 頁以下。

第429条第1款追究董事责任的案件逐渐增加。[1] 这些案件分为:①名誉毁损案件(东京高判2011年7月28日LEX/DB25543181);②过劳死案件[大阪高判2011年5月25日労働判例第1033号第24页(上市公司案件)];③消费者保护、投资者保护案件(大阪高判2014年2月27日金融商事判例第1441号第19页)(被认定对英语会话学校学员负有责任的案件)等。第③类还包括金融事业者(股份公司)在出售金融商品时违反说明义务等情况。

(二)与金融商品交易法中业者规制的关系

1. 金融商品交易法的规范

金融事业者违反了金融商品交易法的行为规制时,在一定的情况下,除适用法律的罚则外,还会适用行政处分,如监管机构撤销注册,责令停止或改善业务(《商法》第51条至第52条之2,第53条和第54条)。对于业者违反行为规制,虽然没有设置罚款制度,但是日本证券业协会和金融商品交易所都设置了过失金或制裁金制度。

2. 私法上的效果

如果业者违反金融商品交易法的行为规制,私法上的效果又会如何?一般来说,任何违反业法规制的行为都不会"直接"产生私法上的效果。但是,在证券交易法时代,若违反证券交易法,根据最判1997年9月4日民集第51卷第8号第3619页(损失保证)和最判2005年7月14日民集第59卷第6号第1323页(股指期权的卖出交易)等,认为在一定情况下可能会产生私法上的效果(交易无效或侵权行为责任)。2005年判决中最高裁判所就1998年修订前的适合性原则进行了说明:"[证券交易法的适合性原则]属于公法上的业务规制、行政指导或自主规制机构所制定的自主规制,但证券公司负责人违反客户的意愿和实际情况,积极劝诱明显风险过大的交易等,劝诱并实施明显偏离适合性原则的证券交易的,则该行为在侵权行为法上亦属违法行为。"

一般而言,关于违反业法规制行为的私法上的效果,不能说因为这是所谓的管制法规,即便违反,原则上不影响私法上的效果,而是对于违反问题的个别

[1] 关于重新审视董事对第三人责任的论文,参见高橋陽一「取締役の対第三者責任に関する判例法理は今後も維持されるべきか? (1)(2・完)」,法学論叢177巻6号(2015年)1頁以下,178巻2号(2015年)1頁以下。

规定,应当考虑其规定的立法目的,以及在具体案件中的违反样态等,来探讨私法上的效果。

此外,不只是违反法律和政令、内阁府令的行为,违反自主规制的行为也应根据个别的情况来考虑其私法上的效果,这样的做法才是妥当的(上述 2005 年判决中最高裁判所亦提及自主规制的情况)。

并且,金融商品交易法在 2011 年修订中引入明文规定,未经注册的业者销售未公开股份等的行为在私法上无效(《金融商品交易法》第 171 条之 2)。[1] 但是,该规定适用的行为仅限于未经注册的业者进行的未公开股份等的交易。除此之外的交易和行为违反金融商品交易法的规制时的私法上的效果,不应类推适用该法第 171 条之 2 第 1 款,也不应作相反的解释。这仍然是一个待解释的问题。

3. 侵权行为责任

如果业者的行为在私法上满足了构成侵权行为的要件,可以认为业者对顾客负有损害赔偿责任。[2] 以往,对于业者的不当劝诱,许多判例认定私法上以违反说明义务为理由而对客户负有损害赔偿责任。[3] 民法上,关于缔结合同时合同一方当事人对相对方承担说明义务的主要判例有:最判 2011 年 4 月 22 日民集第 65 卷第 3 号第 1405 页(向信用协同合伙的出资合同的案例)。该判决中,最高裁判所认为:"如果合同的一方当事人在订立该合同前,违反诚信原则上的说明义务,未能向相对方提供足以影响就是否订立合同所作判断的信息的,则上述一方当事人就相对方因签订合同而遭受的损失承担侵权行为的赔偿

---

〔1〕 本修订的经过与内容详情,参见古澤知之ほか『逐条解説 · 2011 年金融商品取引法改正』(商事法務,2011 年)69 頁以下,204 頁以下。

〔2〕 参见山下友信「証券会社の投資勧誘」龍田節 = 神崎克郎編『証券取引法大系』(商事法務研究会,1986 年)317 頁以下,清水俊彦『投資勧誘と不法行為』(判例タイムズ社,1999 年)。

〔3〕 参见清水俊彦『投資勧誘と不法行為』(判例タイムズ社,1999 年),前田重行「金融機関の投資勧誘における適合性原則および説明義務について」,全国銀行協会 · 金融法務研究会報告書(24)『金融商品の販売における金融機関の説明義務等』(2014 年)27 頁以下。引人深思的分析,参见青木浩子「金融商品取引業者の新規な説明義務」,落合誠一先生古稀記念『商事法の新しい礎石』(有斐閣,2014 年)789 頁以下;金融商品取引法研究会编『リテール顧客向けデリバティブ関連商品販売における民事責任—「新規な説明義務」を中心として—』金融商品取引法研究会研究記録 46 号(日本証券経済研究所,2014 年)。

责任……”其后的著名判例包括最判 2013 年 3 月 7 日判例时报第 2185 号第 64 页[否认在利率掉期交易(Plain Vanilla Swap)中违反说明义务],东京高判 2015 年 1 月 26 日判例时报第 2251 号第 47 页(否认在投资信托中违反说明义务)。

(三)其他

除此之外,还有一个问题是,如果违反了原则规范和遵守或解释规范,或者违反了所谓的软法时,是否会产生私法上的效果,特别是损害赔偿责任。[1] 并且,与上文不同的是,即使业者遵守了所有业法上的行为规制,是否也会产生私法上的效果,特别是损害赔偿责任。这些都可以说是今后的课题。

〔1〕 参见清水真希子「規範の形成とエンフォースメントーハードローとソフトローの相対化のための枠組み」,廣瀬久和先生古稀記念『人間の尊厳と法の役割』(信山社,2018 年)489 頁以下;脇田将典「コンプライ・オア・エクスプレイン・ルールールルのエンフォースメントー『顧客本位の業務運営に関する原則』を中心にー」,フィナンシャル・レビュー 142 号(2020 年)84 頁以下。

# 公司的机关*
## ——选择的自由与强制

神作裕之**　段　磊***　译

**内容摘要**：公司作为法人，通过其机关实现各种职能，如意思决定、业务执行、代表和监督等。关于股份公司，日本公司法以传统的有限公司类型为基本形态，股东大会和董事是必备机关，在此基础上，各股份公司可根据其章程从公司法所规定的各种机关中选择设置。另外，根据公开性和规模标准，一定类型的公司被要求强制设立一定的机关，以此对公司进行区分和规范。但这是基于什么样的考量进行的区分，需要进一步研究。本文在比较日本的股份公司与持分公司的基础上探讨：(1)在各公司类型中应当以及可以设置什么样的机关；(2)各机关之间的权限分配以及如何处理权限重复的问题；(3)公司法中关于各机关的权限是否可以扩大或委托等问题的基本设想。

**关键词**：公司机关　股份公司　持分公司　机关构成

## 一、前　　言

作为法人的公司，通过其机关实现各种职能，如意思决定、业务执行、代表

---

* 本文的原文载于神作裕之「会社の機関－選択の自由と強制」，商事法務 1775 号(2006 年 8 月)36－48 頁。

** 日本东京大学教授。

*** 华东师范大学法学院副教授，法学博士。本文翻译时，华东师范大学法学院研究生游煜倩作出了许多贡献，在此表示感谢。

和监督等。[1] 这些机关可以分为两类：一类是由被选任或被选定的成员构成的机关（如股份公司的董事、代表董事、执行官、监事、审计人和会计参与人等）；另一类是基于社团法人成员（译注：以下简称社员）地位自动决定成员的机关（如股东大会、类别股东大会以及持分公司的社员和业务执行社员等）。这种区分不仅有助于系统地解释关于公司法中各机关的规范，而且有助于思考治理结构的机制。例如，当机关之间的意见冲突时，如果是处于选任、被选任关系的机关，就可以通过人事等方式解决，除法律赋予了停止请求权的情况外，一般不诉诸诉讼来解决。[2]

关于股份公司，公司法以传统的有限公司类型为基本形态，股东大会和董事是必备机关，在此基础上，各股份公司可根据其章程从公司法所规定的各种机关中选择设置。另外，根据公开性和规模标准，一定类型的公司被要求强制设立一定的机关，以此对公司进行区分和规范。在传统的人合型公司法领域中发生了重大变化，包括创设了一种名为“持分公司”的新型公司形态，并确认仅由有限责任社员组成的“合同公司”，如“合名公司”“合资公司”一样是持分公司类型中的一种等。但是，在持分公司的社员地位未分化的前提下，持分公司的机关主要依据公司章程自主决定，只设置了一些非常简单的规范而已。

机关的创设和分化是为了公司能够自主且有效地开展机关的活动，并对其管理进行有效的控制，鉴于此，本文将探讨以下几个论点：随着有限公司法的废除，公司法在吸收原有限公司类型的基础上，对股份公司进行了区分和规范，但是基于什么样的考量进行区分，以及采取什么样的规范内容是研究的重点。通过比较股份公司和持分公司，本文将探讨：(1)在各公司类型中应当以及可以设置什么样的机关；(2)各机关之间的权限分配以及如何处理权限重复的问题；(3)公司法中关于各机关的权限是否可以扩大或委托等问题的基本设想。

---

〔1〕 对于法人来说，是否需要超越一般代理的代表机关，取决于立法政策。此外，监督机关也不是所有公司都必须设置的，公司法也只是要求一定类型的股份公司强制设置。

〔2〕 例如，公司法不允许监事事后在法院对董事所采取措施的效力进行争议，只是赋予监事提起请求停止诉讼的权利。

## 二、股份公司的机关

(一)股东大会

1. 定位

公司法规定了股东大会的法定决议事项,如董事、监事的选举与解雇,公司解散等的关于根本性变更的意思决定等(关于《公司法》第 309 条第 2 款各项的事项、第 329 条第 1 款等)。公司章程中任何将法定决议事项的决定委托给其他机关的规定都是无效的(《公司法》第 295 条第 3 款)。此外,董事有义务遵守股东大会的决议(《公司法》第 355 条)。由此,公司法保障了股东大会的最高机关性。股东大会之所以是股份公司最高机关是基于这样的考量:股东作为股份公司的主权人,应该自主规定公司的效果和发展。虽然股东大会决议的效力可以附加其他机关或第三方的同意的条件,但这类决议合法性的界限一般在于上述“公司的自主权”是否受到严重损害。〔1〕

2. 股东大会的权限

(1)设置董事会公司与未设置董事会公司的差异

除法定决议事项外,股东大会的一般权限的范围取决于董事会的存在与否。换言之,虽然未设置董事会公司的股东大会的决议事项涵盖了与公司有关的一切事项,但在设置董事会公司中股东大会的决议事项仅限于公司法及章程规定的事项(《公司法》第 295 条第 1 款、第 2 款)。未设置董事会公司,同时也必须是非公开公司,非公开公司享有广泛的章程自治(《公司法》第 108 条第 1 款第 9 项“不包括设置委员会公司”、第 109 条第 2 款等)。就这样,股东大会权限的范围与股份公司是否存在公开性进行联动,并以是否设置董事会为基准来决定。〔2〕

---

〔1〕 相澤哲 = 葉玉匡美 = 郡谷大輔編著「論点解説新 · 会社法」(商事法務,2006 年)266 頁。森本教授认为从机关的权限分配秩序来看,不允许制定附加代表董事同意的章程规定。参见森本滋「会社法のもとにおける経営管理機構」,商事法務 1744 号(2005 年)38 頁(注 16)。

〔2〕 例如,在非公开公司的情况下,募集股份的发行等被认为是股东大会的决议事项(《公司法》第 199 条第 2 款、第 202 条第 3 款第 4 项),个别权限也被扩大。

章程自治的范围并非与股东大会一般权限的范围联动。[1] 股份公司采用了原有限公司类型的机关构成并允许广泛章程自治,在划定其范围时,公司法以非公开公司不强制设置董事会为标准进行划分(《公司法》第 327 条第 1 款),并对于非公开公司中选择不设置董事会的公司,承认其股东大会具有万能机关性。

设置董事会公司的股东大会,原则上只能就董事会(如由股东召集时,则为该股东)决定并记载在召集通知中的股东大会目的事项进行决议(《公司法》第 298 条第 1 款第 2 项、第 299 条第 4 款、第 309 条第 5 款)。对于违反这些规范而作出的决议是不存在还是仅有撤销事由,存在不同的解释。[2] 相比之下,未设置董事会公司的股东大会在召集时不一定需要规定目的事项,即使在召集通知中没有记载,也可以对与公司有关的一切事项作出决议(《公司法》第 298 条第 1 款第 2 项)。根据股东大会一般权限的范围,在股东提案权的行使方式、内容、召集程序等方面也存在差异。当然,设置董事会公司也可以通过在章程中作出规定来扩大股东大会的决议事项,但如果原始章程没有规定,则就需要通过特别决议来达到这一目的(《公司法》第 309 条第 2 款第 11 项)。解释论认为,设置董事会公司是否可以在章程中规定"就与股份公司有关的一切事项作出决议"尚存疑问,但即使该章程规定有效,设置董事会公司的股东大会决议也仅限于其目的事项,并应在召集通知中记载。

根据立法者的解释,将股东大会的权限范围与董事会的存在与否联系起来的理由[3]是,与董事会的权限范围相互联动、表里一致。换言之,这是因为"董事会的设置使董事会具备了业务执行的决定权,缩小了股东大会的权限"[4]。与未设置董事会公司中存在多名董事时不能委托给各董事作出决定的事项相

〔1〕 公司法采用了一种灵活的方法,根据各种规则的目的来考虑每种规制对公司的区分,而不是仅仅以股东大会的权限和董事会的有无为标准区分公司。参见岩原紳作「会社区分のあり方」,ジュリ 1267 号(2004 年)36 – 39 頁。

〔2〕 有关决议不存在事由的观点包括宍戸善一 = 黒沼悦郎「対談　機関関係」『企業会計特別保存版新「会社法」詳解』(中央経済社,2005 年)66 頁〔黒沼悦郎〕。取消事由的观点有森本滋「会社法のもとにおける経営管理機構」,商事法務 1744 号(2005 年)39 頁(注 22)。

〔3〕 黒沼悦郎「新会社法における機関設計」法律のひろば2006 年 3 月号 34 頁指出,董事会的设置限制了股东大会的权限,这种关系不是逻辑必然的,实际上也可以根据章程的规定使其相对化。

〔4〕 相澤哲 = 葉玉匡美 = 郡谷大輔編著「論点解説新・会社法」(商事法務,2006 年)268 頁。另外,特例有限公司无法设置董事会(关于伴随《公司法》施行的相关法律调整等法律第 17 条第 1 款)。

比,董事会的专决事项更为广泛,而且不能根据章程的规定对其进行缩减(《公司法》第 348 条第 1 ~ 3 款,第 362 条第 2 款、第 4 款)。也就是说,设置董事会公司与未设置董事会公司相比,股东大会的权限相对缩减,可以说是"所有与经营"的分离在法律上不断推进。由于在这样的公司中无法期待股东对经营进行充分的监督,因此强制要求设置监事(会)或三委员会以及执行官来代替股东监督经营者(例外:设置会计参与人的非公开公司。《公司法》第 327 条第 2 款)。相比之下,在未设置董事会公司可以期待作为万能机关的股东大会和股东对其经营进行控制。这是因为在这类公司中,从法律上讲,股东可以就有关公司的所有决定事项向经营者发出指示。

除大公司外,其他未设置董事会公司亦可自由设置监事。[1] 当未设置董事会公司没有设置监事时,"所有、经营和监督"相一致。在该类公司中,社员之间的合同要素可能会更为凸显。另外,在未设置董事会公司中,也有可能出现在确保股东大会的万能机关性的同时,实质上分离了"所有和经营"并设置"监督"机关这种类型的公司。未设置董事会公司的实际情况可能是多种多样的。

但是,从未设置董事会公司的股东大会是万能机关的角度出发,就会遇到一种矛盾。举两个例子:第一,本应万能的股东大会如果修改公司章程以设置董事会,股东大会的一般权限就会缩小,从而丧失万能机关性。毕竟,即使没有设置董事会,如果有多名董事,除非章程另有规定,否则业务是由过半数赞成决定,而且董事之间还有相互监督的义务[2],与设置董事会公司之间的差异实质上并不大。立法者也认为在未设置董事会公司中可以根据章程的规定设置"事实上的董事会"(根据《公司法》第 348 条第 2 款的"另有规定")。[3] 第二,股东大会的法定决议事项具有专属性,不得通过章程变更而委托给其他机关(《公司法》第 295 条第 3 款)。这是由于在股东大会和董事会之间的权限分配,构成

---

〔1〕 非董事会设置公司不得设置监事会(《公司法》第 327 条第 1 款第 2 项)。有观点认为其理由是"只有 1、2 名董事的公司不应该设置需要 3 名以上监事构成的监事会"[相澤哲 = 葉玉匡美 = 郡谷大輔編著「論点解説新 · 会社法」(商事法務,2006 年)268 頁],但将强大的权限赋予董事同时,由监事会进行有组织的监督,这种做法并非不合理。

〔2〕 但是,由于缺乏对履行监督义务的信息收集手段的保障等原因,对其实效性提出疑问。参见稲葉威雄「定款自治の拡大——株式会社の機関設計」,企業会計 57 巻 12 号(2005 年)83 頁。

〔3〕 相澤哲 = 葉玉匡美 = 郡谷大輔編著「論点解説新 · 会社法」(商事法務,2006 年)356 頁。

了各项权限的不可剥夺的专属性,但也不得不说章程自治因此受到了制约。

(2)股东大会的权限的扩大、委托

①权限的扩大

首先从股东大会权限的扩大开始探讨。修订前的法律认为,相当于设置董事会公司的股份公司可以根据章程的规定,将董事会的决议事项广泛地移交给股东大会。相比之下,在公司法中,除非有明文规定,否则不允许任何剥夺董事会等的法定权限的章程规定,只可能与董事(会)的权限重叠。[1] 公司章程不可剥夺董事会的法定权限,明确了董事会作为责任经营主体的地位。问题是在权限重叠的情况下,机关间作出相互矛盾的决定时的效果如何,但如果董事(会)作出与股东大会决议相反的决议时,就可能产生违反忠实义务等的问题(《公司法》第355条)。[2] 最终,这个问题将通过股东大会的董事人事安排得到解决。另外,在未设置董事会公司中,可以将董事业务执行的决定权作为股东大会的排他性权限,因为董事的业务执行被允许在公司章程中另行规定。

②权限的委托

股东大会的法定权限不得委托给其他机关。[3] 但是首先,公司法自身允许存在例外的事项。公司法所变更的是:关于盈余分配等的决定权限是否可以委托给董事会。根据修订前的法律,只有在设置委员会公司中才可以这样做,[4] 现在是如果董事任期不超过一年,并是设有监事会或三委员会的审计人设置公司,满足如审计人的无保留意见等一定要件,就能够根据章程的规定由董事会决定(《公司法》第459条第1款、第2款,《公司法会计规则》第183条)。

---

〔1〕 相澤哲=葉玉匡美=郡谷大輔編著「論点解説新·会社法」(商事法務,2006年)262頁。对此,有人提出了与修订前法律通说的看法相同的看法,即只要不完全剥夺董事会有关业务执行的意思决定权,就可以作为股东大会排他的专属权限。参见弥永真生『リーガルマインド会社法〔第10版〕』(有斐閣,2006年)120頁(注8)。

〔2〕 相澤哲=葉玉匡美=郡谷大輔編著「論点解説新·会社法」(商事法務,2006年)265頁。

〔3〕 此外,简易组织再编制度中的标准提高到20%,被认为是公司法中将股东大会权限缩小的事项。

〔4〕 2002年商法特例法修订认可了过半数的外部董事组成的三委员会,特别是采用以提名委员会为核心进行董事的人事和评价为基础的治理模式的委员会设置公司,仅针对该类公司可以由董事会决议决定盈余分配[江頭憲治郎『株式会社·有限会社法〔第4版〕』(有斐閣,2005年)550-551頁]。对此,尤其是实务界提出质疑,认为这是不均衡的。

此外,在 2006 年 6 月提案修改公司章程,将盈余分配等的权限委托给董事会的公司的股东大会上,有报道指出,企业养老金联合会在没有一名外部董事或董事会拥有排他权限的情形下,对相当数量的公司投了反对票,〔1〕为机构投资者行使表决权提供咨询与代理的公司(Institutional Shareholder Services,ISS),也建议反对后者的提案。〔2〕 事实上,一些公司否决了这样的章程变更,或撤回了议案,〔3〕这表明股东对公司运营的影响出现了变化的迹象(参见下文"4. 信息披露")。

其次,在公司法没有明文规定的情况下,股东大会是否不能委托任何的法定权限? 在未设置董事会公司中,似乎存在可以根据章程的规定允许股东大会权限委托的一些事项。在逐项审议的同时,有必要对允许委托的要件进行深入研讨。〔4〕

3. 表决权等的实效行使

尤其是在进入资本市场的公司中,股东能够通过书面、电子投票等方式更容易地行使表决权,这是在投资全球化的背景下蓬勃发展的国际公司治理理论中广泛提出的目标之一。〔5〕 日本法通过创设股票转让结算制度,建立了完全

---

〔1〕 企业养老金联合会在行使企业内表决权时,就将盈余分配的权限委托给董事会的提案,企业养老金联合会对所有 201 家公司中的 127 家投了反对票,尤其是就董事会的排他权限的提案,对所有 135 家公司中的 100 家投了反对票。企業年金連合会「2006 年 6 月株主総会　インハウス株主議決権行使の結果について」,企业养老金联合会就这一论点行使表决权的标准,参见「議決権行使基準」4(3)(2003 年 2 月 20 日决定,2006 年 4 月 1 日修订)。

〔2〕 参见 2006 年 6 月 30 日付朝日新聞朝刊二面。

〔3〕 参见 2006 年 6 月 30 日付日本経済新聞朝刊三面。

〔4〕 作为原有限公司法的解释,指出其有效性的文献参见岩原紳作「会社区分のあり方」,ジュリ 1267 号(2004 年)37 頁(注 16)。在德国有限公司法中,社员决定事项能否委托,应根据每个事项以及委托给谁的具体情况,按照详细的解释论来决定。例如,年度会计资料的确认可以委托给董事,而利润处分权限则不能委托。店长的选任也可以委托给董事,但董事的选任解任权、业务执行的检查及监督措施、主张对董事的损害赔偿请求权的决定等不能委托给董事。此外,虽然可能允许将一定的权限委托给董事以外的其他机关,但如果该机关出现功能不健全时,权限就会返还股东大会手中。Vgl. Wolfgang Zöllner, Inhaltsfreiheit bei Gesellschaftsverträgen, in Lutter/Ulmer/Zöllner, Festschrift 100 Jahre GmbH-Gesetz, S. 117 - 124(1992).

〔5〕 See OECD, *Principles of Corporate Governance*, Ⅱ p. 18 - 19 (2004); European Commission, *Communication to the Council and the European Parliament: Modernising Company Law and Enhancing Corporate Governance in the European Union-A Plan to Move Forward*, 21 May 2003, COM 284fin., 3. 1. 2.

无纸化的法律环境,但即使在该制度下,公司也维持了一个直接了解股东的明确系统。此外,1981 年强制要求拥有 1000 名以上股东的大公司实行书面投票制度,2001 年修订中允许其他公司自愿采用书面投票制度,并允许以电子方式行使表决权。公司法继承了这些规定,规定股东人数在 1000 人以上的公司必须进行书面投票,无论其是否是大公司(《公司法》第 298 条第 2 款),同时在制度的运行中允许公司有很大的自治余地等(《公司法》第 298 条第 1 款第 5 项,《公司法施行规则》第 63 条第 3 项、第 4 项等),并进行了进一步改善。这一领域所做的努力,从比较法层面来看具有先进性的同时,这些努力也不仅仅是为了市场目的而做的法律修订,[1] 值得高度赞扬。

4. 信息披露

作为股东意思决定的前提,充分的信息披露是必要的,但是公司法在这方面的评价很困难。所谓网络披露,即根据公司章程的规定,将应与召集通知一起通知股东的部分信息在互联网上披露(《公司法》第 301 条,《公司法施行规则》第 94 条),这一方面有利于加强互联网上的信息披露,另一方面也会伴随着减少对股东的直接披露的负面影响。[2] 在某些领域,人们怀疑披露制度可能落后于修订前的法律。[3] 在实务中,希望加强工作使披露不出现倒退的情况。[4]

(二)机关构成——选择的自由与强制

1. 绪论

股份公司必须设置股东大会、董事、代表董事,除此之外,可以根据公司章程在公司法的常设机关中进行选择(《公司法》第 236 条第 2 款),即董事会、监

---

〔1〕 例如,德国公司治理准则与其遵守情况的法律说明责任(《德国股票法》第 161 条)相结合,这一做法被认为是对国际资本市场具有强烈的宣传性要素。See Marcus Lutter, Deutscher Corporate Governance Kodex, in Hommelhoff/Hopt/Weder, Handbuch Coporate Governance, S. 738 - 740(2003).

〔2〕 监事有权对事业报告、参考资料的记载事项的网络披露提出异议(《公司法施行规则》第 94 条第 1 款第 4 项、第 133 条第 3 款第 2 项),但对这项权限的适当行使也是监事的义务。参见三浦亮太「会社法の下における監査役の権限と責任」,月刊監査役 514 号(2006 年)58 - 59 頁。

〔3〕 参见中東正文「株式会社の監査と内部統制」,ジュリ 1315 号(2006 年)45 - 47 頁。

〔4〕 参见神作裕之「EU 法から見た新会社法」,法律時報 78 巻 5 号(2006 年)54 頁。

事、监事会、三委员会及执行官、审计人〔1〕及会计参与人〔2〕。但是,除某些公司有义务设置某些机关外,也可能是强制性设置或禁止设置几个机关的组合。对于大公司来说,除对非公开公司不再强制要求设置董事会和监事会等以外,与修订前的法律没有重大变化。确定一个公司是否属于某类公司的标准也与修订前的法律基本相同。〔3〕 有限公司法已被废除,在原有限公司类型的机关结构允许的范围内,允许股份公司的机关选择的多样化。然而,包括不论公司规模大小都能设置审计人和三委员会〔4〕,以及允许自愿选择会计参与人这种新型机关等,这意味着机关选择自由度的扩大,不过实际上将对实务产生多大程度的影响,这一点并不明确。〔5〕 在国际公司治理理论中,股份公司机关构成

---

〔1〕 公司法将审计人定位为公司的机关。如果审计人的独立性和中立性得到了公司法、行业法律和自我规制的充分保证,那么将其作为公司的机关并不是不恰当的。当然,如果这样的法律定位对于机关未分化的持分公司而言,审计人的强制设置起到了消极作用,则应该重新进行探讨。况且在德国,联邦一般法院也承认审计人作为机关的地位,并以此为依据,肯定了在发现严重违反法律的情况下有向监事会提出警告的义务(BGH v. 15. 12. 1954, BGHZ 16, 17)。然而,在学说中,许多人批判道,从审计人是在中立和独立的立场上进行外部监督的性质来看,把审计人作为接受监督的公司内部组织的一部分是不合适的[Adler/Düring/Schmaltz, Rechnungslegung und Prüfung der Unternehmen, 6. Aufl., S. 281(2000)]。在欧盟层面,作为一个公司机关,人们也担心审计人会参与被监督公司的经营管理和意思决定过程[Grünbuch der EU-Komission zur Rolle, Stellung und Haftung des Abschlußprüfers in der Europäischen Union, KOM(96)338, Juli 1996]。

〔2〕 会计和税务职业专家与董事共同制作会计资料等,有望对虚假陈述和篡改起到抑制作用。另外,会计师和税务人员往往通过外部参与形式来确保独立性和中立性,但存在丧失这种平衡的危险。虚假陈述等抑制效果在多大程度上能够通过会计参与人制度的引入得以实现,关系到会计参与人对经营的深入程度。这是因为这样的前提:中小公司的会计适当性根据公司的规模等而千差万别[神田秀樹『会社法入門』(岩波新書,2006 年)60 頁]。然而,越是参与经营,作为职业专家的中立性和独立性就越有可能受到损害,这一点可能与审计人的情况一样。董事(会)和会计参与人的意见不一致时的解决方法成为了一个问题,但只能通过股东大会的董事监事等选任和废除会计参与人的章程变更等方式并由股东进行决定。相澤哲 = 葉玉匡美 = 郡谷大輔編著「論点解説新 · 会社法」(商事法務,2006 年)386 – 387 頁。

〔3〕 原有限公司法原则上规定社员人数上限为 50 人,而公司法没有以股东人数作为构成机关的标准,对合同公司也没有规定社员人数上限。立法例多种多样,如特拉华州公司法中封闭公司的定义要求股东人数不得超过 30 人[Delaware General Corporation Law-Subchapter XIV §342(a)(1)]。

〔4〕 即使大公司以外的公司选择设置委员会,亦会被强制设置审计人,原因是有关公司会计的资料对股东及董事的意思决定及职责执行具有很高的重要性。弥永真生『リーガルマインド会社法〔第 10 版〕』(有斐閣,2006 年)118 頁。

〔5〕 本期研讨会岩原紳作的论文以及宍戸善一的论文。参见前田庸『会社法入門(第 11 版)』(有斐閣,2006 年)330 – 331 頁。

选择的自由通常是指允许在英美法系的单层董事会制度和大陆法系的双层治理体系(监事会制度)之间选择,但日本公司法并不承认在这种意义上的机关选择自由。[1]

2. 公司区分的标准

(1)公开性的标准

从有效的公司治理及其控制的角度来看,“所有权与经营权的分离”至关重要。公司法以公司发行的所有股份是否均受转让限制为标准来确定该公司是否具有公开性,从而在机关设计的选择上产生了差异。换言之,公开公司必须设置董事会及监事(会)或三委员会(《公司法》第327条第1款第1项及第2款)。这是因为只要有可能发行无转让限制的股份,任何人都可能成为股东,这就丧失了股东间关系的紧密性,合同自由的实质将受到限制。[2]

在公开公司中,所有权与经营权的分离得到保障,公司章程中不允许规定仅限股东担任董事、执行官(《公司法》第331条第2款、第402条第5款)。其是为了公司的利益而不限制董事的人员来源。另外,非公开公司可以不设置董事会,在未规定董事等的任期、未设置监事会及审计人的情况下,允许监事的权限限定于会计审计等,除了与机关相关的事项,而且在股份关系上也可以对各股东作出特别的规定等,其适用规范与公开公司大相径庭。[3] 但是,如果设立了仅具有审计权限的监事(《公司法》第389条),则会加强股东权限(《公司法》第357条第1款、第360条等),使股东可以自行监督。

对于这种公开性标准也存在疑问,如应将资本市场的准入(可能性)作为考虑问题的标准[4],因为将有无股份转让限制这一公司可以任意设定的内容作为标准,则“所有与经营”分离的法律特性是不够充分的。对于“所有与经营”分离的法律特性相对较高的公司,即使没有进入资本市场,也会适用严格类型

---

〔1〕 日本的监事(会)设置公司通常被分类为单层式。神作裕之「EU法から見た新会社法」,法律時報78巻5号(2006年)54頁。

〔2〕 参见前田雅弘「非公開会社」,法学教室304号(2006年)12頁。

〔3〕 相澤哲=葉玉匡美=郡谷大輔編著「論点解説新・会社法」(商事法務,2006年)276頁。

〔4〕 参见上村達男『会社法改革』(岩波書店,2002年)尤其是85-145頁。

的规范,从这一角度来看,公司法的标准基本上是适合的。[1] 当然,如果公司法中有关机关的规范目的是确保和促进健全且有效的公司经营,那么规范的内容自然会因是否是进入资本市场的公司而有所不同。尽管对普通投资者的保护需求强烈,但能够在流动性强的市场以公平价格出售股份本身就可以为股东提供强有力的保护,而且通过市场治理也可以发挥作用。上市规则和各种公司治理准则等所谓的软法也有发挥作用的空间。[2] 在公开公司中,就进入资本市场的公司的规范可能会进一步分化。

(2)规模的标准

公司法采用公司规模的标准,根据公司的最终会计年度资产负债表中注册资本是否是 5 亿日元以上或负债总额是否是 200 亿日元以上来区分大公司和非大公司。作为公开公司的大公司必须是设置委员会或监事会的公司,不论是公开还是非公开,大公司都必须设有审计人(《公司法》第 328 条)。作为机关构成强制性一部分,设置审计人公司也必须设置监事(会)或三委员会(《公司法》第 327 条第 3 款、第 5 款),公司法将审计人和监事(会)或三委员会规范成一组强制性的机关构成。[3] 此外,大公司有义务建立内控制度(《公司法》第 348 条第 4 款、第 362 条第 5 款)。作为确定强制设置审计人的公司范围的重要标准,先不说沿用被强调为只是一个抽象的数额而意义不大的注册资本数额这点,考虑到没有使衡量公司规模的标准多样化,以及负债总额标准也维持在 200 亿日元的极高水平上,因此似乎仍需要继续探讨这些标准是否覆盖了真正需要强制

---

〔1〕 公司法的立场与欧盟公司法专家高级别小组的观点相近。该小组曾建议将公司分为三类:上市公司、公开公司和封闭公司,对前两类公司基本上适用上市公司规则,只对股权自由转让受到限制的封闭公司大幅放宽规制。See *A Modern Regulatory Framework for Company Law in Europe-Report of the High Level Group of Company Law Experts*, 4 November 2002, ch. Ⅱ. 4.

〔2〕 日本软法萌芽的基础性研究参见藤田友敬 · 松村敏弘「社会規範の法と経済——その理論的展望」,ソフトロー研究 1 号(2005 年)59 – 104 頁。

〔3〕 作为立法论,是否必须将审计人的设置与监事(会)或监察委员会的存在作为配套设计,就一般论而言尚存疑问,但是对于审计人设置公司而言,考虑到有关财务报表的确定和盈余分配等的决定权限是与公司法上的效果相联系的,公司法的这一规定有助于完善审计人进行有效审计的环境。

设置审计和内控制度的公司范围。[1]

3. 章程自治的范围

公司是否可以根据章程自治设置公司法规定以外的机关及其范围。就所谓章程的相对记载事项,在法律已经列举完毕的前提下,《公司法》第 29 条是不允许在章程中规定法律规定以外的其他事项。[2] 但是,这并不意味着相对记载的事项完全没有解释的余地。[3] 以长期法律关系为前提的公司,为了发挥其职能并实现其目的,通过股东大会形成适当意思的制度能否得到保障成为问题。此外,因为公司法没有沿用有关公司营利性的相关规定,随着公司目标多样化可能性的展开,有必要考虑是否认可非法定的任意机关的创设。[4]

关于设置非法定机关的可行性和范围,在设置董事会公司和未设置董事会公司之间可能有所不同。因为在未设置董事会公司中,允许另行规定董事的业务执行,并且可以让其他机关作出有关业务执行的意思决定。在非设置董事会公司中,具有万能机关性的股东大会可以自行适应不断变化的情况和需要。另外,即使是设置董事会公司,也面临着是否赋予独立委员会关于启动收购防御措施的一定事项的最终决定权限的问题。只有在董事会拥有最终权限和责任,独立委员会对其充当咨询机关的情况下,它才有效吗? 如果约定这一委员会的成员负有与董事同等的注意义务,情况又会如何? 甚至是否可以提起代表诉讼? 即使是在设置董事会公司的情况下,也会针对每种问题类型展开各种解释。

---

〔1〕 参见神田秀樹「会社法の歴史的・社会的位置づけ」,月刊監査役 514 号(2006 年)47 頁。然后,并没有沿用有限公司法中社员人数标准的规定。对于沿用修订前法律的标准的行为,神田秀树教授评价为,"用无法切割的刀切割",但是只能这样切割。

〔2〕 参见相澤哲 = 岩崎友彦「会社法総則・株式会社の設立」『新・会社法の解説』,別冊・商事法務 295 号[2006 年,最初刊登在商事法務 1738 号(2005 年)]20 頁。

〔3〕 例如,关于行使表决权的代理人资格限制,参见稲業威雄 = 郡谷大輔「会社法の主要論点をめぐって」,企業会計 58 巻 6 号(2006 年)169 - 170 頁。

〔4〕 公司法没有沿用关于公司营利性的相关规定,至少可以结合营利目的追求非营利目的,这表明为有效实现多种目的,公司可采用的机关构成也可以是多样化的。在德国,有限公司被赋予广泛的章程自治的理由的说明参见 Peter Hommelhoff, Gestaltungsfreiheit im GmbH-Recht, in Lutter/Wiedemann, Gestaltungsfreiheit im Gesellschaftsrecht, ZGR Sonderheft 13(1997), S. 38。

## 三、持分公司的机关

(一)绪论

公司法在传统的人合型公司法领域进行了重大修改。第一,新设了“合同公司”的形态,所有社员的责任都是有限的,但要遵守内部的合伙性规范。第二,创设了“持分公司”这一公司类型,现有的合名公司、合资公司和新设的合同公司都被列入“持分公司”的类型之中。第三,随着只由有限责任社员构成的合同公司的创设,无论社员的责任形式如何,除非章程另有规定,持分公司的社员都被赋予了业务执行权。第四,禁止公司等的法人成为持分公司的无限责任社员的规定已经被取消。这些修订可能会引起有关持分公司的机关产生与以往不同的论点。

(二)合同公司的创设与法人业务执行社员的允许

1. 合同公司的创设

合同公司的创设是为了满足实务中在限定社员责任的情况下实行自由的章程自治的期望。[1] 立法论已经提出批判,合同公司应该被定位为股份公司的类型之一。[2] 但是,从理论的角度来看,可以说存在以下正当性:第一,从内部来看,由于此前不存在遵守内部合伙性规范且全体社员责任为有限的公司形态,合同公司正具有填补这一空白的意义。第二,国际公司治理结构理论强调了公司法的竞争这一观点,事实上,在美国,州公司法之间相互竞争,在欧盟,成员国的公司法与欧洲公司法之间也在相互竞争。但是,由于日本不存在这种情况,从促进股份公司和可能与之竞争的企业形态之间的规则竞争的角度来看具有正当性。[3] 合同公司作为企业形态,能够用于创业、企业集团经营、合资企业、事业再生和事业承继,甚至是用于基金的载体等,具有多种使用目的和样态

〔1〕 相澤哲 = 郡谷大輔「持分会社」『新・会社法の解説』,別冊・商事法務 295 号 154 頁。合同公司的意义参见本期研讨会的宍戸善一的论文。

〔2〕 参见烏山恭一「2005 年会社法と会社の機関」,ジュリ 1315 号(2006 年)33 頁。归根结底,对于合同公司这种公司形态的新设本身提出质疑的观点,参见稲業威雄 = 郡谷大輔「会社法の主要論点をめぐって」,企業会計 58 巻 6 号(2006 年)153 頁〔稲葉威雄〕。

〔3〕 神作裕之「EU 法から見た新会社法」,法律時報 78 巻 5 号(2006 年)54 頁。

的可能性,因此在理论和实务方面都备受关注。[1] 不过,对于资合性的合同公司而言,仅仅依靠公司法的规定和合同规范能否对其私的利益进行公正的调整也尚存疑问,因此下文也将对此进行若干考察。[2]

2. 业务执行社员——法人业务执行社员的允许

修订前的法律将业务执行权归属于无限责任社员身上,而公司法则切断了社员无限责任与业务执行权之间的结合。但是,由于章程的规定可以排除特定无限责任社员的业务执行权(原《商法》第 151 条第 1 款),而且通说和判例认为章程或其他内部规章可以赋予有限责任社员业务执行权[3],因此无限责任和业务执行权的结合只不过是任意法规。相比之下,原《商法》第 156 条否定了有限责任社员的代表权,该法因为是有关对外关系的强制性规定,所以不能将所有无限责任社员排除在业务执行之外。[4]

公司法不论社员的责任方式如何,将社员的地位与业务执行权结合起来,因此,法人业务执行社员也被允许存在。但法人仍旧不能成为股份公司的董事(《公司法》第 331 条第 1 款第 1 项)。立法者认为这两条规范差异的依据是董事是因自然人的经营能力而选任的受托人,而持分公司的业务执行社员是出资人。[5]

与此同时,公司法还允许股份公司等法人来担任持分公司的无限责任社员。这说明法人本身既可以是权利和义务的共有主体,也可以是社会活动主体,[6]且从实效性的角度来看,这种禁止本身就没有合理的理由,既然公司等法人能成为合同公司的社员,禁止它成为持分公司的无限责任社员已经没有意

〔1〕 前田庸『会社法入門(第 11 版)』(有斐閣,2006 年)12 頁;武井一浩「企業法実務の観点からの新会社法」,商事法務 1759 号(2006 年)28 - 30 頁。

〔2〕 与股份公司不同,持分公司没有义务公布会计文件,或在超过一定规模的情况下强制设置审计人的要求。考虑到其影响力,特别是对公司债权人的影响,在符合一定要求(如没有负有无限责任的自然人社员等)的持分公司且是大规模公司中,强制设置审计似乎才是符合一贯的做法。

〔3〕 最判 1949 年 7 月 26 日民集 3 巻 8 号 283 頁;上柳克郎 = 鴻常夫 = 竹内昭夫編「新版注釈会社法(1)」(有斐閣,1985 年)602 頁〔江頭憲治郎〕。

〔4〕 上柳克郎 = 鴻常夫 = 竹内昭夫編「新版注釈会社法(1)」(有斐閣,1985 年)637 - 638 頁〔林竧〕。

〔5〕 相澤哲 = 葉玉匡美 = 郡谷大輔編著「論点解説新·会社法」(商事法務,2006 年)281 頁。

〔6〕 相澤哲 = 葉玉匡美 = 郡谷大輔編著「論点解説新·会社法」(商事法務,2006 年)579 頁。

义了。[1] 即使股份公司成为合名公司、合资公司唯一的无限责任社员，那么与合同公司一样，它也将成为一家没有任何自然人负有无限责任类型的持分公司。

公司法对法人成为业务执行社员的情况采取了特别措施。换言之，就应履行该职务的人员（职务执行者），应将其姓名等通知其他社员，对职务执行者规定了与业务执行社员相同的义务和责任(《公司法》第 598 条)。职务执行者按照法人社员的指示行事时是否也承担任务懈怠责任，职务执行者对持分公司承担任务懈怠责任时，法人社员对持分公司承担什么责任，[2] 法人社员与职务执行者之间的法律关系等，今后需要研究的问题还很多。此外，业务执行社员的善管注意义务与忠诚义务是强制性规定(《公司法》第 593 条第 5 款)。这样做是为了在职务执行方面存在故意、重大过失的情况下，确保公司对第三人责任(《公司法》第 597 条)的前提得以延续。

（三）合伙性规范与持分公司的“机关”

1. 机关的未分离

持分公司作为法人，意思决定、业务执行以及代表等职能必须由机关来履行。在持分公司中，作为社员的地位与业务执行者、代表人的地位相结合，对于章程变更等重要事项原则上需要全体社员的同意。在典型的持分公司中，内部关系受合伙性规范支配，机关也属于未分化的状态。持分公司中社员意思决定的正统性在一般情况下比股东大会更强，相反，治理结构方面则相应地有所减弱。但是，正如后文所述，机关的分化也可以将“所有”与“经营”甚至“监督”分开。然而，公司法未对合同公司的机关提供系统的规范。这样做的理由是，担心合伙性规范要素的淡化将无法实现将合同公司作为税收导管这一预期目标。[3]

---

〔1〕 上柳克郎 = 鴻常夫 = 竹内昭夫編「新版注釈会社法(1)」(有斐閣,1985 年)97 頁〔竹内昭夫〕。

〔2〕 立法者的解释是，法人是业务执行社员时，职务执行者的资格没有限制，他们可以不是该法人的董事或员工，如顾问律师等。如果股份公司是业务执行社员，其代表董事是职务执行者的话，根据《公司法》第 350 条，股份公司也应承担责任，但如果职务执行者是律师的话，则应探讨具体是何种法律关系。

〔3〕 参见江頭憲治郎『「会社法制の現代化に関する要綱案」の解説〔Ⅰ〕』，商事法務 1721 号(2005 年)6 頁。由于合同公司没有实现税收导管的预期目的，故创设了没有法人格的“有限责任事业合伙”。

2. 持分公司的机关

持分公司对章程变更等重要事项的决定原则上要求全体一致，但在章程中另作规定也是被广泛允许的。因此，根据章程的规定，社员的决定可以采用多数决原则，[1]也可以创设各种机关。持分公司也可以通过分化机关来分离“所有权和经营权”。这样一来，不仅在社员的责任形式方面，而且在内部关系方面也可能形成类似于典型的股份公司的持分公司。[2] 随着“所有权和经营权”的分离，控股社员和少数派社员之间的代理问题变得更加严重。被排除在业务执行之外的社员，无法通过选任和解雇业务执行社员来对经营层加以控制。尽管立法者也意识到了这种危险性，但持分公司是一种只受合同规范保护的公司形态，不得不说是处于相关方自行负责的领域内。[3]

这种人合型公司形态在许多欧洲国家都得到了认可，如在德国，在1922年的判例中，有限合资公司(GmbH & Co. KG)的有效性得到认可后[4]，直至今日仍被广泛使用，据称如今的公司数量不低于142,500家。[5] 但是，这类公司形态也被批评为规避关于资合型公司的规范，是德国民事法中的政策失误，[6]在法律上是一个棘手的问题，德国法通过认可其存在并积极推动判例法理发展，来对其进行规范。[7] 正如德国法的历史所表明的那样，不能否认日本也有根据今后持分公司利用的实际情况，对于社员之间人合关系薄弱的持分公司发展

〔1〕 虽然契约自由原则应该包括社员在作出意思决定时提出反对的自由[Walter Odersky, Gestaltungsfreiheit und gerichtliche Kontrolle, in Lutter/Wiedemann, Gestaltungsfreiheit im Gesellschaftsrecht, ZGR Sonderheft 13(1997), S. 104]，但如果采用多数决原则，就会出现违背少数派意思的决定。在股份公司中，股东平等原则发挥着保护少数群体的作用，但在没有相应原则的持分公司中，就无法得到保障。

〔2〕 此外，还可以通过作为持分公司社员的股份公司的股票，以及在修订后的信托法案下，通过信托社员地位并将其受益权证券化的方式，使其具有实质性的流通性。在这种情况下，持分公司的章程通常是事先拟定好的，没有交涉的余地。

〔3〕 相澤哲＝郡谷大輔「持分会社」『新・会社法の解説』，別冊・商事法務295号154－155頁。

〔4〕 Vgl. RG vom 4. 7. 1922, RGZ 105, 101; BGH vom 28. 9. 1955, WM 1956, 61.

〔5〕 Vgl. Hesselmann/Tillmann/Mueller-Thuns, Handbuch der GmbH & Co. KG, 19. Aufl., Verlag Otto Schmidt, (2005) S. 4.

〔6〕 Vgl. Friedrich Kübler, Gesellschaftsrecht, 5. Aufl., 1998, S. 299ff.

〔7〕 参见大原栄一「西ドイツにおける閉鎖会社としての有限合資会社(GmbH & Co., KG)」鈴木竹雄先生古稀記念『現代商法学の課題(下)』(有斐閣，1975年)1251－1272頁；高橋英治「ドイツ法における有限合資会社(GmbH & Co. KG)の発展とわが国法制の課題」，法学雑誌51巻4号(2005年)17－39頁。

出固有的判例法理的可能性。

当然,对于控股社员与少数派社员间的对立,期待以法律专家为首的相关方将预测和研究两者之间可能出现的问题,并制定解决问题所需的章程规定。但是,在新的公司形态中是否能够形成一种公正高效的法律实务,即使能形成,如果普通公众相信法律应该明确规定对典型纠纷的适当解决方法,那么回应这些问题也是人们所期望法律的作用。实际上,一旦出现人合关系薄弱的持分公司,便有可能通过解释论来进行一定程度的应对。

3. 机关设计的自由和界限

在持分公司中,社员地位与各种机关地位是一体的,机关处于未分化的状态。但是,不仅可以采用资本多数决原则或委托给代表社员〔1〕,也可以分化机关〔2〕,如可以设置社员大会、运营委员会或监事等。

解释论中的问题是机关创设、权限分配和意思决定方法等方面的界限。在持分公司中,出于章程自由的原则,也可以创设非典型的机关。关于业务执行的事项,即使不需要全体社员的同意,几乎也没有什么问题,就算是需要全体社员批准的社员合同变更或基础性变更,基本上也可以按照章程的规定委托给其他机关处理。然而,基于持分公司法内在的一些原则等,也有可能存在制约。〔3〕 首先介绍德国法的讨论。第一,能够引入多数决原则的是,仅限于与公司业务执行有关的领域或章程上明确规定事项,这一"特定性原则"一直发挥着保护少数派社员的作用。〔4〕 第二,"自我机关原则"〔5〕通过使社员地位与业务

---

〔1〕 参见宍戸善一「持分会社」,ジュリ1295 号(2005 年)111 頁。

〔2〕 参见大杉謙一「合同会社」,法学教室 304 号(2006 年)87 頁。

〔3〕 对此,在合同公司中机关设计完全是自由的观点参见宍戸善一 = 岩瀬ひとみ「ベンチャー企業と合同会社制度」,法律のひろば59 巻 3 号(2006 年)16 頁。

〔4〕 Vgl. BGH vom 15. 6. 1987, NJW 1988, 411. 不过,学说中对"特定性原则"的批判很多。有力说认为应当通过对社员之间的诚实义务和决议内容本身的规整来保护少数派社员。还有人指出,在多样的人合型公司中,"特定性原则"的适用方式根据公司类型各不相同,因为在人合程度较强的典型人合型公司中严格适用的同时,在类似资合型公司的人合型公司中,全体社员的同意这一要件本来就存在不合理之处,"特定性原则"无法严格适用。Vgl. Karsten Schmidt, Gesellschaftsrecht, 4. Neugearbeitete Aufl., 2002, S. 455ff.

〔5〕 姑且认为公司法也把业务执行权和代表权与社员地位结合起来,以维持"自我机关原则"。但有人指出,如果社员的出资额仅为名义上的金额,在实务中不会有任何障碍。参见大杉謙一「合同会社」,法学教室 304 号(2006 年)87 頁。

执行机关保持一致的方式,从法律上保障持分公司社员之间的人合性。对于"自我机关原则"的适当范围,关乎在以长期法律关系为前提的公司中,能否在发挥其功能的程度上令社员能够行使适当的意思决定。[1] 例如,不一味地排除社员以外的第三方担任业务执行的监督机关。[2] 第三,业务执行社员不得将章程中专门授予的权限委托给其他机关,或将属于基础性变更的事项委托给非社员组成的委员会。[3] 第四,不得剥夺触及社员权核心的基础性权利和社员的经济性自由。[4] 第五,在行使表决权等的意思决定层面,也存在基于紧密人合关系而存在的社员诚实义务问题。

至于日本法究竟是否贯彻了"自我机关原则",也仍有必要在研究职务执行者的法律地位等基础上,追溯其实质性依据等问题。因此,毫无疑问,不能直接将德国法上的讨论直接引入到日本法中。但是,在充分参考这些讨论的同时,也有必要从解释论上深入研究日本法下持分公司的机关创设以及权限分配、多数决原则的界限等问题。正如德国法中关于社员诚实义务的法律发展所表明的那样,在持分公司法领域形成的法理也不排除会对股份公司法产生影响的可能性。

## 四、结　　语

行文至此,以两个重要的课题来作为结语。这些都是自修订前法律时代以来就被广泛认识的问题。第一个问题是,如果公司是股东(社员)时,由该公司的代表人或职务执行者行使股东(社员)权,由此被纳入业务执行范畴时的对

---

〔1〕 德国的判例和通说认为,人合型公司的社员可向咨询委员会(Beirat)寻求经营方面的建议,甚至可委托业务执行权,从而将所有社员排除在业务执行之外。因为在德国,"自我机关"原则下也不妨碍将所有业务委托给第三方。但是,不得将机关代表权委托,包括基于社员决议的指示权以及撤销赋予第三方的代理权的权利,这是"自我机关原则"的强制性规定的界限。Vgl. Alfred Hueck, Das Recht der offenen Handelsgesellschaft, (1946) S. 63; Schmidt, aaO(Fn. 63), S. 1390.

〔2〕 Vgl. BGH vom 22. 10. 1984, NJW 1985, 1900.

〔3〕 Vgl. Schmidt, aaO(Fn. 63), S. 418f.

〔4〕 剥夺信息请求权等社员的基本权利,或对个别社员施加特别负担的决定,构成对社员经济性自由的严重限制,会受到"核心理论"的制约。

策。特别是在交叉持股或矩阵式持股的情况下,会出现经营者为了自身利益而(不)行使公司所持股份(持分)的各项权利的可能性。第二个问题是少数派股东(社员)的保护问题。在关于股东(社员)大会和董事(会)等上述公司机关的讨论中,如何从控股股东(社员)追求自身利益等情况中保护少数派股东(社员)的讨论甚少。如上文所述,在合同公司和非董事会设置公司中,法律上已明确控股股东(社员)可以控制公司经营,从监督控股股东(社员)的角度来看,立法上的措施可能并不充分。[1] 对于解释论和立法论而言,保护少数派股东(社员)问题是十分重要的课题之一。在实务中,为了使监事(会)和外部董事发挥预期的职能,最终由法院对控股社员的利益冲突行为实行严格的司法审查是至关重要的。

〔1〕 See John C. Coffee, *Racing Towards the Top?: The Impact of Cross-Listings and Stock Market Competition on International Corporate Governance*, Columbia Law Review, 102, p. 1826 – 1827(2002).

# 社会的至上和法律与发展的失败 *

布赖恩·Z.塔玛纳哈 **　郭晓明 ***　译

**内容摘要**:在过去的20年里,法律与发展("法治")项目已经在全球投入了数十亿美元,这些项目针对司法改革、法律培训、宪法和法典起草、法律移植、反腐败活动等。通过对近期法律与发展的回顾,许多参与者和观察者认为这些活动在很大程度上注定是失败的。本文注重把周围的社会环境作为解释这一失败的重要理由。本文首先提出"法律与发展"是一个误导性的概念,并且不应当被视为一个"领域"。接着,本文考察了三大主题:法律发展、法律与资本主义和革新的法律与发展方案。通过详细阐述每个主题背后的思想,本文展示了周围的社会环境是如何相互影响的。之后,本文指出由于缺乏对实际环境的熟知,法律与法治项目从一开始便总是以一种错误的方式运行。本文展示了来自右翼和左翼的法律与发展理论工作者是如何把本国的思想向具有不同背景的发展中国家输出的,进而有可能带来有害的后果。作为结论,本文认为虽然发展法治是重要的且应当继续推进,但是法律无法承载经济发展或是革新方案的期望。鉴于国家法律制度持续失败,我们应该支持或是创制法律的功能性替代方案。

**关键词**:法律与发展　法律的关联性原理　保守和革新的法律与发展项目　法律发展

---

* 原文刊载于《康奈尔国际法杂志》(Cornell International Law Journal)2011年第44卷,第209~247页。

** 美国圣路易斯华盛顿大学法学院 William Gardiner Hammond 法学教授。

*** 中国人民大学人权研究中心研究员,法学博士。

法律与发展在数十年前已告失败。在这期间,人们一直试图理解失败背后的深层原因。然而,法律与发展倡议仍在持续激增,并推进着与早期类似的失败项目和方法。同期的法律与发展研究历经了一个学术轮回又归复原点,即便参与研究这个主题的学者越来越多,且相关的书籍和文章亦不断涌现。鉴于数十亿美元以及大量有志之士已经投入到了法律与发展的事业之中,如果我们仍然无法理解潜藏在反复失败背后的深层原因,那么法律与发展的实践工作者和理论研究者在下一代之后仍将止步不前。

让我们简要回顾一下法律与发展的重复轨迹。随着20世纪50年代和60年代的民族解放运动,初期的发展目标聚焦于经济和政治发展,而法律发展被视为两者的一个组成部分(an integral aspect)。作为法律与发展的标准公式,"现代化理论"主张增强四个方面的社会特质:官僚政府机构、资本主义市场体系、一般化—普遍性的法律体系以及民主政治制度。[1] 一时间,按照社会学界的领军者和拥护者塔尔科特·帕森斯(Talcott Parsons)的表述,人们认为这样的现代化组合"相较于缺乏这种结构潜质的社会而言,赋予了具备这些特质的社会更强的适应性优势"[2]。但好景不长,到了20世纪60年代末,观察家们承认"当前的政策已告失败,即除了在新精英群体中不断蔓延的腐败和特权,经济增长被人口增长所超越,费用高昂的资本项目严重亏损且收益甚微"[3]。人们普遍认为经济进步令人失望的原因在于两点:其一,缺乏"社会价值体系",而它对于资本主义的发展是至关重要的(如个人主义、工作伦理和迟延满足);其二,贪婪或动荡的政府阻碍了经济活动。[4] 同理,政治体系的功能异化进而被归咎于错误的政治文化,即"一系列态度、信仰和情感对政治过程下达命令和赋予意

---

[1] See Talcott Parsons, *Evolutionary Universals in Society*, American Sociological Review, 29, p. 339, 356(1964).

[2] Talcott Parsons, *Evolutionary Universals in Society*, American Sociological Review, 29, p. 339, 357(1964).

[3] J. P. Nettl & Karl von Vorys, *The Politics of Development*, Commentary, 46, p. 52, 54(1968).

[4] See J. P. Nettl & Roland Robertson, *Industrialization*, *Development or Modernization*, British Journal of Sociology, 17, p. 274, 278 (1966); generally Lucian W. Pye & Sidney Verba (ed.), *Political Culture and Political Development*, Princeton: Princeton University Press, 1965. But see generally Francis G. Snyder, *Law and Development in the Light of Dependency Theory*, Law & Society Review, 14, p. 723(1980). (依附理论将经济失败的原因归咎于世界经济体系,后者以牺牲第三世界为代价向西方倾斜。)

义，并对政治体系中的行为支配提供基本假设和规则”〔1〕。理论家们认为民主进程缓慢的原因在于，在政治决策过程中，民众与精英在坦诚沟通、有效参与以及对政府公共职能的尊崇方面并不共享相同的“政治文化”。〔2〕时至 20 世纪 70 年代末，杂乱的发展理论既缺乏一个主导的模式，对于如何促进经济和政治发展也没有清晰的思路。〔3〕

法律发展被视为与经济和政治发展相伴相随的一个方面，因为市场机制（market regimes）和政府需要由法律支撑。〔4〕必要的法律机制（legal regimes）建立在西方法律体系的基础之上，它强调统一性、普遍性、权力垄断、平等适用、理性、决策的规则约束、官僚组织、个人的权利义务、法律工具观（服务于官方确认的社会需要）以及一个由法律职业人员所运行的体系。〔5〕在当时，“法律与发展所收获的智慧”主张，一个更加发达的法律体系导致一个更加发达的经济体或政体。〔6〕同时，律师总是鼓吹法律最适于促进发展项目，因为“法律的基本功能之一便是通过控制经济和社会变革以实现发展目标”〔7〕。按照这种解释，法律将提供发展所必需的法律架构（legal infrastructure），也有能力带来有利于发展的社会、经济和政治变革（包括必要的文化态度）。〔8〕

---

〔1〕 Lucian W. Pye, *Political Culture*, in David L. Sills ed., International Encyclopedia of the Social Sciences, 12th ed., p. 218 (1968).

〔2〕 See Gabriel A. Almond & Sidney Verba, *The Civic Culture: Political Attitudes and Democracy in Five Nations*, Princeton: Princeton University Press, 1963, p. 13 – 15; generally Gabriel A. Almond, *A Developmental Approach to Political Systems*, World Politics, 17, p. 183 (1965).

〔3〕 See Harry Eckstein, *The Idea of Political Development: From Dignity to Efficiency*, in Ikuo Kabashima & Lynn T. White eds., Political System and Change, 3rd ed., 1986, p. 311; Tony Smith, *Requiem or New Agenda for Third World Studies*, in Ikuo Kabashima & Lynn T. White eds., Political System and Change, 3rd ed., 1986, p. 347.

〔4〕 See Lawrence M. Friedman, *On Legal Development*, Rutgers Law Review, 24, p. 52 – 53 (1969).（文中阐述了这一假设并提出了质疑。）

〔5〕 See generally Marc Galanter, *The Modernization of Law*, in Myron Weiner ed., Modernization, America: Voice of America, 1966.

〔6〕 See Lawrence M. Friedman, *On Legal Development*, Rutgers Law Review, 24, p. 58 (1969).

〔7〕 Robert A. Sedler, *Law Reform in the Emerging Nations of Sub-Saharan Africa: Social Change and the Development of the Modern Legal System*, Saint Louis University Law Journal, 13, p. 195, 199 (1968).

〔8〕 See David M. Trubek & Marc Galanter, *Scholars in Self-Estrangement: Some Reflections on the Crisis in Law and Development Studies in the United States*, Wisconsin Law Review, p. 1062 (1974).

法律与发展倡议的主要形式包括移植西方法律制度和成文法典,以及建立以西方模式为基础的法律教育和职业组织。这些倡议很快就失败了。[1] 精英们将法律操控或是阻挠任何可能削弱他们的权力的法制改革,法律官员腐败横行,法律制度无法正常发挥作用,成文法典仅仅是一堆停留在纸面上的文字。[2] 与经济和政治发展领域的主流观点相似,法律语境中的代表性解释指出,问题的原因在于缺乏"法律文化"("守法和遵法的习惯")的支撑。[3] 一位法律与发展的早期参与者提出了"法律的不可移植性规律"(the law of non-transferability of law)。[4] 该规律指出:"在具有不同社会、政治、经济以及其他环境差异的两个地方,一项特定的法律仅仅在偶然的情况下才能够……导致相似的行为。"[5]

在 20 世纪 60 年代和 70 年代,人们专门讨论了上述所有问题,进而反映了当时的一种广泛的共识,即建立或复制资本主义、民主和自由主义法律体系的努力几乎没有取得成功。与此同时,与这种普遍的悲观主义相区别,许多国家和地区自 20 世纪 60 年代以来发生了显著的经济和政治变革。在过去的数十年间,亚洲四小龙(中国香港特别行政区、新加坡、韩国和中国台湾地区)以及随后的中国大陆地区、印度还有其他国家和地区取得了重大的跨越式经济发展(economic strides)。[6] 虽然一波民主化浪潮在 20 世纪 70 年代中期席卷全球,但颇具讽刺意味的是,该段时期正值政治学者宣称许多国家欠缺民主所必需的

---

〔1〕 See David M. Trubek & Marc Galanter, *Scholars in Self-Estrangement: Some Reflections on the Crisis in Law and Development Studies in the United States*, Wisconsin Law Review, p. 1062(1974).

〔2〕 See Lawrence M. Friedman, *Legal Culture and Social Development*, Law & Society Review, 4, p. 29(1969); Robert B. Seidman, *Law and Development: A General Model*, Law & Society Review, 6, p. 311, 328 (1972).

〔3〕 See Lawrence M. Friedman, *On Legal Development*, Rutgers Law Review, 24, p. 11, 61(1969); see Lawrence M. Friedman, *Legal Culture and Social Development*, Law & Society Review, 4, p. 29(1969).

〔4〕 See Robert B. Seidman, *The State, Law, and Development*, Croom Helm, 1978, p. 34.

〔5〕 Robert B. Seidman, *The State, Law, and Development*, Croom Helm, 1978, p. 35 – 36.

〔6〕 Iqbal Z. Quadir, Yes. China and India are Already Making Rapid Strides, What Matters, July 2009, http://whatmatters. mckinseydigital. com/the-debate asia-become-the-centerofor-innovation-in-the – 2 zone/will-asia-become-the-center-for-innovation-in-the-21st-century? pg = 7#ab.

公民社会后不久。[1] 在1974年,150个现存国家中有41个是民主的,而现在五分之三的民族国家是民主的。[2] 而我们在20世纪末又迎来了"市场与民主的全球散播"[3]。

然而,一系列事件的成功并没有带来整体意义上的发展。[4] 十亿人口仍深陷赤贫,同时,另有十亿人口刚刚达到贫困线的边缘。[5] 许多非洲国家和大部分中亚国家仍然停滞不前甚至倒退,而拉美国家的发展既不均衡也不持久。[6] 20世纪末期的经济危机暴露出亚洲繁荣经济体的脆弱,而由西方鼓动的后共产主义国家向私有化和自由资本主义的快速转轨招致了贫穷。而民主的前景依旧复杂,包括俄罗斯在内诸多国家的民主化进程缓慢。[7] 此外,一些新兴的民主政体岌岌可危,其中,一些国家是非自由主义的或受制于社会中的集团,[8]而其他一些国家正面临着严峻的"人权侵犯、大规模腐败和脆弱的法治"。[9]

当代经济和政治发展领域的专家不得不面对重重困难。随着盛极一时的"华盛顿共识"遭遇崩溃,西方经济体中的金融危机在2007~2008年逐渐显现,

---

〔1〕 See Samuel P. Huntington, *Political Development and Political Decay*, World Politics, 17, p. 386 (1965).

〔2〕 See Larry Diamond, *Universal Democracy*?, Policy Review, June 2003, p. 3 – 25, http://www.hoover.org/publications/policy-review/article/8078.

〔3〕 Beth A. Simmons, Frank Dobbin & Geoffrey Garrett (eds.), *The Global Diffusion of Markets and Democracy*, Cambridge: Cambridge University Press, 2008.

〔4〕 See William Easterly, *The White Man's Burden: Why the West's Efforts to Aid the Rest Have Done So Much Ill and So Little Good*, London: Penguin Press HC, 2006; Jeffray A. Frieden, *Global Capitalism: Its Fall and Rise in the Twentieth Century*, New York: W. W. Norton, 2006.

〔5〕 See Paul Collier, *The Bottom Billion: Why the Poorest Countries are Failing and What Can be Done About It*, Oxford: Oxford University Press, 2007, p. 3 – 5.

〔6〕 See Paul Collier, *The Bottom Billion: Why the Poorest Countries are Failing and What Can be Done About It*, Oxford: Oxford University Press, 2007, p. 3 – 5.

〔7〕 See Fareed Zakaria, *The Future of Freedom: Illiberal Democracy at Home and Abroad*, New York: W. W. Norton, 2003, p. 91.

〔8〕 See Fareed Zakaria, *The Future of Freedom: Illiberal Democracy at Home and Abroad*, New York: W. W. Norton, 2003, p. 17 – 21.

〔9〕 See Larry Diamond, *Universal Democracy*?, Policy Review, June 2003, p. 3 – 25, http://www.hoover.org/publications/policy-review/article/8078.

经济学家的信心动摇了,发展经济学家承认他们没有找到实现经济发展的可靠知识。[1] 在一个环境取得成功的项目并不必然在另一个环境同样奏效,经济和政治发展领域的新近研究又一次回到了"文化很重要"的立场上。[2] 依据一位杰出的发展经济学家的观点,"如果我们能够从经济发展的历史中有所收获,那便是文化几乎能够改变一切"[3]。在崇尚"节俭、投入、勤奋、教育、组织和纪律"的文化氛围中,经济得以繁荣发展。[4] 当代政治学者亦指出在一个缺乏广泛参与和协商精神的社会中,民主必定受挫或不复存在,尤其对于那些在文化上根植于不平等、等级制以及严格服从权威的社会。[5]

当代的法律与发展处于相似的困境之中,并且呈现出相同的转变。在第一部分,笔者将阐明"一股强烈的失望情绪"贯穿于法律与发展文献之中。[6] 标准的"法治与发展"公式包括起草成文法典、培训法律官员(警察、公诉人和法官)、强化法学院和法律职业、增加公民的法律途径。[7] 这些法制改革并未有效实施。腐败和异化持续侵蚀着法律制度,许多移植过来的法典被架空,大量公民无法获得法律体系的保障。法律与发展项目的参与者承认他们没有找到解决方案,同时,在一个环境取得成功,换成另一个环境则未必。当前,法律与

---

[1] See Jessica Cohen & William Easterly, *Introduction: Thinking Big Versus Thinking Small*, in Jessica Cohen & William Easterly eds., What Works in Development? Thinking Big and Thinking Small, Washington DC: Brookings Institution Press, 2009.

[2] See Lawrence E. Harrison & Samuel P. Harrington (eds.), *Culture Matters: How Values Shape Human Progress*, New York: Basic Books, 2000.

[3] David Landes, *Culture Makes Almost All the Difference*, in Lawrence E. Harrison & Samuel P. Harrington eds., Culture Matters: How Values Shape Human Progress, New York: Basic Books, 2000, p. 2.

[4] See Samuel P. Huntington, *Cultures Count*, in Lawrence E. Harrison & Samuel P. Harrington eds., Culture Matters: How Values Shape Human Progress, New York: Basic Books, 2000.

[5] See Fernando Calderón & Alicia Szmukler, *Political Culture and Development*, in Vijayendra Rao & Michael Walton eds., Culture and Public Action, Stanford: Stanford University Press, 2004, p. 281; Anita Abraham & Jean-Philippe Platteau, *Participatory Development: Where Culture Creeps In*, in Vijayendra Rao & Michael Walton eds., Culture and Public Action, Stanford: Stanford University Press, 2004, p. 210.

[6] See Bryant G. Garth, *Building Strong and Independent Judiciaries Through the New Law and Development: Behind the Paradox of Consensus Programs and Perpetually Disappointing Results*, DePaul Law Review, 52, p. 383 – 384 (2002).

[7] See Thomas Carothers, *Aiding Democracy Abroad: The Learning Curve*, Washington DC: Brookings Institution Press, 1999, p. 168.

发展的实践工作者和理论研究者开始强调相应法律文化的缺失,即"法治不是'超越文化'的产物,也不能简单地通过构建正式结构和修改宪法法律添加于现有的文化之上。[1] 从最本质意义上讲,法治是一种文化"[2]。他们所主张的解决方案是将法治所支撑的公民价值注入项目的实施之中,其中最为重要的便是对法律的尊重。[3]

于是,我们又历经了一次完整的循环。虽然最终的结论并不完美,但它是正确的,即人们对法律的文化态度很重要。然而,提出针对文化领域的改革方案同样是一种拒绝学习的表现。这些努力是不会奏效的。问题不仅仅在于文化是一个模糊的、无所不包的概念,或是我们不知道如何将文化和我们的愿望相贴合,或是文化的改变是渐进的,甚至是有计划地向其他社会灌输价值观的项目具有帝国主义倾向。更大的问题在于因果箭头(causal arrow)并不是从文化单一指向制度。作为几十年前的公认观点[4],文化和制度是相互建构的(mutually constitutive):为了得以有效实施,法律体系需要民众的尊重和支持。但为了获得民众的尊重和支持,法律体系应当满足民众的需求。文化和制度是相互依存的,即这个鸡生蛋问题意味着两者是同时出现的,或者说两者是共同成长的。

虽然文化和制度的因果关系是一个棘手的难题,但它并不是解释法律与发展失败的主要原因。更加根本的问题是法律的影响因素远远超出了法律本身。法律制度和面对法律的文化态度在一个更广泛的社会环境中是不可分离的,其中包括社会中的历史、传统和文化,政治和经济制度,财富和权力配置,工业化程度,社会中的民族、语言和宗教构成(集体冲突的存在),民众的受教育程度,城市化范围,地缘政治环境(敌对或动荡的邻国)等特定社会中的所有方面。社会精英间的权力动力学(power dynamics)在影响法律实施的过程中发挥着尤为

---

[1] See Amy J. Cohen, *Thinking With Culture in Law and Development*, Buffalo Law Review, 57, p. 511(2009). (描述并质疑了当前的文化转向。)

[2] Rosa Ehrenreich Brooks, *The New Imperialism: Violence, Norms, and the "Rule of Law"*, Michigan Law Review, 101, p. 2275, 2285(2003).

[3] See generally Lan Cao, *Culture Change*, Virginia Journal of International Law, 47, p. 357(2007).

[4] See John Street, *Review Article: Political Culture-From Civic Culture to Mass Culture*, British Journal of Political Science, 24, p. 95, 97 – 102(1994). (描述了学者们在20世纪60年代的认识。)

重要的作用〔1〕,后者进而影响着民众对于法律的态度。基于便宜的考虑,笔者使用“法律的关联性原理”(connectedness of law principle)以表达法律与社会中的各个方面是联系在一起的。法律改革将难以避免地以无法预料的方式,作用并受制于社会的整体结构(enveloping fabric of society)。本文独立于法律与发展的研究目的在于,揭示出隐藏在法律与社会之间的诸多面相。

如前所述,面对经济、政治和法律发展领域所历经的相似命运,我们能够从中汲取一项重要的启示,即一旦遭遇具有不同文化基础、制度组合和权力动力学的社会,人们在各个发展领域所作出的努力将严重受挫。这些发展项目(如资本主义、民主、自由主义法制)取自西方的制度安排,而后者在整体上是共同演进的。因为在 20 世纪六七十年代,公认的发展目标是帮助发展中国家转而适应西方模式,所以现代化理论进而欣然地接受了这一观点:“现代性的标准乃是以西方自由主义民主所特有的社会、政治和经济为条件的”〔2〕。随着人们开始指责现代化理论的民族中心主义,以及缺乏概念和经验上的根据,这套理论逐渐陷入沉寂。〔3〕 自此以后,现代化理论被普遍贬低为一套声名狼藉的理论。〔4〕

然而,我们难以分辨出那些已被废弃的理论和当代的发展理论及其进路之间的区别。两者之间的差异之处在于,各种发展因素不再像过去那样被紧密地绑定在一起,即在当今,资本主义的推进作为财富创造的必需,民主的捍卫作为自由与和平社会的试金石,法治被视为实现经济发展和限制政府权力的必需,

---

〔1〕 精英动力学在法律秩序发展中的总体影响是下列作品的核心主题:Douglass C. North, John J. Wallis & Barry R. Weingast, *Violence and Social Orders: A Conceptual Framework for Interpretation Recorded Human History*, Cambridge: Cambridge University Press, 2009。

〔2〕 J. P. Nettl & Roland Robertson, *Industrialization, Development or Modernization*, British Journal of Sociology, 17, p. 274, 281(1966).

〔3〕 See Francis G. Snyder, *The Failure of "Law and Development"*, Wisconsin Law Review, p. 373 (1982). (James A. Gardner, Legal Imperialism: American Lawyers and Foreign Aid in Latin America, 1980.)

〔4〕 See Francis G. Snyder, *The Failure of "Law and Development"*, Wisconsin Law Review, p. 373 - 374(1982). (James A. Gardner, Legal Imperialism: American Lawyers and Foreign Aid in Latin America, 1982.)

人权被称作一种普遍存在的现象。[1] 而一旦将这些因素结合在一起,毫无疑问是现代化理论的回归。其中包括一些(现在暗中固守的)附带假设(attendant assumptions),即政治、经济和法律的整体安排是现有的最佳方案,并且代表着全世界的社会在未来的发展轨迹,至少对于期待繁荣的社会而言。活生生的事实在数十年前证明了现代化理论的失败,而当今相同的事实再次表明一个简单的道理,即某个社会在经济、政治和法律上的制度安排在另一个制度和社会基础迥异的社会是无法奏效的。

法律与发展的前景在现代化计划的诸多方案中是最糟糕的。过去30年来表明,资本主义的构成要素(市场机制、金融安全、创建工厂和生产链)和民主制度(建立定期选举)能够通过构建有效运行的新的制度安排加以实施,尽管这些制度安排的功能或后果不会与西方相同。法律制度相对更加依赖并受制于历史及其周围的社会力量。

最近的地缘政治事件将法律与发展从边缘推向了核心舞台。奥巴马总统在2010年国情咨文中将打击恐怖主义、阿富汗战争与法律与发展倡议联系在了一起:

> 在阿富汗,我们正在增加兵力,并训练阿富汗的安全部队,以确保他们能够在2011年7月起承担主要责任,同时,我们的军队开始返回家园。我们将资助善治,减少腐败支持全体阿富汗人的权利——男女一视同仁。[2]

基于本文所阐述的理由,如果美国的战略确是如此,这是不明智的。它在短期内无法成功,且从长期来看似乎更不可能成功。

这并不是一个绝望的忠告。透过弥漫在法律与发展中的悲观情绪,法律发展正在逐渐发生。本文的主旨在于指出法律与发展活动和法律发展之间的关

---

[1] See Matthew C. Stephenson, *A Trojan Horse Behind Chinese Walls?: Problems and Prospects of US-Sponsored "Rule of Law" Reform Projects in the People's Republic of China*, Working Paper No. 47, Center for International Development, Harvard University, p. 5 – 12.

[2] Barack H. Obama, *President of the U. S.*, *State of the Union Address* (Jan. 27, 2010), http://www.huffingtonpost.com/2010/01/27/state-of-the-union-2010-full-text-transcript.n 439459.html.

键区别,前者属于现代化项目的一部分,而后者尤指存在于所有社会中的法律制度构建。我们很容易把两者相混淆,但两者其实并不相同。法律与发展的失败不意味着法律发展没有发生,但意味着法律与发展项目并不奏效,而草率地运用标准的法律与发展模板是一个错误。更好的方法便是思考法律发展通常是如何发生的,即在特定环境中探寻紧迫的经济、政治和社会问题的可行解决方案。

本文将按照循序渐进的顺序逐层论证"法律与发展"为何且如何区别于"法律发展":第一部分描述了法律与发展的现状;第二部分解释了为什么将法律与发展视为一个领域是一种误导;第三部分表明了为什么法律的关联性阻碍了法制改革;第四部分和第五部分检视了当代法律与发展的两大脉络,笔者将之分别称为"法律与资本主义"和"革新的法律与发展方案";第六部分阐述了由于律师忽视法律的关联性,法律与发展的设计和实施是如何趋于失败的;第七部分说明了一旦植入具有不同结构的社会,支撑两股法律与发展脉络的思想将导致预想不到的有害结果;第八部分证明了法律与发展与法律发展并不相同;第九部分为这些项目在今后的实施提供一个更好的思路,以作为本文的结论。

## 一、法律与发展的现状

法律与发展已经持续了半个多世纪,其标签因时而异,如 20 世纪 50 年代、60 年代和 70 年代的"法律与发展运动"[1],20 世纪 80 年代、90 年代直至世纪之交的"善治项目"以及"法治与发展"。[2] 在数十年前,一些援助机构和基金会提供的财政支持并不算大。自 20 世纪 90 年代以来,资金开关(funding spigot)猛

〔1〕 See David M. Trubek & Marc Galanter, *Scholars in Self-Estrangement: Some Reflections on the Crisis in Law and Development Studies in the United States*, Wisconsin Law Review, p. 1062(1974).

〔2〕 See Matthew C. Stephenson, *A Trojan Horse Behind Chinese Walls?: Problems and Prospects of US-Sponsored "Rule of Law" Reform Projects in the People's Republic of China*, Working Paper No. 47, Center for International Development, Harvard University, p. 5 – 12.

然启动,即源自大量机构的财政支持累积了高达数十亿美元的资金。[1]

大量难以计数的项目通过上述努力遍布全球,这些项目聚焦于:加强法律教育,实施司法改革,宪法或法典起草,移植法律和制度,执法培训,打击腐败,普法,为穷人拓宽法律途径,为法律机构建设提供物质援助(包括办公用品、计算机和法律资料等基本设施)。数不胜数的项目报告、地方研究、国际或跨国研究以及比较研究全面覆盖项目评估、历史记录、统计研究和概括综述等各个领域。

法律与发展行动是由来自公共和私人领域重要的国际和国家机构所资助或施行的,其中尤其包括世界银行、福特基金会、卡内基国际和平基金会、美国律师协会、联合国开发计划署、美国国际开发署、泛美开发银行、欧洲复兴开发银行、英国国际发展部、亚洲开发银行、日本国际协力机构等其他诸多机构。[2]

如此漫长且昂贵的努力带来了什么成果?我们可以从两个截然不同的角度来回答这个问题。第一个角度关注法律与发展实际取得了多少成就,第二个角度强调法律与发展所积累的有用知识。

无论从上述哪个角度回答这个问题,一份坦率的评估得出了一个并不令人满意的结论。在大多数情况下,这些努力所实现的法律改进实际上仍然是匮乏的。作为卡耐基基金会法治项目的主任,托马斯·卡罗瑟(Thomas Carothers)这样评价道:

> 迅速发展的法治援助总体上带来了积极的效果,虽然并不显著。经过了十余年的努力和数以亿计的资金援助,司法系统在许多拉丁美洲国家仍然无法发挥有效的作用。俄罗斯或许是这些援助最大的受援国,但是其改革是否朝向正确的方向仍不甚明朗。自 1993 年选举以来,大量在柬埔寨实施的法治计划未能建立起足以防止去年政变的价值或结构。援助提供者在全球帮助受援国改

---

〔1〕 See Alvaro Santos, *The World Bank's Uses of the "Rule of Law" Promise in Economic Development*, in David. M. Trubek & Alvaro Santos eds., The New Law and Economic Development, Cambridge: Cambridge University Press, 2006, p. 253.(单就世界银行的援助资金便达到了 38 亿美元的水平。)

〔2〕 See e. g., *About Us*, *The Ford Foundation*, http://www.fordfoundation.org/about-us/programs (last visited Feb. 4, 2011).

写法律,但是他们发现如果缺乏足够的投资以改变实施和执行的条件,仅靠制定法律是收效甚微的……

基本法律制度的强化已经被证明是缓慢的和困难的。法官培训、技术咨询,以及专家知识的传输在纸面上讲得通,但在实践中往往作用有限。[1]

遗憾的是,问题比这篇文章所揭露的情况更加严重,因为卡罗瑟忽略了一处最令人沮丧的失败。[2] 同期,法律与发展在非洲的投入超过了1亿美元,但最终的结果却被形容为"相当沮丧"。[3]

与此同时,卡罗瑟还对当前的知识现状作出了一番发人警醒的评估。一位长期的项目参与者向他吐露:"很多事情我们都知道该怎么做,但我们实际上真的不知道我们在做什么。"[4] 这一领域所进行的工作在核心工作原理、法治的本质在不同社会中的表现、法治如何发生改变,以及这些改变所能带来的实际影响等各个层面,所依赖的知识基础呈现出一种令人不安的薄弱。当今,人们所吸取的教训绝大多数并没有使他们头脑清醒,同时人们往往好像什么都没有学到。[5]

卡罗瑟对法律与发展所取得的成果作出了令人沮丧的评价。这似乎得到了法律与发展同人的广泛认同。通过回顾三部近期关于法律与发展的重要作品,我们看到:虽然这些论文集中的稿件反映了法制改革在发展中国家的实践经验和学术思考,但是最终显然没有明确的结论;在这些论文集中,没有一位作

〔1〕 Thomas Carothers, *The Rule-of-Law Revival*, in Thomas Carothers ed., Promoting the Rule of Law Abroad: In Search of Knowledge, Washington DC: Brookings Institution Press, 2006, p. 3, 11 – 12.

〔2〕 一连串普遍存在的失败。See Stephen Golub, *A House Without a Foundation*, in Thomas Carothers ed., Promoting the Rule of Law Abroad: In Search of Knowledge, Washington DC: Brookings Institution Press, 2006, p. 3, 11 – 12.

〔3〕 See Laure-Helne Piron, *Time to Learn, Time to Act in Africa*, in Thomas Carothers ed., Promoting the Rule of Law Abroad: In Search of Knowledge, Washington DC: Brookings Institution Press, 2006, p. 275, 289.

〔4〕 Thomas Carothers, *The Rule-of-Law Revival*, in Thomas Carothers ed., Promoting the Rule of Law Abroad: In Search of Knowledge, Washington DC: Brookings Institution Press, 2006, p. 15.

〔5〕 See Thomas Carothers, *The Rule-of-Law Revival*, in Thomas Carothers ed., Promoting the Rule of Law Abroad: In Search of Knowledge, Washington DC: Brookings Institution Press, 2006, p. 15, 27.

者对法制改革是否能够促进发展表现出强烈的乐观心态（至少在发展轨迹的初期）。[1]

一位乐观主义者所能说的顶多是，“得出过于悲观的结论还为时过早”[2]，以及“持续的影响能否并且在多大程度上明确为人所知，这尚需要许多年甚至数十年的时间”[3]。

一个明显的教训透过迷雾显现了出来：社会是法律与发展中最引人注目的重心。“社会”这一术语在这里具有宏大的内涵，包括历史、文化、人力和物质资源、宗教和种族构成、人口统计、经济条件和政治的总和。法律或发展任一方面的运行或理解都不能与周围因素相隔离，法律的品质、特征和后果则必然完全受到周围社会的影响。法律没有标准公式，因为每个社会中的每个法律环境包含着一系列独特的力量和因素，适合于某个地方的法律在其他地方可能会产生有害的影响或异常的功能。

法律与发展的实践工作者和理论研究者承认这个根本事实。“环境很重要”“地方条件是关键”“实际情况决定事物如何运作”——这些洞见简直就是经常被反复提起的陈词滥调。[4] “社会中事物与其他事物之间极度的相互关联性”总是阻碍着法律与发展项目[5]，这就是法律的关联性原理；[6]认为法律与社会中的任何事物相互联系的命题全面适用于所有的法律系统，这是法律与

---

〔1〕 See Kevin E. Davis & Michael J. Trebilcock, *The Relationship between Law and Development: Optimists Versus Skeptics*, American Journal of Comparative Law, 56, p. 895, 897 (2008).

〔2〕 Brian Z. Tamanaha, *The Lessons of Law-and-Development Studies*, American Journal of Comparative Law, 89, p. 470, 473, 484 (1995).

〔3〕 Stephen Golub, *A House Without a Foundation*, in Thomas Carothers ed., Promoting the Rule of Law Abroad: In Search of Knowledge, Washington DC: Brookings Institution Press, 2006, p. 3, 11 – 12.

〔4〕 以下文章专门讨论人们无法承认这一洞见：Cynthia Alkon, *The Cookie Cutter Syndrome: Legal Reform Assistance Under Post-Communist Democratization Programs*, Journal of Dispute Resolution, p. 327 (2002); Stephen J. Troope, *Legal and Judicial Reform through Development Assistance: Some Lessons*, McGill Law Journal, 48, p. 357, 387 – 390 (2003)。

〔5〕 See David M. Kennedy, *The "Rule of Law", Political Choices, and Development Common Sense*, in David. M. Trubek & Alvaro Santos eds., The New Law and Economic Development, Cambridge: Cambridge University Press, 2006, p. 153.（肯尼迪将这个词组与政策制定联系在了一起，但法律也完全适用于法律领域。）

〔6〕 关于法律所处的繁杂的社会环境，相关概述可参见 Brian Z. Tamanaha, *A General Jurisprudence of Law and Society*, Oxford: Oxford University Press, 2001, p. 213 – 221。

社会研究最根本的洞见。[1] 两个半世纪以前,孟德斯鸠观察到法律与社会的联系是如此紧密,即"倘若一个国家的法律适用于另一个国家,那是罕见的巧合"[2]。通过详述孟德斯鸠的观点,法律社会学先驱欧根 · 埃利希在 1916 年指出:"法律和'支配人类的其他事物'一样,是社会生活的一个组成部分。每一个事物都是由其他事物所决定的……即假定社会生活中的所有要素都是相互依赖的"[3]。

因为我们不可能对任何事情都做到了如指掌或深思熟虑,所以也许人们不禁会陷入绝望。无论如何,法律与发展的实践工作者已经奋力前行,即运用移植法典、巩固法院和培训律师之类的通用模板(general templates),并且期望获得最好的结果。

## 二、为什么不宜把"法律与发展"视为一个领域

许多以法律与发展为题材的作者似乎将其视为一个"领域"(field)。卡罗瑟写道:"一系列可识别的活动构成了法治援助的范围。"同时,"法治援助已经表现出一个明确的援助领域"。[4] 笔者所要论证的是,将法律与发展当作一个领域是一个招致长期混淆的概念错误。全球以法律与发展为目标的众多国家相差甚异,不存在构成一个"领域"的独特的统一基础,也无法划定一个概念上的界限。法律与发展行动更适宜被描述为由积极的参与者所推进并且由外部资金所支持的各种项目,法律与发展活动的驱动和影响依赖于资金流动的支持和确保这笔资金的人员议程。[5] 这里所提供的是一个准确的描述,而不是一

---

〔1〕 See Lawrence M. Friedman, *On Legal Development*, Rutgers Law Review, 24, p. 11, 52 – 53 (1969).

〔2〕 Baron De Montesquieu, *The Spirit of the Law*, Cambridge: Cambridge University Press, 1989, p. 8.

〔3〕 Eugen Ehrlich, *Montesquieu and Sociological Jurisprudence*, Harvard Law Review, 29, p. 582, 586 (1916).

〔4〕 Thomas Carothers, *The Rule-of-Law Revival*, in Thomas Carothers ed., Promoting the Rule of Law Abroad: In Search of Knowledge, Washington DC: Brookings Institution Press, 2006, p. 15, 28.

〔5〕 See Thomas Carothers, *The Rule-of-Law Revival*, in Thomas Carothers ed., Promoting the Rule of Law Abroad: In Search of Knowledge, Washington DC: Brookings Institution Press, 2006, p. 15, 28.

个嘲讽的界定,简略回顾一些正在施行法律与发展项目的国家将有助于证明这一点。

俄罗斯是一个由半威权主义政体运行的工业化国家。随着令人生畏的军事力量,俄罗斯数十年来艰难地推进着从共产主义向全球资本主义的转轨。俄罗斯的经济在转轨后崩溃,并在此后长期陷入不公平增长。[1] 俄罗斯享有丰富的自然资源,包括重要的天然气储量。俄罗斯的巨大疆域从东欧横跨至太平洋,并且围绕着具有不同宗教、文化和语言的次族群。[2]

巴基斯坦是一个位处中亚山区且人口众多的伊斯兰国家。在这个国家,经济活动在热闹的现代城市络绎不绝,人们在大量农村地区的生活条件与数个世纪以前相比几乎没有相同之处。[3] 巴基斯坦的军队独立于政府的行政机关,并且对国内事务施加强大的影响。自 1956 年脱离印度成为伊斯兰国家后,巴基斯坦政府的控制权在民主选举和军事政变之间反复更迭。近年来,巴基斯坦的出口制造业和服务业以令人羡慕的速度增长,虽然时断时续发生着严重的倒退。[4] 该国的城市建立了完善的法律职业和法院,但是农村地区的国家法院少之又少,并且充斥着腐败和迟延,同时,很少有律师为农村人群服务。塔利班控制着这个国家城市之外的不同地区,并且施行着一种严厉的伊斯兰教教法(Sharia Law)。[5]

在撒哈拉以南非洲,有许多脆弱的或失败的国家。它们所具备的是:有限的工业发展或制造业,不稳定的电气化,通信、交通和排污设施的匮乏,糟糕的教育系统和匮乏的公共医疗(包括毁灭性的艾滋病疫情)。在这里,相当比例的人口生活在贫穷的农村地区,政府岗位是重要的就业源。许多非洲国家的培训

---

〔1〕 关于俄罗斯经济情况的回顾参见 William Easterly, *The White Man's Burden: Why the West's Efforts to Aid the Rest Have Done So Much Ill and So Little Good*, London: Penguin Press HC, 2006。

〔2〕 See generally David C. Lewis, *After Atheism: Religion and Ethnicity in Russia and Central Asia*, UK: Curzon Press, 2000.

〔3〕 See Talat Anwar, Sarfraz K. Qureshi & Hammad Ali, *Landlessness and Rural Poverty in Pakistan*, Pakistan Development Review, 43, p. 855(2004).

〔4〕 See Real GDP, Fed. Bureau of Stat., http://www.sbp.org.pk/ecodata/GDP_table.pdf.

〔5〕 See Pamela Constable, *Taliban-Style Justice Stirs Growing Anger*, Wash. Post(May 10, 2009), http://www.washingtonpost.com/wp-dyn/content/article/2009/05/09/AR2009050902518.html.

律师和法官数量相对较少。例如,在卢旺达,50 位律师、20 位检察官还有 50 位新上岗的法官为 750 万人提供服务;[1] 在马拉维,300 位律师为 900 万人提供服务。[2] 很多人口相对较少(2000 万人以下)的非洲国家继承了一种殖民遗产,它们属于将敌对部落或种族群体连同白人移民以及其他移民群体结合在一起的矛盾组合。不同群体之间的对立有时会突发暴力冲突,如 20 世纪 90 年代中期,图西族和胡图族在卢旺达发生了规模惊人的暴力冲突。[3] 非洲国家长期陷入频发的内战和政变之中,这从深层次上反映了这些国家的部落或种族的斗争。许多国家的政府首脑或与政府联系密切的寡头企业控制着丰富的自然资源[4],随着统治者专注于维护权力、转移财富以及犒赏同僚,独裁统治是普遍存在的。

俄罗斯、巴基斯坦和卢旺达具有某些共性——如果我们从一个足以掩盖所有细节的有利制高点去观察。但是,俄罗斯、巴基斯坦和卢旺达与阿根廷、玻利维亚、智利、哥斯达黎加、厄瓜多尔、埃及、萨尔瓦多、洪都拉斯、马拉维、摩洛哥、巴拉圭、菲律宾和罗马尼亚之间存在什么共性吗?卡罗瑟在书中都相当详细地谈及了这些国家[5],其中还包括孟加拉国、保加利亚、柬埔寨、印度尼西亚、肯尼亚、秘鲁、罗马尼亚、南非、委内瑞拉和越南等。事实上,这些国家在多个方面与其他国家均有所不同。例如,人口、自然资源、历史、文化、宗教和族群的混合、政治制度、工业化程度、农业生产、全球贸易的竞争地位、城市化程度、人均收入、中产阶级比例、律师数量、法官的报酬和地位。这些不同国家所共有的唯一明显特征在于,它们是法律与发展项目或研究的受援国。

没有一个先进资本主义国家或地区,如英美、西欧、日本以及新近的韩国,

---

〔1〕 See Laure-Helne Piron, *Time to Learn, Time to Act in Africa*, in Thomas Carothers ed., Promoting the Rule of Law Abroad: In Search of Knowledge, Washington DC: Brookings Institution Press, 2006, p. 282.

〔2〕 See Laure-Helne Piron, *Time to Learn, Time to Act in Africa*, in Thomas Carothers ed., Promoting the Rule of Law Abroad: In Search of Knowledge, Washington DC: Brookings Institution Press, 2006, p. 291.

〔3〕 关于卢旺达 1994 年种族灭绝的联合国独立调查行动报告,联合国秘书长向联合国安理会主席提交一份日期为 1999 年 12 月 15 日的信件。See 1 1, U. N. Doc. S/1999/1257(Dec. 15, 1999).

〔4〕 See William Easterly, *The White Man's Burden: Why the West's Efforts to Aid the Rest Have Done So Much Ill and So Little Good*, London: Penguin Press HC, 2006.

〔5〕 See Thomas Carothers, *The Rule-of-Law Revival*, in Thomas Carothers ed., Promoting the Rule of Law Abroad: In Search of Knowledge, Washington DC: Brookings Institution Press, 2006, p. 15.

被列入法律与发展的名单之中。法律与发展的资格条件是从消极意义上界定的,即任何没有被纳入先进资本主义俱乐部的国家都是一个适格的对象。这个单一的消极标准剥夺了“法律与发展”国家在共同的特质之上搭建共识。通过危险地将某一种情形的经验推断于另一种情形,法律在社会中的关联性加剧了一种共同核心的缺失。司法改革项目在俄罗斯的成败对于在卢旺达或在巴基斯坦偏僻的山丘和山谷施行的相同的项目影响甚微。

## 三、法律的关联性如何阻碍司法改革

因为司法机构(judicial institutions)在法律系统中占据着关键位置,所以腐败或失灵的法院能够削弱这套法律系统。由于缺乏军队力量且无法资助自身的运行,法院和其他政府机构相比通常显得薄弱,尤其是在发展的语境下。[1]基于这些原因,同时因为司法培训是相对简单的活动,所以司法改革是法律与发展最受欢迎的领域。进一步观察司法改革失败的原因有助于从更广泛的意义上阐明法制改革没有成功的原因。

如果改革仅仅孤立地关注法院,那么改革不会奏效。人们需要一群执业律师处理刑事和民事案件,并且协助发展法律实践以及共同的法律知识。法律资料应当对法律官员开放,书记员和速录员是处理和记录诉讼程序所必需的。司法赔偿所设置的标准应当足够吸引有资格的人员,并且降低通过腐败填补收入的诱惑。法官应当抵御偏见、阶级或群体忠诚、友谊的感染或延伸的关系网,以及其他不正当激励(improper incentives);法官应当享有工作保障和人身安全,他们不应当受制于源自军阀、毒枭、犯罪集团、恐怖分子或其他危险因素的恐吓或威胁,也包括其他政府官员。政治领袖、军事领袖、经济精英、警察和政府官员应当普遍遵守司法判决,包括那些违背他们的利益或挫败他们的预期目标的判决。公众应当普遍服从司法判决,而在服从没有发生之际,司法秩序应当得到有效制裁的保障。

---

〔1〕 See e. g. ,Steven L. Taylor,*Democratization in Latin America*,Latin American Research Review,37,p. 162,172(2002).(该文描述了一种共识,即司法机关是拉丁美洲民主国家最弱的一支。)

有效的国家司法系统所需要的一系列基本条件揭示出了任务的艰巨程度。每一个方面都取决于其他因素,而这些因素超出了法律自身的领域。没有任何一项工作是孤立的,法律制度得以运转良好的理想模型假定:大量(无形的)辅助的支持条件已经准备就绪,包括社会、经济、文化和政治因素的汇集。

法治的一个重要组成部分便是一种普遍伦理(a prevailing ethic),即自愿服从法律以及法官在政府官员和公民之间所作出的法律判决。然而,在下列情况下,尊重法律和法官不会在公民之间发生,比如,当法官被怀疑或规避;被视为腐败与精英勾连;被当作政权的傀儡;被认为以他人的利益为代价偏向某一群体;或公众脱离于法律,因为法律被殖民的或威权的传统或现状所玷污;或法律语言无法被人们理解,或从域外移植的法律被认为是晦涩或陌生的。尊重法律同样会发展缓慢,因为法官被视为无能,或司法系统昂贵得令人难以承受,或遭受长期迟延以及其他低效。这些情况中的一项或多项在发展中国家是普遍存在的。

如果上述这些情况普遍存在的话,那么国家法院最终将无法运转,并且遭到公民的排斥、忽视、畏惧或蔑视。一位多年来致力于研究该区域的杰出政治学者如是评价:“在拉丁美洲各国,司法机关对于试图维权的穷人和弱势群体过于遥远、烦琐、昂贵和迟缓。而如果他们确实想要争取司法途径,现有的证据往往指向严重的系统性歧视。”[1]巴西通过改革赋予法官实质的独立,包括免于撤职的保护,有保障的薪金,对人员配额、纪律处分和预算的控制。评论者发现,“司法机关的全面自治导致了猖獗的裙带关系以及其他腐败机会”[2]。司法机关被公众普遍蔑视为一块“享有特权的飞地”[3]。在部分东欧国家,法官把司法独立的制度保护用来掩盖失职和腐败。[4] 在一些东亚国家,法官被视

---

[1] Guillermo A. O'Donnell, *Why the Rule of Law Matters*, Journal of Democracy, 15, p. 32, 40 – 41 (2004).

[2] Michael Dodson, *Assessing Judicial Reform in Latin America*, Latin American Research Review, 37, p. 200, 215 (2002).

[3] Michael Dodson, *Assessing Judicial Reform in Latin America*, Latin American Research Review, 37, p. 200, 215 (2002).

[4] See Venelin I. Ganev, *The Rule of Law as an Institutional Wager*: *Constitutions*, *Courts and Transformative Social Dynamics in Eastern Europe*, Hague Journal on the Rule of Law, 1, p. 263, 272 – 273 (2009).

为存在偏见(偏向国家)或是腐败。在印度尼西亚,民意调查显示法院的受尊重度处于低水平,[1]人们通过非正式的社区机制或是宗教领袖解决大多数纠纷[2]。同样,"南非80% ~90%的日常纠纷据说是通过非国家制度解决的,如传统权威"[3],而英国国际发展部估算"传统法或习惯法在许多发展中国家占据全部案件的80%"[4],这很可能是一个保守估计。[5] 当公民并不认同法律制度的行为标准或价值取向,或者法律制度被费用、距离、低效或腐败所阻碍,他们不太可能诉诸国家法律制度。传统法院或习惯法院(traditional or customary fora)通常利用地方规范而非国家法律来解决纠纷,并且总是力争达成双方同意的结果。[6]

针对拉丁美洲国家失败的司法改革,一项研究断定,"总而言之,当司法系统的所有要素得到改革,当公民社会积极地支持改革,当政治文化高度重视司法机关的改革,好的审判才是可以期待的"[7]。法律制度需要社会稳定、充足的社会资源、有利于法律的文化态度和政治稳定。

在运转良好的情况下,这些因素以一种相互支撑的方式聚合在一起——虽然每一个组合都是唯一的,且无数种类的可能组合都能够有效地运转。由于我们难以保证全部的支撑环节都能够有效运转,因此任何一个支撑组群的缺失均会增大任务的难度。法律的关联性原理就是这样发挥作用的。本文在开头所

---

〔1〕 See Daniel Fitzpatrick, *Disputes and Pluralism in Modern Indonesian Land Law*, Yale Journal of International Law, 22, p. 171, 204 (1997). 关于系统性司法腐败在印度尼西亚的绝佳描述参见 Sebastiaan Pompe, *The Indonesian Supreme Court: A Study of Institutional Collapse*, New York: Cornell University Press, 2005。

〔2〕 See Maria Dakolias, *Methods for Monitoring and Evaluation the Rule of Law*, 2005, p. 22, http://www.cilc.nl/Conference-publication_2005.pdf.

〔3〕 Laure-Helne Piron, *Time to Learn, Time to Act in Africa*, in Thomas Carothers ed., Promoting the Rule of Law Abroad: In Search of Knowledge, Washington DC: Brookings Institution Press, 2006, p. 291.

〔4〕 Stephen Golub, *A House Without a Foundation*, in Thomas Carothers ed., Promoting the Rule of Law Abroad: In Search of Knowledge, Washington DC: Brookings Institution Press, 2006, p. 118.

〔5〕 世界银行组的估算是90%。See World Bank Indon. Soc. Dev. Unit, *Forging the Middle Ground: Engaging Non-State Justice in Indonesia*, p. 3 (May 2008).

〔6〕 See Brian Z. Tamanaha, *A General Jurisprudence of Law and Society*, Oxford: Oxford University Press, 2001, p. 112 – 120.

〔7〕 Michael Dodson, *Assessing Judicial Reform in Latin America*, Latin American Research Review, 37, p. 202 (2002).

提及的顽固矛盾构成了一种阻碍改革的结构性陷阱:功能异常的、压迫性的或是不公平的法律制度导致了公众对法律的失信和蔑视,这又反过来导致了法律制度的无能,从而进一步招致了人们对法律的畏惧、规避或漠视。如果法院有朝一日能够以满足公民需要的方式持续运转,这一陷阱是可以避免的。但是,对法律和法官的消极文化态度的改变是缓慢的。

虽然我们讨论的焦点是司法改革,但是相同的观点适用于所有类型的法制改革。对于经济法改革在共产主义瓦解之后的失败,让我们思考一下这段总结:"在东欧,对外援助的主要受惠者是西方的六大会计师事务所。这些机构为东欧国家起草新的法律,并为数千名当地人培训西方的法律。为了满足西方的援助条件,东欧的立法机关通过西方人起草的法律,但是纸面上的新法对于实际的行为规则影响甚微"〔1〕。这种类型的法制改革之所以失败,是因为没有适应当地主导的法律环境、经济环境以及当地文化,这尤其体现在批发式的法律移植上。这类法制改革嫁接于受到各种系统性问题困扰的法律系统之上,或欠缺充足的资源以及投身于法律成功事业的地方利益相关者。〔2〕

不过,这并不是一个宿命论式的观点。法律发展通过许多路径得以实现,从有机增长到强制或自愿移植。此外,为了满足公民的需要,一个有效运转的法律系统没有单一或标准的安排。"法制改革和司法改革的本土需求似乎是一个几乎适用于所有情况的'前提条件',无论改革是由精英(普遍的模式)或广泛的民情所驱动。"〔3〕法律系统的特定部分可以在其他部分失效的同时保持运行。例如,遍及东欧的宪法法院成功地建立了政府的宪法限制,并且受到政治

〔1〕 William Easterly, *The White Man's Burden: Why the West's Efforts to Aid the Rest Have Done So Much Ill and So Little Good*, London: Penguin Press HC, 2006; Jeffray A. Frieden, *Global Capitalism: Its Fall and Rise in the Twentieth Century*, New York: W. W. Norton, 2006.

〔2〕 See Wade Channell, *Lessons Not Learned About Legal Reform*, in Thomas Carothers ed., Promoting the Rule of Law Abroad: In Search of Knowledge, Washington DC: Brookings Institution Press, 2006, p. 137 – 142.

〔3〕 Stephen J. Troope, *Legal and Judicial Reform through Development Assistance: Some Lessons*, McGill Law Journal, 48, p. 357, 393(2003).

主体的尊重，与此同时，下级法院却在这些国家笼罩的普遍的腐败之中。[1]

## 四、法律与资本主义

在过去的20年里，法律与发展的主流一直是被从经济发展的角度解释的。像是世界银行之类的发展机构为法律与发展活动提供了大量的资金，这些机构的主要任务在于促进经济发展。[2] 人们把法律的发展视为一个促进经济发展目标实现的工具，标准方案包括合并、证券、反垄断、银行业、知识产权、商事交易、外国投资者保护，还有合同财产和合同执行。这些概念构成了"华盛顿共识"在整个20世纪80年代和90年代极力推进的以市场亲善型改革（market-friendly reforms）为核心的政策纲领。[3]

一些促进因素激发了人们注重从经济目的出发来采用法律。在20世纪90年代，共产主义的衰落进一步导致人们（从法律输出者到法律引进者）强烈呼吁适合国内和国际资本主义的法制改革。国有经济资产（如公共设施、工厂、自然资源和公共运输）通常以低价卖给私人、知情人或他们的亲属和朋友，进而造成了民众对不公或腐败的不满，并且促使民众呼吁更好的法律和法律制度。[4] 一些国际发展机构把90年代末期的亚洲金融危机归咎于松懈的金融规制和实施机制[5]，进而呼吁法制改革。[6]

另一个转向法律的原因源自大批撒哈拉以南非洲国家和中亚国家的惨淡

---

〔1〕 See Venelin I. Ganev, *The Rule of Law as an Institutional Wager: Constitutions, Courts and Transformative Social Dynamics in Eastern Europe*, Hague Journal on the Rule of Law, 1, p. 263, 272 – 273 (2009).

〔2〕 See Robert C. Effros, *The World Bank in a Changing World: The Role of Legal Construction*, International law, 35, p. 1341, 1344 (2001).

〔3〕 关于该项目及其危害后果的精彩描述参见 Paul H. Brietzke, *The Politics of Legal Reform*, Washington University Global Studies Law Review, 3, p. 1, 3 – 4 (2004)。

〔4〕 See John Nellis, Rachel Menezes & Sarah Lucas, Ctr. For Global Dev., *Privatization in Latin America: The Rapid Rise, Recent Fall, and Continuing Puzzle of a Contentious Economic Policy*, 2004, p. 2.

〔5〕 See Legal Vice Presidency, The World Bank, *Initiative in Legal and Judicial Reform*, 2004, p. 2.

〔6〕 See Maria Dakolias, *Methods for Monitoring and Evaluation the Rule of Law*, 2005, p. 13 – 14, http://www.cilc.nl/Conference-publication_2005.pdf.

表现——存在绝望的"最底层十亿人"(bottom billion)。[1] 同时,由中国和印度引领的世界各国实现了引人注目的跨越式经济发展。虽然每一个失败者都有自身复杂的原因,但是大多数国家长期受困于动荡的或腐败的政府,提供给这些国家用于经济发展项目的援助资金经常落入政府官员的海外银行账户或是被用来购买军事武器。[2] 因此,改善法律制度带来了一股期望,即对于政府的法律限制和反腐败法能够缓和上述行为。

即使是经济状况得到改善的国家,也仍有大量居住在农村地区或群聚在临时的城市住房建设中的贫困居民,如马尼拉、孟买和墨西哥城中的大量居民。[3] 城市中的寮屋居民(residential squatters)对他们的住处不享有法律上的所有权,他们中的大多数人从事非法的(或非官方的)经济活动。同时,城市犯罪也很猖獗[4],法律权利和法律保障可能将会帮助他们改善居住环境和经济前景。

一个多世纪以来,伴随着马克斯 · 韦伯早期的经典著作,法律对于资本主义的关键作用是一个反复出现的主题。[5] 通过允许人们劳有所获,财产权利鼓励生产性活动;通过允许人们可靠地计算未来交易的成本和收益,合同法使人们能够逐渐以一定的距离进行交易;刑法维护社会秩序,提供安全,并使人们免于因为保护自身或自己的财产而消耗资源。依据这些观点,可测性和安全性对于经济活动是至关重要的。在 20 世纪 90 年代,由诺贝尔经济学奖得主、经济史学家道格拉斯 · 诺斯(Douglass North)所引领的新制度经济学增添了重要的思想文献,即主张法律制度的发展是与经济发展相伴相随的一个重要产物,

---

〔1〕 See Paul Collier, *The Bottom Billion: Why the Poorest Countries are Failing and What Can be Done About It*, Oxford: Oxford University Press, 2007, p. 3 – 5.

〔2〕 See Paul Collier, *The Bottom Billion: Why the Poorest Countries are Failing and What Can be Done About It*, Oxford: Oxford University Press, 2007, p. 3 – 5.

〔3〕 See World Bank, E. Asia & Pac. Reg'l Off., Poverty Reduction & Econ. Mgmt. Sector Unit, *Philippines Growth with Equity: The Remaining Agenda*, viii, p. 3, 16 (May 3, 2000).

〔4〕 See *Development and the Environment: Living Dangerously*, The Economist, Mar. 19, 1998; *Giving the Poor Their Rights*, Time, July 5, 2007.

〔5〕 See David M. Trubek, *Toward a Social Theory of Law: An Essay on the Study of Law and Development*, Yale Law Journal, 82, p. 1, 15 (1972).

尤其是在财产保护方面。[1]

来自南方国家秘鲁的经济学家赫尔南多·迪·索托(Hernando de Soto)的一个重要观点同样强调了财产权利对于发展的重要性。[2] 他指出,在发展中国家,大量财产并没有被官方确权或登记。人们竞相提出针锋相对的主张,确权也是一个冗长且昂贵的过程。其结果是,个人无法通过抵押财产来获取贷款,人们越来越不愿增值他们的财产,因为他们担心失去财产,且财产交易也受到了人为限制。[3] 在发展中社会,潜在的财富和资本由此被无效益地封锁了。

似乎显而易见的是,法律能够促进经济发展。世界银行通过统计研究发现"法治"与大量发展指数之间存在关联关系。[4] 前世界银行主席詹姆斯·沃尔芬森(James Wolfensohn)指出:"得到改善的法治和国家的收入、识字率以及婴儿死亡率的降低存在大量显著的因果关系。"[5]依据这一理念,世界银行大幅度重新分配了发展资金。世界银行高级副行长和法律总顾问说道:"30 年前,世界银行 58% 的资金用于基础设施投资,而随着人类发展和法律与制度改革的投资占比上涨到了全部贷款的 52%,基础设施的投资占比在当今已经降至 22%。"[6]我们有理由质疑世界银行重新分配资金是否明智,虽然许多统计研究已经发现,法治与经济发展之间存在一种正相关[7],但读者必须审慎对待这

---

[1] See Douglass C. North, *Institutions, Institutional Change and Economic Performance*, Cambridge: Cambridge University Press, 1990, p. 67.

[2] See Hernando De Soto, *The Mystery of Capital: Why Capitalism Triumphs in The West and Fails Everywhere Else*, New York: Basic Books, 2000, p. 6.

[3] See Hernando De Soto, *The Mystery of Capital: Why Capitalism Triumphs in The West and Fails Everywhere Else*, New York: Basic Books, 2000, p. 6.

[4] See Daniel Kaufmann, Aart Kraay & Massimo Mastruzzi, *Governance Matters VI: Aggregate and Individual Governance Indicators* 1996 – 2006, at 4, World Bank Policy Research Working Paper Series, Paper No. 4280, 2007; Kirk Hamilton et al., *The World Bank, Where is the Wealth of Nations? Measuring Capital for the* $21^{th}$ *Century* 7, 2006.

[5] Press Release, The World Bank, *Rule of Law Central to Fighting Poverty*, Press Relase No. 2002/013/S (July 9, 2001).

[6] Roberto Dañino, Senior Vice President & Gen. Counsel, The World Bank, *The Legal Aspects of the World Bank's Work on Human Rights*, Address at the Human Rights and Development: Towards Mutual Reinforcement Conference (Preliminary Draft, Mar. 1, 2004), p. 13.

[7] See Frank B. Cross, *Law and Economic Growth*, Texas Law Review, 80, p. 1737, 1764 – 1771 (2002).

些结果。我们很难评估法治,以及各种被广泛使用的指数。[1] 在发展的背景下,法治通常与财产权利、合同执行、低犯罪率、最低限度的腐败、独立的司法机关、法律形式主义以及对政府官员的法律限制联系在一起,同时更加宽泛的法治版本还包括民主、人权和福利权利。[2] 人们使用矛盾、模糊和空泛的法治概念,以至于无法进行准确的评估。通过比较各种经常列举的法治变量,一项研究发现"各种变量内部以及相互之间呈现出相对较低的相关关系"[3],在有些情况下甚至呈现出负相关。这些发现表明,在试图评价"法治"成就水平的各项研究中,各种被评估的因素之间实际上存在矛盾。人们进而不断质疑,哪些因素能够说明其与经济发展存在正相关。

与此同时,通过研究发现的相关关系并不等同于深层的因果关系。[4] 经济发展(起初建立在安全性和确定性的非正式渊源之上)[5]也许能够促使或导致法律的改善。[6] 又或许经济发展和法治之间的并存(coincidence)是由一系列更加深奥且复杂的(没有被观察到的)深层因素所决定的。[7] 此外,经济和

---

〔1〕 See e. g. , Mark D. Agrast et al. , *World Justice Project*, *The World Justice Project Rule of Law Index*: *Measuring Adherence to the Rule of Law Around the World* 2008, p. 6 – 7. For a critical study of such measures, see M. A. Thomas, *What Do the Worldwide Governance Indicators Measure*? (Draft, June 2008).

〔2〕 许多评论者谈及"法治"在发展背景下的各种前后矛盾的形态。See Stephan Haggard, Andrew MacIntyre & Lydia Tiede, *The Rule of Law and Economic Development*, 11(2008), Annual Review of Political Science, p. 205 – 209; Rachel Kleinfeld, *Competing Definitions in the Rule of Law*, in Thomas Carothers ed., Promoting the Rule of Law Abroad: In Search of Knowledge, Washington DC: Brookings Institution Press, 2006, p. 31.

〔3〕 Stephan Haggard, Andrew MacIntyre & Lydia Tiede, *The Rule of Law and Economic Development*, Annual Review of Political Science, 11, p. 222(2008).

〔4〕 作为这些研究的主要推出者,来自世界银行的丹尼尔・考夫曼(Daniel Kaufmann)承认因果关系问题仍然悬而未决。See Daniel Kaufmann, *Rethink Governance*: *Empirical Lessons Challenge or Orthodoxy*(Draft, Mar. 11, 2003), p. 17.

〔5〕 See Dani Rodrik, *One Economics*, *Many Recipes*: *Globalization*, *Institutions*, *and Economic Growth* Princeton: Princeton University Press, 2007.

〔6〕 正如发展经济学家罗伯特・索洛(Robert Solow)所言:"因果关系在成功的经济增长和健全的制度之间几乎肯定是双向的。"Arnold Kling & Nick Schultz, Interview with Robert Solow, *From Poverty to Prosperity*: *Intangible Assets*, *Hidden Liabilities and the Lasting Triumph over Scarcity*, New York: Encounter Books, 2009, p. 68.

〔7〕 See Stephan Haggard, Andrew MacIntyre & Lydia Tiede, *The Rule of Law and Economic Development*, Annual Review of Political Science, 11, p. 206 – 209(2008).

法律发展的不同形势或阶段可能显示出不同的因果关系,假设经济和法律发展存在一条适合于所有时空的路径是不切实际的。在西方的背景下,法律制度和资本主义的发展共同演进,而这完全不同于发展中国家在当今所面临的处境,即这些国家常常在进入全球资本主义市场之时,培育着处于不同创建阶段的法律制度。

我们并没有明确法治与经济发展之间确实存在正相关。最近的一项关于发展变量的研究发现,一旦把误差幅度和收入估算的偏差考虑在内,没有一项研究能够有力地证实包括法律因素在内的任何特定的增长决定因素(growth determinants)。[1] 发展经济学家对于当前经济研究所能达成的唯一共识似乎便是"增长和发展'取决于什么',还没有一致的意见"[2]。

关于法治对于经济发展至关重要的论断,怀疑论者迅速指出经济事件证明了该项命题是错误的。如果"法治"被认为涵盖财产权利、合同执行和适用法律的独立法院,那么这种所谓的联系(claimed connection)与事实并不相符,即一些最为瞩目的经济发展实例[3],没有以法律为前提条件[4],早期的跨越式经济发展在中国和韩国并不重视知识产权,这体现在一些反向工程产品、销售假冒商品或盗版商品上。[5]

我们可以提出一个重要的议题。相较于以快速经济发展为目的的自由资

---

〔1〕 See Antonio Ciccone & Marek Jarocinski, *Determinants of Economic Growth: Will Data Tell?* (Sept. 2009), http://www.antoniociccone.eu/wp-content/uploads/2009/10/growth-determinantswp.pdf.

〔2〕 Jessica Cohen & William Easterly, *Introduction: Thinking Big Versus Thinking Small*, in Jessica Cohen & William Easterly eds., What Works in Development? Thinking Big and Thinking Small, Washington DC: Brookings Institution Press, 2009.

〔3〕 See Donald Clarke, Peter Murrell & Susan Whiting, *The Role of Law in China's Economic Development*, in Loren Brandt & Thomas C. Rawski eds., China's Great Economic Transformation, Cambridge: Cambridge University Press, 2008, p. 375 – 376.

〔4〕 See Tom Ginsburg, *Does Law Matter for Economic Development? Evidence from East Asia*, Law & Society Review, 34, p. 829 (2000); Frank Upham, *Mythmaking in the Rule-of-Law Orthodoxy*, in Thomas Carothers ed., Promoting the Rule of Law Abroad: In Search of Knowledge, Washington DC: Brookings Institution Press, 2006, p. 75.

〔5〕 See John K. M. Ohnesorge, *Developing Development Theory: Law and Development Orthodoxies and the Northeast Asian Experience*, University of Pennsylvania Journal of International Law, 28, p. 219, 275 (2007).

本主义,亚洲式的新重商主义和经济国家主义至少在经济发展初期[1]更具优势,其中包括自然资源的国家控制、国家运营的投资资金以及出口导向型生产与保护民族产业的进口壁垒相结合。[2] 西方国家在其经济发展初期同样采用了重商主义战略[3],世界银行发布的《2008 年发展报告》发现,回顾过去的 25 年里成功的发展经验,一个共同的成功要素便是存在一个强有力的、发展导向的国家。[4]

在当代全球资本主义的背景下(处于经济发展阶梯的第一阶段),经济成功的标准方案便是批量生产低成本商品以供出口。为了吸引跨国投资者向生产设备提供资本和技术,国家必须配备大量受过教育、低薪且训练有素的劳动力,低税收、充分的交通基础设施以及外国投资者的保护。[5] 通过国际法庭或私人仲裁(绕过国家法院系统)达成解纷协议,同时政府官员可靠地保证生产设备和收益不会被征用,这样便能够满足保护外国投资者的要求。[6] 需要指出的是,相较于立法而言,保护资产免遭政府没收更多的是一个关于政治稳定和政府信用的问题。而这个问题更容易被回避,出口加工区通过这种方案已经成功地吸引了大量来自欠发达国家的投资。

提供这些条件(建立对于外国公司和投资者至关重要的特定类型的法律支持)的国家能够经历快速的经济发展,即便法律制度在整体上无法满足这些标准。发生在半威权主义政府之上的东亚所获得的发展成功已经证明,"中央集权的制度能够为投资者创制一种稳定、可测且可靠的体制,即便腐败是运行环

---

[1] See Ian Bremmer, *The End of the Free Market: Who Wins the War Between States and Corporations?*, London: Penguin Publishing Group, 2010, p. 126 – 128.

[2] See John K. M. Ohnesorge, *Developing Development Theory: Law and Development Orthodoxies and the Northeast Asian Experience*, University of Pennsylvania Journal of International Law, 28, p. 225 (2007).

[3] Erik S. Reinert, *How Rich Countries Got Rich... and WHy Poor Countries Stay Poor*, New York: PublicAffairs, 2007.

[4] See The World Bank, Comm'n on Growth & Dev., *The Growth Report: Strategies for Sustained Growth and Inclusive Development*, 2008, p. 2.

[5] See generally Jeffray A. Frieden, *Global Capitalism: Its Fall and Rise in the Twentieth Century*, New York: W. W. Norton, 2006.

[6] See Paul Collier, *The Bottom Billion: Why the Poorest Countries are Failing and What Can be Done About It*, Oxford: Oxford University Press, 2007, p. 153 – 154.

境中的一个组成部分"[1]。

由于过分强调法治对于发展的作用,这些成功的反例揭露了一个容易被掩盖的重要问题:对于能够满足经济要求的非正式和正式法律制度而言,可能的变种是无穷无尽的。在某些情况下,法律为资本主义发展提供的功能,特别是安全性和确定性,能够被替代性的非正式或正式机制充分填补。[2] 此外,对于政治问题缺乏独立性的司法机关也能够依据法律独立裁判经济案件[3],一系列实质性的法律机制均能够发挥作用。[4] 中国已经证明,为了实现高效利用的经济目的,不动产无须由私人持有或转让。虽然迪·索托长期致力于倡导财产确权(titling property),但他也承认所有权的非正式形式同样提供了经济交易的基础(尽管效率往往较低)。[5] 另外,对于迪·索托所倡导的那种财产确权,经验研究显示出了混合的结果,即财产确权有时有利于经济活动,但有时却正好相反。[6]

与经济发展相联系的法律安排的多变性(variability)是法律的关联性原理的再一次重申。这项原理以新制度经济学为基础,即法律制度运行于且建立在周围社会和文化中一系列相互联系的规范和信念之上——经济绩效归根结底是一个整体的产物。新制度经济学经常被肯定的观点是法律是经济发展的必要条件,但是人们却忽略了由诺斯所揭示的更为重要的一点:

---

[1] See Stephan Haggard, Andrew MacIntyre & Lydia Tiede, *The Rule of Law and Economic Development*, Annual Review of Political Science, 11, p. 212(2008).

[2] See Avinash K. Dixit, *Lawlessness and Economics: Alternative Modes of Governance*, Princeton: Princeton University Press, 2004.

[3] See Tom Ginsburg, *Judicial Independence in East Asia*, in Randall Peerenboom ed., Judicial Independence in China: Lessons for GLobal Rule of Law Promotion, Cambridge: Cambridge University Press, 2010.

[4] See Dani Rodrik, *One Economics, Many Recipes: Globalization, Institutions, and Economic Growth* Princeton: Princeton University Press, 2007; Kevin E. Davis & Michael J. Trebilcock, *Legal Reforms and Development*, Third World Q, 22, p. 21, 26 – 27(2001).

[5] See Hernando de Soto, *The Mystery of Capital*, Finance & development, 38, p. 1(2001).

[6] See Kevin E. Davis & Michael J. Trebilcock, *Legal Reforms and Development*, Third World Q, 22, p. 21, 26 – 27(2001); Frank B. Cross, *Law and Economic Growth*, Texas Law Review, 80, p. 1737, 1764 – 1771(2002).

制度包括影响经济绩效的正式规则(formal rules)、非正式规范(informal norms)以及实施特质(enforcement characteristics)。虽然规则也许会被突然改变,但是规范通常只能循序变迁。由于一套规则的合法性(legitimacy)是由规范所提供的,因此社会变革永远无法像支持者所期望的那样具有革命性,而经济绩效也会不同于预期。如果一个经济体采用了另一个经济体的正式规则,两者之间的绩效特征会大不相同,因为两者分别建立在不同的非正式规范和实施机制之中。〔1〕

作为另一位对新制度经济学作出重要贡献的学者,奥利弗 · 威廉姆森(Oliver Williamson)同样强调了正式法律制度运行于一个更加根本的"社会嵌入性层面"(social embeddedness level),"而这是规范、习惯、风俗以及传统等所处的位置"。〔2〕 在这一更加根本的层面,力量和影响(forces and influences)历经数十年的过程,以一种规避刻意的设计或操控的方式缓慢地发生改变。

当前,人们对于法治在发展领域的普遍支持萦绕在一股令人不安的嘲讽之中。转而借助法治改革克服经济发展的失败用一系列看似棘手的问题取代了一系列更为艰巨的问题。改善法律依赖于大量的社会、文化、政治和经济条件的支持。然而,在没有完备的法律制度的情况下,特定领域的经济绩效也能够实现。

正如本文开始所提及的,"法律与发展"内部和发展经济学的话语呈现出惊人的相似,两者都经历了相同的循环。如同法律与发展的实践者和理论家承认他们对于什么有助于法律发展仅仅掌握了有限的知识,而发展经济学家也承认:"我们对于如何实现增长知之甚少"。〔3〕 华盛顿共识的崩溃打消了经济学

---

〔1〕 Douglass C. North, *Economic Performance Through Time*, American Economic Review, 84, p. 359, 366 (1994); Douglass C. North, *Institutions, Institutional Change and Economic Performance*, Cambridge: Cambridge University Press, 1990, p. 67. 其中,诺斯强调了周围社会因素的决定性影响。

〔2〕 Oliver E. Williamson, *The New Institutional Economics: Taking Stock, Looking Ahead*, Journal of Economic Literature, 38, p. 595 – 596 (2000).

〔3〕 Abhijit V. Banerjee, *Big Answers for Big Questions: The Presumption of Growth Policy*, in Jessica Cohen & William Easterly eds., What Works in Development? Thinking Big and Thinking Small, Washington DC: Brookings Institution Press, 2009.

家过往的自信,即"他们掌握正确的方案,或是私有化、稳定化和自由化能够以相似的方法在世界各地实施"[1]。正如法律与发展专家现在倡导抛弃"千篇一律的"方法并且呼吁关注背景,经济学家过于"注重摆脱'一刀切式'战略以及特定背景的解决方案"。[2] 发展经济学家甚至已经明确提出了与法律的关联性原理相似的表达:"在经济学领域,一个最重要的洞见或许在于,你应当注意到事事是普遍联系的这个事实。"[3]

我们创造的"法律的关联性"原理是指通过法律视角观察社会的关联性在根本上是什么——包括文化、经济、政治、法律以及其他任何在内的全部。在这个整体内部,每一根线条相互接触、联合。拉起、切断或添加一组全新的线条将导致其他地方的反应和调整,特别是由致力于维持或恢复现状的精英利益所作出的反应;[4]所有社会持续性地发生外源性和内源性的变迁,但是这个过程总是发生在现存结构的形塑轮廓(shaping contours)之中。在我们刻意地以各种期望的方式筹划发展的时候,这个整体内部有太多我们几乎看不到的且紧密相连的移动部分(moving parts)。

## 五、革新的法律与发展方案

法律与发展的一个较新的脉络正在不断致力于从单一的经济发展扩至其他整体的改革领域。[5] 阿玛蒂亚·森(Amartya Sen)有力地推动着一种综合的

---

〔1〕 Dani Rodrik, *The New Development Economics: We Shall Experiment, But How Shall We Learn?*, in Jessica Cohen & William Easterly eds., What Works in Development? Thinking Big and Thinking Small, Washington DC: Brookings Institution Press, 2009.

〔2〕 Dani Rodrik, *The New Development Economics: We Shall Experiment, But How Shall We Learn?*, in Jessica Cohen & William Easterly eds., What Works in Development? Thinking Big and Thinking Small, Washington DC: Brookings Institution Press, 2009.

〔3〕 Abhijit V. Banerjee, *Big Answers for Big Questions: The Presumption of Growth Policy*, in Jessica Cohen & William Easterly eds., What Works in Development? Thinking Big and Thinking Small, Washington DC: Brookings Institution Press, 2009.

〔4〕 See Douglass C. North, *Institutions, Institutional Change and Economic Performance*, Cambridge: Cambridge University Press, 1990, p. 101.

〔5〕 See Thomas Carothers, *Rule of Law Temptations*, Fletcher Forum of World Affairs, 33, p. 49 (2009).

发展进路:

> 我在这里所提出的主张并不是说法律发展必然能够简单地导致发展,相反,我们不应该认为作为一个整体的发展和法律发展是分离的。事实上,依据这一观点,首要的发展理念是一种功能性关系,即把经济、政治、社会、法律以及其他各个领域中的各种发展问题融合在一起。这不仅仅是一种因果上的相互依存:在作为一个整体的发展概念之中,它涵盖着一种结构性联系。[1]

作为另一种关于法律的关联性原理的表述,森的观点包含了公平发展(一种公平的财富分配)和充分的社会安全网、免受暴力和危险、民主和政治自由、自由的媒体和女性的权利——所有这一切都在于进一步增强人们的能力和自由。通过挑战以经济增长为依据界定发展的支配性假设,这一观点将"发展"的意义置于讨论的焦点。

当新自由主义经济改革的势头在世纪之交逐渐减弱的时候,世界银行开始试探性地谈论从一种更加广阔的视野看待法制改革的范围:"法治的重要性在于实现公平的经济发展和可持续的贫困减缓……包括女性和儿童在内的弱势群体无法从暴力和其他形式的虐待中得到保护,进而加重了不平等"[2]。法律与发展倡议开始通过一揽子方案加以应对,其中包括"经济发展、贫困减缓、民主、人权、正当程序、平等,等等"[3]。

相较于上述法律与资本主义脉络的保守特征,一种更加宽泛的法律与发展脉络开始被改革派频繁采用。先前强调财产权利和合同法的改革派现在同时关注政治权利、公民权利和福利权利,一种显而易见的紧张关系恰恰潜藏在各类改革重点之下。具有广阔视角的改革支持者怀疑全球资本主义放纵无度地

---

[1] Amartya Sen, *What is the Role of Legal and Judicial Reform in The Development Process?* Address at the World Bank Legal Conference (June 5,2000), p. 8.

[2] See Alvaro Santos, *The World Bank's Uses of the "Rule of Law" Promise in Economic Development*, in David. M. Trubek & Alvaro Santos eds., The New Law and Economic Development, Cambridge: Cambridge University Press, 2006, p. 276.

[3] See Maria Dakolias, *Methods for Monitoring and Evaluation the Rule of Law*, 2005, p. 10, http://www.cilc.nl/Conference-publication_2005.pdf.

扩张,他们注重的是全球资本主义所招致的不利的人类和环境后果,他们还质疑全球资本主义在选择赢家、输家和利益分配时的公正性。[1] 同在"法治"发展的庇护下,保守派和改革派通过力荐相差悬殊的计划和目标奇怪地联系在了一起。

在革新的法律与发展方案之中,存在一股信念和一些机会主义,这股信念相信或期望改革方案能够相互配合。在这股信奉法治能够实现民主、社会福利资本主义、自由权利和女性权利的信念之下,一种相辅相成的循环形成了。因果箭头很可能指向相互支撑的各个方向,法治在其中具有实质性的影响并且对整体负责。[2]

还有一群人并不认同这股信念,但战略性地推断他们所偏好的那部分改革方案能够借助法治这股势头得到推动,法律与发展方案中的一些机会主义正是在这个时候产生的。在这方面,一位长期的法律与发展学者大卫·楚贝克(David Trubek)公开地怀疑法治,但同时竭力主张"革新的知识分子应当积极地参与到法治事业之中",因为他们能够以此为媒介为实现革新的目标而战。[3]

至少到目前为止,期许发展法治将会实现其他这些善并没有得到重大事件的证实。作为向政府设定边界的法律——法治(rule of law),很容易被统治者转变为依法而治(rule by law)——作为一种政府统治工具的法律。[4] 许多拉丁美洲国家将民主的选举制度、有力的行政部门、薄弱的法院、粗糙的法律制度

[1] See Roberto Dañino, Senior Vice President & Gen. Counsel, The World Bank, *The Legal Aspects of the World Bank's Work on Human Rights*, Address at the Human Rights and Development: Towards Mutual Reinforcement Conference, Preliminary Draft(Mar 1, 2004), p. 12 – 13.

[2] 证实这些相互关联的最生动的描述参见 Guillermo A. O'Donnell, *Why the Rule of Law Matters*, Journal of Democracy, 15, p. 32, 40 – 41(2004)。

[3] See David M. Trubek, *The "Rule of Law" in Development Assistance: Past, Present, and Future*, in David M. Trubek & Alvaro Santos eds., The New Law and Economic Development, Cambridge: Cambridge University Press, 2006, p. 74, 93 – 94.

[4] See Stephenson, supra note 43. See generally Brian Z. Tamanaha, *On the Rule of Law: History, Politics, Theory*, Cambridge: Cambridge University Press, 2004, p. 91 – 94.

结合在一起。[1] 一位拉丁美洲学者通过观察遗憾地指出:“法治(或者至少是那些虚夸的法治措辞)时常被用来为威权主义意识形态服务。”[2]

人们将法院作为法律、自由、民主和权利的支柱,这一持久的信念已经遭遇了接连不断的失望。为了在俄罗斯推行包含正当程序和保障被告公正审判的刑法典制定,美国为大量法官和律师主办培训研习班和讨论会,并且资助俄罗斯法官前往美国出席研习班和宴会,以期这些俄罗斯当地的法律职业工作者能够支持改革。[3] 但是,当法典开始制定之时,大多数法官和律师“成了齐声反对改革的一员”。[4] 为了完善萨尔瓦多的司法行政和刑事司法系统,一个由美国国际开发署资助的项目基于“法官对改革的强烈抵制”而“以失败告终”。[5]

改革努力的结果取决于这些改革如何与周围各种复杂的因素相互作用——法律的相关性原理——这种相互作用可以指向任何方向。改革努力的结果取决于各种正在发生作用的激励(谁更有可能赢得或失去金钱、地位或权力)、法院在周围权力群中的位置、公众对于法律和法院的态度,以及其他一系列可能的因素。毫无疑问,法治、民主、公民权利、社会福利资本主义能够像是在西方那样以一种相互支撑的方式存续。然而,法治所固有的任何东西都无法将这种安排复制于法律与发展项目的目标国,因为这些国家在社会、文化、经济、政治、法律之间的互动方式(dynamics)上存在巨大的差异。

法律与发展事业的参与者已经知道了这一点。对于不熟知目标国实际情况的人们而言,他们很少会乐观地相信法治有能力改造世界各地的社会,以使这些社会具备近似于理想的改革图景。但仍然值得一提的是,大多数法律与发展的活动和对话或许明显是由意识形态所驱动的倡议,无论保守派和改革派具

---

[1] See Michael Dodson, *Assessing Judicial Reform in Latin America*, Latin American Research Review, 37, p. 219(2002).

[2] Guillermo A. O'Donnell, *Why the Rule of Law Matters*, Journal of Democracy, 15, p. 45(2004).

[3] See Matthew Spence, *The Complexity of Success in Russia*, in Thomas Carothers eds., Promoting the Rule of Law Abroad: In Search of Knowledge, Washington DC: Brookings Institution Press, 2005, p. 217, 226.

[4] See Matthew Spence, *The Complexity of Success in Russia*, in Thomas Carothers eds., Promoting the Rule of Law Abroad: In Search of Knowledge, Washington DC: Brookings Institution Press, 2005, p. 227.

[5] See Michael Dodson, *Assessing Judicial Reform in Latin America*, Latin American Research Review, 37, p. 207(2002).

有何种形态。

## 六、法律与发展事业

上述分析检讨了法律与发展活动在接收端(receiving end)的失败,现在笔者将要关注法律与发展活动的输出端(delivery end)。如前所述,把法律与发展和法律发展混为一谈是一个错误,我们最好把法律与发展理解为由来自先进资本主义国家的资助实体所引发的一系列活动。

当世界银行在20世纪90年代拥护法治构建的时候,法律与发展活动不断激增。然而,在此之前人们需要克服一个重要障碍。《世界银行协定》(用于控制世界银行而创制的章程)载明了一项特定的经费限制:"国际复兴开发银行发放或承诺的贷款应当用于特定的重建和发展项目,但特殊情况除外。"[1]另一项独立的条款禁止世界银行参与政治活动:"国际复兴开发银行及其管理人员不应当干涉成员国的政治事务;其所作出的决定不应当受到成员国或与成员国相关的政治属性的影响。国际复兴开发银行及其管理人员只能出于经济上的考虑作出决定。"[2]面对第二次世界大战留下的疮痍,世界银行——官方意义上的国际复兴开发银行——于20世纪40年代中期成立,以期为战后经济复苏提供资金。上述这些规定与世界银行的成立宗旨保持一致。[3]

在20世纪90年代初期,世界银行总法律顾问易卜拉欣·F. I. 希哈塔(Ibrahim F. I. Shihata)博士通过发布一系列法律意见,有效地修改了《世界银行协定》中所声明的资金限于经济发展项目的限制,进而允许资金用于法治项目。[4] 他在下面这段中巧妙地实现了这点:"在正常情况下,世界银行的贷款

---

[1] International Bank for Reconstruction and Development [IRBD], Articles of Agreement art. Ⅲ, § 4(vii). The official name for the World Bank is the IRBD.

[2] International Bank for Reconstruction and Development [IRBD], Articles of Agreement art. Ⅳ, § 10. The official name for the World Bank is the IRBD.

[3] See Jeffray A. Frieden, *Global Capitalism: Its Fall and Rise in the Twentieth Century*, New York: W. W. Norton, 2006, p. 58 -60, 69.

[4] 关于这个部分的精彩描述参见 Robert C. Effros, *The World Bank in a Changing World: The Role of Legal Construction*, International law, 35, p. 1341(2001)。

和承诺用于资助广义上的项目。在笔者看来,这些项目包括所有定义明确的生产性目的,无论这些项目是直接(如工业和农业)或是间接(如基础设施、制度构建、社会服务,等等)服务于这一目的。”[1]将“制度构建”包含在内向法律发展敞开了大门后,世界银行的资金开始涌入法治项目之中。

通过世界银行顶级律师的策划,世界银行的“宪章”实际上被默示地修改了(虽然该机构中的其他工作人员肯定赞同这一改变)。[2] 但是,一种事实上的不协调仍然令人感到不安,即法治项目现在获得了大规模的资助,希哈塔的支持者称赞其“灵活的解释”保证了世界银行的活动与不断变化的时势保持一致,[3]然而,世界银行对法律所抱以的忠诚并不足信。

一旦世界银行向法治改革敞开大门,那么最初限于财产权利、商法、司法改革领域的发展方案将会逐渐扩至各种更加宽泛的、革新的发展方案。随着法治项目范围的扩大,经济项目的资助逐渐以接受法治要求作为固定条件。这些行动突破了世界银行关于禁止干涉受援国的政治事务的明文规定。

人们现在谈及这件事并不是出于诋毁希哈塔的动机,而是在于详细地阐明法治促进(rule of law promotion)乃是基于人们积极地致力于将其推向发展议程的中心。律师提议、组织和实施项目,其中还牵涉独立的法律与发展顾问、非政府组织的创建人和雇主、发展机构中的法务专员以及法学教授的参与。在律师看来,法治项目毫无疑问是值得的。更吸引人的是,法律与发展行动在行善的同时还为其他参与者提供了前往异国土地旅游的机会。由于这些项目是由律师设计和实施的,因此他们理所当然重视法律职业人员所熟悉的领域,如法官、律师、警察和法典。正如一位针对非洲土地改革的批评者所强调的,为了理解法律与发展项目的定位,我们应当关注律师服务机构——“法律职业人员的

---

[1] Robert C. Effros, *The World Bank in a Changing World: The Role of Legal Construction*, International law, 35, p. 1345(2001).

[2] See John K. M. Ohnesorge, *On Rule of Law Rhetoric, Economic Development, and Northeast Asia*, Wisconsin International Law Journal, 25, p. 301, 306(2007).

[3] See Robert C. Effros, *The World Bank in a Changing World: The Role of Legal Construction*, International law, 35, p. 1348(2001).

经营活动”。[1]

活跃于全球的法治项目在表面上呈现出欣欣向荣的局面。但是,这项事业的参与者已经暴露出了其内部的缺陷,“与在诸多其他发展援助领域发挥重要作用的发展专家不同的是,许多西方法治援助的实践工作者在发展中社会和过渡社会缺乏或没有先前的经验”[2]。律师不会立刻想到法律本身也可能成为问题的一部分,或在其他地方可能存在一个更加有效的替代方案,律师不会轻易知道去哪里寻求法律的替代方案。“资深律师、雄心勃勃的年轻律师或退休的警官常常负责项目的设计或管理,或向当地律师提供咨询或培训。”[3]这些法律使者(legal missionaries)往往并不明白被移植的法律在完全不同的社会和文化环境中是如何运行或失效的。

另一个普遍的缺陷是实施这些项目的人对于当地环境知之甚少。一位外来人士在当地社会居住 6 个月至 1 年的时间才能够感触到当地社会—政治—文化之间的互动方式,并建立起有助于项目实施过程的信任和关系。[4] 一位法治项目的协调员透露:“在招募和派遣顾问的十年时间里……我总是极力为那些顾问争取获批超过两天的准备时间……”[5]“难怪许多顾问显得对特定的

---

〔1〕 See Ambreena S. Manji, *The Politics of Land Reform in Africa: From Communal Tenure to Free Market*, New York: Bloomsbury Academic, 2006, p. 82.

〔2〕 Stephen Golub, *A House Without a Foundation*, in Thomas Carothers ed., Promoting the Rule of Law Abroad: In Search of Knowledge, Washington DC: Brookings Institution Press, 2006, p. 127; Laure-Helne Piron, *Time to Learn, Time to Act in Africa*, in Thomas Carothers ed., Promoting the Rule of Law Abroad: In Search of Knowledge, Washington DC: Brookings Institution Press, 2006, p. 295.

〔3〕 Laure-Helne Piron, *Time to Learn, Time to Act in Africa*, in Thomas Carothers ed., Promoting the Rule of Law Abroad: In Search of Knowledge, Washington DC: Brookings Institution Press, 2006, p. 294.

〔4〕 我在雅浦岛旅居的两年生活证实了这个判断。See Brian Z. Tamanaha, *Understanding Law in Micronesia: An Interpretive Approach to Transplanted Law*, Leiden: E. J. Brill, 1993. 一个引人警示的故事能够说明这一点。在我任职期间,两位外国的教育顾问来到雅浦岛展开了为期两周的访问。他们采访了大量官员(包括身为教育部法律顾问的我),并且随后起草了一份提议教育系统改革的纲要。该份报告错误地理解了当地实际情况的互动方式。据我所知,该份报告中的改革提议完全落空了(虽然两位教育顾问挣得了相当可观的收入)。

〔5〕 Wade Channell, *Lessons Not Learned About Legal Reform*, in Thomas Carothers ed., Promoting the Rule of Law Abroad: In Search of Knowledge, Washington DC: Brookings Institution Press, 2006, p. 150.

环境准备不足,尽管他们相当精通于自己的学科专业。”[1] 在援助机构内部和该领域的实践工作者之间,常规的人员轮换把熟悉当地地形并且已经建立起社会联系的人清除了出去,而取代他们的是一群不得不重新认识当地和发展关系的人。[2]

通过这种方式运行的项目严重降低了其本来就已经很小的成功机会。一位资深的实践工作者强调了这一根本的缺陷:

> 尤其在项目开发时期,当项目的性质确定下来以后,援助机构依赖于来访的顾问而非国内的员工。这将会导致对如下问题的粗浅分析,即什么困扰着受援国的法律体系,以及弱势群体面临着什么法律问题。从酒店里看到的社会和每天经历的社会完全不同。[3]

项目的资助、设计和分派方式造成了更多的问题。[4] 援助机构、发展机构或非政府组织有可能在缺乏协调或知识共享的情况下在同一个国家实施迥异的项目[5],大量资金必须支出(或退回),结项时最好能够展示出具体的方案,长年持续的项目更加难以获得源源不断的资金。[6] 美国通过美国国际开发署资助的许多项目是由私人、逐利的组织实施的。项目竞标的过程阻碍了创新(未

---

[1] Wade Channell, *Lessons Not Learned About Legal Reform*, in Thomas Carothers ed., Promoting the Rule of Law Abroad: In Search of Knowledge, Washington DC: Brookings Institution Press, 2006, p. 150.

[2] See Laure-Helne Piron, *Time to Learn, Time to Act in Africa*, in Thomas Carothers ed., Promoting the Rule of Law Abroad: In Search of Knowledge, Washington DC: Brookings Institution Press, 2006, p. 295.

[3] Stephen Golub, *A House Without a Foundation*, in Thomas Carothers ed., Promoting the Rule of Law Abroad: In Search of Knowledge, Washington DC: Brookings Institution Press, 2006, p. 130.

[4] 关于美国法律援助的全面描述参见 Jacques de Lisle, *Lex Americana?: United States Legal Assistance, American Legal Models, and Legal Change in the Post-Communist World and Beyond*, University of Pennsylvania Journal of International Law, 20, p. 179 (1999)。

[5] See Wade Channell, *Lessons Not Learned About Legal Reform*, in Thomas Carothers ed., Promoting the Rule of Law Abroad: In Search of Knowledge, Washington DC: Brookings Institution Press, 2006, p. 151 – 156; Piron, supra note 51, at 296.

[6] See Laure-Helne Piron, *Time to Learn, Time to Act in Africa*, in Thomas Carothers ed., Promoting the Rule of Law Abroad: In Search of Knowledge, Washington DC: Brookings Institution Press, 2006, p. 295; Stephen Golub, *A House Without a Foundation*, in Thomas Carothers ed., Promoting the Rule of Law Abroad: In Search of Knowledge, Washington DC: Brookings Institution Press, 2006, p. 129.

曾尝试的或有风险的项目被选中的可能性很低），并且助长了咨询界（consulting community）内部相互之间的秘密。[1] 发展机构通过列举过往的成功案例进一步向政府索要额外的拨款或资金来源。一位评论员指责道，“主张法治和司法改革项目能够大有作为的势头越发普遍”，尽管实际的成效是难以评估的。[2] 在结项的时候，人们能够轻易地核对具体的技术援助项目是否圆满完成，如召开律师或法官培训会，向法院系统配备计算机设备，即便司法改革实际所取得的改善是微乎其微的。人们必须记住“法治改革是门生意”。[3]

参与到法律与发展中的人似乎很少认为这些项目能够在任何深层意义上奏效，至少是在短期内。制度功能能够取得一些微小的改善，但是法律系统的整体缺陷就像一个难以撼动的障碍，挫败着人们为之所付出的努力。我们不要忘记经济发展倡议的频繁失败曾经促使人们转而致力于法律发展，其理论依据在于经济发展正受制于一套糟糕的法律基础架构（legal infrastructure）。然而，法律发展同样遭受着不断的失败。

既然如此，伴随着这些微不足道的结果，为什么法治项目持续获得大量的财政支持？许多工厂有建筑平面图，在确定的日期完工，获得商业成功或严重亏损直到被迫关闭。相比之下，法治没有蓝图，没有标准结构，没有具体的或有形的表现，不是随时就能建立起来的。构建法治没有明确的时间表，这或许要经历数十年、几代人或几个世纪。虽然接连不断的项目得到了资助和实施，但是评估法治项目的价值和效用因此被无限期拖延了。

---

〔1〕 See Wade Channell, *Lessons Not Learned About Legal Reform*, in Thomas Carothers ed., Promoting the Rule of Law Abroad: In Search of Knowledge, Washington DC: Brookings Institution Press, 2006, p. 151 – 156.

〔2〕 See Stephen J. Troope, *Legal and Judicial Reform through Development Assistance: Some Lessons*, McGill Law Journal, 48, p. 409 (2003).

〔3〕 See Wade Channell, *Lessons Not Learned About Legal Reform*, in Thomas Carothers ed., Promoting the Rule of Law Abroad: In Search of Knowledge, Washington DC: Brookings Institution Press, 2006, p. 153.

## 七、移植对立思想的风险

上述法律与发展话语的两股脉络——“法律与资本主义”和革新的改革方案——分别表达并且获得了保守主义和自由主义这两种在西方资本主义社会的对立思想的支持。诚如一位评论员所指出的,“北方国家的宫廷斗争”正在向南方国家蔓延。[1] 遗憾的是,由于输出社会与受援社会之间的潜在差异,当这些我们所熟悉的提倡者未能注意到其有可能带来的不幸后果时,他们犯了一个严重的错误。笔者将提供一个显著的例子来指出双方的盲目。

法律与发展拥护者所提出的首要议题便是发展中国家应当财产确权,并允许财产的自由转让,这将使人们能够通过土地抵押从银行贷款用于经营活动。[2] 他们的理论是所有权人会改善自己的财产,进而增加财产的价值并且导向更具经济效益的生产性用途,资本在西方就是这样得到释放的。然而,情况在其他地方是不同的。许多社会以各种各样的方式构想和控制着财产,这些方案与个人永久产权并不相同。在这些社会,家庭和家族成员可以充分地利用土地——过路、放牧、采果、耕种——而土地上发生的事情必须要和别人商量。财产确权的过程必将毁灭大多数这些活动,因为银行并不喜欢难以移动的抵押物。

有害的后果可能更为严重。在许多社会,社区生活扎根于并且围绕在土地之上,这点早已被无根的西方社会所忘记。[3] 允许土地由银行取得或卖掉将会在根本上破坏社会关系。在西方,如果你没有还贷,你将失去你的房子。但

---

〔1〕 See Bryant G. Garth, *Building Strong and Independent Judiciaries Through the New Law and Development: Behind the Paradox of Consensus Programs and Perpetually Disappointing Results*, Depaul Law Review, 52, p. 393 – 396(2002).

〔2〕 See Kenneth W. Dam, *The Law-Growth Nexus: The Rule of Law and Economic Development*, Washington DC: Brookings Institution Press, 2006.

〔3〕 See e. g., Brian Z. Tamanaha, *Understanding Law in Micronesia: An Interpretive Approach to Transplanted Law*, Leiden: E. J. Brill, 1993.

在这些社会,社区的社会生活被颠覆,〔1〕被剥夺财产的人会失去他们生活的聚集地和食物来源。此外,女性的地位会受到不利的影响,因为当只能确认一位名义上的“所有者”的时候,所有权在许多文化中会向男性倾斜。〔2〕由于土地逐渐积累到富裕的买家手中,因此土地的分配和利用必将改变,这将进一步导致初期的社会混乱。对于当今遍布世界各地主要市中心的大量棚户区、聚居区或贫民区,财产确权还会带来消极的后果:一旦无法还贷,获得确权保障的寮屋居民将失去他们的住所,进而陷入无家可归的境地或和本已十分拥挤的亲属生活在一起;精明的卖家按照止赎价格(at foreclosure sales)集合起来,进一步增加他们对私有财产的持有量。我们不该忘记确权一项抵押贷款必将意味着一旦无法按期还贷,土地将会被收回和重新配置。

这些潜在的后果应当和经济效益相权衡,后者声称通过私人财产权利的大规模扩张,经济效益将会不断增加。作为一位能言善辩的拥护者,肯尼思·达姆(Kenneth Dam)承认社区社会将因确权遭受重大的变革,但是他草率地宣称同样的转型也发生在西方历史的初期,而事情最终朝着好的方向发生。〔3〕在发展中国家,许多不认同西方做法的人们并不认为这是一个可靠的方案。达姆把财产权利在西方社会的演化过程进行了(错误的)类推,鉴于土地绝对所有权的确权登记制度(fee simple title registration systems)以一种非演化的方式被迅速引入到一个已经由公认的习惯性财产规则所支配的环境,所以达姆未能意识到这个过程有可能带来的后果。这一转变造成了各种规则体系的潜在冲突和矛盾,〔4〕进而导致了具有更大不确定性的财产权利,以及人们对这些制度的投机利用。〔5〕

---

〔1〕 See Daniel Fitzpatrick, *Disputes and Pluralism in Modern Indonesian Land Law*, Yale Journal of International Law, 22, p. 189(1997).

〔2〕 描述女性受到登记制度的损害参见 Manji, supra note 164; Christian Lund, *Local Politics and the Dynamics of Property in Africa*, Cambridge: Cambridge University Press, p. 15。

〔3〕 See Kenneth W. Dam, *The Law-Growth Nexus: The Rule of Law and Economic Development*, Washington DC: Brookings Institution Press, 2006, p. 150 – 157.

〔4〕 See Brian Z. Tamanaha, *Understanding Legal Pluralism: Past to Present, Local to Global*, Sydney Law Review, 30, p. 357(2008).

〔5〕 关于这种不确定性的一个例子参见 William Easterly, *The White Man's Burden: Why the West's Efforts to Aid the Rest Have Done So Much Ill and So Little Good*, London: Penguin Press HC, 2006, p. 95 – 97。

财产确权运动有可能带来的有害的社会后果至少应当被告知当地居民,并要和他们商量。人们应当思考他们需要什么样的发展,而这样的发展需要民众和社区付出什么样的代价。

另外,极端左翼在运用他们的理论假设的时候,同样犯了一个严重的错误。在 20 世纪 70 年代至 80 年代,来自美国精英法学院的批判法学者参与到了对“自由主义法制”(legal liberalism)的彻底批判之中。他们的基本观点是:法治运行于中立性的假象之中,即法律维护着一种服务于精英的不公正的社会秩序。[1] 批判法学者特别致力于摧毁法律形式主义,即抨击法律形式主义是一种主张客观适用法律的错误观点。而事实是,不确定的法律规则给予法官相当大的操作空间。[2] 法官不应该相信他们进行的是形式推理,因为他们拥有大量法律解释的自由。法官的欺骗性在于,当法官把他们所偏好的目的隐藏在受规则约束的形式推理之下的时候,他们装作判决是在法律的驱使下作出的。作为一位多年来法律与发展领域的卓越论者(prominent voice),批判法学家大卫 · 楚贝克以及其他学者已经开始怀疑和反对法律与发展语境下的法律形式主义。[3]

同理,这却忽视了一个重要的差别。虽然有必要揭露西方法律制度所固有的法律形式主义被过度夸大了,但是把这种对法律形式主义的怀疑向法律几乎无法发挥作用的社会输出则完全是另一回事。法律形式主义的怀疑观能够防止法律制度脱离实际。如果人们认为法律官员受到法律规则的约束是骗人的,那么法律制度是无法奏效的。如果缺乏任何法律约束,权力将随心所欲,而发展中国家的弱势民众几乎无法获得保障。

在上述两个分别从右翼到左翼的例子中,源自西方语境的理论观点在被引用到发展语境的时候,可以产生非常不同的后果。这就是法律的关联性原理所

---

〔1〕 See Brian Z. Tamanaha, *Law as a Means to an End*: *Threat to the Rule of Law*, Cambridge: Cambridge University Press, 2006, ch. 6 – 7.

〔2〕 See Roberto M. Unger, *The Critical Legal Studies Movement*, Harvard Law Review, 96, p. 561, 573 (1983).

〔3〕 关于这种怀疑的最近的一个例子参见 David M. Trubek, *The "Rule of Law" in Development Assistance*: *Past*, *Present*, *and Future*, in David M. Trubek & Alvaro Santos eds., The New Law and Economic Development, Cambridge: Cambridge University Press, 2006, p. 74, 93 – 94。

能提出的建议。若未能考虑到这一点,任何人都会招致令人感到意外和失望的后果。

## 八、"法律与发展"不是法律发展

在本文的开头,笔者主张不宜把"法律与发展"视为一个"领域"。相反,我们应当把它看作一个"标签",它代表着由大量发展机构所资助和实施的众多项目,而这些项目所针对的国家被描述为欠发达的资本主义经济体或是缺乏自由主义民主政体的特征。笔者认为"法律发展"(legal development)不同于"法律与发展"(law and development),这两个相似的措辞容易造成混淆。为了便于理解这一点,请你想象一下如果终止当前全球所有的法律与发展项目,情况将会怎样。

在最重要的方面,情况几乎不会改变。法律制度在所有这些国家将会持续运行,法律主体将不断投身于构建法律的活动之中,法律系统将受到多方面缺陷的影响(所有法律系统都是如此)。在这些社会中,政府、企业、组织和个人等主体将会按照他们通常的方式(援引、规避、遵守、设法控制或加以利用)和法律系统打交道,法律主体和非法律主体将推动和促进法律系统与社会需求相联系,这就是在每一个有组织的社会中不断进行的法律发展过程。而法律系统在这些社会发挥着极其有限的作用。

这并不是说终止法律与发展项目将不会产生任何后果。自 20 世纪 90 年代以来,投入到这些项目的数十亿美元,连同分布广泛但规模有限的法律与发展的实践工作者都将会消失。随着项目逐渐被各国分配,这笔如此高额的资金变得不再那么显眼。对于大国而言,拿走这笔钱几乎不会对其法律系统的日常运作产生任何影响。而对于小国或穷国而言,这些国家将承受经济损失,这一损失的后果取决于法律与发展的资金被用于什么领域。来自援助国的发展机构把大笔资金用于资助项目的运行,而受援国绝不会看到这笔费用。法律与发展的资金很少被用来支付法律官员的工资,所以法律系统在受援国将依旧持续运转。但是,一些昂贵的技术项目将无法展开,如配备计算机设备。同时,法律与发展的资金也很少被用来支付外国负责的司法培训会、讨论会以及地方官员的出访。

人们仍有可能提出一些通过法律与发展来展开的项目。许多相同的改革观念散布于当今的各个社会(由致力于法治改革的活跃分子、精英、经济主体、律师推进)。人们都对腐败的或失灵的法律系统深恶痛绝,企业和地方社区需要可信的和及时的方法来解决纠纷,工人和女性的权利是每个社会都要面对的问题。虽然资金支持将会减少,但是人们会继续设法解决这些问题。

然而,一系列法律发展项目可能不同于当前通过法律与发展所推进的项目,而法律发展项目几乎会呈现出不同的形式。没有来自金钱的虚假繁荣以及来自外部的压力,法律发展项目必须积累当地重要参与者的充分支持,进而在当地社会—政治的竞争中压倒改革,由此,当地的改革议程和首要任务将得以实现。法律发展项目将由这样一群人来设计、运作和实施,他们了解当地情况,知道能够做什么,了解必须作出哪些妥协并且在项目实施的过程中拥有长期可资利用的政治和社会资本。所有这些都不能保证法律发展议程的成功,因为法律发展在不同国家中是不均衡的。但是,法治改革的这一完美的过程避免了当前困扰着法律与发展项目的一些核心缺陷。

这一思想试验的含义在于,法律与发展项目在过去 50 年来的失败并不意味着法律发展也必定失败。相反,它意味着法律与发展项目(大多数与资本主义、民主和自由主义的法律制度相联系)不会取得多大的成功。即便没有依照或遵从这一方案,但是法律发展仍然会发生。

例如,在法律与发展文献里,中国经常被用来作为法律与发展失败的一个例子。但在过去的 25 年里,中国颁布了许多新的法律,法院系统处理的案件数量增长了 10 倍,国家法典正在筹备中,高级司法职位几乎全部要求具备法律专业的硕士学位,私人律师已经实现了从无到有,即 11,800 名注册律师和 12,000 家律师事务所(早期所有律师都是国家的雇员)。同时,每年有 150,000 起针对政府的行政诉讼。[1] 那都是实实在在的法律发展[2]——没有一项可以直接

---

〔1〕 See John L. Thornton, *Long Time Coming*: *The Prospects for Democracy in China*, Foreign Affairs Magazine, 87, p. 2, 10 – 11(2008).

〔2〕 更多关于法律发展的证据参见 Randall Peerenboom, *China's Long March Toward Rule of Law*, Cambridge: Cambridge University Press, 2002。

归因于法律与发展项目。

作为另一个被人们公认为失败的例子,我们可以对俄罗斯作一个相似但没有那么乐观的观察。人们普遍认为腐败和政治干预遍及俄罗斯法院。[1] 但是,法院处理民事案件的数量在过去的10年里增加了超过2倍,这表明诉诸法院的俄罗斯人越来越多。[2] 俄罗斯公民显然将案件区分为两类:一类是涉及普通公民的案件,另一类是涉及国家和/或享有过度权力的个人或实体的案件。俄罗斯公民希望法院在前一类案件中给予他们公平的处置,而后一类案件则成为腐败和政治影响的首要目标,[3]这同样表现为一种真正的法律发展。

这一思想试验有助于揭露法律与发展项目是来自外部的法制干预(interventions in a legal system)。观察本身并不是指责的理由——许多倡议的动机是好的,且如果奏效的话,这些倡议有可能会对受援社会产生积极的影响。这一观察仅仅在于指出一些决定项目运作和降低成功概率的关键事实。面向任何社会的外部干预都会面临额外的阻碍,而内部发起的倡议则没有这个问题。法律向外部倡议提出了特别的挑战,因为法律叠加于一个由内部演化的规范秩序、权力基础和激励机制所构成的复杂的混合体之中,而这些因素在外部几乎是察觉不到的。[4]

最后,这一思想试验表明如果法律与发展项目为了受援国及其人民的利益表现得千篇一律,那么这些项目往往不能为受援国及其人民所用或所有。潜藏在法律与发展事业背后的事实是,人们对许多倡议都没有达成共识,而受援国必须通过满足这些倡议所强加的某种形式的条件才能够获得外部资助机构的

---

〔1〕 See Kathryn Hendley, "*Telephone law*" *and the* "*Rule of Law*": *The Russian Case*, Hague Journal on the Rule of Law, 1, p. 241, 248 – 257 (2009).

〔2〕 See Kathryn Hendley, "*Telephone law*" *and the* "*Rule of Law*": *The Russian Case*, Hague Journal on the Rule of Law, 1, p. 243 (2009).

〔3〕 See Kathryn Hendley, "*Telephone law*" *and the* "*Rule of Law*": *The Russian Case*, Hague Journal on the Rule of Law, 1, p. 253 (2009).

〔4〕 关于这一点的回顾参见 Tamanaha, supra note 59。关于法律所面对的阻碍,最好的一项研究来自 Sally Falk Moore, *Law as Process*: *An Anthropological Approach*, International Association for Identification, 1978。

贷款[1],或受制于那些声称代表人民的、来自外部的、活跃的非政府组织。[2]作为输出方,倡导机构的改革议程和意识形态(包括现代化假设)支配着法治倡议,无论是对于寻求法律保护的跨国公司或投资者,还是人权事业的无私拥护者而言,援助国都应当提出具体的办法来满足受援民众的急迫需要。

## 九、一项未竟的事业

在发展的语境下,法律发展则显得更为复杂且富有挑战,这里主要有以下理由。在许多这样的社会中,人们不得不处理由互相对立且错综繁杂的文化、伦理、宗教和法律秩序所带来的分歧和紧张局势。[3] 相当数量的法律是从别处移植的,这些规则进而与社会生活和民众认知相脱节、抵触或疏离。[4] 那里的法律制度往往制度化程度低,且效力范围有限,尤其在城区以外的地方。而且,许多国家的政府(包括官员、立法者以及法院的成员)遭受政治集团操控或充斥着腐败以及既得利益,因此法治改革工程通常交由官员操作或执行,但一旦改革成功,官员将一无所有(stand to lose)。[5]

鉴于本文以法律与发展的失败为焦点,故本文主要报以批判的论调,但笔者必须强调本文所传达的信息并不在于抛弃法律发展。当今世界的每一个社会均需要有效的法律制度,以控制和支撑政府和经济体制在最低限度内的运行。法治的最大优势便在于向政府设置法律限制,而一套有效的国家法律制度

---

〔1〕 See William Easterly, *The White Man's Burden: Why the West's Efforts to Aid the Rest Have Done So Much Ill and So Little Good*, London: Penguin Press HC, 2006, p. 143.

〔2〕 See Kenneth Anderson & David Rieff, "*Global Civil Society*": *A Sceptical View*, Global Civil Society, 2005.

〔3〕 See Brian Z. Tamanaha, *Understanding Legal Pluralism: Past to Present, Local to Global*, Sydney Law Review, 30, p. 357 (2008).

〔4〕 See Brian Z. Tamanaha, *A General Jurisprudence of Law and Society*, Oxford: Oxford University Press, 2001, p. 213 – 221.

〔5〕 See William Easterly, *The White Man's Burden: Why the West's Efforts to Aid the Rest Have Done So Much Ill and So Little Good*, London: Penguin Press HC, 2006.

能够带来这种限制。[1] 基于这些理由,法律必须发展,我们亦应当促进法律制度以积极的方式发展,而这是一项长期的任务。特别值得注意的是,法律发展不是关于"法治"发展这类的事项,法律发展是一项"零售业务"(retail enterprise),即凭借有效的法律制度,通过基本服务来满足法律需求。

最为重要的是,法律与发展研究应当明确当前具体的发展目标,并追问实现目标的最佳方案。

首先,让我们将发展目标假定为通过在全球市场生产出口商品以增进整体的社会财富。如果依赖于历史上、理论上和统计上的知识信息,那么这一定会误导我们对法律和资本主义的理解。即便历史事实表明财产权利与资本主义的增长相联系,且大量研究显示出财产权利和经济发展之间存在一种正相关,但这也并不必然意味着推进某一国家的经济发展目标的最佳策略便是构建法律体系。如果国家法律体系被一群力量(一种持续削弱法治改革努力的结构陷阱)所挟制,最好的策略也许是避开国家法律体系,而去寻找(find)或创制(create)其他促进经济活动的制度安排。最终的结果可能是,一国经济绩效的提升能够促进该国法律体系的改善。也许,随着接受教育的人们越来越多,中产阶层扩大了并需求着更好的法律服务。支持法律制度构建和经济奖励刺激的基金越来越充足,进而有助于建立一套更为可信和有效的法律体系。当然,这些愿景并非注定实现,发生在我们身边的是周遭诸多因素综合作用的产物。但在当前,这种反向作用或同时存在的因果机制被一种貌似合理的主张所主导,即法律的改善将导致经济绩效的改善。[2]

当前,经济发展的法治重心正遭遇令人困惑的悖论。发展中国家确实需要经济发展,然而,人们已经达成普遍共识,即法治是一场无人知道如何实现的长期工程。同时,近期的经验亦使我们确信,爆炸性的经济进步可以不需要法治。

我们很难指出任何一个社会通过以发展法治为目标的政策实施成功推行

---

〔1〕 See Stephenson, supra note 43. See generally Brian Z. Tamanaha, *On the Rule of Law: History, Politics, Theory*, Cambridge: Cambridge University Press, 2004, p. 91 – 94.

〔2〕 发展经济学家罗伯特·索洛声称:"因果关系在成功的经济增长和健全的制度之间几乎肯定是双向的。" Arnold Kling & Nick Schultz, Interview with Robert Solow, *From Poverty to Prosperity: Intangible Assets, Hidden Liabilities and the Lasting Triumph over Scarcity*, New York: Encounter Books, 2009, p. 68.

了法治。尤其当我们预设法治是一种可以复制或由“法治指数”涵盖和评估的制度安排时,以发展的语境谈论法治便掩盖了许多富有争议的问题。法治是一个理想,但它不意味着任何一个具体的事项。[1] 没有两种相同的法治理念实施方案,也没有两套相同或功能类似的制度安排,如日本的法治不同于美国的法治,亦不同于法国的法治等。合格的制度安排是由周遭的文化、经济、政治和法律环境所包围和形塑的框架(shells)。

其次,让我们将发展目标假定为一种革新的法律议程,即构建民主政体,保障公民权利,创建良好的工作环境,拥有公平合理的财富分配,投向环境敏感型(environmentally sensitive)的发展事业,并且赋予妇女以权利(暂不谈稳定的经济增长)。我们几乎没有理由认为,上述任何一项目标将通过司法改革工程或增强法治建设而推进。社会中的法律也许与任何一个甚至所有目标相抵触,我们的法官也未必会全力支持这些改革措施。只有上述政策要点成为现实(reality),经济、政治和文化的深刻转型在这些发展中国家才能够实现(occur)。对于改革派而言,与其将希望寄托于法治的魔力,直接针对每一个发展目标将会更好,对此,常以“法治”的名义推进发展议程的机会主义者已经意识到了这一点。

最后,让我们将发展目标假定为向社会公众提供有效的纠纷解决平台。这通常被视为法院的重要角色。事实上,私人间的仲裁和调解即便在西方也处理相当比重的社会纠纷。在发展中国家的背景下,法律和法院面对着棘手的问题,因此投资现有的替代方案或创建前所未有的社区法庭也许是明智之举。发展中国家超过80%的人口已经通过非国家法庭(non-state tribunals)解决纠纷,所以支持上述替代方案更符合现实。为了响应上述行动,作为资源和威信的潜在竞争对手,国家法律制度甚至会被用于完善替代方案的运转。随着时间的推移,国家法庭和非国家法庭会以一种互补的方式相融合或相影响。

许多富有法律经验的发展工作者与理论研究者倾向于认为,国家法律和国家法院是这些国家所面临问题的解决方案,这种预设源自他们根深蒂固的观

---

〔1〕 See generally Brian Z. Tamanaha, *On the Rule of Law*: *History*, *Politics*, *Theory*, Cambridge: Cambridge University Press, 2004, p. 91 – 94.

念，即国家对法律的垄断。当国家法律体系无法提供基本服务，且法律改革屡屡受挫的时候，我们必须另寻替代方案。正如有效的替代方案能够满足经济发展的需要，那么有效的替代方案也能够解决纠纷、维持秩序以及调整行为。习惯和习惯法、宗教规范和宗教机构、社区或非正式规范和非正式法庭在当今世界的诸多环境中发挥着重要的作用〔1〕，法律引以为傲的地方不应当阻碍寻找社会问题的有效解决方案，即便我们有可能绕过现存的国家法律制度。

法律与发展研究的最新一波浪潮已经开始转向探寻法律以外的替代方案〔2〕，但我们必须承认这同样也不是万能之计。一些替代方案会导致腐败或压迫，会被当地掌权者所操控，会科以严酷的惩罚，或招致文化和宗教的不平等（如种姓制度和对妇女的诋毁）。〔3〕 基于上述严重的警告，对于无法从国家法律体系中获得有效服务的人们而言，能够以各种方式符合社区要求和价值观的非国家替代方案能够提供重要的服务。

法律与发展行动的新近工作已经导向对法律的社会替代方案的挖掘，但这也确实不是万能之计。法律与发展研究是具有误导性的，即法律或法治对于实现期望的发展目标具有一种特殊的能力。这种信念必将令人大失所望，因为法律游弋于社会的海洋之中。

〔1〕 See Deborah H. Isser ed., *Customary Justice and the Rule of Law in War-Torn Societies*, Washington, DC: United States Institute of Peace Press, 2011.

〔2〕 See World Bank Indon. Soc. Dev. Unit, supra note 85; Fitzpatrick, supra note 81; R. Dolores A. Donovan & Getachew Assefa, *Homicide in Ethiopia: Human Rights, Federalism, and Legal Pluralism*, American Journal of Comparative Law, 51, p. 505 (2003); Kerry Rittich, *The Future of Law and Development: Second-Generation Reforms and the Incorporation of the Social*, in David M. Trubek & Alvaro Santos eds., The New Law and Economic Development, Cambridge: Cambridge University Press, 2006, p. 203.

〔3〕 See R. Dolores A. Donovan & Getachew Assefa, *Homicide in Ethiopia: Human Rights, Federalism, and Legal Pluralism*, American Journal of Comparative Law, 51, p. 505 (2003).

# 专题研讨（公司法修订）

# 论控制控制股东与完善公司治理*

白　江**

**内容摘要**:股权分置改革之后,控制股东与中小股东的利益冲突是我国当前上市公司治理的主要矛盾。在实践中,我国上市公司控制股东以自己利益最大化为出发点,通过滥用控制权侵害公司以及中小股东利益的现象层出不穷。控制股东滥用控制权的规制问题是我国当前进一步推动国企改革、提高上市公司绩效和维护证券市场健康发展的核心问题之一。对上市公司控制股东滥用控制权的问题,应当从实体和程序两个角度进行规制,理顺违法者的责任承担问题,明确其民事责任,加大行政监管和行政处罚力度,并辅之以刑事责任规制,构建控制股东法律责任体系。

**关键词**:控制股东　控制权滥用　实体规制　程序规制

## 一、引　　言

金融抑制(financial repression)一直是我国金融业的一个主要特征。“金融抑制”是一个被用来描述政府利用几种措施来为其获取资金(在没有被管制的市场中,该资金将流向其他地方)的词语。金融抑制在清偿政府公共债务方面特别有效。这一词语是由斯坦福大学的经济学家爱华德·肖(Edward S. Shaw)

---

* 本文系在笔者的专著《公司治理前沿法律问题研究》(法律出版社 2015 年版)中第三章的基础上进一步修改和完善后的研究成果,也系 2020 年度最高人民检察院检察理论研究课题“检察机关服务和保障防范化解金融风险研究”的部分研究成果。

** 上海市人民检察院第二分院高级检察官,教授,法学博士。

和罗纳德 · 麦金农(Ronald I. McKinnon)在 1973 年首次提出的。[1] 之后,这一词语成为描述在开始于 20 世纪 80 年代的广泛的金融自由化以前新兴市场国家的金融体制的一种方式。[2] 在我国,金融抑制主要表现在政府对利率的一直抑制、对银行业的控制、对证券市场的控制和对资本账户的严格控制。[3] 我国政府对证券市场的很强控制集中体现在上市时的所有制歧视和上市后政府保持对上市公司的继续控股。我国建设证券市场的初衷是帮助推进国企改革,支持国有企业上市,实现国企的直接融资。所以,在我国证券市场发展中一直存在金融抑制现象,即政府通过股票发行的行政审批、额度控制或其他限制性措施,限制了非国有企业进入资本市场融资,保证了国有企业获得大量的廉价资本这一稀缺资源。尽管随着近年来我国证券市场改革的深化,尤其是中小企业板、创业板和科创板的发展,上市中的所有制歧视问题有所缓解,但仍未发生根本改变。所以,我国主板市场中的上市公司股权结构的特征是股权高度集中和国有股一股独大。[4]

另外,由于我国的市场经济仍不成熟和发达,法治程度尚不够高,对私有财产权的保护还比较弱,因此如同许多其他东亚或者欧洲大陆国家一样,在我国的上市公司中,除政府控股以外,还存在家族控股现象(family controlled enterprises)。

---

〔1〕 See Ronald I. McKinnon, *Money and Capital in Economic Development*, Washington, DC: Brookings Institution, 1973(中文译本:[美]罗纳德 · 麦金农:《经济发展中的货币与资本》,卢骢译,上海三联书店 1988 年版); Edward S. Shaw, *Financial Deepening in Economic Development*, New York: Oxford University Press, 1973(中文译本:[美]爱德华 · 肖:《经济发展中的金融深化》,邵伏军等译,上海三联书店 1988 年版).

〔2〕 See Pierre-Richard Agénor & Peter J. Montiel, *Development Macroeconomics*, 3rd ed., Princeton: Princeton University Press, 2008.

〔3〕 参见白江:《金融抑制、金融法治和经济增长》,载《学术月刊》2014 年第 7 期。

〔4〕 在国际学术界,我国目前的经济体制一般被表述为"国家资本主义"(state capitalism)。See Special Report, *State Capitalism: The Visible Hand*, The Economist, 21 January 2012; Julan Du & Chenggang Xu, *Market Socialism or Capitalism? Evidence from Chinese Financial Market Development*, IEA 2005 Round Table on Market and Socialism; Geoff Dyer, *State capitalism: China's "market-Leninism" has yet to face biggest test*, Financial Times, 13 September 2010; Niall Ferguson, *We're All State Capitalists Now*, Foreign Policy, 10 February 2012; Paul Aligica & Vlad Tarko, *State Capitalism and the Rent-Seeking Conjecture*, Constitutional Political Economy, 23(4), p. 357 – 379(2012). 对国家资本主义的进一步分析参见 Aldo Musacchio & Sergio G. Lazzarini, *Reinventing State Capitalism: Leviathan in Business, Brazil and Beyond*, Cambridge, MA: Harvard University Press, 2014。

按照2003年学者的研究,在2001年我国84%的上市公司直接或间接地被政府最终控制着,其8.5%的上市公司为政府直接控制,75.6%的企业则由国家通过金字塔形控股方式实施间接控制。[1] 2013年我国提出要积极发展混合所有制经济。我国主板上市公司国有股在逐年递减,自然人控股在缓慢上升。按照学者的最新研究,我国主板市场实际控制人为国有股的上市公司的数量从2012年至2016年呈逐年递减趋势,其中,2012年国有股最高,有893家,占比达62.19%,约为总样本的2/3,至2016年减少为51.15%,主板国有股比例均值为57.19%,而非国有股中自然人控制人呈现上升趋势,在2016年达到了39.92%。中小板上市公司和创业板上市公司的控股股东为自然人的比较多,都占了80%以上。这是由于很多中小板上市公司在上市以前是由家族控制经营公司,创业板上的许多公司为民营企业。[2]

需要说明的是,此处对股权结构的分析采用了国际上的终极产权理论(the principle of ultimate ownership)。在国际上,La Porta、Lopez de Silanes与Shleifer等学者[3]对控股股东用来维持与扩大他们对企业实际控制权的各种方式作了深入研究,他们发现这些方式包括优先表决权(superior voting rights)、交叉持股(cross shareholdings)、金字塔形持股结构(pyramid shareholding schemes)等。其中在实践中,金字塔形持股结构被更多地使用。企业的控股股东经常利用金字塔形结构来建立一系列的所谓控制链,其中一个上市公司可能被另一个(上市)公司所控制,而后者的控股份额反过来又可能直接或间接地通过这样类似的链条而落在某个终极所有者手中。因此,为了更好地理解现代公司中所有权、控制权与控股结构之间的关系,就须追溯企业的终极产权所有者。按照终极产权理论,国有控股模式应当包括国家直接控股模式与国家间接控股模式。

---

〔1〕 参见刘芍佳、孙霈、刘乃全:《终极产权论、股权结构及公司绩效》,载《经济研究》2003年第4期。

〔2〕 参见王新红、张转军:《我国上市公司股权结构的特征分析》,载《商业会计》2019年第6期。

〔3〕 See Rafael La Porta, Florencio Lopez de Silanes & Andrei Shleifer, *Corporate Ownership Around the World*, Journal of Finance, 54(1999); Stijn Claessens, Simeon Djankov & H. P. Larry Lang, *The Separation of Owneship and Control in East Asian Corporations*, Journal of Financial Economics, 58(2000); Mara Faccio & Larry Lang, *The Ultimate Ownership of Western European Corporations*, Journal of Financial Economics, 65(2002).

而我国官方经常特别是在股权分制改革以前在统计报告中对股本类型所作的国有股与法人股的划分,则会导致对中国上市公司终极产权者(所有者)的界定变得模糊,从而妨碍对我国现实问题的深度分析。[1]

在我国上市公司中一般存在控股股东的情况下,控股股东往往利用控制权通过各种关联交易进行利益输送和掏空上市公司的活动。在美国学者的研究中,这种现象一般被表述为"利益隧道"(interest tunneling)。[2] 而在德国法中,这种现象一般被表述为"隐藏的资产移转"(verdeckte vermoegensverlagerung)或"隐藏的利润非配"(verdeckte gewinnausschuettung)。[3] 这严重侵害了主要由普通居民构成的中小投资者的利益,进而严重影响了我国普通居民对我国证券市场的信任和信心。

而对上市公司控制股东的法律规制问题近年来也一直是我国理论界和实务界关注的一个热点问题。股权分置改革之后,控制股东与中小股东的利益冲

---

〔1〕 参见刘芍佳、孙霈、刘乃全:《终极产权论、股权结构及公司绩效》,载《经济研究》2003 年第 4 期。

〔2〕 在国际上,"利益输送"或"掏空"是 Johnson 等提出的一个概念,其主要含义是指能够控制公司的股东为了自身的利益将公司的财产和利润转移出去的行为。See Johnson S. R. , La Porta F. , Lopez de Silanes & Andrew Shleifer, *Tunnelling*, American Economic Review, 90(2000). 进一步对东亚国家的研究参见 Stijn Claessens, Simeon Djankov, Joseph P. H. Fan & Larry H. P. Lang, *Disentangling the Incentive and Entrenchment Effects of Large Shareholdings*, The Journal of Finance, 57, p. 2741 – 2771(2002)。国内学者对此的研究可参见李增泉、孙铮、王志伟:《"掏空"与所有权安排——来自我国上市公司大股东资金占用的经验证据》,载《会计研究》2004 年第 12 期;石水平:《控制权转移、控股股东与大股东利益侵占——来自上市公司高管变更的经验证据》,载《暨南学报(哲学社会科学版)》2009 年第 4 期。

〔3〕 参见 Marcus Lutter, Verdeckte Leistungen & Kapitalschutz, in: Festschrift für Ernst C. Stiefel, München 1987, S. 505, 523; Joachim Schulze-Osterloh, Die verdeckte Gewinnausschüttung bei der GmbH als kompetenzrechtliches Problem, FS Stimpel, Berlin, New York 1985, S. 487; Martin Winter, Verdeckte Gewinnausschüttungen im GmbH-Recht, ZHR 148 (1984), S. 579; Johannes Hager, Die verdeckte Gewinnausschüttung in der GmbH, ZGR(1989), S. 71; Hermann-Josef Tries, Verdeckte Gewinnausschüttungen im GmbH-Recht, Köln 1991; Thomas Raiser, Recht der Kapitalgesellschaften, 5. Aufl. , München 2010, § 19 Rn 1 – 30; Rainer Bommert, Verdeckte Vermögensverlagerungen im Aktienrecht, Köln-Berlin-Bonn-München 1989; Jiang Bai, Erwerb eigener Geschaeftsanteile im Recht der Gesellschaft mit beschraenkter Haftung, Berliner Wissenschaftsverlag, 2005, S. 94 – 95, 132 – 147; [德]托马斯 · 莱塞尔、吕迪格 · 法伊尔:《德国资合公司法》,高旭军等译,法律出版社 2005 年版,第 303 ~ 313 页;白江:《论有限责任公司取得自己的出资份额:以德国法和中国法为背景》,法律出版社 2011 年版,第 98 ~ 99 页;白江:《论资本维持原则和公司资产的保护》,载《社会科学》2007 年第 12 期;白江:《我国〈公司法〉中有限责任公司回购出资份额制度的完善》,载《政治与法律》2009 年第 3 期。

突是我国当前上市公司治理的主要矛盾。控制股东本身不是一个贬义词,它对于降低公司治理的代理成本、提高公司治理效率有积极意义,但控制股东的存在造成了上市公司权力的过分集中,为控制股东滥用控制权提供了可能性。在实践中,我国上市公司控制股东以自己利益最大化为出发点,通过滥用控制权侵害公司以及中小股东利益的现象层出不穷。可以说在我国,控制股东的控制权溢价(control premium)、控制权私人收益(private benefits of control)[1]是非常高的。这在很大程度上激励了一些股东努力去获取控制权,并继而去维护其既得利益(Incentive and Entrenchment Effects of Large Shareholdings)。[2] 从公司治理的角度来看,在我国,普通股东作为投资者和公司的所有权人面临着如何控制和降低两种代理成本的严峻现实:一是与公司的管理者即董事之间的代理成本;二是与公司大股东之间的代理成本。[3] 而公司的管理者(一般包括董

[1] 对于控制权溢价和控制权私人收益的研究可参见 Allen et al. , *Commentaries and Cases on the Law of Business organization*, Aspen Pulishers, 2009, p. 416 – 423, 426 – 427, 429, 433; Alexander Dyck & Luigi Zingales, *Private Benefits of Control: An International Comparison*, NBER Working Paper No. 8711, January 2002, JEL No. G30, G15, K22; Lucian Bebchuk, Reinier Kraakman & George Triantis, *Stock Pyramids, Cross-Ownership, and Dual Class Equity: The Creation and Agency Costs of Separating Control from Cash Flow Rights*, Concentrated Ownership, University of Chicago Press, 2000; 唐宗明、蒋位:《中国上市公司大股东侵害度实证分析》,载《经济研究》2002 年第 4 期;邓德强、谭婕:《控制权私人收益计量模型:剖析与应用》,载《上海立信会计学院学报》2007 年第 1 期。

[2] See Stijn Claessens, Simeon Djankov, Joseph P. H. Fan & Larry H. P. Lang, *Disentangling the Incentive and Entrenchment Effects of Large Shareholdings*, The Journal of Finance, 57, p. 2741 – 2771 (2002).

[3] 在公司治理的研究中,有关代理人—本人—关系(agent-principal-relationship)和代理成本(agency cost)的思想最初可以追溯到 Adam Smith。See Adam Smith, *On Joint Stock Companies*, in The Wealth of Nations, 5th ed. , 1789 (first pub. 1776), from book V, chapter 1. 之后美国的一些经济学家和法学家深化了这种思想和方法,对公司治理以及整个公司法的研究作出了巨大贡献。这一领域的开拓性研究可参见 Michael C. Jensen & William H. Meckling, *Theory of the firm: Managerial behavior, agency costs and capital structure*, Journal of Financial Economics, 3, p. 305 – 360 (1976); Harold Demsetz, *The Structure of Ownership and Theory of the Firm*, Journal of Law and Economics, 26, p. 375 – 393 (1983); Eugene F. Fama & Michael C. Jensen, *Separation of Ownership and Control*, The Journal of Law and Economics, 26, p. 301 – 304 (1983); Eugene F. Fama & Michael C. Jensen, *Agency Problems and Residual Claims*, Journal of Law and Economics, 26, p. 327 – 329 (1983); Mark J. Roe, *The Institutions of Corporate Governance*, in Menard & Shirley eds. , Handbook of New Institutional Economics, Boston: Springer, 2005; Stephen M. Bainbridge, *Director Primacy: The Means and Ends of Corporate Governance*, Northwestern University Law Review, 97 (2003).

事和经理)与公司的大股东共同形成了内部控制人(insider controllers)。而我国的普通投资者在与公司内部控制人的博弈中则显得势单力薄,常常沦入“人为刀俎,我为鱼肉”的困境。[1]

我国只有持之以恒地不断从立法和执法两个层面推进对控制股东的约束,才能最终解决控制股东滥用控制权的问题,才能逐渐构建起普通投资者对我国证券市场的信赖、信任和信心。从比较各国金融市场的发展来看,只有那些严格保护私人财产权和严格保护契约自由的国家,让投资者对其金融市场产生信赖和信任[2]的国家,其金融市场才繁荣起来,才不断地深化,并最终促进了这些国家经济的长期增长,并且是高质量的增长。[3]

控制股东滥用控制权的规制问题是我国当前进一步推动国企改革、提高上市公司绩效和维护证券市场健康发展的核心问题之一。对这个问题的处理,关系到我国资本市场的兴衰。完善对控制股东控制权的法律规制,对于提高我国上市公司的治理水平,借以增强资本市场的吸引力和活力,充分发挥资本市场优化资源配置的功能,保护投资者特别是中小投资者的合法权益,促进我国资

---

[1] 在一般存在控制股东或大股东(Controlling Shareholders, Blockshareholders)的欧洲大陆和东亚地区,都存在普通股东面临双重代理成本的问题,对此可参见 Klaus J. Hopt, *Comparative Corporate Governance: The State of The Art and International Regulation*, American Journal of Comparative Law, 59, p. 1 – 71 (2011); Pierre-Henri Conac et al., *Constraining Dominant Shareholders' Self-Dealing: The Legal Framework in France, Germany, and Italy*, European Company and Financial Law Review (ECFR), 4 (2007)。

[2] 在一个国家中,信任和信赖具有极高的社会价值,只有当人们相互之间存在信任感、人们对政府和国家存在信任感,人们才愿意和敢于进行投资,尤其是进行长期的投资,而这种投资将促进一国企业的发展、壮大和兴盛,从而也将最终创造一国的繁荣。美国著名的政治经济学家 Francis Fukuyama 提出,美国、德国和日本可以被分类为具有高度信任的社会(high-trust society),而法国、意大利、中国台湾地区和中国香港特别行政区、韩国等则属于具有低度信任的社会(low-trust society)。而这种信任是理解这些国家和地区经济成功上的差异的关键。See Francis Fukuyama, *Trust: The Social Virtues and the Creation of Prosperity*, New York: Free Press, 1995.

[3] See Daron Acemoglu, Simon Johnson & James A. Robinson, *The Colonial Origins of Comparative Development: An Empirical Investigation*, American Economy Review 91, p. 1369 – 1401 (2001); Daron Acemoglu, Simon Johnson & James A. Robinson, *Reversal of Fortunes: Geography and Institutions in the Making of the Modern World Income Distribution*, Quarterly Journal of Economics, 117, p. 1133 – 1192 (2002); Beck, R. Levine & N. Loayza, *Finance and the Sources of Growth*, Journal of Financial Economics, 58, p. 261 – 300 (2000); La Porta, R., Lopez de Silanes, F., Shleifer, A. & Vishny, R., *Law and Finance*, Journal of Political Economy, 106, p. 1113 – 1155 (1998); King, R. G. & Levine, R., *Finance and Growth: Schumpeter Might Be Right*, Quarterly Journal of Economics, 108, p. 717 – 737 (1993).

本市场健康稳定发展等有着重要意义。

## 二、上市公司控制股东滥用控制权的界定

### (一)上市公司的控制股东

股东是公司设立和存续的必要条件,公司的股东是指对公司投资或基于其他原因而合法持有公司一定资本,因而享受股东权利的主体。[1] 持有公司股份是股东的权利来源,股份的多寡也决定了公司股东的法律地位和权利。传统公司法上对控制股东的界定主要根据资本多数决原则,认为持有公司股份比例超50%的股东当然能够对公司具有支配性影响,是公司的控制股东。但随着股份公司的发展,公众持股公司的股权日益分散,控制公司需要的股份比例逐渐下降,通过控制公司的管理层或联合一致行动等方式也能对公司实现实质上的控制。因此,传统的形式上持股比例的标准已然不能涵盖现实生活中的各种控制形态,采用对公司经营管理权实际控制的实质标准来界定控制股东,成为各国立法和司法实践中的一种趋势。

我国《公司法》经2005年修改后首次确立了"公司控股股东"和"实际控制人"的概念。现行《公司法》第216条第2项规定:"控股股东,是指其出资额占有限责任公司资本总额百分之五十以上或者其持有的股份占股份有限公司股本总额百分之五十以上的股东;出资额或者持有股份的比例虽然不足百分之五十,但依其出资额或者持有的股份所享有的表决权已足以对股东会、股东大会的决议产生重大影响的股东。"第216条第3项规定:"实际控制人,是指虽不是公司的股东,但通过投资关系、协议或者其他安排,能够实际支配公司行为的人。"我国《公司法》关于"控股股东"的界定是从数量上和实际控制两个角度来进行的:从数量上,股东出资50%以上或持股50%以上即为绝对控股股东;从实际控制上,股东出资或持股虽不足50%,但其对公司决议能产生决定性影响的,即为相对控股股东。这说明我国对控制股东的认定在向实质标准靠拢,这对于界定控制股东进而规制控制股东滥用权利来说无疑是一种不小的进步。

---

〔1〕 参见赵旭东主编:《公司法学》,高等教育出版社2006年版,第272页。

虽然立法上已经有了进步,但笔者认为按照该界定标准,控制股东的范围过窄,并且缺乏明确的界定标准。中国证监会制定和颁布的《上市公司收购管理办法》第84条的规定对于上市公司控制权的认定对《公司法》进行了弥补,细化了推定为控制股东或实质控制的标准。[1] 我国上市公司立法中对"一致行动人"的规定也丰富了控制股东的外延,细化了协议控制、共同控制的情形。[2]

通过对现行法律和实践的分析,笔者将上市公司控制股东的界定标准概括为:(1)单独或共同持有、控制公司股份或表决权比例的50%以上;或(2)单独或共同持有、控制公司股份或表决权比例达到或者超过30%,但不足50%;或(3)能够单独或共同决定公司董事会半数以上成员,或控制公司财务或经营管理的;或(4)依其可实际支配的上市公司股份表决权足以对公司股东大会决议产生重大影响的;或(5)相互持股而使半数以上股东、有表决权股份或董事相同的关联公司,但有相反证据的除外。

由于经济的发展,公司日益复杂化和集团化,出现了大量的间接控制股东,他们并不直接持有公司的多数股份,而是通过母子公司、关联公司等方式取得公司的多数股权或实际控制权。对此,我国公司法上存在实际控制人的概念。但对于实际控制人与控制股东的关系及法律适用,绝大多数学者往往从理论上将两者区别开来。

笔者认为,从上市公司的实质控制和实务操作的角度来看,当上市公司的实际控制人滥用实际控制权时,应采实质判断标准对控制股东进行扩大解释,将实际控制人纳入控制股东的范畴,准用控制股东的责任和义务规范。理由如下:一是在现实中,我国上市公司的实际控制人的认定与我国公司法上的规定存在一定的差异,绝大多数中小上市公司中认定的实际控制人同时也是上市公司的直接股东;二是实际控制人与控制股东一样对上市公司享有控制权,他们滥用控制权的动机和危害是没有本质区别的;三是我国上市公司对控制股东和

---

[1] 《上市公司收购管理办法》第84条规定:"有下列情形之一的,为拥有上市公司控制权:(一)投资者为上市公司持股50%以上的控股股东;(二)投资者可以实际支配上市公司股份表决权超过30%;(三)投资者通过实际支配上市公司股份表决权能够决定公司董事会半数以上成员选任;(四)投资者依其可实际支配的上市公司股份表决权足以对公司股东大会的决议产生重大影响;(五)中国证监会认定的其他情形。"

[2] 《上市公司收购管理办法》第83条对一致行动作了非常具体的规定。

实际控制人的责任义务的规定往往相伴出现,原则上是通用的。

(二)上市公司控制股东滥用控制权的理解

关于控制股东滥用控制权的问题就是控制股东利用其对公司的控制权优势,通过表面上看似合法的行为或其他行为为谋取额外利益,而损害公司或中小股东利益的行为。

对于上述概念应该从以下几个方面来理解:

1. 控制权的滥用主体是控制股东及其代理人,是以控制股东追求额外利益为前提的。因为控制股东基于其对公司的控制权,有追求合理正当利益的权利,故立法上对控制股东滥用控制权的规制应是防止其追求基于自身控制地位可获得额外不当利益。

2. 控制股东滥用控制权的行为以故意为要件,借助控制权的形式体现。

3. 控制权的滥用要产生负面后果,主要是对公司或中小股东利益的损害。这里的利益既包括现实利益,也包括将来的期待利益,利益的计算以合理为标准。

4. 此外,控制权的滥用可能会对除公司和中小股东以外的其他利益相关者造成负面后果,如公司债权人和消费者。

(三)控制权的滥用与资本多数决原则

公司作为基于代表股东利益和共同目的的制度安排,其存在的目的就是实现股东利益的最大化。整个公司制度就是以股东的权利平衡和利益保障为中心而设计的,而支撑公司存续的两大基础性原则是股权平等原则和资本多数决原则。

资本多数决原则产生于1843年英国著名的Foss v. Harbottle一案。[1] 根据该原则,在股权平等的基础上,股东拥有的表决权与其所持股份成正比,股东持股越多,所拥有的表决权越大。在不能达成全部一致时,公司的经营决策采

〔1〕 该案因公司大股东在股东大会上否决了小股东提出的对给公司造成损害的董事提起诉讼的建议,而导致两名小股东向法庭提起股东派生诉讼,要求董事对公司造成的损失承担责任。但法庭驳回了小股东的起诉,理由是法庭不应该干预诸如公司大股东对董事行为适当与否所作的决定,由此从法律上赋予了公司大股东对某一行为是否符合公司利益的决定权。该判例后来不断被英美法援引,演变成我们现在所称的“公司事务的资本多数决原则”。

取少数服从多数的民主机制,将控制股东的多数意思推定为公司的意思,并对少数股东产生拘束力。笔者认为,鉴于公司经营的效率原则以及股东的股权平等和利益同质原则[1],资本多数决的确立是合理的,其存在具有深刻的法理基础和实践价值。但是,这一切都是建立在控制股东善意行使权利的前提下。因为公司虽然通过一种创设性制度安排将各股东基于共同的目的和利益组织起来,但公司的组建并没有彻底消除股东的独立意志和利益追求,股东间的利益冲突和分歧并没有消失,而是始终存在。资本多数决原则在赋予控制股东对公司控制权的同时,也埋下了权利被滥用的风险,即控制股东可能会利用该权利去追求其应得利益之外的额外不当利益,最终损害公司或中小股东的利益。法国的孟德斯鸠曾经说过:“一切有权力的人都容易滥用权力,有权力的人会使用权力一直到遇有界限的地方才停止。”[2]而在德国也有一句法律谚语:“控制建立责任”(Herschaft begruendet Haftung)。因此,我们不能寄希望于控制股东的自我约束,必须对控制股东基于资本多数决原则所取得的权力进行规制,对滥用控制权的股东科以严格的法律责任,从而实现分配正义(Verteilungsgerechtigkeit),切实维护公司和中小股东的利益。[3]

(四)控制股东的控制权私人收益

控制权私人收益(private benefits of control)这一概念在现代的公司金融和公司治理中扮演了一个核心角色。近年来在国际上,它是经济学界和法学界的一个热点研究问题。这一概念最早是由美国的两位经济学家 Grossman 和 Hart

---

〔1〕 利益同质是指全体股东为了追求相同目标相约共同出资组建公司,因此从根源上讲,公司利益与股东利益是一致的,都是为增进公司利益。其中的控制股东,由于在公司中出资比例最大,与公司的利益联系也就最为紧密;同时因为他比其他股东要承担更大的投资风险,故而会更加珍视和关注公司的利益。这样,由控制股东决定的事情一般能最恰当地增进公司利益。资本多数决原则的合理性就在于多数决机制所代表的是与公司利益联系最为密切的控制股东的意思,而控制股东形成的利益形态即是公司利益。

〔2〕 [法]孟德斯鸠:《论法的精神》(上册),张雁深译,商务印书馆 1995 年版,第 154 页。

〔3〕 参见 Jiang Bai, Erwerb Eigener Geschaeftsanteile im Recht der Gesellschaft mit Beschraenkter Haftung, Berliner Wissenschaftsverlag, 2005, S. 128;白江:《论有限责任公司取得自己的出资份额:以德国法和中国法为背景》,法律出版社 2011 年版,第 129 页。

在 1980 年提出的。[1] 它是指实际掌握企业控制权的控股股东或内部管理者利用其支配地位获取的独占且不可转移的收益。控制权的私人收益有时可能是一种“心理上的价值”(psychic value),有时可能是公司高管所能享受的一种额外津贴,但更多的一般是指控股股东或内部管理者通过关联交易、内幕交易等方式从公司所攫取的、以侵害中小股东为代价的经济上的收益。它会导致控股股东与小股东之间利益分配不均。它也会影响公司经营的效率和公司价值,因为控制权私人收益的存在常常会导致项目或公司战略选择的非最优决策,控股股东或管理者常常可能会选择效率较低但允许他们攫取更多控制权私人收益的项目。所以,控制权私人收益便具有两个显著的特点,即价值转移(value shift)效应和效率成本(efficiency costs)效应。[2] 美国的经济学家 Johnson 等把控股股东或公司管理者攫取控制权收益的行为所产生的影响形象地比喻为隧道(Tunneling)效应,意即以隐蔽的方式掏空公司。[3] 美国的 La Porta、Lopez de Silanes、Shleifer 和 Vishny 4 位经济学家通过实证研究发现,这种大股东侵占现象在许多国家非常普遍,在市场不发达国家的表现尤为明显。[4] 他们也发现,控制控制权的私人收益和强化对中小股东的保护,是一国金融市场得以发展和强盛的关键因素。[5]

一般通过间接的方式可以对控制权私人收益进行度量。理论界运用比较广泛的方法主要有两种:一种方法采用按投票权不同的股票的价值计算的投票权溢价来估计控制权私人收益水平。[6] 另一种方法根据大宗股权转让溢价来

---

〔1〕 See Standford Grossman & Oliver Hart, *Takeover bids, The Free Rider Problem, and the Theory of the Corporation*, Bell Journal of Economics, 11, p. 42 – 69 (1980).

〔2〕 See Hyun Chul Lee, *The Hidden Cost s of Privat e Benef It s of Cont rol: Value Shift and Efficiency*, Journal of Corporation Law, 29, p. 719 – 736 (2004).

〔3〕 See S. Johnson, R. La Port a, A. Shleifer & R. Vishny, *Tunneling*, American Economic Review, 90, p. 22 – 27 (2000).

〔4〕 See R. L. a Port a, F. Lopez de Silanes, A. Shleifer & R. Vishny, *Investor Protection and Corporate Governance*, Journal of Financial Economics, 58, p. 3 – 27 (2000).

〔5〕 See Rafael La Porta, Florencio Lopez de Silanes, Andrei Shleifer & Robert W. Vishny, *Legal Determinants of External Finance*, Journal of Finance, 52, p. 1131 – 1150 (1997).

〔6〕 See Luigi Zingales, *What Determines the Value of Corporate Votes?* Quarterly Journal of Economics, 110, p. 1047 – 1073 (1995).

估计控制权私人收益水平。[1] 一般而言,控制股东的控制权可以带来两部分收益,一部分是控制权证券收益,也即通过提高公司价值为所有股东带来的公共利益;另一部分是控制权私人收益,也即通过侵害中小股东谋求的个人私利。在涉及控制权转移的大宗股权交易中,买卖双方最终达成的协议价格不但可以反映出买卖双方对控制权证券收益的估价,而且可以反映出他们对控制权私人收益的估价。当发生涉及控制权转移的大宗股权交易时,买卖双方达成的协议价格与交易对外宣布之后一般的公司股票的市场价格的差额就反映了控制权私人收益的大小,而这一差额也就是控制权溢价(control premium)。[2] 控制权溢价代表了对控制股东享有的控制权私人收益的一种估计和衡量。

表 1 是国际上学者对 39 个国家和地区的控制权私人收益的统计表。在表格的最右边一列列示了这些国家和地区在传统上的法系归属。

**表 1　39 个国家和地区的作为企业股权的百分比的控制权溢价**

| 国家和地区 | 平均值 | 最小值 | 最大值 | 标准差 | 观察的样本量 | 呈正相关的样本量 | 法系 |
|---|---|---|---|---|---|---|---|
| 阿根廷 | 0.27 | 0.05 | 0.66 | 0.26 | 5 | 5 | 法国法系 |
| 澳大利亚 | 0.02 | -0.03 | 0.11 | 0.04 | 12 | 8 | 普通法系 |
| 奥地利 | 0.38 | 0.25 | 0.52 | 0.19 | 2 | 2 | 德国法系 |
| 巴西 | 0.65 | 0.06 | 2.99 | 0.83 | 11 | 11 | 法国法系 |
| 加拿大 | 0.01 | -0.02 | 0.06 | 0.04 | 4 | 2 | 普通法系 |
| 智力 | 0.18 | -0.08 | 0.51 | 0.19 | 7 | 6 | 法国法系 |
| 哥伦比亚 | 0.27 | 0.06 | 0.87 | 0.34 | 5 | 5 | 法国法系 |
| 捷克共和国 | 0.58 | 0.01 | 2.17 | 0.8 | 6 | 6 | 苏联法系 |
| 丹麦 | 0.08 | -0.01 | 0.26 | 0.11 | 5 | 3 | 斯坎迪维亚法系 |

[1] See M. J. Barclay & C. G. Holderness, *Private Benefits from Control of Public Corporations*, Journal of Financial Economics, 25, p. 371 - 395(1989).

[2] 参见 Alexander Dyck, Luigi Zingales, *Private Benefits of Control: An International Comparison*, Journal of Finance, 59, p. 541 - 543(2004);邓德强、谭婕:《控制权私人收益计量模型:剖析与应用》,载《上海立信会计学院学报》2007 年第 1 期。

续表

| 国家和地区 | 平均值 | 最小值 | 最大值 | 标准差 | 观察的样本量 | 呈正相关的样本量 | 法系 |
|---|---|---|---|---|---|---|---|
| 埃及 | 0.04 | 0.01 | 0.07 | 0.05 | 2 | 2 | 法国法系 |
| 芬兰 | 0.02 | -0.07 | 0.13 | 0.06 | 14 | 9 | 斯坎迪维亚法系 |
| 法国 | 0.02 | -0.1 | 0.17 | 0.11 | 4 | 2 | 法国法系 |
| 德国 | 0.1 | -0.24 | 0.32 | 0.14 | 17 | 14 | 德国法系 |
| 中国香港特别行政区 | 0 | -0.12 | 0.05 | 0.05 | 8 | 6 | 普通法系 |
| 印度尼西亚 | 0.07 | 0.05 | 0.09 | 0.03 | 2 | 2 | 法国法系 |
| 以色列 | 0.27 | -0.01 | 0.89 | 0.32 | 9 | 8 | 普通法系 |
| 意大利 | 0.37 | -0.09 | 1.64 | 0.57 | 8 | 7 | 法国法系 |
| 日本 | -0.04 | -0.34 | 0.09 | 0.09 | 21 | 5 | 德国法系 |
| 马来西亚 | 0.07 | -0.08 | 0.39 | 0.1 | 40 | 30 | 普通法系 |
| 墨西哥 | 0.34 | -0.04 | 0.77 | 0.35 | 5 | 4 | 法国法系 |
| 荷兰 | 0.02 | -0.07 | 0.06 | 0.05 | 5 | 4 | 法国法系 |
| 新西兰 | 0.03 | -0.17 | 0.18 | 0.09 | 16 | 12 | 普通法系 |
| 挪威 | 0.01 | -0.05 | 0.13 | 0.05 | 12 | 8 | 斯坎迪维亚法系 |
| 秘鲁 | 0.14 | 0.03 | 0.23 | 0.11 | 3 | 3 | 法国法系 |
| 菲律宾 | 0.13 | -0.4 | 0.82 | 0.32 | 15 | 11 | 法国法系 |
| 波兰 | 0.13 | 0.02 | 0.28 | 0.11 | 4 | 4 | 苏联法系 |
| 葡萄牙 | 0.2 | 0.11 | 0.3 | 0.14 | 2 | 2 | 法国法系 |
| 新加坡 | 0.03 | -0.01 | 0.06 | 0.03 | 4 | 3 | 普通法系 |
| 南非 | 0.02 | 0 | 0.07 | 0.03 | 4 | 2 | 普通法系 |
| 韩国 | 0.16 | 0.04 | 0.22 | 0.07 | 6 | 6 | 德国法系 |
| 西班牙 | 0.04 | -0.03 | 0.13 | 0.06 | 5 | 4 | 法国法系 |
| 瑞典 | 0.07 | -0.01 | 0.22 | 0.09 | 11 | 10 | 斯坎迪维亚法系 |

续表

| 国家和地区 | 平均值 | 最小值 | 最大值 | 标准差 | 观察的样本量 | 呈正相关的样本量 | 法系 |
|---|---|---|---|---|---|---|---|
| 瑞士 | 0.06 | 0.01 | 0.15 | 0.04 | 8 | 8 | 德国法系 |
| 中国台湾地区 | 0 | -0.01 | 0 | 0.01 | 3 | 2 | 德国法系 |
| 泰国 | 0.12 | -0.08 | 0.64 | 0.19 | 12 | 11 | 普通法系 |
| 土耳其 | 0.37 | 0.05 | 1.41 | 0.58 | 5 | 5 | 法国法系 |
| 英国 | 0.01 | -0.06 | 0.17 | 0.04 | 41 | 21 | 普通法系 |
| 美国 | 0.01 | -0.2 | 0.25 | 0.09 | 46 | 27 | 普通法系 |
| 委内瑞拉 | 0.27 | 0.04 | 0.47 | 0.21 | 4 | 4 | 法国法系 |
| 平均/数量 | 0.14 | -0.04 | 0.48 | 0.18 | 393 | 284 | |

数据来源:Alexander Dyck and Luigi Zingales, *Private Benefits of Control*:*An International Comparison*, The Journal of Finance,59,p. 541 -543(2004)。

表 1 显示了通过对 39 个国家和地区的 393 个控制权交易的研究所得出的控制权溢价。该控制权溢价是这样计算而来的:对控制股份所支付的每股价格与该控制权交易被宣告后的两天中交易所中的每股价格之间的差额除以交易宣告之后两天中交易所中的每股价格,再乘以控制股份所代表的现金流比例。在表格的最右边一列列示了国际学术界对这些国家和地区传统上法系归属的划分。

表 2 反映了按照法系分类,不同法系的控制权私人收益的平均值。从表 2 可以看出,普通法系和斯坎迪维亚法系的控制权私人收益的平均值最低,其次是德国法系,再次是法国法系,而法系的控制权私人收益的平均值最大。在理论上,控制权私人收益最小的国家,一般是保护中小股东利益和遏制大股东攫取中小股东财富最强的国家。因为这些国家严格保护中小股东的利益和财富,所以在这些国家中构成中小股东的普通社会公众投资者也最愿意拿出个人或家庭的财产在资本市场上进行投资。于是这些国家的金融市场便兴盛和强盛起来,一般成为金融市场最发达的国家。由于金融的发展是一国长期持续和高质量的经济增长的关键因素,因此这些国家的经济发展情况一般也最好,按照人均 GDP 计算,也是最富有的国家。相反,控制权私人收益越高的国家,对作

为中小投资者的社会公众投资者的保护也越弱，控制股东攫取中小股东的财富的情况也越严重，这些国家的金融市场也越不发达，最终这些国家的经济也越弱，人均 GDP 也越低。所以，国际上对控制权私人收益的研究结论与 20 世纪末美国 4 位著名的经济学家（哈佛大学的 Rafael La Porta、Florencio Lopez de Silanes 和 Andrei Shleifer，芝加哥大学的 Robert W. Vishny）经过大量的理论和实证研究所提出的国际上著名的法律金融学（Law and Finance）[1]的观点是相吻合的，是一脉相承的，而且前者是对后者在实证和理论上的进一步支持。

**表 2　控制权的私人收益与法系**

| 法系 | 法系的类别 | | | 全部的交易样本 | | |
|---|---|---|---|---|---|---|
| | 平均值 | 标准差 | 国家或地区的数量 | 平均值 | 标准差 | 交易样本的数量 |
| 斯坎迪维亚法系 | 0.048 | 0.033 | 4 | 0.041 | 0.075 | 42 |
| 普通法系 | 0.055 | 0.08 | 11 | 0.045 | 0.123 | 196 |
| 德国法系 | 0.109 | 0.152 | 6 | 0.051 | 0.138 | 57 |
| 法国法系 | 0.212 | 0.171 | 16 | 0.251 | 0.439 | 88 |
| 苏联法系 | 0.356 | 0.314 | 2 | 0.4 | 0.639 | 10 |

数据来源：Alexander Dyck and Luigi Zingales, *Private Benefits of Control: An International Comparison*, The Journal of Finance, 59, p. 541 – 543 (2004)。

第一组数据代表按照国家分类所计算出的平均值，第二组数据代表基于全部 393 个交易所计算出的平均值。

表 3 是国内几位学者对我国控制权私人收益的不同计算结果。虽然几位

[1] See Rafael La Porta, Florencio Lopez de Silanes, Andrei Shleifer & Robert W. Vishny, *Law and Finance*, Journal of Political Economy, 106, p. 1113 – 1155 (1998); Rafael La Porta, Florencio Lopez de Silanes, Andrei Shleifer & Robert W. Vishny, *Legal Determinants of External Finance*, Journal of Finance, 52, p. 1131 – 1150 (1997); Rafael La Porta, Florencio Lopez de Silanes, Andrei Shleifer & Robert W. Vishny, *Corporate Ownership around the World*, Journal of Finance, 54, p. 471 – 517 (1999); Rafael La Porta, Florencio Lopez de Silanes, Andrei Shleifer & Robert W. Vishny, *Investor Protect Ion and Corporate Governance*, Journal of Financial Economics, 58, p. 3 – 27 (2000).

学者的统计和计算结果不同,但总体来说,我国的控制权私人收益是比较高的。就法系上而言,从清朝末年开始我国主要受德国民法法系的影响,从 1949 年开始我国又受到苏联法系的影响,而从 1978 年改革开放以来,我国又继续受德国民法法系的影响,当然在公司法和金融法领域我国受普通法系的影响也很大。总体而言,我国对中小股东的利益和财富的保护是偏弱的,控制股东攫取中小股东的利益和财富的情况是比较严重的,而我国的金融市场发展的起步很晚,发展程度仍不高。尽管在过去的 30 多年中我国的经济保持了高速增长,但就增长的质量上而言仍有待提高。2020 年我国人均 GDP 在全球排在第 63 位,我国仍属中等收入水平国家。可以看出,我国保护中小股东的利益和财富,遏制和规范控制股东攫取中小股东的利益和财富的行为,由此促进我国金融的发展和强盛以及我国国民经济的长期持续和高质量的增长,提高国民的平均富裕程度,这些任务都非常繁重,可谓任重而道远。[1]

**表 3 不同学者所统计和计算的我国控制权私人收益**

| 研究者(时间) | 样本时间跨度 | 样本量 | 最小值 | 最大值 | 平均值 | 标准差 | 负 PBC 占总样本比例 |
|---|---|---|---|---|---|---|---|
| 唐宗明、蒋位(2002 年) | 1999 ~ 2001 年 | 90 | -0.26 | 0.68 | 0.06 | 0.12 | — |
| 韩德宗、叶春华(2004 年) | 1998 ~ 2001 年 | 88 | -0.212 | 3.154 | 0.141 | 0.389 | — |
| 齐伟山、欧阳令南(2004 年) | 2002 年 | 61 | -0.12 | 2.15 | 0.174 | 1.02 | — |
| 赵昌文等(2004 年) | 1995 ~ 2002 年 | 94 | -0.245 | 5.768 | 0.158 | 0.795 | — |
| 邓德强、谭婕(2007 年) | 1995 ~ 2004 年 | 231 | -0.301 | 3.064 | 0.081 | 0.276 | 44.83% |

数据来源:邓德强、谭婕:《控制权私人收益计量模型:剖析与应用》,载《上海立信会计学院学报》2007 年第 1 期。

〔1〕 参见白江:《金融抑制、金融法治和经济增长》,载《学术月刊》2014 年第 7 期。

## 三、上市公司控制股东滥用控制权的典型行为——从实证角度分析

### (一)控制股东直接干预上市公司运作

虽然我国一直强调上市公司在人员、资产、机构、业务、财务等方面的独立性,并制定了一系列的法律、法规和规章制度来保障实施,但在现实中,上市公司控制股东滥用控制权直接干预上市公司运作的问题非常严重,尤其是在国有上市公司中。在我国的国企管理中存在政企不分、所有者缺位、公司治理结构虚化和内部人控制等问题。国企控制股东带有行政性色彩。国企控制股东往往主导着上市公司及其附属公司的重大决策、人事任免以及考核和绩效评定,使上市公司缺乏应有的独立性。

2012 年 2 月的上海金陵股份有限公司(以下简称上海金陵,证券代码:600621)"董秘轮岗事件",就是国企控制股东滥用控制权干预上市公司独立运作的一个典型例子。上海金陵是 1992 年中国首批扩大股份制试点的上市公司,全国电子百强企业。其控股股东上海仪电控股(集团)有限公司(以下简称仪电集团)是上海市国资委控股的大型企业集团,仪电集团下辖飞乐音响、广电电子、飞乐股份和上海金陵 4 家上市公司以及几十家附属公司。仪电集团持有上海金陵 26.62% 的股份,[1]在第二大股东持股不足 3% 的情况下,仪电集团完全控制了上海金陵的董事会成员的任免。2011 年 12 月仪电集团提出,将旗下四家上市公司的董秘进行轮换,并向上海金陵发出通知要求配合执行,也就是本次"董秘轮岗事件"的导火索。陈某良与控制股东仪电集团并无任何劳动合同关系,上市公司却在无充分理由的情况下,仅凭控制股东一纸"调令"就匆忙召开临时董事会将董秘免职。这事件虽小,却在一定程度上反映出了国有上市公司治理不规范的问题。计划经济时代国企管理中政企不分、行政化管理的观念和做法仍然存在,这与上市公司"产权明晰、政企分开、权责分明、管理科学"

---

〔1〕 2011 年 12 月 11 日,仪电集团将上海金陵 26.62% 的股份全部转让给了其全资子公司华鑫置业集团有限公司,仪电控股成为上海金陵的控制股东。但鉴于主要违法违规行为发生在仪电集团持股时期,本文提及控制股东时仍为仪电集团。

的现代企业制度不相符合。

此外,上海金陵的控制股东仪电集团对上市公司及其附属公司的生产经营、人事任免、重大投资决策和绩效考核等方面存在严重的干预,给上市公司和中小股东的利益造成了重大损失。

仪电集团在 2009 年曾对上海金陵进行过一次重大资产重组,方案是将仪电集团旗下的全资公司怡科公司的商业物业怡甸大厦与上市公司旗下的 7 家子公司进行资产置换,并以此为契机将上海金陵的主营业务由电子转为商业地产租赁。由于重组方案缺乏充分调查论证,对经济形势和房地产调控政策存在预判错误等缺陷,陈某良对拟置入的资产年久破旧、利润率低却被评估达 1 亿多元提出了质疑。控制股东控制下的上市公司董事会不顾反对通过了该议案并向国资委、中国证监会提出了重组申请,但该方案 2010 年 12 月因违反了国家 2010 年实施的房地产调控新政策被中国证监会否决。

虽然该重组方案未实现,但上市公司还是遭受了重大损失。因为仪电集团在重组未通过之前就已经全面接管了上市公司旗下的 7 家子公司,并进行了盲目投资,其中涉及大量的关联交易和关联担保,但并未披露。重组方案提出之后,仪电集团召开会议,由集团制造业事业部接管 7 家子公司的经营管理重大事项的审批,上海金陵负责配合执行相关决定。2009 ~ 2011 年,在控制股东的干预下,上市公司对本将要关停的子公司进行了 5000 多万元的投资,对上海的几家子公司进行搬迁和新厂区建设,对于如此重大的事项和其他众多的担保和关联交易,控制股东和上市公司并未对外予以信息披露。后来重组被否后投资逐渐停止实施,许多关联交易和担保在重组被否后仍然存在。仪电集团的失误决策给上海金陵造成了近 1 亿元的损失。

再如 2019 年的深天地 A 实控人及其关联方干预公司运作案。深圳市天地(集团)股份有限公司创建于 1981 年,其前身为深圳市建筑工业公司。深天地 A 从 1991 年 6 月开始实行股份制改造,1993 年 2 月向社会公开发行了总股本 7600 万股(其中社会公众股 2300 万股,内部职工股 230 万股)的普通股股票,并于同年 4 月 29 日在深圳证券交易所上市交易。深天地 A 是全国第一家以商品混凝土为主业的上市公司,也是深圳市最早从事商品混凝土生产的专业公司。截至 2019 年 9 月 30 日,广东君浩股权投资控股有限公司持有深天地 A 3800 万股,持股比例为27.39%,为第一大股东。2017年12月19日,广东君浩股权投资控股有限公司分别与宁波华旗同德投资管理合伙企业(有限合伙)、深圳市东部开发(集团)有限公司和陕西恒通果汁集团股份有限公司签署股份转让协议,广东君浩共收购深天地A 3800万股,占公司总股本的27.39%;同月23日,深天地A披露《详式权益变动报告书》称,本次收购完成后,广东君浩将成为上市公司控股股东,林某旋、林某润夫妇分别持有广东君浩70%、30%的股权,将成为上市公司实际控制人。2019年2月12日,深天地A公告称,上述股份已完成过户,林某旋、林某润夫妇为上市公司实际控制人。此外,深天地A 2019年8月5日发布公告,公司接到广东君浩通知,林某润、林某旋夫妇签订了《广东君浩股权投资控股有限公司股权转让合同之补充合同》。该补充合同约定,林某旋向林某润转让所持广东君浩70%股权。上述股权交易价格为1万元,截至目前,林某润已向林某旋支付了股权转让款。本次权益变动后,林某旋不再持有广东君浩股权,信息披露义务人林某润持有广东君浩100%股权,并通过广东君浩间接持有上市公司27.39%股权。

2019年7月25日,深圳证监局查明:当事人林某旋于2016年2月23日被佛山市顺德区人民法院一审判决犯拒不执行判决、裁定罪,并处罚金20万元;同年7月15日,佛山市中级人民法院二审终审裁定维持原判。林某旋因犯罪被司法机关判处刑罚,构成了重大违法行为。

2019年11月21日,深圳证监局向深圳市天地(集团)股份有限公司正式发出了监管意见函。该函指出,2019年2月广东君浩股权投资控股有限公司成为深天地A公司控股股东后,与公司管理层之间发生矛盾纠纷,双方在控股股东及实际控制人拟向公司收取高额担保手续费的合理性公允性、罢免部分高管人员的合规性、公司公章管控的规范性以及实际控制人关联方林某旋女士涉嫌代行部分董事长职责、干预上市公司具体运作等方面存在冲突。上述情况严重影响了深天地A公司正常稳定运营,也反映该公司内控治理薄弱,存在公司治理运作失效风险。因此,深圳证监局对该公司提出如下监管要求:其一,全体董事、监事和高级管理人员应切实加强《公司法》《证券法》《上市公司治理准则》等证券法律法规及规范性文件的学习,严格遵守法律法规规定,忠实、勤勉、审慎地履行职责,维护上市公司利益和中小股东合法权益;其二,该公司应健全和完善内部控制制度,加强对关联交易、人事任免、公司公章、OA 审批流程等事项的管理,并对公司内控管理存在的薄弱环节或不规范情形进行梳理和改进,有效防止控股股东、实际控制人及其关联方干预上市公司的具体运作,保持上市公司经营管理的独立性和规范性;其三,该公司控制权已经发生变更,有关各方应当采取有效措施保持上市公司在过渡期间内稳定经营。

(二)违规关联交易

根据我国财政部2006 年颁布的《企业会计准则第 36 号——关联方披露》第 7 条的规定,关联交易(related transaction)也叫“关联方交易”,是关联方之间直接转移资源、劳务或义务的行为,而不论是否收取价款。[1] 关联交易在市场经济条件下非常常见,尤其是在集团化的企业内部之间。关联交易本身是一种中性的交易行为,并不一定会损害其他人的利益,而且对于减少交易成本、提高交易效率有积极意义。目前世界各国之所以对关联交易持谨慎的态度,原因在于关联交易中的交易条款具有较大的主观性和任意性,常常成为控制股东进行利益输送和转移的工具[Interest Tunneling,或者可被称为“隐藏的资产移转”(verdeckte Vermoegensverlagerung)或“隐藏的利润分配”(verdeckte Gewinnausschuettung)]。

美国斯坦福大学法学院的 Bernard S. Black 教授提出,一国要想建立强盛的证券市场,从而推动国民经济的发展,有两个最为关键的先决条件,即必须建立完善的市场经济法律制度,去保证中小股东能够获得关于一个公司的价值的正确信息,并保证中小股东能够信任一个公司的控制股东和管理者不会骗走他们大部分或者全部的投资。前一个条件是解决市场中的信息不对称问题,后一个条件则是解决公司的内部人即公司的控制股东和管理者通过各种自我交易(self-dealing)骗取中小股东的财富的问题。而自我交易一般包括两种形式。

---

[1] 在我国,企业中的财务会计制度一般是由财政部制定的。目前主要由《企业会计准则——基本准则》和 40 多个具体准则构成。而这些规定实质上构成了传统的大陆法系商法典中“商事账簿”(Handelsbuch)的规定,在商法中具有重要意义。例如,《德国商法典》(Handelsgesetzbuch)第三编即是“商事账簿”,它对资产负债表、损益表、报表附注、估值方法等作出了详细规定,并且随着国际会计准则的发展,德国在 2009 年通过颁布《会计报表法的现代化法案》(Gesetz zur Modernizierung des Bilanzrechts)对其进行了现代化(Vgl. Harald Kessler, Markus Leinen & Michael Strickmann, Bilanzrechtsmodernisierungsgesetz, Die Reform der Handelsbilanz, Rudolf Haufe Verlag GmbH & Co. KG, 2009)。

一种是直接的自我交易(direct self-dealing),即一个公司进行不公平的交易,从而使公司的控制股东或管理者、他们的亲属或朋友,或者公司内部人控制的公司获得不正当的利益,此种自我交易也正是本文此处所说的不公平的关联交易。另一种则是间接的自我交易(indirect self-dealing),即通常所说的内幕交易,在这种交易中,公司的内部人(控制股东和管理者)利用关于公司的信息与未获得或者仅获得部分信息的投资者进行交易。在这两种自我交易中,前者即不公平的关联交易,是一个更为严重的问题,需要一国通过建立严格的法律制度和对这些法律制度的严格执行来予以解决。否则,该国的证券市场是无法真正强盛起来的。[1]而国际上大量的理论研究和实证研究都支持了这种学术观点。

在我国的上市公司中,在现实中,控制股东的确是常常通过显失公平的关联交易从事利益输送和转移,从而将上市公司当成其"圈钱"和转嫁债务的工具。在我国,上市公司中的关联交易主要发生在上市公司与控股股东之间,这应当与我国上市公司中股权集中度高、一股独大的情况紧密相关。从全球来看,上市公司中股权集中度最弱的国家是美国、加拿大、澳大利亚和英国这些普通法系国家,在这些国家中,上市公司的股权结构一般呈现高度分散的状态,是一种分散的所有权结构(diffused ownership structure)。[2] 而美国与英国相比,美国的股权分散程度更高。在这些国家,上市公司中的关联交易一般发生在公司高管与上市公司之间,因为股权分散,所以很少发生在上市公司与股东之间。其次是欧洲大陆国家和日本,在这些国家中一般存在银行控股或家族控股的情况,上市公司的股权结构的集中度要高,是一种集中的所有权结构(concentrated ownership structure)。[3] 在这些国家中,关联交易一般主要发生

〔1〕 See Bernard S. Black, *The Legal and Institutional Preconditions for Strong Securities Markets*, UCLA Law Review,48(2001).

〔2〕 Rafael La Porta, Florencio Lopez de Silanes & Andrei Shleifer, *Corporate Ownership around the World*, Journal of Finance,54(1999).

〔3〕 不过在德国和日本,上市公司的股权结构在过去的几十年中也逐渐朝着美国和英国的模式进行转变。以德国最大商业银行"德意志银行"(Deutsche Bank)为例,其股票同时在法兰克福证券交易所和纽约证券交易所同时上市,其股权结构高度分散,在 2013 年其最大的股东是美国的黑石公司(BlackRock Inc. ,New York),持股比例为 5.14%,而且它是唯一持股比例超过 3%、按照《德国证券交易法》(WpHG)第 21 条需要向德国金融监管局(BaFin)和该上市公司进行报告的大股东(https://www.deutsche-bank.de/ir/de/content/aktionaersstruktur.htm,最后访问日期:2021 年 9 月 10 日)。

在控股股东与上市公司之间。而在印度尼西亚、泰国、马来西亚等东南亚国家和地区,家族控股的情况比较严重,在控股股东与上市公司之间发生关联交易的情况也比较普遍。[1] 最后在我国,在上市公司中主要体现为政府控股,也有部分是家族控股,而且股权的集中度明显非常高。所以在我国,控制股东与上市公司之间的关联交易比其他地区要严重。[2] 这或许也说明关联交易的严重程度是与一个国家的股权结构紧密联系的。[3]

我国上市公司与控制股东之间关联交易的具体形式是多种多样的。[4] 在我国证券市场中较常见的有:

1. 高买低卖,从中渔利。这是控制股东利用其控制地位直接获取上市公司资金的常见做法。一是以高于市场价的方式向上市公司销售产品、提供服务、出售原料、出租资产或转让资产等;二是以低于市场价的方式向上市公司购买产品、接受服务、购买资产或承租商品等。[5]

2. 拖欠款项,长期占用上市公司资金。控制股东利用控制权占用上市公司的资金具有得天独厚的优势,控制股东通过长期拖欠货款,占用上市公司资金,侵害上市公司利益的事件也层出不穷。

3. 无形资产高价甩卖给上市公司。控制股东利用无形资产评估不规范、随意性大的漏洞,将其持有的商标权等无形资产以超高的转让费或天价许可使用

---

〔1〕 See Claessens, Stijn, Simeon Djankov & Larry H. P. Lang, *The Separation of Ownership and Control in East Asian Corporations*, Journal of Financial Economics, 58(2000); Michael L. Lemmon & Karl V. Lins, *Ownership Structure, Corporate Governance, and Firm Value: Evidence from the East AsianFinancial Crisis*, Journal of Finance, 58(2003).

〔2〕 对我国上市公司中关联交易进行大量实证分析的可参见 Adrian C. H. Lei & Frank M. Song, *Connected Transactions and Firm Value: Evidence from China-affiliated Companies*, Pacific-Basin Finance Journal, 19, p. 470 - 490(2011)。

〔3〕 对所有权结构与关联交易之间的关系进行明确探讨的文献可参见[美]莱纳 · 克拉克曼、亨利 · 汉斯曼等:《公司法剖析:比较与功能的视角》,罗培新译,法律出版社 2009 年版,第 186 ~ 190 页。

〔4〕 例如,《上海证券交易所股票上市规则》(2022 年 1 月修订)第 6.3.2 条:“上市公司的关联交易,是指上市公司、控股子公司及控制的其他主体与上市公司关联人之间发生的转移资源或者义务的事项,包括:(一)本规则第 6.1.1 条规定的交易事项;(二)购买原材料、燃料、动力;(三)销售产品、商品;(四)提供或者接受劳务;(五)委托或者受托销售;(六)存贷款业务;(七)与关联人共同投资;(八)其他通过约定可能引致资源或者义务转移的事项。”

〔5〕 参见汤欣等:《控股股东法律规制比较研究》,法律出版社 2006 年版,第 4 页。

费转给上市公司使用,借以谋取高额利润或抵销控制股东的欠款。此类案例曾发生在厦华电子、粤宏远、万家乐、美尔雅和五粮液等上市公司中。

4. 为控制股东贷款进行关联担保。控制股东利用对上市公司的控制,通过决议让上市公司为其贷款或巨额负债提供担保,其实也是一种变相侵占上市公司资产的行为。上市公司猴王股份为其控制股东猴王集团提供巨额担保就是此类的典型案例。2001 年 6 月,猴王股份为其控制股东猴王集团及下属公司总共提供了 5.45 亿元的担保,由于其控制股东猴王集团破产,猴王股份巨额债权无法收回且承担了巨额的担保责任,遭到证券交易所特别处理。[1] 类似的案件还有"济南轻骑案"、"ST 幸福案"和"国际大厦案"等。

5. 利益输送或转移,又叫输入利益型关联交易。此类关联交易主要发生在上市公司经营不佳或其他关键时点。控制股东为了保住上市公司这棵摇钱树的再融资资格、避免亏损被摘牌等风险,通过与其进行关联购销、资产重组、资产租赁、资产托管等多种手段,向其转移利润或注入资产,短期内提升其经营业绩。此类关联交易控制股东往往不为盈利,由于多数是协议定价,主观性很强,可能成为控制股东输送利益的渠道。从长远来看,控制股东的这种做法还是为了从上市公司攫取更大的利益,满足其自身的需要。

关联交易一直是上市公司控制股东滥用控制权的"重灾区"。滥用关联交易给上市公司、中小股东以及整个证券市场都带来了巨大的危害。

财政部制定的《企业会计准则第 36 号——关联方披露》和中国证监会制定的《上市公司信息披露管理办法》等都特别增强了政府对上市公司此类关联交易的监督管理。但是,从近几年中国证监会的处罚评估报告来看,上市公司违规关联交易仍占较大比重,而且有些方式非常复杂隐蔽。例如,2021 年 1 月至 8 月底,Wind 数据库显示,已有 56 家上市公司出现关联交易违规情形,部分上市公司存在多种关联交易违规情形。具体来说,上市公司因未及时履行决策程序及信息披露义务受到处罚的情形最多,共出现 49 次。此外,关联方非经营性资金占用违规的情形出现 21 次,违规担保的情形出现 12 次,违规资金拆借的

---

[1] 参见唐宗明、蒋位:《大股东控制:中国上市公司实证研究》,上海交通大学出版社 2005 年版,第 38 页。

情形出现 4 次,未披露关联关系的情形出现 1 次。实务中,上市公司关联交易的形式多种多样,主要集中在商品购销、提供或接受劳务、转让金融资产、拆借资金以及提供担保等方面。[1]

(三)欺诈行为

欺诈行为是指控制股东为谋求私利通过利用对上市公司的控制权优势而采取的故意欺骗行为,如欺诈发行、虚假信息披露、操纵利润分配、参与内幕交易。欺诈行为同样是上市公司控制股东滥用控股权的"重灾区"之一。虽然此类行为比较繁多,但是从行为上来看多属于故意的违法行为,控制股东利用欺诈谋取利益的目的非常明显。笔者认为,对于此类行为不仅要从民法和行政法的角度追究其责任,还要从刑法的角度追究相关责任人的刑事责任。通过民刑责任结合的方式会使实际执法效果更好。

在实践中,控制股东的欺诈行为形式多种多样,但概括起来主要包括下面几种典型形式。

1. 欺诈发行

欺诈发行,顾名思义,就是控制股东在公司上市或再融资时,隐瞒或编造信息,以骗取发行资金的行为。由于上市或再融资对于公司来说是一个巨大的资金来源,控制股东可以以较低的成本获取巨额的资金利益,因此往往通过隐瞒不利信息、虚增利润、提升公司的估值水平等手段,进而获得高价发行。

被称为中国欺诈发行第一案的绿大地案就是控制股东欺诈行为的典型案例。[2] 2007 年 12 月云南绿大地生物科技股份有限公司(以下简称云南绿大地公司)作为国内绿化行业第一家上市公司在深圳证券交易所挂牌交易,然而上市后三年三次变更审计机构,七个月两换财务总监,高管频频变动,业绩预告频频变脸,由最初的盈利 1.04 亿元变为最终的亏损 1.5 亿元。这一系列诡异行为引起了股东的广泛关注。2010 年 3 月中国证监会对云南绿大地公司立案调

---

〔1〕 参见《关联交易形式多 税务风险别放过》,载百家号,https://baijiahao.baidu.com/s?id=1708572459538407664&wfr=spider&for=pc,最后访问日期:2021 年 10 月 2 日。

〔2〕 参见彭洁云:《绿大地乱象丛生 保荐人只荐不保难辞其咎》,载《第一财经日报》2011 年 3 月 21 日,第 A12 版;王翁阳、魏文静:《云南绿大地欺诈发行股票案一审宣判 何学葵被判 10 年》,载新浪网,http://finance.sina.com.cn/stock/s/20130207/214114533965.shtml,最后访问日期:2014 年 9 月 15 日。

查。后经中国证监会调查发现,云南绿大地公司存在虚增资产、虚增收入、虚增利润等多项违法违规行为。2011 年 3 月 17 日,公司控股股东、董事长何某葵因涉嫌欺诈发行股票罪被批准逮捕。2013 年 2 月 7 日,昆明市中级人民法院对云南绿大地公司欺诈发行股票案作出一审判决。法院认定云南绿大地公司犯欺诈发行股票罪、伪造金融票证罪、故意销毁会计凭证罪,判处罚金 1040 万元;判决被告人何某葵犯欺诈发行股票罪等,数罪并罚,决定执行有期徒刑 10 年,并处罚金 60 万元。判决被告人蒋某西犯欺诈发行股票罪,数罪并罚,决定执行有期徒刑 6 年,并处罚金 30 万元,并对相关责任人员庞某星、赵某丽、赵某艳也作出了不同程度的刑事处罚。法院经审理查明,2004 年至 2007 年 6 月,何某葵、蒋某西和庞某星共同策划让云南绿大地公司发行股票并上市,赵某丽和赵某艳登记注册了一批由云南绿大地公司实际控制或者掌握银行账户的关联公司,并利用相关银行账户操控资金流转,采用伪造合同、发票和工商登记资料等手段,少付多列,将款项支付给其控制的公司,虚构交易业务,虚增资产 7000 余万元,虚增收入 2.9 亿元。云南绿大地公司招股说明书中包含了上述虚假内容。2007 年 12 月 21 日,被告单位云南绿大地公司在深圳证券交易所首次发行股票并上市,非法募集资金达 3.4629 亿元。2005 ~ 2009 年,云南绿大地公司为达到虚增销售收入和规避现金交易、客户过于集中的目的,在何某葵、蒋某西和庞某星安排下,由赵某丽利用银行空白进账单,填写虚假资金支付信息后,私刻银行印章加盖于单据上,伪造了各类银行票证共计 74 张。云南绿大地公司上市后,依法负有向股东和社会公众如实披露真实信息的义务,但该公司经何某葵、蒋某西和庞某星共同策划,赵某丽和赵某艳具体实施,采用伪造合同和收款发票等手段虚增公司资产和收入,多次将上述虚增的资产和收入发布在云南绿大地公司的半年报告和年度报告中。在法定上诉期内,何某葵等 5 名被告向云南省高级人民法院提出上诉。2013 年 4 月 3 日,云南省高级人民法院作出刑事裁定书,裁定驳回上诉,维持原判。

本案中的控制股东和公司高管等虽已受到司法惩罚,但是如此低质量的公司如何一步步骗过监管机构层层审查实现公开发行和上市,券商、会计师和律师等中介机构是否尽职尽责,广大中小股东的损失如何被弥补,证券市场未来如何防范此类事件的再发生都需要我们认真反思。

再如,欣泰电气股份有限公司欺诈发行股票、违规披露重要信息案。欣泰电气股份有限公司(以下简称欣泰公司)原系深圳证券交易所创业板上市公司。该公司实际控制人温某乙与财务总监刘某胜为达到使欣泰公司上市的目的,组织单位工作人员通过外部借款、使用自有资金或伪造银行单据等方式,虚构2011 年至 2013 年 6 月的收回应收款项情况,采用在报告期末(年末、半年末)冲减应收款项,下一会计期期初冲回的方式,虚构了相关财务数据,在向中国证监会报送的首次公开发行股票并在创业板上市申请文件和招股说明书中记载了上述重大虚假内容,骗取了中国证监会的股票发行核准,公开发行股票募集资金 2.57 亿元。欣泰公司上市后,于 2013 年 7 月至 2014 年 12 月,沿用前述手段继续伪造财务数据,粉饰公司财务状况,并分别于 2014 年 4 月 15 日、2014 年 8 月 15 日、2015 年 4 月 25 日向公众披露了虚假和隐瞒重要事实的 2013 年年度报告、2014 年半年度报告、2014 年年度报告。2019 年 4 月 23 日,丹东市中级人民法院作出一审判决,以欺诈发行股票罪,判处被告单位欣泰公司罚金 832 万元;以欺诈发行股票罪,违规披露、不披露重要信息罪对被告人温某乙、刘某胜数罪并罚,对温某乙决定执行有期徒刑 3 年,并处罚金 10 万元;对刘某胜决定执行有期徒刑 2 年,并处罚金 8 万元。被告单位和被告人均未上诉,判决已生效。中国证监会对欣泰公司的欺诈发行和违规披露重要信息行为进行调查后,于 2016 年 7 月 5 日作出行政处罚。深圳证券交易所决定对欣泰公司股票终止上市并摘牌。欣泰公司退市后,主承销商设立先行赔付专项基金,涉案投资人的损失得到相应赔偿。

2. 虚假信息披露

在市场经济活动中一直存在信息不对称理论。[1] 该理论认为,市场中卖

---

〔1〕 信息不对称理论是由三位美国经济学家——约瑟夫・斯蒂格利茨、乔治・阿克尔洛夫和迈克尔・斯彭斯提出的。信息不对称理论是指在市场经济活动中,各类人员对有关信息的了解是有差异的,掌握信息比较充分的人员,往往处于比较有利的地位,而信息贫乏的人员,则处于比较不利的地位。在买卖活动中,买卖双方存在信息不对称,拥有信息较少的一方会努力从另一方获取信息,市场信号显示在一定程度上可以弥补信息不对称的问题。信息不对称是市场经济的弊病,要想减少信息不对称对经济产生的危害,政府应在市场体系中发挥强有力的作用。See George A. Akerlof, *The Market for "Lemons": Quality Uncertainty and the Market Mechanism*, Quarterly Journal of Economics (The MIT Press), 84, p. 488 – 500 (1970); Michael Spence, *Job Market Signaling*, Quarterly Journal of Economics (The MIT Press), 87, p. 355 – 374 (1973); David Aboody & Baruch Lev, *Information Asymmetry, R&D, and Insider Gains*, Journal of Finance, 55, p. 2747 – 2766 (2000).

方比买方更了解有关商品的各种信息,掌握更多信息的一方可以通过向信息贫乏的一方传递可靠信息而在市场中获益。在证券市场上,上市公司的控制股东就是处于信息优势的卖方,控制股东可以通过对信息的控制来获取额外的利益。虚假信息披露就是控制股东利用信息不对称牟利的一种表现。具体来看,虚假信息披露主要有两种表现形式:一是在证券发行过程中提供虚假的招股说明书,虚增业绩,误导证券投资者,操纵发行价格和欺诈发行股票。此类案例有红光实业、郑百文、山东巨力、大庆联谊、绿大地和欣泰电气案等,可谓前仆后继,层出不穷。二是在日常经营过程中,通过年报、中报和季报等虚假披露信息,操纵或粉饰经营业绩,以维护再融资资格或者避免业绩不佳被停牌或摘牌。

3. 控制股东参与内幕交易

在我国上市公司中,控制股东利用内幕交易获取暴利的问题非常严重,危害巨大。内幕交易是指证券交易"内幕信息的知情人"[1]和非法获取"内幕信息"[2]的人利用内幕信息从事证券交易活动。内幕交易行为破坏了证券市场的正常运行秩序。信息披露制度要求有关信息必须及时、准确、完整地被公布于众,以保证广大投资者公平获得信息的权利。内幕交易者在信息被公开前,利用其非法获取的内幕信息进行交易。一方面,对于广大投资者而言,侵害了其他投资者的平等知情权;另一方面,通过内幕交易反映的证券价格失去了真实性。内幕交易者较其他投资者抢先买入或卖出所持有的股票,从而获得非法利益,导致其他投资者无法公平获取信息,在证券交易中处于不利地位,无法正确判断投资方向,高买低卖,导致利益受损。

在实践中,上市公司的董事会因受控制股东控制,往往利用内幕信息的优势,通过各种违规交易获取暴利。近年来,影响重大的内幕交易案例是中关村控制股东黄光裕内幕交易案。

2006 年 7 月,黄光裕以旗下的鹏泰投资入股北京中关村科技发展(控股)股份有限公司(以下简称中关村),持有 29.58% 的股份。收购完成之后,又进

---

〔1〕 内幕信息的知情人是指由于持有发行人的证券,或者在发行人或与发行人有密切联系的公司中担任董事、监事或高级管理人员,或者由于其会员地位、管理地位、监管地位和职业地位,或者作为发行人雇员或专业顾问履行职务,能够接触或者获得内幕信息的人员。

〔2〕 内幕信息是指为内幕人员所知悉、尚未公开的可能影响证券市场价格的重大信息。

行了一系列债务重组和资产重组,中关村股票出现大幅波动。2007 年 4 月 27 日至 6 月 27 日,黄光裕作为中关村的控制股东和董事,在中关村与鹏泰投资进行资产置换的过程中,决定并指令他人使用其实际控制的龙某等 6 人的股票账户,累计买入中关村股票 976 万余股,成交额 9310 万余元,至 6 月 28 日公告上述事宜时,6 个股票账户的账面收益额为 384 万余元。2007 年 8 月 13 日至 9 月 28 日,在中关村收购鹏润地产全部股权的过程中,黄光裕决定并指令他人使用其实际控制的曹某等 79 人的股票账户,累计买入中关村股票 1.04 亿余股,成交额 13.22 亿余元。至 2008 年 5 月 7 日公告日时,79 个股票账户的账面收益额为 3.06 亿余元。2008 年 10 月案发,黄光裕因内幕交易罪获刑 9 年,并处罚金 6 亿元。

4. 操纵利润分配

获取股利是股东投资购买股份的动因,也是其依法享有的一项基本权利。上市公司赢利之后对股东进行投资回报是理所应当的事。然而,在我国上市公司中,年终不分红或很少分红的现象非常普遍。除业绩不佳没有分红能力的公司外,大量上市公司之所以具备分红的业绩要求却仍不分红,或多或少与其控制股东滥用控制权有关。在控制权优势下,控制股东是不愿意与中小股东共享利润的,因为他可以控制股东会或董事会通过对其有利的决定,如可以通过高额的薪酬或奖金的方式发放给自己或其代理人或者通过关联交易将利润转移到自己手中。控制股东滥用控制权以各种理由或转移利润的方式不分红的做法,实际上是对中小股东利益的严重侵害。[1]

(四)挪用或侵占上市公司资产

一般在各国证券市场中,大股东及其关联方占用上市公司资金的情况时有发生。控制公司利用公司的控制权侵占上市公司资产的手法有以下几种:一是截,控制股东将上市公司的募集资金或其他资金截留为己用。二是挪,控制股东随意改变上市公司募集资金用途将其挪为他用。三是垫,控制股东以自己名义投资,而让上市公司垫付资金。四是“借”,控制股东利用各种借口向上市公司借款,达到长期占用的目的。前几年,上市公司控制股东随意侵占或挪用上

〔1〕 参见王保树、杨继:《论股份公司控制股东的义务与责任》,载《法学》2002 年第 2 期。

市公司财产的事件频发,比较典型的如三九医药控制股东三九集团利用其控制地位挪用上市公司资金高达25亿元,ST猴王被控制股东猴王集团占用8.9亿元,幸福实业被其控制股东占用1.66亿元,棱光实业被控制股东珠海恒通和通辽艾史迪集团占用资金3亿元。[1] 众多的案例表明,许多上市公司沦为了控制股东的提款机,公司和中小股东的利益遭受了严重的侵害。

(五)滥用控制权行为的新特点

通过以上案例分析及对证券违规行为的统计和调查可以发现,由于证券市场的环境、条件和政策的变化,控制股东违规获利渠道发生了深刻的变化,其减少了直接侵夺上市公司和中小投资者利益的行为,而转向市场要利益。如何增加市值,利用二级市场股价波动获取超额资本利得成为违规控制股东关注的焦点。从近年查处的案例分析,较之以往简单直接的传统违规手法,控制股东违规出现了复合化、合谋化和隐蔽化的趋势。

1. 复合化

传统的控制股东违规多以单一违规类型为主,如占用资金、违规担保。近年爆发的几起控制股东违规案件呈现出复合化的违规趋势,即同一控制股东有预谋地连续实施数起不同类型的违规。例如,中核钛白和中兵光电控制股东连续实施了违规交易、信息披露违规和操纵股价等行为,德棉股份控制股东连续实施了违规关联交易、占用资金和虚假信息披露等行为。同一控制股东连续实施的数项违规行为或互为因果,或互有关联,存在一定的逻辑联系。例如,为实现在二级市场上的股价操纵,行为人通过违规交易换取或分散股份筹码;为掩盖真实持股情况,行为人隐瞒或拖延披露信息。控制股东违规的手段有如棋弈中的"先后手",预谋中的"先手"并非独立行为,而是为"后手"的主要违规行为做准备或打掩护。

2. 合谋化

以往控制股东的违规主要是"自助"式的,即通过自己或同一控制下的其他实体来直接实施,近年"单打独斗"式的违规减少,控制股东与其他主体的"合谋"式违规不断增加。有的控制股东与中介机构合谋,通过与会计师事务所、律

[1] 参见向威达:《保护中小股东有力措施:规范关联交易》,载《经济日报》2001年9月29日版。

师事务所合谋,出具虚假的财务、审计报告或法律意见书。在涉及资产评估和并购的案件中,资产评估机构与控制股东沆瀣一气,虚增或低报评估资产价值,为后续违规创造条件。有的与金融机构合谋。一些案件中,金融机构在控制股东违规中有"助纣为虐"的嫌疑。由于控制股东往往是当地金融机构的重要客户,两者存在千丝万缕的利益关联,因此一些金融机构不仅帮助控制股东隐瞒存款质押、违规担保等,而且出具虚假的银行对账单等金融票据协助造假,甚至案发后协助转移资金、销毁证据。

3. 隐蔽化

监管机构近年加大了对上市公司规范运作的监管力度,控制股东很难再以简单直接的手段"赤裸裸"地违规,违规行为出现了间接化、迂回化和隐蔽化的趋势。

以资金占用为例,以往直接截留使用上市公司资金、私下处置资产的直接占用模式逐渐退出了市场,取而代之的是各种各样的变相占用手法:通过虚构经营业务、伪造银行单据来转移货币资金,使资金流向"合法化";通过银行存款、股票等资产质押等手段,将质押所得资金直接或间接流入关联方囊中;更有甚者,有些控制股东预先设立了大量的"空壳公司",这些公司多以不相关自然人名义设立,表面上与上市公司和控制股东毫无关联,从而实现将关联交易"非关联化"的目的。

## 四、国外关于控制股东滥用控制权的法律规制

### (一)美国法对控制股东的规制

从股东董事的信义义务到控制股东的信义义务是一小步。美国的公司法在很久以前就已经承认了控制股东对公司和少数股东的信义义务了。[1] 而这种信义义务对于规制控制股东的行为意义重大。下文将对此进行专门的阐释。

1. 美国法关于控制股东关联交易的规制

美国特拉华州公司法的理论和实践一直引领美国公司法的发展,特拉华州

[1] See Sterling v. Mayflower Hotel Corp., [1952] 93 A. 2d 107, 109 - 110; Allied Chemical & Dye Corp. v. Steel & Tube Co., [1923] 120 AA. 486, 491; Jones v. Missouri-Edison Electrical Co., [1906] 144 F. 765, 771; May v. Midwest Refining Co., [1941] 121 F. 2d 431, 439.

关于控制股东关联交易规制的相关立法和判例，确立了美国法调整控制股东关联交易行为的基本规则。下面是特拉华州公司法对控制股东关联交易的审查和举证责任问题的基本规则。

(1)美国公司法关于控制股东关联交易的制度设计

美国公司法经典理论指出，由于"企业经营型"和"所有权益型"两种不同类型的关联交易对公司及中小股东利益的影响大小不同，以及绝对控股和相对控股的控制股东对公司的控制程度各异，可能使法院在不同场合对控制股东关联交易公平性的审查力度有所区别，并在面对不同的个案时，在适用"商业判断规则"[1]和"实质公平规则"[2]之间作出不同的选择。

美国公司法根据持股比例的不同，将公司的控股股东分为绝对控股股东和相对控股股东。[3] 法律在控制股东正当地行使其股东权利时不要求其承担任何义务，只有当其超越其股东角色，在某种程度上扮演董事角色，支配交易谈判，并且操控交易，以损害公司利益为代价获取不正当利益时，才使其承担与董事相当的信义义务(fiduciary duty)。

除控制股东的身份外，关联交易行为的性质也会影响法院的司法审查。根据关联交易的类型，美国的贝勒斯·梅林教授从理论上将其分为"企业经营型交易"和"所有权益型交易"。前者主要涉及公司日常商业性交易的关联交易行为，如供应原材料、销售产品或提供服务；后者主要涉及公司的合并或根本性变更的关联交易行为，如出售或购买重要资产、换股达成公司合并以及修改公司

---

〔1〕 所谓商业判断规则，是指只要公司董事是基于善意并根据当时的实际情况，以维护公司最大利益为出发点实施的商业行为，即使事后证明该行为对公司是不利的，该董事也不为该行为给公司造成的损失承担责任。参见 S. Samuel Arsht, *The Business Judgement Rule Revisited*, Hofstra Law Review, 93, p. 8(1979); Allen et al., *Commentaries and Cases on the Law of Business organization*, Aspen Publishers, 2009, p. 250；汤欣等：《控股股东法律规制比较研究》，法律出版社 2006 年版，第 17 页。

〔2〕 所谓实质公平规则，包括公平交易和公平价格两个方面。公平交易是指关联交易的整个过程要公平，主要考察交易的发起、谈判、结构和达成时间，以及信息披露和公司内部审核等方面的因素；公平价格是指交易最后达成的价格对双方而言是公平的，主要考察交易价格是否能够反映公司的内在价值，考察范围涉及公司净资产、市场价值和发展前景等可能影响公司股票价格的所有相关因素。参见汤欣等：《控股股东法律规制比较研究》，法律出版社 2006 年版，第 18 页。

〔3〕 绝对控股股东是指持有某一公司绝对多数的股份，及所持股份超过公司发行在外的股份的 50% 的股东；相对控股股东是指持有某一公司相对多数的股份，但是与公司存在事实上的控制、支配关系的股东。

章程。梅林教授进一步指出企业经营型交易属于企业商业判断的范围,法院的司法审查不应当轻易涉入,即使涉入,也应当尽量停留在形式审查的层次上;而所有权益型交易直接关乎股东作为其股份所有者的利益,直接和实质影响其股东身份和权益,所以法院的司法审查应当以所有权益型关联交易对公司及中小股东的公平性进行实质审查。[1] 综上所述,美国法院对于绝对控制股东的所有权益型交易的司法审查最为严格,法院最有可能对其公平性进行实质性审查;对于相对控制股东的所有权益型交易次之,绝对控制股东的经营型交易再次之,相对控制股东的经营型交易最次。

对于控制股东的关联交易行为,美国法院可选择"商业判断规则"或者"实质公平规则"对交易行为的公平性进行审查。从保护公司和中小股东的利益的角度来看,实质公平规则更为有效,但是其本身具有极端的模糊性和开放性,不仅使交易结果在法律上缺乏确定性和可预测性,而且使法院的审查工作也面临空前的压力。为了对交易效率和公平进行平衡,美国法院创造性地创设了"门槛规则"。法院在对控制股东的关联交易进行司法审查前,会考察控制股东所进行的关联交易是否构成了"自我交易",即控制股东是否以排斥并损害中小股东利益的方式谋取了不正当利益。[2] 这些法院只对控制股东构成"自我交易"的关联交易行为进行实质公平性审查。而在美国的实践中,门槛规则主要是针对经营型关联交易,因为其发生频率高,对中小股东利益影响相对较小;而对于所有权益型关联交易,由于其影响重大且发生频率相对较低,法院无须认定其是否符合门槛规则即可直接进行实质公平审查。[3]

法院确定对于控制股东的关联交易行为适用实质公平规则进行审查的,实

---

〔1〕 See Bayless Manning, *Reflection and Practical Tips on Life in the Boardroom After Van Gorkom*, The Business Lawyer, 41, p. 1 – 14(1985).

〔2〕 美国公司法判断"自我交易"的标准是"门槛规则"。自我交易包含两方面的含义:第一,控股股东在关联交易当中排斥(exclusion)中小股东,即歧视中小股东,对于中小股东而言,该交易是不平等的;第二,控股股东在牟取自身利益的同时损害(detrimental)了中小股东的利益。也就是说,只有在同时具备排斥、歧视中小股东和损害中小股东两项要件时,关联交易才构成自我交易,才能满足门槛规则的要求。Sinclair Oil Corp v. Levien 案确立了门槛规则。See Mary Singel, *The Erosion of the Law of Controlling Shareholders*, Delaware Journal of Corporate Law, 24, p. 29(1999).

〔3〕 参见汤欣等:《控股股东法律规制比较研究》,法律出版社 2006 年版,第 33 页。

质公平规则主要包括公平交易和公平价格两个方面。公平交易是指整个交易过程要公平,交易的发起、谈判、结构、达成时间、信息披露和审批程序等方面要公平。而公平价格是指交易最后达成的价格或对价对双方而言是公平的,主要考察公司的净资产、市场价值和发展前景等可能影响公司股份内在价值的因素。

在确定进行审查的内容之后,接下来就是法院进行审查时的举证责任分配问题。《美国特拉华州公司法》(Delaware General Corporation Law)第 144 条规定了关联交易举证责任的配置及转移的情形。该条(a)规定,如果公司董事所进行的关联交易能够满足以下任何一项条件,即不会被认定为无效:①该交易经充分信息披露后,已由无利害关系的董事表决通过;②该交易经充分披露后,已由无利害关系的股东表决通过;③该交易经证明对公司是公平的。[1] 该规定并不是关于交易行为效力的终局性决定,而是为董事提供了一个抗辩的安全港规则(safe harbor rule)。该规则的主要内容是无利害关系董事或股东的同意并不改变法院对控制股东关联交易的审查原则,法院将继续适用实质公平规则进行审查,只是证明关联交易公平性的举证责任由被告转移到了原告。虽然第 144 条的规范范围主要限于公司董事进行的关联交易,但实际上,很多控制股东的关联交易都是通过控制股东在附属公司中的代理董事或"影子董事"[2]进行的,所以从理论上可以推定,控制股东的关联交易行为也可以适用该安全港规

---

〔1〕 See Allen et al. , *Commentaries and Cases on the Law of Business organization*, Aspen Publishers, 2009, p. 178.

〔2〕 影子董事的概念源于英国法,根据 1985 年《英国公司法》第 741 条的规定,影子董事是经常指令(direct and instruct)公司董事行为的人,即形式上不是董事,而被法律视为董事的人。影子董事承担董事的义务和责任。影子董事不同于事实董事,其必须满足四个条件:公司有选任的董事,影子董事指令选任的董事进行公司行为,公司董事接受其指令,公司董事习惯于接受影子董事的指令。为了限制影子董事责任的滥用,在实践中,只有公司的全部董事或多数董事习惯于根据影子董事的指令开展活动时,影子董事才承担法律责任。而在德国法中也有类似的概念,当股东经常直接干预公司的决策时,该股东会被作为准董事(Quasi-Geschaeftsfuehrer)而承担如同董事一样的义务和责任。参见 Wilhelm, Rechtsform und Haftung bei der juristischen Person, Heymann, 1981, S. 285f, 344f; Flume, Allgemeiner Teil des Bürgerlichen Rechts, Erster Band, Zweiter Teil, Die juristische Person, Berlin-Heidelberg-New York-Tokyo, 1983, S. 88; Jiang Bai, Erwerb eigener Geschaeftsanteile im Recht der Gesellschaft mit beschraenkter Haftung, Berliner Wissenschaftsverlag, 2005, S. 122ff; 白江:《论有限责任公司取得自己的出资份额:以德国法和中国法为背景》,法律出版社 2011 年版,第 124 ~ 126 页。

则。但是在实际判例中,法院对控制股东关联交易的审查更加严格。控制股东的举证责任转移给原告的条件是,多数无利害关系股东在信息披露完整和充分的交易环境中对关联交易表示同意。为了公司决策的效率,公司也可以由独立董事组成的独立的特别委员会对关联交易进行表决来替代无利害关系股东的表决。在该场合下,特别委员会只有满足独立、专业及恪尽职守的条件,其同意方能使原本由被告承担的证明责任转由原告承担。

(2)美国法关于控制股东信息披露的规制

美国法上对特定人士信息披露以及对董事、高级管理人员的“严刑峻法”,同样适用于控制股东。

①特定人士信息披露

美国各州的公司法和联邦的证券法都对上市股份公司对重要信息的披露义务和责任作了详细和严格的规定,这些法律都特别强调资本市场中的透明度(transparence),以切实保护资本市场中的投资者。例如,1934 年《美国证券交易法》第 16(a)条规定,所有持有公司股票的高级管理人员和董事以及持有任何类型股票 10% 以上的股东,应在股票上市登记时或者在他成为高级管理人员、董事或持股 10% 以上股东之日起 10 日内向证券交易委员会提交说明文件,在持有的该种公司股票的数量发生变化时,必须在交易后的第二天结束以前向证券交易委员会提交说明文件。[1] 发行公司以外的任何人直接或间接取得某种股票 5% 以上的股份时,必须按照第 13(d)条的规定,在到达临界点之日后的 10 天内向证券交易委员会提交说明文件,发行人若直接或通过其附属公司购回自己的股票也应作类似的披露。[2]

②《萨班斯—奥克斯利法案》

《萨班斯—奥克斯利法案》(Sarbanes-Oxley Act)是美国证券立法史上最为严厉的一部证券法律。该法涉及信息披露责任的条文是第 409 条和第 906 条。该法第 409 条涉及了及时信息披露制度,在 1934 年《美国证券交易法》的基础上对重大事件的标准进行了扩充,其规定使上市公司为此付出更多的成本。该

---

〔1〕 See Thomas Lee Hazen, *Securites Regulation*, Thomson Reuters, 2011, p. 560.

〔2〕 See Thomas Lee Hazen, *Securites Regulation*, Thomson Reuters, 2011, p. 455 – 456.

法第906条明确了公司的管理层对于违规的财务报告,需要承担一定的刑事责任。这种从民事责任上升到刑事责任的做法,增加了上市公司董事及高级管理人员的违规成本,从根本上促进了董事及高级管理人员履行忠实义务,真实地进行信息披露,体现了法律的威慑力。

仅仅通过法案中的几个条款,不难看出美国立法对信息披露的要求非常严格。如果董事和高级管理人员违反法律而给公司及其他股东造成损失,则面临严峻的刑事责任和民事责任。这样的制度安排有力地增强了上市公司的透明度,有利于监管机构和相关人的监督。

2. 美国法对我国的启示

美国法对于上市公司关联交易的规制非常完善,关于控制股东的信义义务、上市公司关联交易的审查原则以及举证责任的分配等制度都比较成熟。鉴于我国立法对于控制股东关联交易的规制主要集中在事前审查与事中披露两个方面,美国法上的关于控制股东的信义义务、对关联交易的审查原则以及举证责任的分配规则都很值得我国学习和借鉴。我国应当在法律法规中对控制股东的信义义务、对关联交易的审查标准和举证责任等问题作出更加明确的规定,从而为中小股东维护合法权益提供更具可操作性的救济措施。

通过借鉴国外信息披露的经验,我国《证券法》规定了控制股东作为信息披露义务人、具体的信息披露义务和承担的相应民事责任和行政责任。不过,在实践中针对控制股东违反忠实义务而滥用控制权的行为,相关执法部门并没有进行有效的处理。针对控制股东的民事诉讼常久拖不决,监管和执法部门作出的处罚数额对于控制股东来说不痛不痒,没有对控制股东的滥权行为形成强有力的威慑力。针对这种现实,我国在2019年修改《证券法》时专门增设了信息披露一章,并显著提高了证券违法违规成本,以增强对投资者的保护。[1] 另外,

〔1〕《证券法》第85条规定:"信息披露义务人未按照规定披露信息,或者公告的证券发行文件、定期报告、临时报告及其他信息披露资料存在虚假记载、误导性陈述或者重大遗漏,致使投资者在证券交易中遭受损失的,信息披露义务人应当承担赔偿责任;发行人的控股股东、实际控制人、董事、监事、高级管理人员和其他直接责任人员以及保荐人、承销的证券公司及其直接责任人员,应当与发行人承担连带赔偿责任,但是能够证明自己没有过错的除外。"第181条规定:"发行人在其公告的证券发行文件中隐瞒重要事实或者编造重大虚假内容,尚未发行证券的,处以二百万元以上二千万元以下的罚款;已经发行证

我国《刑法》第 161 条规定了违规披露、不披露重要信息罪。[1]不过在现实中,上市公司及其高级管理人员、控股股东、实际控制人被追究虚假信息披露时的刑事责任的案例并不多,可以说该条在实践中的执行仍然不严格,需要改进。而美国在信息披露方面的严格立法和严格执法是值得我国借鉴的。

(二)德国法对控制股东的规制

1. 德国法的规定

"20 世纪以来,关系企业基础上的企业集团化构成了现代公司发展的重要趋势。"[2]面对企业集中的趋势,德国立法者在 1965 年的《德国股份公司法》修订中,在该法第三编建立了全面的、自成体系的"康采恩规则"(Konzernrecht, oder das Recht fuer Verbundene Unternehmen,英文为 Group Law)。[3]该法对关

券的,处以非法所募资金金额百分之十以上一倍以下的罚款。对直接负责的主管人员和其他直接责任人员,处以一百万元以上一千万元以下的罚款。发行人的控股股东、实际控制人组织、指使从事前款违法行为的,没收违法所得,并处以违法所得百分之十以上一倍以下的罚款;没有违法所得或者违法所得不足二千万元的,处以二百万元以上二千万元以下的罚款。对直接负责的主管人员和其他直接责任人员,处以一百万元以上一千万元以下的罚款。"第 197 条规定:"信息披露义务人未按照本法规定报送有关报告或者履行信息披露义务的,责令改正,给予警告,并处以五十万元以上五百万元以下的罚款;对直接负责的主管人员和其他直接责任人员给予警告,并处以二十万元以上二百万元以下的罚款。发行人的控股股东、实际控制人组织、指使从事上述违法行为,或者隐瞒相关事项导致发生上述情形的,处以五十万元以上五百万元以下的罚款;对直接负责的主管人员和其他直接责任人员,处以二十万元以上二百万元以下的罚款。信息披露义务人报送的报告或者披露的信息有虚假记载、误导性陈述或者重大遗漏的,责令改正,给予警告,并处以一百万元以上一千万元以下的罚款;对直接负责的主管人员和其他直接责任人员给予警告,并处以五十万元以上五百万元以下的罚款。发行人的控股股东、实际控制人组织、指使从事上述违法行为,或者隐瞒相关事项导致发生上述情形的,处以一百万元以上一千万元以下的罚款;对直接负责的主管人员和其他直接责任人员,处以五十万元以上五百万元以下的罚款。"

〔1〕《刑法》第 161 条规定:"依法负有信息披露义务的公司、企业向股东和社会公众提供虚假的或者隐瞒重要事实的财务会计报告,或者对依法应当披露的其他重要信息不按照规定披露,严重损害股东或者其他人利益,或者有其他严重情节的,对其直接负责的主管人员和其他直接责任人员,处五年以下有期徒刑或者拘役,并处或者单处罚金;情节特别严重的,处五年以上十年以下有期徒刑,并处罚金。前款规定的公司、企业的控股股东、实际控制人实施或者组织、指使实施前款行为的,或者隐瞒相关事项导致前款规定的情形发生的,依照前款的规定处罚。犯前款罪的控股股东、实际控制人是单位的,对单位判处罚金,并对其直接负责的主管人员和其他直接责任人员,依照第一款的规定处罚。"

〔2〕汤欣等:《控股股东法律规制比较研究》,法律出版社 2006 年版,第 54 页。

〔3〕事实上,1937 年的《德国股份公司法》第 15 条已经规定了"法律上独立的企业通过资本参与等方法直接或间接为其他企业所控制时,控制企业与从属企业构成康采恩(Konzern)"。到了 1965 年,德国在新颁布的《德国股份公司法》中把原来的规定扩大并增订为"康采恩"篇。

系企业的事实进行承认并将其作为调整对象纳入法律规制中来,以平衡控制企业与从属企业、控制股东与中小股东之间的利益冲突。[1] 这种立法模式突破了传统公司法的观念、法律人格、有限责任等的樊篱,被一些学者誉为“最先进的、最具深远意义的企业集团立法”[2]。德国的这种企业集团的立法模式后来被巴西、葡萄牙、克罗地亚、意大利等国所借鉴。其中如意大利的企业集团法的重要部分是信息披露、控制股东在滥用权利时对少数股东和公司债权人的责任。[3] 当然,德国在控制控制股东方面,除制定成文的公司康采恩法之外,还通过法官法的形式承认了控制股东的忠实义务(Treupflicht)和股东之间的忠实义务。德国主要通过这两种路径构建了对控制股东的严格约束制度。

契约上的康采恩和事实上的康采恩是以企业结合基础为依据划分的。前者是指企业结合的基础是企业契约,主要是控制契约;契约上的康采恩赋予了企业全面的领导权,同时,控制企业也必须承担从属公司的年度亏损。后者是指通过股权或表决权的参与而结合,是基于纯粹控股而产生的结合;控制企业并不享有从属公司的全面领导权,而是保持从属公司的独立性,控制公司无权对从属公司实施不利影响,对于实施不利影响的,必须进行披露和负担补偿或赔偿责任。由于我国绝大多数上市公司与其控制股东之间是股权控制关系,因此事实上的康采恩制度对于我国来说很有借鉴意义。

事实上的康采恩制度(Faktische Konzerne)是指仅仅基于纯粹的控股而产生的集团,集团成员之间不存在控制契约。《德国股份公司法》第 311 ~ 318 条是规范实质型康采恩的核心内容,其理论前提是控制企业不能为了其自身利益或者企业集团的利益而损害从属公司,从而影响从属公司少数股东及债权人的

---

〔1〕 参见 Karsten Schmidt, Konzernunternehmen, Unternehmensgruppe und Konzern-Rechtsverhaeltnis, Festschrift fuer Marcus Lutter, 2000, S. 1167; Thomas Raiser, Recht der Kapitalgesellschaften, 5. Aufl., München 2010, § 50 Rn. 13(中文译本:[德]托马斯·莱塞尔、吕迪格·法伊尔:《德国资合公司法》,高旭军等译,法律出版社 2005 年版,第 780 页);吴越:《企业集团法理研究》,法律出版社 2003 年版,第 17 页。

〔2〕 Phillip I. Blumberg, *The Law of Corporate Groups: Substantive Law*, Boston: Little, Brown & Co, 1987, p. 642 - 643.

〔3〕 See Art. 2497 of the Civil Code, 16I 8; Pierre-Henri Conac et al., *Constraining Dominant Shareholders' Self-Dealing: The Legal Framework in France, Germany, and Italy*, European Company and Financial Law Review(ECFR), 4(2007).

利益。集团内部各部分利益的经济价值有所不同,但这些利益的法律价值是相同的,法律地位是平等的。

《德国股份公司法》对事实上的康采恩的规范主要包括:

(1)不利影响的限制或禁止与承担损失的责任

《德国股份公司法》第 311 条规定,企业间未订立控制契约(Beherrschungsvertrag)的,控制企业不得利用其影响力,诱使从属公司从事不利于己的法律行为,或诱使其作出不利于己的作为或不作为;除非控制企业已就从属公司的不利益予以补偿,否则控制企业及其负责人对从属公司的损害应负赔偿责任。该条充分体现了立法者对从属公司利益的保护。

控制企业对从属公司的不利益应该尽快补偿,从属公司对补偿具有请求权,控制企业的负责人也应对其从属公司的不利益或所受损害负连带补偿责任或赔偿责任。对于事实上康采恩中控制企业不利影响的限制或禁止与承担损失的责任的规定,实质上是源于法国、瑞士和欧盟指令所采纳的事实上董事观念(the de facto directorship notions),即将控制从属公司经营权的母公司视为子公司的正式董事(formal directors),该董事在违反受托人义务时应当负担责任。[1]

但是,事实型康采恩中控制企业损害的复杂性和持续性,使其损失逐一补偿方式与原告承担举证责任的制度在执行上存在很大的障碍。为了弥补现行法上的不足,德国联邦法院在 1985 年创设了"推定关系企业"理论("qualified concern" doctrine)[2],将举证责任转移给母公司,即母公司只有在能够证明子公司的损失并非由母公司行使经营上的控制权所致时,才能免责。《德国股份公司法》第 311 条第 2 款规定,补偿应当在从属企业受到损害的当年予以作出,

[1] 我国学者郑彧在分析上市公司实际控制人的法律责任时即借鉴和吸收这种事实董事理论,参见郑彧:《上市公司实际控制人法律责任的反思与构建》,载《法学研究》2021 年第 2 期。

[2] 推定关系企业理论原适用于闭锁型公司(close corporations,在德国即为有限责任公司,即 GmbH)场合,由于《德国股份公司法》不适用于合伙或者闭锁性质的子公司,但这类公司又广泛存在于企业集团内部,因此法院就以"法官造法"的方式补充法律漏洞,以保护闭锁型公司组织的子公司(包括开放性公司或公众公司)。在企业集团内部,控制公司作为股东对子公司日常事务行使经常且广泛的控制力,则推定其为关系企业,除非控制公司能够举证从属公司的损失并非由其行使经营上的控制造成,否则不能免责。参见刘连煜:《公司法理论与判决研究》,法律出版社 2002 年版,第 57 页。

否则需在该年底之前予以确定何时以及通过何种好处对损害予以补偿。

(2)和解或抛弃请求权的限制

为了规范控制企业及其负责人的责任,《德国股份公司法》第 317 条第 4 款规定准用第 309 条第 3 款的规定,从属公司抛弃对于控制企业或其负责人的赔偿请求或成立和解,只有在应赔偿的事实发生三年后,经外部股东特别决议的同意,并且决议时没有代表参与决议的股份总额十分之一的股东表示反对,才发生效力。但如果赔偿义务人是支付不能的,且为避免破产程序而与债权人成立和解,或者当赔偿义务在一个破产计划中被予以了规定,则不适用三年期间的限制。这也是为了避免从属公司被迫和解或抛弃请求权,非情愿地牺牲自己的利益。[1]

(3)编制关系报告书

为了保证中小股东的知情权和明确是否存在控制企业利用其影响力造成了从属公司的不利益或损害,以及控制企业是否进行了补偿,《德国股份公司法》第 312 条规定了关于对关联企业的关系的报告书制度(Bericht ueber Beziehungen zu verbundenen Unternehmen)。根据该条规定,从属公司董事会应于会计年度开始的三个月内,提出公司与关系企业间的关系报告书。报告书内应说明上一年度与控制企业或其他成员企业间所为的一切法律行为,以及因控制企业的促使或为其利益而采取的一切措施或作为。在法律行为中所为的给付和对待给付、采取措施的理由和对公司的利益及不利益均应被说明。此外,该报告书还应说明该不利益的补偿情况。报告书的编制应当符合尽职和忠实的会计原则(Grundsaetz gewissenhafter und getreuer Rechenschaft),并且应当交由决算审查人和监事会进行实质审查,并给出审查意见,最后相关意见须提交股东大会,以供投资者查阅。如果编制报告书的董事、负责审查的决算审查人以及监事未尽注意义务,违反职责的,应当承担相应的责任。

2. 德国法对我国的启示

《德国股份公司法》以企业集团法为重心,主要解决如何规制企业集团中控制企业的不当行为,可以说德国公司法开创了企业集团立法的典范。在我国,

---

〔1〕 Vgl. Uwe Hueffer, *Aktiengesetz*, 6. Auflage, Verlag C. H. Beck, 2004, § 309 Rn. 19 – 20.

由于母公司和子公司是独立承担法律责任的,不存在母公司为子公司承担亏损的情形,母公司只会非法地侵占子公司财产。因此,关于事实上康采恩的立法规定对我国很有借鉴意义。我国应当通过修改《公司法》的方式构建对关联企业的法律规制,明确规定控制股东对公司的补偿责任和控制股东对关于损害赔偿的举证责任的负担。

由于在我国发生大量的母公司非法侵占子公司财产的案例,子公司处于母公司的控制之下,母公司利用各种手段使子公司的财产流向母公司,因此有必要在我国《公司法》的修改中进一步对从属公司的和解或抛弃请求权加以限制,以限制控制公司从从属公司获得非法利益、损害从属公司和其中小股东的利益的不法行为。

关系报告书制度对于规制控制股东与从属企业的信息披露和控制股东滥用控制权的行为具有很好的作用。我国《公司法》虽然也规定了发行人及上市公司的董事、监事和高级管理人员的信息披露义务,但应当借鉴《德国股份公司法》,进一步针对关联企业关系的报告义务作出明确的规定。

## 五、上市公司控制股东滥用控制权法律规制的完善

### (一)约束机制不健全

#### 1. 股权结构不合理、股权制衡较弱

在我国,上市公司股权高度集中、“一股独大”的现象非常突出。与控制股东相比,第二、第三大股东持股比例较低,股权间相互制衡能力较弱。有学者曾经专门对我国上市公司的股权结构、第一大股东和第二大股东的持股比例作过统计分析,结果见表 4 和表 5。[1]

---

〔1〕 参见邓辉:《我国上市公司股权集中模式下的股权制衡问题——兼议大小非解禁带来的股权结构转型契机》,载《中国法学》2008 年第 6 期。

**表 4　沪市 844 家 A 股上市公司股权结构统计(截至 2008 年 9 月 30 日)**

| 公司数及占比<br>持股比例 | 沪市 A 股上市公司(844 家) | | | |
|---|---|---|---|---|
| | 第一大股东 | | 第二大股东 | |
| | 家数 | 占总家数的百分比(%) | 家数 | 占总家数的百分比(%) |
| 66.67% 以上 | 28 | 3.32 | | |
| 50% 以上 | 193 | 22.87 | | |
| 25% 以上 | 618 | 73.22 | | |
| 20% 以上 | 717 | 84.95 | 76 | 9.00 |
| 10% 以下 | 20 | 2.37 | 651 | 77.13 |
| 3% 以下 | 3 | 0.36 | 266 | 31.52 |
| 第一大股东持股超过第二大股东 20% 的 | 510 | 60.43 | | |

**表 5　深市 727 家 A 股上市公司股权结构统计(截至 2008 年 9 月 30 日)**

| 公司数及占比<br>持股比例 | 深市 A 股上市公司(727 家) | | | |
|---|---|---|---|---|
| | 第一大股东 | | 第二大股东 | |
| | 家数 | 占总家数的百分比(%) | 家数 | 占总家数的百分比(%) |
| 66.67% 以上 | 18 | 2.48 | | |
| 50% 以上 | 133 | 18.29 | | |
| 25% 以上 | 520 | 71.53 | | |
| 20% 以上 | 629 | 86.52 | 87 | 11.97 |
| 10% 以下 | 14 | 1.93 | 453 | 62.31 |
| 3% 以下 | 2 | 0.28 | 163 | 22.42 |
| 第一大股东持股超过第二大股东 20% 的 | 395 | 54.33 | | |

根据表 4 和表 5 的统计数据,我们可以得出以下结论:

(1)控制股东“一股独大”、优势明显

根据我国《公司法》的规定,当第一大股东绝对控股时,通过控制公司的过半数投票权便可掌握公司的控制权;第一大股东相对控股时,其能否掌握公司控制权则取决于两个方面:一是股权的分散程度;二是控制股东与其他大股东的持股比例差,持股比例差越大,控制股东掌握控制权的可能性就越大。[1] 根据表 4 和表 5 的数据,沪深两市 A 股上市公司中第一大股东持股比例为 50% 以上(绝对控股)的公司分别占 22.87% 和 18.29%;沪深两市中第一大股东持股比例为 20% 以上,即存在相对控股股东的公司占比分别高达 84.95% 和 86.52%;沪深两市 A 股上市公司中第一大股东的持股比例高于第二大股东 20% 的公司数占比分别为 60.43% 和 54.33%。这些数据充分显示了我国上市公司中控制股东“一股独大”的现象。

(2)第二大股东制衡能力较弱

根据法律的规定,中小股东持股比例达到一定的程度时,即可对控制股东形成一定的制衡。然而根据统计发现,沪深两市中第二大股东持股比例偏低,很难形成制衡作用。比如,根据《公司法》的规定,单独或者合计持有公司 10% 以上股份的股东,可请求召开临时股东大会,如果请求被拒绝,则可自行召集和主持。而沪深两市中分别有 77.13%、62.31% 的第二大股东因持股比例不足 10% 而无法行使这两项权利。再如,《公司法》规定,单独或者合计持有公司 3% 以上股份的股东,可以在股东大会召开 10 日前提出临时提案并书面提交董事会;董事会应当在收到提案后 2 日内通知其他股东,并将该临时提案提交股东大会审议。临时提案的内容应当属于股东大会职权范围,并有明确议题和具体决议事项。不过,沪深两市中分别有 31.52%、22.42% 的第二大股东因持股比例不足 3% 而无法单独行使该权利。综上所述,在大多数的上市公司中第二大股东对控制股东的股权制衡作用较弱。

此外,我国有学者针对 2007 ~ 2019 年(样本期间)经中国证监会核准并在沪深两地证券交易所成功上市的全部上市公司进行了“实际控制人”的分布统

---

[1] 参见王坤秀:《大股东控制下的公司治理与代理成本研究》,知识出版社 2006 年版,第 49 页。

计,结论为:具有实际控制人的发行人家数平均占比为97.71%;在沪市以年度计算的每年有实际控制人的发行人家数占比中,最低的是75%(2006年),最高是100%(2008~2010年,2012年);而深市最低占比数是97.52%(2010年),最高占比数则高达100%(2011年,2016~2019年)。[1] 这一统计数据从证券发行的角度进一步证实了我国证券市场中股权集中度高、“一股独大”的现象非常突出。

2.治理结构的不完善

众所周知,公司治理结构对公司治理目标的实现起着至关重要的作用,而我国上市公司控制权滥用的主要原因就是我国上市公司治理结构不完善。我国控制股东“一股独大”,不仅操纵着股东大会,而且控制着董事会,使董事会丧失了现代股份公司法中董事会一般普遍享有的在经营管理公司上的独立性,使我国的公司治理仍然处于股东大会中心主义的状态,而未建立如在美国和德国等发达国家所一般存在的董事会中心主义。另外,在我国,监事会和独立董事的地位和监督作用也很弱,为控制股东滥用控制权提供了制度环境。

进一步具体而言,我国上市公司治理结构的不合理主要体现在以下三个方面:

(1)股东大会被控制股东操纵

在我国的公司治理结构中,股东大会是公司的最高权力机关。股东大会决定着公司的经营方针和投资计划等重大事项。上市公司的股东大会是全体股东行使股东权利、参与公司经营管理的基本平台。但是,我国上市公司普遍存在控制股东“一股独大”的现象,股东大会往往被控制股东所操纵,多数小股东甚至法人股东往往不愿参加。在这种情况下,上市公司的股东大会常常就出现控制股东“一言堂”的情况。此外,股东大会召集人甚至通过设置各种条件或障碍,妨碍中小股东知情权、质询权等的行使。在公司章程的修改,董事、监事和高级管理人员的选任,公司资产处置,中小股东权益的处分等方面,往往由控制股东完全决定。由控制股东控制的股东大会实质上成为控制股东行使控制权

---

〔1〕 参见郑彧:《论实际控制人的法律责任:公法的路径依赖与私法的理念再生》,载《财经法学》2021年第3期。

和谋取利益的工具。

(2)董事会缺乏独立性

我国现行《公司法》第 46 条规定了董事会的职权范围。根据《公司法》的规定,董事会是股东大会的执行机关,股东大会决定公司董事会成员的选任。实践中,由于控制股东的过分控制,实际上其完全决定了董事会成员的选任,使董事会主要体现控制股东的意志。在上市公司的日常经营管理中,控制股东常常通过董事会对上市公司进行诸多管理。

鉴于董事会实质上成了控制股东控制上市公司的工具,控制股东并非直接强取豪夺、侵占公司财产,而是更多地通过其选任董事的努力,以借用资金、资金往来或以垫付款项等理由来实施侵占。由此可见,董事会缺乏必要的独立性则为控制股东攫取公司和中小投资者的财产提供了便利的渠道。

另外,我国的独立董事制度也不完善,监督制约作用有限。上市公司的独立董事往往是控制股东选任的,很难保持真正独立。在控制股东控制董事会的情况下,独立董事发挥监督作用的空间有限,常常成为一种制度摆设。

(3)监事会监督作用微弱

从国际比较的角度来看,在上市公司治理结构中,股东大会、董事会和监事会的三角结构也是一种比较理想的组织结构模式,这种模式被我国和日本所采纳。根据我国《公司法》第 53 条和第 54 条的规定,监事会对董事和高级管理人员具有监督权。监事会是确保股东会与董事会之间委托代理关系有效行使的一种重要制度,它可以在中小股东无法行使"用手投票"机制期间保证董事会的决策和行为符合公司和广大股东的利益。因此,监事会的工作对于保证控制股东与中小股东之间的权力制衡能起到一定的作用。但是,目前中国上市公司的监事会工作状况并不理想,是我国公司的法人治理结构中职能发挥很弱的一个环节。

3. 控制股东法律规制的不完善

首先,在立法上不完善。近年来,我国在公司法、证券法等相关立法中对于控制股东滥用控制权的问题越来越重视,并制定了一系列的部门规章、行业指引和自律性规定等。例如,《公司法》中规定了禁止滥用股东权利原则,表决权回避制度,累积投票制,中小股东的知情权、查阅权、请求召开临时股东大会权和提案权,股东大会和董事会决议的无效和撤销制度,股东派生诉讼制度等。《证券法》及其配套法规对关联交易和信息披露等问题作了较详细规定。《上市公司治理准则》等部门规章和指引还引入了控制股东的诚信义务原则。特别是2018年修改后的《上市公司治理准则》还专设"第六章 控股股东及其关联方与上市公司",针对我国资本市场投资者结构特点,进一步加强了对控股股东、实际控制人及其关联方的约束,更加注重中小投资者保护,发挥中小投资者保护机构的作用。这些法律法规和自律性规范的制定,表明我国已经初步建立起对控制股东进行规制的制度体系。但是笔者认为,从规制范围来看,我国立法对于控制股东行为的规范仍然不尽完善,仍然需要对此作进一步的完善、突出和强化。

其次,执法资源不足。在许多上市公司控制股东滥用控制权的案件查处中,行政监管机构和司法部门难以利用现有的执法资源进行深入有效的调查。这导致现实中存在对许多违法违规行为没有追究的情形,或者进行了追究,但常常以罚代刑,即以行政处罚代替对刑事责任的追究。

最后,法律的威慑力不足。法律的威慑力在于对违法行为惩罚的必然性和惩罚的报复性。从这两方面来看,我国法律的威慑力是不足的。第一,我国相关的法律法规还不完善,对于控制股东滥用权利的规制还存在诸多不足,在现有的法律框架下,追究控制股东滥用权利的法律责任存在一些障碍。第二,在我国目前特有的制度环境和社会环境下,我国行政机关的行政执法和司法机关的司法执法在现实中都比较弱,常常使许多已经建立的制度都停留在纸面上,形同虚设,没有现实效果。第三,在我国特殊的体制下,既得利益群体(vested interest group)的力量非常庞大,他们为了维护自己的既得利益(vested interest),常常会阻挠改革的深化和法律的现实实施。[1] 第四,许多控制股东违规手段越来越高明,往往是披着合法的外衣,增加了执法机关查处的难度,所以在违法行为的惩罚必然性上,法律的威慑力不足。第五,我国相关立法对于控制股东

〔1〕 美国芝加哥大学布斯商学院(Booth School of Business)的 Raghuram G. Rajan 教授和 Luigi Zingales 教授对一国中既得利益群体为了维护自己的既得利益从而阻碍一国制度的改革和金融市场的发展作出深入的剖析。See Raghuram G. Rajan et al., *The Great Reversals: The Politics of Financial Development in the Twentieth Century*, Journal of Financial Economics, 69, p. 5 - 50(2003).

违法的处罚多为行政性处罚,缺乏对控制股东的民事和刑事责任严格和细致的规制。相较于滥用控制权的收益而言,对控制股东违法处罚的金额常常太低,对相关责任人的处罚也不痛不痒,所以会有很多控制股东滥用权利时视法律如无物,恣意妄为。

(二)对上市公司控制股东滥权的实体规制

1. 完善上市公司治理结构,分散控制股东的控制权

(1)上市公司治理结构的完善

公司的治理结构是上市公司治理的核心。我国《公司法》规定,公司治理结构由股东大会、董事会、经理层和监事会四部分组成。由于特殊的国情,在我国上市公司中,一般存在国有股"一股独大"或者自然人一般通过家族进行控股的情况。对于国有控股的上市公司而言,一方面,由于我国特殊的国有管理体制,控制股东行政色彩浓厚,对上市公司的管理往往存在过度的干预,造成了上市公司缺乏必要的作为商事主体的独立性,股东会和董事会常常成为控制股东的执行工具,监事会作用也微弱;另一方面,有时又有许多国企的控制股东不积极行使股东的监督、表决等权利,造成国企所有者缺位和上市公司内部人控制的现象。

①改革国有资产管理制度,完善对国有控制股东的监督

要想更好地解决国有上市公司控制股东滥用控制权的问题,目前的主要路径是改革和完善国有资产管理制度,落实国有资产出资人,在上市公司中建立严格和规范的现代企业制度。

笔者认为,政府可以适当借鉴新加坡"淡马锡模式"中的监督管理模式,政府尽量不干预国有资产管理企业的决策,减少对国有控制股东的行政干预,积极引进民间人士和职业经理人对国有企业进行管理,让旗下的国有上市公司按照市场进行决策经营。

除减少行政干预之外,如何加强对国有上市公司控制股东的监管同样重要。笔者认为应改革政府的国有资产管理体制,各级国资委应同时对各级人大负责,接受人大监督,并且也接受政协的民主监督。人大对国资委的监管既可以缩短委托代理的链条,又可以促进国有资产管理机构的政企分开。笔者建议在各级人大和政协设立专门的"国有资产监督管理委员会",实施对国资委的监

督管理。各级国资委和重要的国有资产控制股东应当定期向人大和政协或者人大和政协的专门委员会报告工作,并接受人大代表和政协委员的提问和质询。

②完善国有上市公司的内部治理

主要是完善公司的股东大会制度,让中小股东能够有效地行使表决权和监督权;增加外部董事的人数,规范独立董事和外部董事的选任;提高董事会的地位和独立性,健全董事问责机制;进一步强化监事会的监督职能,可以赋予监事会更高的独立性和职权,建议引入更多的外部监事和加强职工监事的选任,并健全对监事的问责机制,若监事因未尽法定义务而给公司带来损失的,应承担相应的责任。

(2)分散上市公司控制股东的控制权

股权结构是公司治理的决定性因素之一,因为公司的股权结构直接决定公司控制权的分布。根据股权集中度与公司绩效相关论[1],股权的适度集中可以有效地解决股东与管理层之间的委托代理问题,提高上市公司绩效水平。股权集中度与公司治理有效性之间的关系曲线呈倒U形,这表明股权过分集中或过分分散都不利于公司治理结构的完善。我国上市公司就存在股权结构过于集中、控制股东"一股独大"、中小股东制衡作用较弱的局面。从长远来看,笔者认为需要优化上市公司的股权结构,实现股权主体多元化,进而改善上市公司治理状况。优化股权结构的措施主要包括国有股的减持、提高IPO股份发行比例、引入机构投资者等。

①国有股的减持

我国主板市场中的上市公司存在的最大问题就是国有股"一股独大"。股

---

〔1〕 参见John J. McConnell, Henri Servaes, *Additional Evidence on Equity Ownership and Corporate Value*, Journal of Financial Economics, 27, p. 595 - 612(1990); Burkart, M. D. Gromb D. & Panunzi F., *Large Shareholders, Monitoring, and the Value of the Firm*, Quarterly Journal of Economics, 112, p. 693 - 728(1997);谭韵清、伍中信:《我国上市公司股权集中度与公司绩效的理论与实证研究》,载《当代经济管理》2005年第6期;陈珩:《上市公司股权结构与经营绩效的实证分析——基于医药类上市公司的数据》,载《财会通讯》2011年第21期;肖淑芳、金田、刘洋:《股权激励、股权集中度与公司绩效》,载《北京理工大学学报(社会科学版)》2012年第3期;吴淑琨:《股权结构与公司绩效的U型关系研究——1997~2000年上市公司的实证研究》,载《中国工业经济》2002年第1期。

权分置改革已经解决了国有股的流通问题,而国有股减持则是进一步完善我国上市股权结构的根本方法。在现有市场经济条件下,结合我国国情,国有股减持主要有以下几种途径:国有股配售、股票回购、股票转让、缩股流通、拍卖以及股权转债权。

我国应当渐进式地、有序地推进国有股的减持,稳妥地逐步实现退出目标。这将有利于证券市场的长期稳定与全面发展,有利于吸引社会投资者和民间资本进入国家独资或控股的产业,有利于增强市场经济的竞争和活力,有利于建立起真正具有效率和竞争力的企业。

②引入机构投资者,扩大股权发行比例

上市公司积极引入机构投资者是优化股权结构的重要方法。我们既要通过市场和国家的力量促进新的机构投资者的成长,如社保基金、保险公司、证券公司和基金管理公司,又要为机构投资者创造良好的投资环境。在上市公司中引入机构投资者,激励其对上市公司治理的参与,以增强对管理层的监督。机构投资者可以通过持股进入董事会,对经理人进行直接的监督。同时,也可以通过对上市公司股票的买卖影响股票价格,增大对上市公司的并购风险和压力,从而间接影响上市公司管理层的行为。

根据我国2019年修订前的《证券法》第50条的规定,公开发行的股份达到公司股份总数的25%以上或者公司股本总额超过4亿元的,公开发行股份的比例为10%以上,才可以申请公司股票上市交易。该规定对于公开发行股份的资本金额及对应的公开发行的比例作了规定。由于该规定仅规定了公司首次公开发行的股份比例的下限,在实践中,上市公司常常按照最低发行比例标准来进行发行。2019年修订后的《证券法》第47条则规定:"申请证券上市交易,应当符合证券交易所上市规则规定的上市条件。证券交易所上市规则规定的上市条件,应当对发行人的经营年限、财务状况、最低公开发行比例和公司治理、诚信记录等提出要求。"笔者认为,证券交易所在制定上市规则时,应当对发行人的最低公开发行比例作出比较高的规定,以此对控制股东的持股比例进行削弱。同时,在增发和配股的场合,也可以尝试降低控制股东的持股比例。

此外,优化上市公司股权结构最重要的是加强上市公司股份的流动性,促进控制股东股份的转让。这便需要提高上市公司质量，完善资本市场交易规则，以此促进股权的转让。

2. 控制股东控制权的直接约束机制

由于资本多数决原则，控制股东为了额外利益可能会滥用控制权侵害公司和其他中小股东利益。为了防止其利用表决权操纵股东大会，在表决权行使上，许多国家结合本国特点为保护中小股东和公司利益对表决制度进行一定的安排。一股一权原则是现代公司法的基本原则，但是为了防止在资本多数决下控制股东滥用表决权，许多国家的立法者都考虑了表决权行使的例外制度。

（1）限制表决权

许多国家的立法实践和经验表明，对控制股东表决权的限制是防止控制股东操纵股东大会和侵害公司利益的有效措施。各国限制的方式主要有以下几种：在公司法上限制对持股比例超过发行总数一定比例的股东行使表决权；规定公司章程可以限制股份总数达到一定比例的股东表决权行使；超级表决权股票制度，如在美国。

鉴于我国股权结构高度集中、国企和民企上市公司均多为控制股东"一股独大"的现状，在暂时不能改变控制股东"一股独大"的情况下，笔者认为可以在立法上采取表决权限制的方法。在一些国企上市公司中可以率先进行试点，这样可以使控制股东的表决权比例降低，改变股东会成为控制股东"一言堂"的局面，让更多的中小股东参与到公司的治理当中，使中小股东能够有机会表达观点和建议。

（2）表决权回避

表决权回避又称表决权排除制度，是指当某股东与股东大会讨论的决议事项存在特别的利害关系，可能损害公司利益时，该股东或其代理人不得就持有的股份行使表决权，也不得代其他股东行使表决权的制度。表决权回避实际上是对利害关系股东（主要是控制股东）表决权的剥夺，对于中小股东来说是表决权的强化，从而客观上保护了中小股东的利益。表决权回避制度在控制股东同上市公司进行关联交易、关联担保、免除董事责任等情形时，以及股东个人利益与公司利益存在冲突时，对于限制控制股东滥用控制权显得尤为重要。

我国《公司法》第16条规定了在公司为控制股东提供担保的情形下，控制股东不得参加股东大会对该事项的表决。另外,为防止控制股东操纵董事会滥用控制权,《公司法》第124条规定:“上市公司董事与董事会会议决议事项所涉及的企业有关联关系的,不得对该项决议行使表决权,也不得代理其他董事行使表决权。该董事会会议由过半数的无关联董事出席即可举行,董事会会议所作决议须经无关联董事过半数通过。出席董事会的无关联关系董事人数不足三人的,应将该事项提交上市公司股东大会审议”。笔者认为,我国《公司法》应当进一步完善和强化股东的表决权回避制度。在立法体例上可以采用列举加概括的方式,将关联交易、关联担保等表决权回避的情形列举完之后,最后应当增加一项兜底条款,即股东或者董事对决议事项有特别利害关系的,不得行使表决权。

(3)表决权代理制度

表决权代理是指股东授权他人代表自己,出席股东大会并行使表决权。表决权代理制度可以充分发挥代理制度的价值,使股东更方便有效地行使股东权利。对于上市公司来说,股东人数众多,分散在各地,亲自参加股东大会可能成本较高,所以中小股东参加股东会的出席率较低。为此,各国都通过立法允许委托代理表决。同时,该制度也为中小股东聚集到足以抗衡控制股东的表决票数、推选自己的利益代言人创造了条件,从而实现保护中小股东的目的。

我国《公司法》第106条规定:“股东可以委托代理人出席股东大会会议,代理人应当向公司提交股东授权委托书,并在授权范围内行使表决权。”公司法的立法规定比较清楚,在实践中应促进适用。

3. 完善和强化中小股东制衡控制股东的权利

(1)累积投票制

我国《公司法》第105条引入了累积投票制。该条规定:“股东大会选举董事、监事,可以依照公司章程的规定或者股东大会的决议,实行累积投票制(第1款)。本法所称累积投票制,是指股东大会选举董事或者监事时,每一股份拥有与应选董事或者监事人数相同的表决权,股东拥有的表决权可以集中使用(第2款)。”根据这一制度,股东既可以把全部投票权集中选举一人,亦可以分散选举数人,最后按照得票多寡决定当选董事或监事。这一制度可以保证中小股东能够选举出一定数量的代表自己利益的董事,这是一项对控制股东滥用控制权有一定的制衡作用的制度。而且股权结构越分散,制衡作用越强。

2005年我国引入股东的累积投票权时,考虑到累积投票制度的缺陷和弊端,采用的是选入式许可主义(opt-in),由上市公司股东自治决定。笔者认为公司法中的这种规定方式会使该制度在实施中的作用大打折扣。鉴于在我国的现实中股权集中或者高度集中是一种常态,中小股东的权益常常受到侵害的情况比较严重,我国应当在立法中强化累积投票制。笔者建议未来我国应当采取选择退出的立法模式(opt-out),将《公司法》第105条第1款修改为“股东大会选举董事、监事,实行累积投票制,除非公司章程另有规定或者股东大会作出不同决议”。

在公司法现有规定的制度背景下,应当鼓励股东进行积极行动,主动在公司章程或者通过股东大会的决议对累积投票制作出明确的选择。

(2)中小股东的提案权

我国《公司法》第102条第2款明确规定了中小股东的提案权。该款规定:“单独或者合计持有公司百分之三以上股份的股东,可以在股东大会召开十日前提出临时提案并书面提交董事会;董事会应当在收到提案后二日内通知其他股东,并将该临时提案提交股东大会审议。临时提案的内容应当属于股东大会职权范围,并有明确议题和具体决议事项。”该提案权为中小股东在股东大会中发表自己的意见、提出自己的主张提供了一个很好的途径。在现实中,应当鼓励中小股东积极行使该权利。

(3)中小股东的查阅权和知情权

股东的查阅权是指法律赋予股东查阅公司的财务会计报告、账簿等资料以及询问与上述有关的问题,实现了解公司运营状况和公司高级管理人员的活动的权利。我国《公司法》第33条、第97条对股东的查阅权的范围、程序、救济等方面作了规定,为中小股东实现知情权提供了制度保障。由于上市公司控制股东可能滥用控制权操纵公司的经营管理,利用掌握的信息优势侵害公司和中小股东的利益,因此在现实中落实和强化中小股东的查阅权和知情权是非常有意义的,它可以对公司控制股东和公司高级管理人员起到一定的制衡和监督作用。

(4)中小股东召集股东会的权利

我国《公司法》第39条第2款规定,代表1/10以上表决权的股东,提议召开临时股东会会议的,应当召开临时股东会会议。中国证监会在《上市公司股东大会规则》中,对中小股东的这一权利又作出了进一步的细化规定。[1] 就客观上而言,中小股东召集股东会会议的这一权利是一项很大的权利,它对于制衡控制股东和保护中小股东的权利应当很有效。不过,在现实中落实这一权利并非易事。尤其是中小股东提出召集临时股东会会议,但董事会和监事会对此都予以了拒绝,此时只能由中小股东自行召集和主持了。虽然《上市公司股东大会规则》第 12 条规定,"监事会或股东自行召集的股东大会,会议所必需的费用由公司承担",但是股东会会议的召集和主持还涉及许多其他烦琐的问题。所以,中小股东的这项权利在现实中的落实仍然是非常困难的。

4. 明确建立控制股东的忠实义务

(1)对忠实义务的简介

忠实义务(duty of loyalty),是一种重要的信义义务(fiduciary duty)。信义义务源于英美法系中的信托理论,又被称为"信赖义务"。它是指受托人基于信托关系对信托人负有的法律义务,其中的信托关系是一方基于信赖将自己的特定财产交与另一方掌管,另一方承诺为实现对方的最佳利益而服务的一种契约关系。公司法中董事、经理等高级管理人员对公司承担的信义义务就源于此。[2] 随着资本多数决滥用现象的不断增多,越来越多的学者主张控制股东与公司和少数股东之间存在事实上的信义义务,应将信义义务扩大适用于控制

---

〔1〕《上市公司股东大会规则》第 9 条规定:单独或者合计持有公司 10% 以上股份的普通股股东(含表决权恢复的优先股股东)有权向董事会请求召开临时股东大会,并应当以书面形式向董事会提出。董事会应当根据法律、行政法规和公司章程的规定,在收到请求后 10 日内提出同意或不同意召开临时股东大会的书面反馈意见。董事会同意召开临时股东大会的,应当在作出董事会决议后的 5 日内发出召开股东大会的通知,通知中对原请求的变更,应当征得相关股东的同意。董事会不同意召开临时股东大会,或者在收到请求后 10 日内未作出反馈的,单独或者合计持有公司 10% 以上股份的普通股股东(含表决权恢复的优先股股东)有权向监事会提议召开临时股东大会,并应当以书面形式向监事会提出请求。监事会同意召开临时股东大会的,应在收到请求 5 日内发出召开股东大会的通知,通知中对原请求的变更,应当征得相关股东的同意。监事会未在规定期限内发出股东大会通知的,视为监事会不召集和主持股东大会,连续 90 日以上单独或者合计持有公司 10% 以上股份的普通股股东(含表决权恢复的优先股股东)可以自行召集和主持。

〔2〕《公司法》第 147 条规定:"董事、监事、高级管理人员应当遵守法律、行政法规和公司章程,对公司负有忠实义务和勤勉义务。董事、监事、高级管理人员不得利用职权收受贿赂或者其他非法收入,不得侵占公司的财产。"

股东,甚至认为资本多数决的滥用实质上就是控制股东对其应负的信义义务的违反。[1] 忠实义务一般属于一种消极义务,其主旨是要求控制股东符合“行为公正的义务”,即必须考虑公司和少数股东利益,并不得从事有损其利益的行为。通过规定这种义务,学者们认为将会对资本多数决滥用起到有效的预防和纠正的作用。目前,在美国法、德国法(在德国法中,该义务被称为“Treuepflicht”)中都普遍采用该理论。[2] 《德国股份公司法》第53a条规定了“对股东的同等对待”(Gleichbehandlung der Aktionaere)的原则,即“股东应在相同的条件下被同等地对待”。德国的理论界和司法界认为该条不仅包含了同等对待原则(Gleichbehandlungsgebot),而且包含了股东作为公司成员的忠实义务(Mitgliedschaftliche Treubindungen)。[3]

(2)忠实义务的理论依据

笔者认为,根据信托理论类推对上市公司控制股东科以忠实义务是可以的,不过同时也可以从我国民法中诚实信用原则、禁止权利滥用原则和权利义务一致原则来解释。首先,诚信原则是我国民法的一项基本原则,是整个民事领域反对欺诈、胁迫、乘人之危、恶意通谋等不正当行为的重要法律手段。其次,控制股东在行使控制权时被科以忠实义务是禁止权力滥用理论在公司法领域的具体体现。控制股东不得以牺牲公司和其他股东利益为代价为己获利。最后,控制股东的忠实义务是权利义务一致原则和自然正义的要求,权利与义务相关联,有权利则必有义务,无义务则必无权利。控制股东行使控制权对中小股东造成损害时,则必须对其科以信义义务,避免控制权的滥用,实现权利义务相统一。

---

〔1〕 类似的观点参见刘俊海:《股份有限公司股东权的保护》,法律出版社2004年版,第525页;王保树、杨继:《论股份公司控制股东的义务与责任》,载《法学》2002年第2期;朱慈蕴:《资本多数决原则与控制股东的诚信义务》,载《法学研究》2004年第4期;曹富国:《少数股东保护与公司治理》,社会科学文献出版社2006年版,第229页。

〔2〕 参见[美]莱纳·克拉克曼、亨利·汉斯曼等:《公司法剖析:比较与功能的视角》,罗培新译,法律出版社2009年版,第180~186页。

〔3〕 Vgl. Uwe Hueffer: Aktiengesetz, 6. Aufl., 2004, § 53a Rn. 13 ff; Joachim Hennrichs, Treupflichten im Aktienrecht, AcP 195 (1995), 221; Hartwig Henze, Treupflicht der Gesellschafter im Kapitalgesellschaftsrecht, ZHR 162 (1998), 186; Marcus Lutter, Die Treupflicht des Aktionaers, ZHR 153 (1989), 446.

(3)对于控股股东忠实义务的规定和完善

鉴于我国控制股东“一股独大”的现象普遍存在,上市公司的股东会、董事会往往成为控制股东的工具,滥用控制权的风险非常大。在这种情况下,为了保护中小投资者,应当在我国《公司法》中明确规定控制股东行使控制权时应承担忠实义务,禁止其滥用控制权侵害公司和中小股东的利益,同时应当规定违反忠实义务时须承担的责任。我国《公司法》第20条规定,公司股东应当遵守法律、行政法规和公司章程,依法行使股东权利,不得滥用权利损害公司或其他股东的利益;公司股东滥用权利给公司和其他股东造成损失的,应当依法承担赔偿责任。该条虽然并未正面明确规定控制股东的忠实义务,但是从承担责任的角度作了规定。2018年修订后的《上市公司治理准则》第63条则规定:“控股股东、实际控制人对上市公司及其他股东负有诚信义务。控股股东对其所控股的上市公司应当依法行使股东权利,履行股东义务。控股股东、实际控制人不得利用其控制权损害上市公司及其他股东的合法权益,不得利用对上市公司的控制地位谋取非法利益。”就法解释的角度而言,该条中的诚信义务应当等同于忠实义务。此外,《上市公司治理准则》第4条规定:“上市公司股东、实际控制人、董事、监事、高级管理人员,应当依照法律、行政法规、部门规章、规范性文件(以下统称法律法规)和自律规则行使权利、履行义务,维护上市公司利益。董事、监事、高级管理人员应当持续学习,不断提高履职能力,忠实、勤勉、谨慎履职。”该条中所规定的董事、监事、高级管理人员的忠实、勤勉、谨慎履职义务应当即为董事、监事、高级管理人员的受信义务。不过该条的表述比较含蓄,并没有明确规定上市公司股东、实际控制人的信义义务。所以,从总体上而言,笔者认为,目前我国立法对于信义义务和忠实义务的规定尚不够明确,未来应当在我国《公司法》中明确规定控制股东的忠实义务和违反该义务的责任,以进一步加强法律的可操作性。

笔者认为,忠实义务有多种类型和适用范围,其适用范围包括控制股东的关联交易、转让控制权、指令董事行为和在股东会决议时滥用表决权等。对于控制股东的关联交易,应强调忠实义务,强调关联交易的合法性和程序上的合规性;转让控制权时控制股东应承担注意义务;当控制股东指令公司董事行为,导致公司或少数股东利益受损时,应认定控制股东违反了忠实义务;当控制股东滥用表决权导致股东会决议事项损害公司或少数股东利益时,应认定控制股东违反了忠实义务。

在违反忠实义务的责任和救济方面,如果公司行为属于股东大会决议事项,则股东大会决议应是可撤销的,控制股东对该决议所造成的损害承担赔偿责任。如果行为不属于股东大会决议事项,控制股东应承担侵权法上的损害赔偿责任。对于关联交易的审查,控制股东对关联交易的公平性应承担举证责任。如果关联交易得到了非关联股东的批准,举证责任应转移给原告。

5. 加强对控制股东的信息披露义务

信息披露又称信息公开,是指证券发行人在证券的发行与流通诸环节中,依法将其经营和财务信息向管理部门、社会公众予以充分、完整、准确、及时的公开,以供投资者投资参考的制度。信息披露的目的在于保证国家对证券市场的监管,维护广大投资者的利益。及时有效的信息公开可以抑制过度投机、欺诈和违规交易的发生。

近年来,我国加强了对上市公司信息披露的立法和监管。《证券法》以及证监会等机构颁行的一系列的信息披露管理的规章制度,大大完善了上市公司信息披露的法律规制。《上市公司信息披露管理办法》和《首次公开发行股票并上市管理办法》等规范性文件对上市公司需要披露的招股说明书、年报、中报和配股说明书的格式和项目都有标准化的规定,大大加强了对关联交易的信息披露规范。

不过,笔者认为,我国应当借鉴德国和美国的做法,进一步完善对关联关系和关联交易的信息披露制度。为了保护公司及中小股东的利益,应强化上市公司董事会提交关于关联关系和关联交易的报告义务,以说明公司与其他关联人的关系以及发生的交易,使公司股东以及市场投资者得以了解更多的实际情况。这种报告的内容应包括以下几点:说明上年度公司与关联人进行的一切法律行为以及因控制股东的促使或为其利益而从事的一切措施或不作为;在法律行为中,所为之给付或对待给付;在措施中,该措施的理由,对公司的利益及不利益等,均应在诚信原则下予以说明。同时,报告中还应说明公司所受到的不利益是否已在会计年度中获得补偿及补偿的方法,或已取得一定利益的法律请求权。董事会在报告的结尾要说明所采取的法律行为或其他措施的情况,公司是否已从该法律行为中获得适当的对待给付,以及在该措施的决定或不作为中是否受到不利益。若公司受到不利益,董事会则应说明是否受到补偿。

此外,我国应当加强对信息披露违法违规行为的监管和责任追究。在强化行政和刑事责任(它们一般通过公权力机关被予以追究,是法律的公共执行,即 public enforcement)的追究的同时,也进一步加强和落实违规者的民事责任。后者对推动证券法律制度的私人执行(private enforcement)意义重大。

6. 强化在双层股权结构中的特殊信息披露义务

双层股权结构又称差异化表决权安排,其呈现出集中于新经济领域的趋势,以科技创新为特征的新经济公司的创始股东/管理者青睐选择这种同股不同权的极端治理结构。[1] 美国、日本、新加坡等发达国家的证券市场中都允许这种特殊的股权结构安排。2018 年发布的《上海证券交易所科创板股票上市规则》中允许公司选择差异化表决权安排的双层股权结构。

美国哈佛大学法学院的 Bebchuk 教授等学者通过研究发现,随着现金流权利(或称为所有者利益)的下降,控制股东对少数股东的潜在代理成本以令人震惊的速度上涨;双层股权结构公司中的少数持股控制股东,相比于分散所有权结构和集中所有权结构公司中控制股东更倾向于将公司现金流用来扩张公司规模,而不是倾向于将公司现金流分配给股东,因此这种公司往往会发展成为公司集团,少数持股控制股东就成为"公司中的国王"。结果是控制权的潜在的私人利益会扭曲少数持股控制股东的决策,使其滥用控制权压迫公众股东,会增加代理成本,鼓励少数持股控制股东将公司作为一个盘剥公众股东的工具。[2]

强制和强化对双层股权结构进行相关信息披露则至关重要。这将会增强市场和社会公众对该类型上市公司的监督,促使双层股权结构上市公司努力完善公司治理和控制或降低控制权的私人受益,从而提升对投资者的保护。我国《上海证券交易所科创板股票上市规则》规定了双层股权结构的特殊信息披露

---

〔1〕 参见刘胜军:《论双层股权结构资本重置的利益冲突与治理》,载《河北法学》2021 年第 9 期。

〔2〕 See Lucian Arye Bebchuk, Reinier Kraakman & George G. Triantis, *Stock Pyramids*, *Cross Ownership*, *and Dual Class Equity*: *The Mechanisms and Agency Costs of Separating Control from Rights*, in Randall K. Morck ed., Concentrated Corporate Ownership, Chicago: The University of Chicago Press, 2000, p. 295.

要求，要求上市公司具有差异表决权安排的，应当充分、详细披露相关情况特别是风险、公司治理等信息，以及依法落实保护投资者合法权益规定的各项措施，并持续披露差异化表决权安排的实施和变化情况，以及投资者保护措施的实施情况。随着双层股权结构在我国实践中的发展，我国应积极总结实践经验，并不断大胆借鉴国际经验，不断通过国家立法或者完善证券交易所自律规则的途径强化在双层股权结构中的特殊信息披露义务。

（三）对上市公司控制股东滥用控制权的程序法规制

股东诉讼制度是通过司法上的程序来对控制股东滥用控制权进行干预，是对控制股东进行法律规制的一种有效方法。它不但可以使股东在遭受侵害后有效地获得救济，而且在事前也能很好地起到抑制控制股东侵权的作用。我国2005年《公司法》修改的一大亮点就是明显增强了各种违法违规行为的可诉性，为中小股东提供了以诉讼方式维护自己权益的制度武器。所以笔者认为，在现有的基础上进一步完善股东诉讼制度，拓宽和畅通司法救济渠道，对于进一步完善对控制股东滥用控制权的法律规制有重要意义。

1. 充分利用股东的直接诉讼制度

我国《公司法》第152条规定："董事、高级管理人员违反法律、行政法规或者公司章程的规定，损害股东利益的，股东可以向人民法院提起诉讼。"该条明确规定了股东直接诉讼制度，它对于保护中小股东利益意义重大。

控制股东滥用控制权的方式多种多样，其中最常见的是在股东大会或董事会会议中滥用其表决权。对此，我国《公司法》还专门规定了股东对于股东大会和董事会决议的无效或可撤销之诉。[1] 此时控制股东滥用控制权的表现是决议内容存在瑕疵或者在程序上存在瑕疵，所以中小股东可以通过提起股东会或董事会决议无效或撤销之诉来实现救济。

对于控制股东滥用对公司的控制力和影响力，不通过股东会或董事会的形

---

〔1〕《公司法》第22条规定："公司股东会或者股东大会、董事会的决议内容违反法律、行政法规的无效。股东会或者股东大会、董事会的会议召集程序、表决方式违反法律、行政法规或者公司章程，或者决议内容违反公司章程的，股东可以自决议作出之日起六十日内，请求人民法院撤销。股东依照前款规定提起诉讼的，人民法院可以应公司的请求，要求股东提供相应担保。公司根据股东会或者股东大会、董事会决议已办理变更登记的，人民法院宣告该决议无效或者撤销该决议后，公司应当向公司登记机关申请撤销变更登记。"

式而进行侵害中小股东利益的情形,笔者认为中小股东也可以直接诉讼。其法理根据是控制股东滥用控制权违反了民法上的诚实信用原则和权利不得滥用原则,控制股东应当承担侵权法上的侵权民事责任。这些情形主要包括以下三种:(1)控制股东排挤、压榨少数股东,其典型做法是:恶意罢免或无理阻挠少数股东担任公司管理职务;恶意增加资本,迫使少数股东无力认购而使其持股比例进一步降低;操纵股份价格,迫使少数股东降价出售其所持股票等。(2)控制股东进行内幕交易。(3)控制股东以不合理的高价溢价出让其控制股。对于这些情况,在诉讼实践中,法院应着重考虑中小股东的弱势,仿效美国的做法,将举证责任重心转移给控制股东,让控制股东证明其行为的正当性。只要其举证失败,就要承担败诉的后果,而原告只需证明其受到了损害即可。

2. 完善股东的派生诉讼制度

传统大陆法系公司法中是禁止股东派生诉讼制度的,但从 20 世纪七八十年代开始,德国等大陆法系国家逐渐通过判例和修法的形式引入了英美法系中的股东派生诉讼制度。[1] 我国 2005 年修改《公司法》时,在当时该法的第 152 条(现行《公司法》第 151 条)构建了股东派生诉讼制度。[2] 针对董事、监事、高级管理人员或者他人给公司造成损失的情形,符合一定条件的股东在监事会或监事、董事会或董事拒绝提起诉讼或特殊情况发生时,有权为了公司的利益以自己的名义直接向人民法院提起诉讼。

---

〔1〕 在这一发展过程中,德国联邦高等法院先后通过三个判例(1982 年的 Holzmeuller-Urteil、1988 年的 Linotype-Urteil 和 1995 年的 Girmes-Urteil)逐步扩大了股东的诉讼权利,在 1998 年通过《企业范围内的控制和透明度法》(KonTraG)进一步提高了股东的诉讼权利,并最终在 2005 年通过《企业凝聚和撤销权的现代化法》(UMAG)在其《股份公司法》第 148 条中建立了明确的股东派生诉讼制度。See Thomas Raiser, Recht der Kapitalgesellschaften, 5. Aufl. , Verlag Franz Vahlen GmbH, 2010, S. 68 – 73.

〔2〕 2005 年《公司法》第 152 条(现行《公司法》第 151 条)规定:"董事、高级管理人员有本法第一百四十九条规定的情形的,有限责任公司的股东、股份有限公司连续一百八十日以上单独或者合计持有公司百分之一以上股份的股东,可以书面请求监事会或者不设监事会的有限责任公司的监事向人民法院提起诉讼;监事有本法第一百四十九条规定的情形的,前述股东可以书面请求董事会或者不设董事会的有限责任公司的执行董事向人民法院提起诉讼。监事会、不设监事会的有限责任公司的监事,或者董事会、执行董事收到前款规定的股东书面请求后拒绝提起诉讼,或者自收到请求之日起三十日内未提起诉讼,或者情况紧急、不立即提起诉讼将会使公司利益受到难以弥补的损害的,前款规定的股东有权为了公司的利益以自己的名义直接向人民法院提起诉讼。他人侵犯公司合法权益,给公司造成损失的,本条第一款规定的股东可以依照前两款的规定向人民法院提起诉讼。"

关于股东派生诉讼,笔者认为关于对原告股东的限制太严格。我国《公司法》规定连续 180 日以上单独或合计持有公司 1% 以上股份的股东才有资格起诉,设置原告资格条件的初衷是寻求保障股东诉权和防止滥诉的平衡。笔者认为单纯看该比例是不高的,但是不能忽视的是,在我国股权高度集中情势下的小股东持股比例普遍很低,规定最低持股 1% 可能需要很多股东联合持股才够原告股东资格。原告联合股东人数越多,诉讼成本就越高,要进行诉讼的共同意愿一致度和时间越不利于胜诉,从而阻碍小股东行权的积极性,导致股东派生诉讼制度成本无法收回。另外,连续持股 180 日以上的时间要求也太长了,与现代资本市场的高流动性和高效率性不相符合。所以,在不改变诉讼机制的情况下,我国应当从持股数和持股时间两个方面降低对原告股东的资格要求,从而便利于中小股东提起派生诉讼。此外,应当规定当法院认定中小股东的派生诉讼合情合理、没有明显的故意或重大过失地滥诉时,公司应当承担派生诉讼的费用,从而在经济上对中小股东的派生诉讼给予支持,实现分配正义。

3. 引入股东的集团诉讼制度

我国《民事诉讼法》仅仅规定了一般的共同诉讼制度。它实施程序复杂,行使成本高昂,在证券民事赔偿诉讼中很难实现对中小股东的充分和有效的救济。而为了解决这一难题,美国法的集团诉讼制度(Class Action)就非常值得我国借鉴。〔1〕 在美国,集团诉讼被人们称为保护证券投资者权益的"最有力武器"。〔2〕 集团诉讼是指当争议发生后,为了集团成员全体的共同的利益,由权益受损集团中的一人或数人代表全体集团成员提起诉讼的制度。法院对集团所作的判决及于集团所有成员。在征集原告方面,集团诉讼采用"明示退出,默示参加"的原则,只要不明示放弃,都视作参加诉讼,在胜诉后都能分得赔偿份额。这种"明示退出,默示参加"的诉讼模式(opt-out class action)是美国集团诉讼模式的一个最核心的特征。目前,这种模式已经被澳大利亚、加拿大、以色

〔1〕 我国学者对美国的集团诉讼制度的研究和主张进行引入借鉴的研究可参见章武生:《论群体性纠纷的解决机制——美国集团诉讼的分析和借鉴》,载《中国法学》2007 年第 3 期;郭雳:《美国证券集团诉讼的制度反思》,载《北大法律评论》2009 年第 2 期;周学峰:《证券集团诉讼的滥用与制约》,载《西部法学评论》2011 年第 2 期。

〔2〕 参见邱永红:《论新〈公司法〉框架下上市公司质量的提高》,载《中国证券报》2007 年 1 月 19 日。

列、葡萄牙等国所采纳。[1] 集团诉讼的优点是显著提高诉讼效率,有效避免重复诉讼和同案不同判的发生。

目前,我国《民事诉讼法》第 56 条和第 57 条规定了代表人诉讼制度[2],但是这与英美国家的集团诉讼有着根本区别。我国 2019 年修订的《证券法》专设了"投资者保护"一章。该章第 95 条第 1 款规定:"投资者提起虚假陈述等证券民事赔偿诉讼时,诉讼标的是同一种类,且当事人一方人数众多的,可以依法推选代表人进行诉讼。"该条第 2 款规定:"对按照前款规定提起的诉讼,可能存在有相同诉讼请求的其他众多投资者的,人民法院可以发出公告,说明该诉讼请求的案件情况,通知投资者在一定期间向人民法院登记。人民法院作出的判决、裁定,对参加登记的投资者发生效力。"上述两款确立了代表人诉讼制度。该条第 3 款进一步规定:"投资者保护机构受五十名以上投资者委托,可以作为代表人参加诉讼,并为经证券登记结算机构确认的权利人依照前款规定向人民法院登记,但投资者明确表示不愿意参加该诉讼的除外。"该款规定的是投资者保护机构作为代表人的代表人诉讼制度,并且借鉴了美国集团诉讼制度中的"明示退出,默示参加"模式。这些规定无疑将会增强对投资者的保护。但是,这些规定仍然停留在传统大陆法系国家中的集体诉讼制度的层面,与普通法系中的集团诉讼制度有着本质的区别。目前我国的投资者保护机构,如中证中小投资者服务中心有限责任公司,一般是在中国证监会的领导下成立,并在其管理下运行的证券金融类公益机构,其是否能够真正作为中立的市场主体,并真正地去积极和忠实地保护投资者的权利则是一个值得思考的问题,并且该类机

〔1〕 See Deborah R. Hensler, *The Globalization of Class Actions: An Overview*, Annals of the American Academy of Political and Social Science, 622, p. 15 – 17(2009).

〔2〕 《民事诉讼法》第 56 条规定:"当事人一方人数众多的共同诉讼,可以由当事人推选代表人进行诉讼。代表人的诉讼行为对其所代表的当事人发生效力,但代表人变更、放弃诉讼请求或者承认对方当事人的诉讼请求,进行和解,必须经被代表的当事人同意。"第 57 条规定:"诉讼标的是同一种类、当事人一方人数众多在起诉时人数尚未确定的,人民法院可以发出公告,说明案件情况和诉讼请求,通知权利人在一定期间向人民法院登记。向人民法院登记的权利人可以推选代表人进行诉讼;推选不出代表人的,人民法院可以与参加登记的权利人商定代表人。代表人的诉讼行为对其所代表的当事人发生效力,但代表人变更、放弃诉讼请求或者承认对方当事人的诉讼请求,进行和解,必须经被代表的当事人同意。人民法院作出的判决、裁定,对参加登记的全体权利人发生效力。未参加登记的权利人在诉讼时效期间提起诉讼的,适用该判决、裁定。"

构的实际运行情况也需要靠实践去检验。

笔者认为,为了更加充分和有效地保护广大投资者的合法权益,更加有效地保护中小股东的作为私有财产权的股权,未来我国应当进一步修改《民事诉讼法》或者《证券法》,大胆引入集团诉讼制度。[1] 一国若没有对投资者的严格和有效的保护机制,则一国资本市场最终是无法兴盛和繁荣起来的,这将会进一步导致一国经济的长期可持续增长和国民人均收入的持续提高受到阻碍,民众对美好生活的期望也将无法变为现实。所以,从权衡大局的角度来看,我国应当尝试引入集团诉讼制度,构建更加有效的投资者保护机制,从而不断提高我国庞大资本市场的质量和效率。

(四)控制股东责任体系的构建

我国《公司法》规定了控制股东滥用控制权对公司、其他股东以及债权人造成利益损失的,应当承担损害赔偿责任,并且规定了公司法人人格否定制度。不过,我国法律对控制股东的责任体系的规定仍有待进一步完善。在控制股东法律责任体系的构建方面,笔者认为应该理顺违法者的责任承担问题,明确其民事责任,加大行政监管和行政处罚力度,并辅之以刑事责任规制。

1. 民事责任体系

(1)构建完善的民事责任体系

首先,控制股东滥用控制权、侵害公司利益的行为构成了侵权行为,应承担相应的侵权责任。我国《公司法》第 3 条第 1 款规定:"公司是企业法人,有独立的法人财产,享有法人财产权。公司以其全部财产对公司的债务承担责任。"《公司法》正式规定了公司的法人财产权概念。而《公司法》第 20 条第 2 款规

---

〔1〕 在现代社会中易出现大规模侵权的事件,在美国产生和发展起来的集团诉讼制度因能更加高效和便捷地为受害者提供保护而被许多其他国家或多或少地予以借鉴和移植,参见 Deborah R. Hensler, *The Globalization of Class Actions: An Overview*, Annals of the American Academy of Political and Social Science, 622, 7 - 27(2009)。德国于 2005 年制定的《投资者典型诉讼法》便在一定程度上借鉴和移植了美国的集团诉讼制度,参见 Burkhard Hess, Fabian Reuschle, Bruno Rimmelspacher (Hrsg.), Kölner Kommentar zum KapMuG, 2. Auflage, Carl Heymanns Verlag, 2014; Gesetz über Musterverfahren in Kapitalmarktrechtlichen Streitigkeiten (Kapitalanleger-Musterverfahrensgesetz-KapMuG), http://www.gesetze-im-internet.de/bundesrecht/kapmug_2012/gesamt.pdf,最后访问日期:2015 年 3 月 10 日;章武生、张大海:《论德国〈投资者典型诉讼法〉》,载《环球法律评论》2008 年第 3 期;吴泽勇:《集团诉讼在德国:"异类"抑或"蓝本"?》,载《法学家》2009 年第 6 期。

定:“公司股东滥用股东权利给公司或者其他股东造成损失的,应当依法承担赔偿责任。”控制股东滥用控制权侵犯上市公司权益的行为,应当构成一种侵权行为,这里侵害的客体一般是公司法人的财产权利或利益,控制股东在主观上具有故意,公司因控制股东的行为而受到了损害,加害行为与损害之间具有因果关系。因此,上市公司有权根据我国《民法典》第 1165 条第 1 款[1]对控制股东提起侵权之诉,请求损害赔偿。

其次,控制股东滥用控制权、进行隐藏的利益输送或资产移转的行为违反了公司法中的忠实义务原则,应承担相应的民事责任。我国《公司法》没有明确规定控制股东的忠实义务,以及违反这种忠实义务时的民事责任。中小股东依法维权时的举证责任重、成本高、时间久和难度大。故民事责任的不完备为控制股东敢于滥用权利提供了一定的制度空间。笔者认为,未来我国《公司法》应当明确规定,控制股东行使控制权要遵守忠实义务原则,不得滥用控制权侵害公司和中小股东的利益,对于控制股东损害公司和中小股东合法权益的行为,中小股东有权要求其停止侵害和赔偿损失等,并可以向法院提起诉讼。遵守忠实义务应是一个首要存在于社团法上的原则。而公司法在本质上便是一种社团法。按照忠实义务的一般表述,它要求对公司要忠诚地行为,积极支持公司的目的,并使公司远离损失。忠实义务不仅存在于控制股东和公司之间,而且存在于控制股东与中小股东相互之间。它不仅是股东成员权的界限,也是股东行为义务的源泉。作为一个一般条款被表述的法律义务,忠实义务的适用范围和界限必须通过案例群的构建而被具体化。控制股东滥用控制权向自己进行隐藏的利益输送或资产移转,便是违反忠实义务案例群中最重要的一种。对于控制股东滥用控制权的行为,可以要求其承担未滥用的举证责任,法院对于通过关联交易进行侵害的行为,可以适当借鉴美国的商业判定规则和实质公平规则等审查原则和方法。

再次,控制股东滥用控制权、进行隐藏的利益输送或资产移转的行为也违反了公司法中的平等对待原则,应承担相应的民事责任。股东平等对待原则

---

[1] 我国《民法典》第 1165 条规定:“行为人因过错侵害他人民事权益造成损害的,应当承担侵权责任。依照法律规定推定行为人有过错,其不能证明自己没有过错的,应当承担侵权责任。”

(Gleichbehandlungsgebot)在公司法中是一项重要的原则,从股东平等原则可以自然地派生出该原则,尽管我国《公司法》中尚没有明确的条文对此作出规定。从时间上来说,平等对待原则是开始于公司产生时。在这个时间点前,尤其是在公司合同缔结时股东之间的关系是由合同自由的基本原则所支配的,根据该原则,股东能够自由设定他们的权利义务。公司法上对平等对待原则的时间界限进行这种界定的深层意义存在于通过共同缔约在一个私法社团中产生了一种特殊的共同体空间(Gemeinschaftssphaere)〔1〕、在私法中处于主导地位的权利同等(Rechtsgleichheit)原则以及在社团中对多数统治(这是由资本多数决原则所决定的)的限制。〔2〕 控制股东滥用控制权、进行隐藏的利益输送或资产移转便是一种典型的损害股东平等对待原则的情况。在这里,控制股东以公司财产和相应其余股东为代价而受到利益。所以,基于平等对待原则受到侵害,受损的其他股东能够以股东诉讼的方式或者公司董事作为公司的代表人,要求控制股东返还被非法移转的财产。

最后,在发行人欺诈发行证券、上市公司进行虚假信息披露等情况中,也可以从证券欺诈和证券法的角度出发,借鉴美国证券法中的一般反欺诈条款(anti-fraud clause,也即美国证券交易委员会制定的1934年《美国证券交易法规则》第10b-5条〔3〕),将其作为损害赔偿请求权的基础,并通过将其作为追究实施证券欺诈行为人的行政责任和刑事责任的法条基础。笔者认为,这一基于

〔1〕 Vgl. Götz Hueck, Der Grundsatz der Gleichmäßigen Behandlung im Privatrecht, C. H. Beck, München/Berlin, 1958, S. 128 ff, 222 ff; Hachenburg/Raiser, Gesetz betreffend die Gesellschaften Mit Beschränkter Haftung, 8. Aufl. Berlin-New York, 1992, § 14 Rn. 69.

〔2〕 参见 Jiang Bai, Erwerb eigener Geschaeftsanteile im Recht der Gesellschaft mit beschraenkter Haftung, Berliner Wissenschaftsverlag, 2005, S. 133, 134;白江:《论有限责任公司取得自己的出资份额:以德国法和中国法为背景》,法律出版社2011年版,第134~135页。

〔3〕 Rules and Regulations promulgated under the Securities Exchange Act of 1934 "Rule 10b-5 Employment of Manipulative & Deceptive Devices It shall be unlawful for any person, directly or indirectly, by the use of any means or instrumentality of interstate commerce, or of the mails or of any facility of any national securities exchange, a. To employ any device, scheme, or artifice to defraud, b. To make any untrue statement of a material fact or to omit to state a material fact necessary in order to make the statements made, in the light of the circumstances under which they were made, not misleading, orc. To engage in any act, practice, or course of business which operates or would operate as a fraud or deceit upon any person, in connection with the purchase or sale of any security".

证券法中一般反欺诈条款构建的损害赔偿请求权与基于公司法中违反忠实义务构建的损害赔偿请求权是一种竞合关系,可以同时存在,以供选择适用。我国有学者认为,基于公司法中违反信义义务而构建损害赔偿请求权是一种私法路径和理念,而基于证券监管中采取的"追首恶"而产生的对上市公司实际控制人追究行政责任和刑事责任的方法则是一种公法路径和理念,在实际控制人法律责任问题上,我国应实现公司治理结构的理念矫正与证券违法行为追责的逻辑转换。[1] 笔者认为,证券法仍然属于私法的范畴,证券法中基于一般反欺诈条款而构建的民事、行政和刑事责任也同样属于私法范畴内的特殊制度设计。私法中存在行政责任条款或者刑事责任条款在现代立法中是经常出现的情况,这里并不存在私法路径与理念和公法路径与理念的冲突。

(2)引入债权居次受偿制度

居次受偿原则源于美国判例法中的"深石原则"(Deep Rock Doctrine),其理论称为"衡平居次理论"(Equitable Subordination)。我国学者对其表述各异,江平教授称之为"次级债权规则",王保树教授谓之"控制企业债权公平居次"。[2] 该原则是为了限制控制股东对被控制公司的债权的行使,以保证被控制公司的债权人受到公平对待。如果控制公司滥用被控制公司人格,那么控制公司对其的债权不享有抵销权。该原则引起的效果是,当被控制公司破产清算时,控股公司不享有别除权或优先权,其债权分配顺序在其他债权人之后。当然,居次受偿原则的适用是有条件的,即当控制股东或控股公司利用控制关系与其被控制公司之间进行不正当交易,获得不正当利益,从而损害到被控制公司的债权人的利益之时。

目前,我国《公司法》或《企业破产法》尚未规定有关控制股东或控制公司居次受偿原则。在我国,有必要在公司法中引入该原则,使它与公司法人人格否定制度共同维护债权人的利益。居次受偿原则既可以在《公司法》中加以明确规定,也可以通过公司法司法解释的形式予以确立。

---

〔1〕 参见郑彧:《上市公司实际控制人法律责任的反思与构建》,载《法学研究》2021 年第 2 期;郑彧:《论实际控制人的法律责任:公法的路径依赖与私法的理念再生》,载《财经法学》2021 年第 3 期。

〔2〕 参见江平:《公司法与次级债权理论》,载《公司法评论》2005 年第 1 辑。

2. 加强行政监管

行政监管具有灵活和高效的特点。目前,我国已经初步建立起了较为完备的监督管理体系和行政责任制度。进一步的问题在于强化行政监管机构的职责落实和法律的现实实施。

对于国有上市公司所有权人缺位、内部人控制的问题,笔者认为应当通过增强各级国资委的职责和责任的方式予以解决,并且同时应当由各级人大和政协成立专门的监督机构,实施一定的监督。

鉴于行政手段直接灵活的特点,对于上市公司的新问题可以由行政部门先行通过行政法规予以规制,然后再考虑通过人大制定法律的方式予以规制。例如,信息披露制度,它是投资者了解公司经营的重要渠道,又是在新的时期防止控制股东滥用权利,通过隐蔽化、合谋化和复杂化的手段侵害公司和中小股东权益的重要方式。

针对为控制股东滥用控制权提供帮助的中介机构,如会计师事务所、律师事务所、资产评估公司等,要强化其责任,加强监管,对于违法违规者要加强处罚。

3. 强化控制股东滥权的刑事规制

在实践中,由于高额利益的驱动、约束机制的缺失和违法成本的低廉,一些控制股东通过各种直接或间接的手段,大肆侵害上市公司和中小股东的利益,对于此种行为应科以刑事责任,方能更好地予以惩罚、威慑和预防。我国《刑法》的确也紧跟实践发展,对于控制股东滥用控制权行为作了一些相应的规定。例如,现行《刑法》第169条之一规定,上市公司董事、监事、高级管理人员、控制股东或者实际控制人违背对公司的忠实义务、严重侵害上市公司利益的行为构成犯罪;[1]

---

〔1〕《刑法》第169条之一规定:"上市公司的董事、监事、高级管理人员违背对公司的忠实义务,利用职务便利,操纵上市公司从事下列行为之一,致使上市公司利益遭受重大损失的,处三年以下有期徒刑或者拘役,并处或者单处罚金;致使上市公司利益遭受特别重大损失的,处三年以上七年以下有期徒刑,并处罚金:(一)无偿向其他单位或者个人提供资金、商品、服务或者其他资产的;(二)以明显不公平的条件,提供或者接受资金、商品、服务或者其他资产的;(三)向明显不具有清偿能力的单位或者个人提供资金、商品、服务或者其他资产的;(四)为明显不具有清偿能力的单位或者个人提供担保,或者无正当理由为其他单位或者个人提供担保的;(五)无正当理由放弃债权、承担债务的;(六)采用其他方式损害上市公司利益的。上市公司的控股股东或者实际控制人,指使上市公司董事、监事、高级管理人员实施前款行为的,依照前款的规定处罚。犯前款罪的上市公司的控股股东或者实际控制人是单位的,对单位判处罚金,并对其直接负责的主管人员和其他直接责任人员,依照第一款的规定处罚。"

《刑法》第182条明确规定了操纵证券市场罪;[1]《刑法》第180条明确规定了内幕交易、泄露内幕信息罪。[2] 最高人民法院和最高人民检察院还颁布了关于操纵证券市场罪、内幕交易罪、泄露内幕信息罪的司法解释,为具体处理此类案件提供了详细的依据。近年来,在实践中我国对内幕交易犯罪的处罚案例也大幅增加,在有些案件中控制股东被判刑。这在证券领域也引起了广泛关注,如涉嫌内幕交易罪的黄光裕案,绿大地欺诈发行案,欣泰公司欺诈发行股票、违规披露重要信息案等。[3] 对控制股东滥用控制权行为采取刑事规制在英国、美国、德国和我国香港特别行政区也很普遍。刑事处罚以其政府强制力和强大的威慑力对控制股东违法行为起到震慑作用,是规制控制股东滥用权利行为的有力武器之一。

---

〔1〕《刑法》第182条规定:"有下列情形之一,操纵证券、期货市场,影响证券、期货交易价格或者证券、期货交易量,情节严重的,处五年以下有期徒刑或者拘役,并处或者单处罚金;情节特别严重的,处五年以上十年以下有期徒刑,并处罚金:(一)单独或者合谋,集中资金优势、持股或者持仓优势或者利用信息优势联合或者连续买卖的;(二)与他人串通,以事先约定的时间、价格和方式相互进行证券、期货交易的;(三)在自己实际控制的账户之间进行证券交易,或者以自己为交易对象,自买自卖期货合约的;(四)不以成交为目的,频繁或者大量申报买入、卖出证券、期货合约并撤销申报的;(五)利用虚假或者不确定的重大信息,诱导投资者进行证券、期货交易的;(六)对证券、证券发行人、期货交易标的公开作出评价、预测或者投资建议,同时进行反向证券交易或者相关期货交易的;(七)以其他方法操纵证券、期货市场的。单位犯前款罪的,对单位判处罚金,并对其直接负责的主管人员和其他直接责任人员,依照前款的规定处罚。"

〔2〕《刑法》第180条规定:"证券、期货交易内幕信息的知情人员或者非法获取证券、期货交易内幕信息的人员,在涉及证券的发行,证券、期货交易或者其他对证券、期货交易价格有重大影响的信息尚未公开前,买入或者卖出该证券,或者从事与该内幕信息有关的期货交易,或者泄露该信息,或者明示、暗示他人从事上述交易活动,情节严重的,处五年以下有期徒刑或者拘役,并处或者单处违法所得一倍以上五倍以下罚金;情节特别严重的,处五年以上十年以下有期徒刑,并处违法所得一倍以上五倍以下罚金。单位犯前款罪的,对单位判处罚金,并对其直接负责的主管人员和其他直接责任人员,处五年以下有期徒刑或者拘役。内幕信息、知情人员的范围,依照法律、行政法规的规定确定。证券交易所、期货交易所、证券公司、期货经纪公司、基金管理公司、商业银行、保险公司等金融机构的从业人员以及有关监管部门或者行业协会的工作人员,利用因职务便利获取的内幕信息以外的其他未公开的信息,违反规定,从事与该信息相关的证券、期货交易活动,或者明示、暗示他人从事相关交易活动,情节严重的,依照第一款的规定处罚。"

〔3〕2020年11月6日下午,最高人民检察院联合中国证券监督管理委员会召开以"依法从严打击证券违法犯罪 维护金融市场秩序"为主题的新闻发布会,发布12起证券违法犯罪典型案例,包括6起证券犯罪典型案例、6起证券违法典型案例。其中的案例一即为欣泰公司、温某乙、刘某胜欺诈发行股票、违规披露重要信息案。

### (五)完善司法监督和社会监督机制

法院、社会媒体和公共舆论对控制股东滥用控制权行为的约束和监督机制至关重要。

虽然我国不是判例法国家,但是法院的司法判决对于控制股东滥用权利行为具有很强的威慑力和广泛的引导作用。通过法院的司法审判,控制股东的违法行为得到制裁,违法责任得以实现,广大中小股东的权利得以救济,损失得以弥补。司法审判确定的审查规则和举证责任制度,对于规制控制股东的违法行为和维护中小股东的权利都具有重要意义。针对我国目前法院规制的不足,笔者建议我国法院要敢于尝试,发挥司法的能动作用,切实推进法律的执行,努力维护上市公司和广大中小股东的权益。

对控制股东的约束和监督,社会媒体和广大民众的力量同样不容忽视,特别是社会媒体的监督尤为重要,可以说一国没有发达的媒体业(media industry)和充分的媒体自由(media freedom),一国的资本市场最终是无法成熟、兴盛和繁荣的。据调查,控制股东的违法行为多数是由社会媒体与群众的检举和揭发而被曝光和纠正的。媒体和民众是中立的第三人,他们对控制股东滥用权利行为的评判是比较客观的,而且其监督具有广泛性、持续性和外部性的特点,所以应当充分调动媒体和民众的监督作用。此外,从更广泛的意义上来讲,民众同时也是上市公司的利益相关者,民众对上市公司及其控制股东的认可程度和评价也深刻影响着公司的发展和价值,进而影响我国资本市场的发展和繁荣。

# 公司组织机构间权力移转的效力

## ——基于公司法属性的视角

陈彦晶*　孙　博**

**内容摘要**:公司基于意思自治会发生组织机构之间的权力移转,若移转行为不违背公司法的立法目的且不会导致公司法体系的内部矛盾,其效力应予以肯认。《公司法》第37条和第46条所规定的"公司章程规定的其他职权"应包含公司法已然配置之权力。"三会"治理架构下股东会与董事会依其性质所固有之权力,权力移转应为无效。权力移转会使公司法立法目的落空抑或出现公司法体系内矛盾的,应为无效。而诸如股东会选任权、发行债券的权力等,虽公司法未明示其移转效力,但上述权利发生移转后依然可以维系公司法于规范属性下的内在逻辑自洽,基于私法自治理念应以容许。

**关键词**:公司法属性　股东会权力　权利配置　公司治理

## 一、引　言

伴随资本市场变化及诸多治理难题,公司治理规则完善始终是各国立法的重点〔1〕,我国也并不例外〔2〕。公司治理侧重于规范公司组织机构的设置、权

---

* 黑龙江大学法学院教授,法学博士。

** 黑龙江大学法学院硕士研究生。

〔1〕 参见冯果:《整体主义视角下公司法的理念调适与体系重塑》,载《中国法学》2021年第2期。

〔2〕 参见《聚焦新一轮公司法修改》,载《中国法律评论》2020年第3期。

力及各组织机构之间的制约关系。[1] 这就意味着研究公司治理规则既要关注公司组织机构间静态的权力配置,也要注意到公司组织机构间动态的权力移转,以维系公司各组织机构间的制约关系。从静态权力配置上看,公司法确立了公司内部治理机关的"三会"结构和"二元"模式,即公司股东会为公司的最高权力机构,股东会选举董事会和监事会;董事会和监事会相对独立,分别对股东会负责。[2] 基于此,本文的研究似乎也应以三者之间的动态权力移转效力作为研究对象。但对于监事会而言,其独立属性贯穿始终,监事会的独立性决定其监督权利不可因章程规定而任意转让。故探讨公司组织机构权力的移转当仅就公司的董事会与股东会之间的权力移转加以探讨。

当下对公司治理中公司组织机构间的权力配置研究已然汗牛充栋,但关于动态的公司组织机构间权力移转研究,则有精细之必要。公司组织机构间权力移转主要有两类实践样态:一类是章程(决议)的授权移转,即章程(决议)中将本属于股东会之权力,授予董事会;[3]抑或是章程(决议)中将本属于董事会之权力,授让与股东会。[4] 另一类是越权移转,即未经章程(决议)授权,股东会代行董事会权力;[5]抑或是未经章程(决议)授权,董事会代行股东会权力。[6]

---

〔1〕 参见叶林、黎建飞主编:《商法学原理与案例教程》,中国人民大学出版社 2006 年版,第 234 页。

〔2〕 参见龙卫球、李清池:《公司内部治理机制的改进:"董事会—监事会"二元结构模式的调整》,载《比较法研究》2005 年第 6 期。

〔3〕 参见陈某联与北京法博洋国际科技发展有限公司公司解散纠纷上诉案,最高人民法院民事判决书,(2014)高民终字第 1129 号,公司因未设股东会而将股东会权利转移至董事会。

〔4〕 参见罗培新:《股东会与董事会权力构造论:以合同为进路的分析》,载《政治与法律》2016 年第 2 期。

〔5〕 参见吴某等与辽宁国巍实业集团有限公司公司决议撤销纠纷上诉案,辽宁省沈阳市中级人民法院民事裁定书,(2017)辽 01 民终 618 号,股东会越权行使董事会职权解聘经理,判决认定股东会行为无效。

〔6〕 参见秦某青等诉四川金路集团股份有限公司公司决议效力确认纠纷案,四川省德阳市中级人民法院民事判决书,(2016)川 06 民终 801 号,董事会越权审议股东大会职权范围的事项,判决认定董事会行为无效。

司法机关对于权力的越权移转情形,均持有否定评价。[1] 故本文对越权移转问题,不加以赘述。本文所称“公司组织机构间的权力移转”仅限“章程(决议)的授权移转”。对于章程(决议)的授权移转效力,司法裁判不尽一致。在徐某霞等诉安顺绿洲报业宾馆有限公司公司决议效力确认纠纷案中,报业宾馆的公司章程中将决议公司重大事项的权利以及修改章程等《公司法》第37条所规定的权力移转至董事会,法院以其公司章程违反了强制性法律规定为由,判决章程之相关规定无效。[2] 然而,在袁某等诉黄某人等公司利益责任纠纷案中,法院认为,公司章程将公司经营方针和投资计划的权力赋予董事会的行为公司法并不禁止,该权力移转应属有效。[3] 结合裁判要旨,两院所产生的矛盾判决的实质分歧在于:公司法关于股东会权力、董事会权力的相关法律规范(《公司法》第37条、第46条)是否应理解为强制性规范,学界对此存在争议。强制说认为,公司法对于股东会和董事会进行的权力配置结构是符合一般股东利益的规定,公司章程无权改变。[4] 公司法所规范的关涉股东会、董事会职权系法定职权,章程不能加以限制,如若章程加以限制则限制部分无效。[5] 非强制说认为,有时也存在股东会通过公司章程将属于自己的权力让渡给董事会,属于对权力的自己处分行为,并未影响到董事会的法律地位。[6] 我国台湾地区也有学者认为,公司的所有事务当中除了股东会的专属职权,在不违背公序良俗、不超越资本范围以及不违背强行法规定的情况下,股东会都享有决策权。[7] 不难发现,在公司组织机构权力移转上,主张移转无效的学者,基本上是以公司法

---

〔1〕 笔者以“股东会越权”“董事会越权”为关键词,通过北大法宝进行全文检索。截至2021年9月16日,包含“股东会越权”关键词的判决共11个,其中关于股东会无授权行使董事会权力(《公司法》第46条)的判决共6个,人民法院均认定为无效。包含“董事会越权”关键词的判决共14个,其中关于董事会无授权行使股东会职权(《公司法》第37条)的判决共7个,人民法院均认定为无效。

〔2〕 参见徐某霞等诉安顺绿洲报业宾馆有限公司公司决议效力确认纠纷案,贵州省高级人民法院民事判决书,(2015)黔高民商终字第61号。

〔3〕 参见袁某等诉黄某人等公司利益责任纠纷案,最高人民法院再审民事裁定书,(2017)最高法民申1794号。

〔4〕 参见朱慈蕴:《公司法原论》,清华大学出版社2011年版,第294页。

〔5〕 参见赵旭东主编:《新公司法条文释解》,人民法院出版社2005年版,第96页;江平、李国光主编:《最新公司法理解与适用》,人民法院出版社2006年版,第29页。

〔6〕 参见施天涛:《公司法论》,法律出版社2018年版,第309页。

〔7〕 参见梁宇贤:《公司法》,台北,三民书局股份有限公司1982年版,第339页。

所涉之相关规定系“强制性规范”为出发点。而主张移转不发生法律效力的学者,多基于对公司法所涉权力规定系非“强制性规范”的理解。究其本源,过往司法实践与学术界关于公司组织机构间权力移转的效力争议的实质在于对公司法关于股东会、董事会权力的法条(《公司法》第 37 条、第 46 条)规范性质理解上出现分歧。而在认定法条规范性质上,无法脱离对该规范自身所处制定法自身属性的关注。那么,对于公司法整体属性的理解即成为研究权力移转效力的首要问题。

检视现有理论与实践分歧不难发现,人们对于公司组织机构的权力移转的效力认定往往过于“泛化”,即仅仅基于对所涉条文之规范结构的强制性与否,一概认定所涉权力移转的有效性与否。以此泛化思维,时常导致忽略公司的不同属性以及机构权力的不同特点,致使所形成结论常具概括性,难以实现法律解释与适用上的类型化以及研究对象上的精细化。如果将公司治理规则所涉规范概括理解为任意性规范,则大股东可通过修订公司章程对其加以修改,那么就可能出现如下损害小股东利益的情况:(1)规模较小的有限责任公司,原来设置的是董事会,中小股东亦有董事会席位,大股东通过修改公司章程,撤销董事会而仅设置执行董事,致使中小股东难以参与公司的一般经营;(2)剥夺中小股东所拥有的提名董事和监事的权限;(3)股份有限公司的大股东通过修改章程取消累积投票制。[1] 由于公司法关于组织机构间权力配置的规则主要集中在有限责任公司章节,股份有限公司准用之,故本文以有限责任公司组织机构间的权力移转作为研究对象,股份公司采取相同的方法分析判断即可。

## 二、公司组织机构间权力移转的逻辑前提与权力移转现状

有限责任公司组织机构间权力移转情形大抵存在于股东会与董事会之间。其发生移转的对象限于股东会与董事会的法定权力。根据《公司法》第 37 条的

〔1〕 参见陈彦晶:《公司章程性质的二元论路径与展开》,载《经贸法律评论》2020 年第 6 期。

规定,股东会的权力涵盖如下几项:重大事项决定权[1]、选任权[2]、审批权[3]、章程修改权[4]、章程规定的其他权力。根据《公司法》第46条的规定,董事会权力主要包含如下几类:股东会召集权[5]、执行权[6]、基于日常经营的决策权[7]、方案制订权[8]、选任权[9]、章程规定的其他权力。值得关注的是,公司法对于股东会与董事会的职权规定中,均有"公司章程规定的其他职权"的兜底规定,而正是该规范的存在,引发关于公司组织机构间权力移转效力的争端。在对"其他职权"作具象化研究前,当对其用语之适当性加以辨析。在对公司组织机构权力研究中,亦有学者使用"职权"一词,而二者何者谓之更为准确之表达当待思忖。二者之辨析对于公司权力的进一步展开研究具有一定的意义。

(一)"职权"抑或"权力"

我国公司法上将股东会及董事会所拥有的权力称为"职权",是个有着浓厚公法色彩的词汇。这一用法的由来本文未予详加考证,仅从法律文本上看,1993年《公司法》就将股东会和董事会的权力称为"职权"。相同表述可以追溯到1988年制定的《全民所有制工业企业法》,该法第45条规定了厂长的职权,第52条规定了职工代表大会的职权。如果说在后者中表述为"职权"还有一些合理性,在公司法上将股东会和董事会所拥有的权力称为"职权"则未免有些不合时宜了。从字面意义来看,职权至少包含两个层次的含义:第一,它与某种职位有关,是该职位所拥有之权;第二,它不仅仅是指职权所有人的"可为",还包含了"应为"之意,即权利和义务的复合体。董事尚可认为是一种职位,但股东恐怕难谓"职位",股东会也与"职"毫无瓜葛。如果坚守职权的这两层字面含

[1] 《公司法》第37条第1款第1、7、8、9项职权总称。
[2] 《公司法》第37条第1款第2项职权。
[3] 《公司法》第37条第1款第3、4、5、6项职权总称。
[4] 《公司法》第37条第1款第10项职权。
[5] 《公司法》第46条第1项职权。
[6] 《公司法》第46条第2项职权。
[7] 《公司法》第46条第3、8、10项职权总称。
[8] 《公司法》第46条第4、5、6、7项职权总称。
[9] 《公司法》第46条第9项职权。

义，股东会的权力因其为股东会而具有，其权力不仅仅是其能够行使的，且为其必须行使之权，则所有公司组织机构间权力移转的行为均应为无效，而无须争论。除非调整对于职权的理解，无视其义务层面的含义，才能使“职权”移转的讨论具有理论和实践意义。故此，应将法条上“职权”表述为理论上的“权力”，方能将下文的研究建立在一个正当基础之上。此外，从语义上来讲，英美公司法上将股东会、董事会所拥有的能力称为“power”，如 MBCA §6.21，本节（发行股份）授予董事会的权力（power）股东可以通过公司章程加以收回。而按照通常对“power”的翻译，“权力”一词更能准确地表达股东会和董事会所拥有的能力。但出于对制定法自身用语规范的尊重，在引用公司法原文“其他职权”一词时仍使用“职权”这一表述，而于此之外的行文上，当使用更为精准的“权力”一词。

如何理解“其他职权”的范围，似乎成为探讨权力移转情形所必需关注的逻辑前提。倘若对“其他职权”的理解仅限于公司法未规定的权力，那么自然于法律的应然层面，权力转移的效力无探讨之必要。假使对于“其他职权”之理解采本条文外的所有其他权力的理解，那么又应以何视角对权利移转的情形加以划分亦具有了研究意义。

（二）权力移转的逻辑前提——关于“其他职权”的理解

对于“其他职权”的范围，不同学者存在不同理解。有学者认为，“其他职权”既包含公司法未予分配的空白权力，也包括公司法规定属于其他组织的权力。[1] 也有学者认为，“其他权力”仅限于公司法未予分配的空白权力，对于公司法已然配置之权力不可加以变更。[2] 事实上，如强制遵循权力法定主义，极易导致公司内部强制性分权，进而催生公司僵化运作的情形。以董事会选聘经理为例，根据权力配置的法定主义，经理层损害公司利益，只有董事会可以进行解聘。股东会不掌握解任经理的权力，未经董事会决议，无法解聘经理。进而如若依此，事实上会引发经理层损害公司利益，而董事会怠于行使权力的僵化

---

〔1〕 参见曹兴权、黄超颖：《股东会授权董事会的底线：权利配置基础结构维持原则》，载《财经法学》2017 年第 3 期。

〔2〕 参见杨狄：《股东会与董事会职权分野的管制与自治——以公司章程在公司分权中的地位和作用为视角》，载《财经理论与实践》2013 年第 6 期。

局面。甚至若严格依此遵循,有限公司极易陷入公司僵局,以至于有限公司保护中小股东利益之立法取向背道而驰。同时在有限公司中,一旦股东会行使权力的基础建立在董事会的行权上,存在较大可能扩大代理成本,对于公司治理亦并非善事。尽管公司法在董事、高级管理人员未善尽受信义务的情形下赋予了股东以提出股东代表诉讼的权利,但相较于维权成本而言,避免对公司法僵化的适用些许更趋向于现代公司法对于效率追求之本意。因此,对"其他职权"的理解,不可仅局限于公司法未加以规范之权力,否则将导致公司法规范的适用过于僵化。是故公司法所称的"其他职权"当包括公司法已然配置之权力,亦正基于此种理解,公司组织间权力移转行为的效力研究方存在价值。如若"其他职权"仅限于公司法未配置之空白权力,而已然配置之职权不可变动,那么公司组织权力移转的研究并无理论基础可为依托,研究当无意义。既然公司法容许公司组织机构间权力进行移转,至于哪些权力经章程规定后可以自由在股东会与董事会之间移转且应然发生法律效力,亦待基于研究实践中公司组织机构权力之移转现状以进一步分析研究。

(三)公司组织机构权力移转的样态

1. 股东会权力向董事会的移转

股东会的法定权力可归为如下几类:重大事项决定权、选任权[1]、审批权[2]、章程修改权。重大事项决定权包含决定公司的经营方针和投资计划的权力、对公司增加或者减少注册资本作出决议的权力、对发行公司债券作出决议的权力以及对公司合并、分立、解散、清算或者变更公司形式作出决议的权力。

在李某明等 75 人诉重庆虹桥煤业有限责任公司确认公司决议无效纠纷抗诉案中[3],董事会通过形成《增量认股协议》的方式规定"愿意多认购股权的,

[1] 本文中的"选任权"作广义理解,既包含狭义的选任权也包括解任权。

[2] 邓峰教授认为,"审议"与"决议"一词界限模糊,时常混同使用,不易区分。笔者出于《公司法》第 36 条文义表象,将带有"审议"字样的职权归入审批权,其他相关"决议"字样的职权归入重大事项决定权。此分类方法系出于研究之便利,并未从词源角度对其加以严格区分。参见邓峰:《中国法上董事会的角色、职能及思想渊源:实证法的考察》,载《中国法学》2013 年第 3 期。

[3] 参见李某明等 75 人诉重庆虹桥煤业有限责任公司确认公司决议无效纠纷抗诉案,重庆市高级人民法院民事调解书,(2013)二中民终字第 05629 号。

必须经董事会同意”。《增量认股协议》通过股东会决议后，将公司法赋予股东会的“对公司增加或减少注册资本作出决议的权力”通过决议授让董事会，系股东会对重大事项决定权的转移，其该移转行为是否发生法定效果亦成为本案的争议焦点。本案最终以调解结案，北大法宝在关于本案争议点的表述上认为：“该移转行为违反法律行政法规，该决议无效”。

选任权包括选换非由职工代表担任的董事、监事，决定有关董事、监事的报酬事项的权力。在“国美案”中，2006 年股东大会对国美公司章程进行了一次最为重大的修改：无须股东大会批准，董事会可以随时调整董事会结构，包括随时任免、增减董事，且不受人数限制。〔1〕 国美公司通过公司章程将原本赋予股东会的选任董事的权力转移至董事会，系股东会对其选任权的移转。对于其移转效力的认定，学界存有争议。〔2〕

审批权包括审议批准董事会的报告、监事会或者监事的报告、年度财务预算方案、决算方案、利润分配方案和弥补亏损方案的权力。章程修改权包含修改公司章程的权力，在徐某霞等诉安顺绿洲报业宾馆有限公司公司决议效力确认纠纷案中〔3〕，绿洲报业宾馆公司章程中将“修改章程”以及部分审批权归于董事会的权力，系通过章程将章程修改权、审批权移转至董事会，法院经裁判认为：“法律并未排除董事会和股东会之间可以将自身职权赋予对方，所以在经全体股东（股东会）同意、不违反法律强制性规定、也不损害他人利益时，可将股东会的职权赋予董事会”，即认定章程所规定的权力移转有效。

综合观之，股东会的各类权力大多存在基于章程发生移转的实例，但是仍有部分权力移转的研究价值甚微。例如，股东会重大事项决定权中的决定公司的经营方针和投资计划的权力，与董事会决定公司的经营计划和投资方案的权

---

〔1〕 参见李建伟、李晓波：《国美控制权之争的多维度解读》，载赵旭东、宋晓明主编：《公司法评论》2010 年第 2 辑，人民法院出版社 2011 年版。

〔2〕 蒋大兴教授认为，公司章程将补选董事的职权加以移转是合理的。参见蒋大兴：《公司法的展开与评判：方法 · 判例 · 制度》，法律出版社 2001 年版，第 298 ~ 299 页。罗培新教授认为，其章程将选任权以授权，缺乏正当性基础。参见罗培新：《公司法的合同解释》，北京大学出版社 2004 年版，第 195 ~ 197 页。

〔3〕 参见徐某霞等诉安顺绿洲报业宾馆有限公司公司决议效力确认纠纷案，贵州省高级人民法院民事判决书，（2015）黔高民商终字第 61 号。

力,其区分界限具有一定含混色彩,[1]而正是此模糊规定为股东会授权提供了较大的解释空间。相较之下,判断章程所授予董事会之决策权是否发生效力的关键是对经营方针、投资计划、经营计划与投资方案本身作何理解。再如,股东会审批权中的"审议批准董事会报告"的权力、"选任监事"的权力等类似存在之意义即意在保障公司"三会治理体系"所形成的权力制约结构的权力,若假使允许此类权力移转发生效力,一方面极易导致监事会对于董事会的监督落空,另一方面会导致董事会在作出决议时对股东利益的保障意愿愈为消极。

2. 董事会权力向股东会移转

董事会的法定权力可归为如下各类:股东会召集权、执行权、基于日常经营的决策权、方案制订权、选任权。相较于股东会通过章程(决议)向董事会进行授权的情形,章程将董事会权力向股东会权力移转的情形并不多见,实践中所出现的董事会向股东会进行的权力移转往往仅局限于选任权的移转。

至于股东会召集权、执行权、基于日常经营的决策权、方案制订权等权力的移转较为罕见。究其原因,权力移转情形的罕见与法律所赋予董事会的权力特点密切相关。关于召集股东会的权力,各国广泛以董事会召集股东会为原则。一方面,公司对外事务几乎均由董事会进行执行,董事会对于公司业务最为了解、对于公司是否受损害亦十分清楚。对于股东会年会而言,股东会大会主要议程以及相关文件均由董事会决定与准备更为适当。对于股东会临时会议而言,董事会作为经营管理层亦更易于把握召集临时股东会议的状态和时机。另一方面,股东会因董事会或监事、符合条件的股东召集而形成,故而股东会不能自己行使召集权以自我召集,因此将召集权移转至股东会并无现实可能性。关于董事会执行权、基于日常经营而产生的决策权以及方案制订权移转引发的讼争于实践中同样甚少,董事会作为公司内部的执行机构,其执行属性虽在《公司法》中并无明文规定,但对于董事会的执行机构地位在整个公司发展历程中已无争议。但在所有权与经营权分离这一大背景下,似乎学界对于董事会执行权、基于日常经营的决策权以及方案制订权是否可以发生移转存有争议。有学

---

〔1〕 参见曹兴权、黄超颖:《股东会授权董事会的底线:权利配置基础结构维持原则》,载《财经法学》2017 年第 3 期。

者认为,经营权作为董事会赖以存在的根基,如若加以转移,势必导致股东会大规模介入企业经营,致使股东与公司在经营上发生混同的后果,实质上动摇了公司“独立人格”的制度基础。[1] 但也有学者认为,董事会享有经营者权利(其中既包含经营决策权亦包括经营执行权),而公司所有者亲历行使经营者权利亦并无过当。[2] 似乎两者观点具有相左之处,但实则并无根本冲突。刘新辉博士探讨的是董事会执行权移转的应然效果[3],而赵旭东教授列举的是在公司治理中的实然状态[4]。在封闭公司中,公司股东多兼任董事或经理,参与行使经营者权利系属常态。[5] 股东可直接兼任董事,以董事身份参与管理,虽实质上行使经营者权利,并无须南辕北辙通过章程将其权利加以移转。故而,通过章程将董事会执行权以及基于日常经营而产生的决策权移转,在封闭公司中,实践价值有限。而对于公众公司而言,对董事会赖以存在的执行权加以移转,无疑会破坏公司治理结构的稳定性状态。因此,之于学理、实践,董事会执行权以及基于日常经营而产生的决策权之移转效力研究价值甚微。选任权包含决定聘任或解聘经理及其报酬事项的权力,根据经理的提名决定聘任或者解聘公司副经理、财务负责人及其报酬事项的权力。关于选任权的移转,在华城地产集团有限公司与宁波开元华城置业有限公司等与公司有关的纠纷上诉案中[6],《公司章程》第25条规定:公司股东会有权利解聘经理。系案涉章程将董事会之选任与解聘经理职权移转至股东会。本案中,法院认为关于公司权力机构之规定即股东会决定聘任或者解聘经理的规定,符合股东会权力性质,并

---

[1] 参见刘新辉:《论中国上市公司治理模式的选择与建立》,对外经济贸易大学2006年博士学位论文,第14~15页。

[2] 参见赵旭东:《股东会中心主义抑或董事会中心主义?——公司治理模式的界定、评判与选择》,载《法学评论》2021年第3期。

[3] 刘新辉博士从公司法理论出发,对股东与公司经营发生混同的后果以逻辑化推演,侧重于应然层面的讨论。参见刘新辉:《论中国上市公司治理模式的选择与建立》,对外经济贸易大学2006年博士学位论文,第14~15页。

[4] 赵旭东教授对于股东行使经营权这一现象所进行的评价是基于经营者权力的不具备法定属性这一实然状态而进行的实然层面讨论。参见赵旭东:《股东会中心主义抑或董事会中心主义?——公司治理模式的界定、评判与选择》,载《法学评论》2021年第3期。

[5] 参见施天涛:《公司法论》,法律出版社2018年版,第311页。

[6] 参见华城地产集团有限公司与宁波开元华城置业有限公司等与公司有关的纠纷上诉案,浙江省宁波市中级人民法院民事判决书,(2016)浙02民终2764号。

无不妥,即肯定了章程对于董事会选任权的移转。

故而,董事会向股东会进行权力移转的情形较为罕见。董事会股东会召集权、执行权、基于日常经营的决策权、方案制订权等权力接近无移转可能。而实践中董事会向股东会所发生的权力移转多以选任经理的权力为主要形态。

## 三、公司法属性与移转效力认定标准重构

关于公司的性质,理论上存有不同学说。其中,具有代表性的学说有契约关系说和法人说。[1] 所谓契约关系说,是将公司作为一种经济现象来分析,认为公司只不过是一系列的合约安排。而在此意义上,公司法则只是起到补充真实合同的作用,但永远无法替代真实合同。[2] 关于法人说,学术界对于法人理论之见解却是纷繁复杂,在这诸多法人理论中,通说以法人拟制说(fiction theory)、法人实在说(corporate realism theory)、法人否认说(symbol theory)为代表。[3] 但诸多法人学说中,似乎对于"公司完全是法律之产物,公司的设立与运作均须依照法律规定而进行"之观点,已经达成了共识。[4] 公司法是调整公司设立、组织机构、管理活动、破产、解散、清算等与组织有关的对内对外关系的法律规范的总和。[5] 是故,关于公司性质的不同学说亦引发了对于公司法属性的对立化思考。其主要体现为:持公司性质契约关系说者倾向赞同公司法属性"示范说"、持公司属性法人说的学者倾向赞同公司法属性的"规范说"。[6] 在不同属性的公司法规范结构下,对于所涉及规范条文的性质亦存有区别。

### (一)公司法属性之辨:"示范说"与"规范说"

"示范说"发端于公司性质的"契约关系说"。"示范说"最早由芝加哥学派提出,其支持者主张:"没有理由把公司法看作是施加一些强行性条款,从而使

---

〔1〕 参见施天涛:《公司法论》,法律出版社 2018 年版,第 15 页。

〔2〕 参见施天涛:《公司法论》,法律出版社 2018 年版,第 15 ~ 21 页。

〔3〕 参见刘新民:《企业社会责任之承担主体研究——企业法人理论的殊途同归》,载《法学杂志》2010 年第 11 期。

〔4〕 参见施天涛:《公司法论》,法律出版社 2018 年版,第 15 页。

〔5〕 参见王英萍主编:《商法教程》,上海交通大学出版社 2017 年版,第 31 页。

〔6〕 参见施天涛:《公司法论》,法律出版社 2018 年版,第 15 ~ 21 页。

现实的谈判无效,或者使企业家们的共同财富减少的法律规则”[1]。这就意味着“示范说”对于介入公司经营与发展中的国家强制是一种纯粹的排斥态度,即“示范说”的支持者将公司法视为一种类似于“模范合同文本”的非规范性文件,他们并不认为国家赋予了该文件以强制力。但回归我国学术界的通说思考,我国学说大多采信公司实在说而否认公司契约理论。[2] 从实证法角度来看,民法典采纳法人理论,同时在公司法中存在一定公认的强制性规范,而公司契约理论以及《公司法》的“示范”属性理论在我国并无现实存在的土壤。

“规范说”发端于公司性质的“法人说”。根据法人理论,公司完全是法律的产物,相应地,公司的设立与运作均需要依照法律的规定进行,这当然就使公司法具有明显的强制性特征。[3] 但这并不意味着“规范说”仅表彰法律规范的强制性,而排斥公司法的私法属性。我国台湾地区学者黄茂荣先生认为,所谓“规范”一词,既包括行为规范,又包括裁判规范。行为规范关注于对不特定人作为与不作为的影响与引导,而裁判规范更多体现的是一种法律利益的赋予与评价。[4] 对于公司法而言,其“规范说”属性的价值在于,公司法在容许私法自治的原则的基础上,对于部分公司之相关行为注入了强制性的法律效果评价,在兼具私法自治的基础上以体现国家意志,进而弥补社会主义市场经济体制下市场无法自发调节之漏洞。相较于“示范说”对于国家强制的纯粹排斥而言,“规范说”与“示范说”的核心分歧在于,在尊重私法自治的基础上,公司法中是否容许国家强制。易言之,二者对于公司法中是否存有公司行为所必需恪守的

---

〔1〕 [美]弗兰克·伊斯特布鲁克、丹尼尔·费希尔:《公司法的经济结构》,张建伟、罗培新译,北京大学出版社2005年版,第39页。

〔2〕 参见张民安:《公司契约理论研究》,载《现代法学》2003年第2期。

〔3〕 参见施天涛:《公司法论》,法律出版社2018年版,第15页。

〔4〕 参见黄茂荣:《法学方法与现代民法》,法律出版社2007年版,第141~142页。

规范与条款这一问题存在分歧。我国理论界〔1〕与实务界〔2〕均倾向于认定公司法的“规范说”属性。至于缘由,一方面,综观我国公司法的立法进程,国家强制在企业发展中一直存有不可忽视的作用。改革开放后,国家虽逐步退出大多行业的经营,但在能源、金融等关乎国家命运的支柱性产业上,国家仍然处于所有者与控制者地位。而且,国家在某些行业准入上亦具有审批权限,对于其市场内的价格参与以及竞争甚至可以发挥决定性作用。〔3〕 历史实践的经验彰示出,企业管理脱离国家强制,将公司法视为商事交易体系之任意填充,是不符合中国国情的。另一方面,我国《公司法》第 1 条规定本法立法目的系“规范”公司的组织行为,在立法文义之规范上对于公司法系“规范说”的认知更符合公司法的立法目的。

(二)“规范说”属性下的权力移转效力认定标准重构

在“规范说”属性下,公司法容许国家强制之存在,其认为在公司法中当然存有强制性规范。在传统法学理论中,与强制性规范所相对者,系任意性规范,两者共同构成了公司法规范性质视野。〔4〕 但在过往认定权力移转效力上,对任意性与强制性的理解过于机械化。过往学者以所涉法条自身之强制性与否作为判断权力移转效力的标准时,其往往关注公司法规范属性下的国家强制,而忽略了公司法作为私法应最大限度保障私法自治及公司法自身关乎效率的立法追求。申言之,过往以法条文自身之强制性与否作为权力移转效力的认定

---

〔1〕 我国诸多有关公司法文献,多采公司法的规范属性立场,即认为公司法容许国家强制的存在,有表述为:“公司法是强制性规范与任意性规范的结合”。参见周友苏:《公司法通论》,四川人民出版社 2002 年版,第 55 页;甘培忠:《企业与公司法学》,北京大学出版社 2018 年版,第 139 页。亦有学者表述为:“公司法是国家对公司进行宏观调控的手段”。参见雷兴虎:《公司法学》,北京大学出版社 2006 年版,第 2 ~ 3 页。

〔2〕 在司法判决中,对于合同约定以及当事人所实施的关乎公司的行为效力认定往往要以其不违反公司法中的强制性规范为基础,这就意味着法院进行裁量时充分考虑到公司法的规范属性。参见两个指导案例:宋某军诉西安市大华餐饮有限公司股东资格确认纠纷案,陕西省高级人民法院民事裁定书,(2014)陕民二申字第 00215 号;李某军诉上海佳动力环保科技有限公司公司决议撤销纠纷案,上海市第二中级人民法院民事判决书,(2010)沪二中民四(商)终字第 436 号。

〔3〕 参见王军:《中国公司法》,高等教育出版社 2017 年版,第 39 ~ 40 页。

〔4〕 在理论上,亦存在授权、义务、禁止三元之分类。本文采任意性、强制性的二元分类,一方面,考虑上述授权、义务、禁止三元分类可以纳入任意性、强制性的二元分类中;另一方面,任意性与强制性的双重分类更便于在后文对不同观点加以界定。

标准,而未具体对各权力特点以及公司法立法目的加以关注,故此标准实显粗糙。例如,有学者主张在有限公司中,《公司法》第 37 条、第 46 条为任意性规范,其章程可以将条文所规范之权力加以任意移转。[1] 质言之,若依此标准,章程将选举监事、决定监事报酬之权力移转至董事会,似乎并无不当。但事实上,将选举监事、决定监事报酬的权力授予董事会后,从监事自身的角度出发,他们的服务对象已经不再是公司以及股东,而是决定他们职位与薪资的董事会。就此而言,如若概括容许股东会权力可一并转移至董事会,那么无疑会严重破坏公司法所构建的"三会"治理结构。因此,以所涉法条文之强制性与否作为概括认定权力移转效力的标准,极易对公司法所建立的既定规范秩序有所干预,甚至引起公司法规范体系内的逻辑矛盾。

进言之,相较于过往以所涉条文强制性与否作为权力移转效力之单一判准而言,在肯定权力移转可能现实发生的情境下,综合权力移转所涉多重因素以重构一个双重评判体系不失为一个更妥当判别权力移转效力的可行且必要标准。对于并无发生移转现实可能的权力,本着服务于现实司法的原则,对此类权力移转的效力姑且不论。而对于可能发生权力移转之情形,在评判权力移转效力的体系中:第一,需关注该权力移转是否已然背离公司法立法规制之目的。在具体权力移转行为中对目的要素的考察,更侧重于将其作为消极因素看待。即其权力移转与立法目的并无冲突甚至与公司法之立法目的相一致,则应然视为该权力移转与立法目的无悖,然后需注意确认其权力移转有效性是否会与公司法所保有之强制规范存有体系内冲突。若权力移转已然与公司法所规范之立法目的相背离,那么该权力移转当然无效。第二,如若其权力移转虽符合立法目的,但其移转会导致与公司法所规定之强制性规范产生冲突,则其权力移转效力当以否定。相较于目的要素而言,体系内矛盾性的关注更侧重积极要素,需要明确其在既有框架下不会产生体系冲突,产生冲突者权力移转无效。而权力移转既与立法目的不相冲突又不影响公司法内部体系融洽,此时其权力移转效力应加以认可。

所重构之标准虽仍以公司法规范的强制性与任意性作为研究基础,但标准

〔1〕 参见许可:《股东会与董事会分权制度研究》,载《中国法学》2017 年第 2 期。

内之衡量要素更为精准与细化。在强制性认定问题上,一方面,强制性系国家强制作用于法律规范上的体现,故立法者之立法意图对于强制性之认定意义不可忽略,此当作为立法目的成为重构标准之要素的理由。在公司权力移转效力认定上,“立法目的”作为标准要素以衡量移转效力的功用,体现在所重构标准须对立法者已然建立之权力规范体系的立法目的加以考究。如若该移转行为与立法目的相悖,该权力移转行为当然无效。同时,长期以来公司法立法变迁所折射之立法取向亦可作为立法目的之彰示,是故立法历程之变迁可作为考究立法者立法目的转变的关键参考要素。2005年《公司法》相较于1993年《公司法》在诸多规范上进行调整,其规范之变动删节当实质上可视作对立法者立法精神之深刻写照,其所蕴含立法者的思想转变于认定权力移转效力上当加以考虑,以进一步明晰立法者所追求的立法目的。当然,虽有部分权力移转与立法目的不发生冲突,但这并不意味着其权力移转效力必然发生。另一方面,在法条规范的内部逻辑层面考究权力移转所涉规范之强制性对于防范因移转效力的认定而破坏规范的体系融洽性具有重要意义。关于公司治理的规范性质是否具有强制性虽存有争议〔1〕,但公司法中亦存有明文加以确定其强制性规范的具体法律规范。此时,对公司治理中相关规范权力的效力认定,不可与公司法所认定的强制性规范发生体系冲突,即权力移转效力的认定需要关注公司法规范属性下体系的自洽性。同时,部分权力虽发生权力移转,但若公司法所建立之规范体系并未因此而受到影响,在尊重公司各方意志的条件下对其移转效力加以肯定亦属无妨。

相较于过往对权力移转有效性的评判标准,以类型化视角研究不同权力的移转更能体现出公司法在权力分配上的利益衡量,同时亦可最大限度避免因权力移转所导致的内部逻辑不自洽的现象。以上文所列举之范例加以研讨,过往之标准对于权力移转效力采概括性地肯定抑或否认,极易引起公司法体系内部

---

〔1〕 美国学者艾森伯格认为,在封闭公司中,公司治理规则应突出任意性;在公众公司中,公司治理规则应突出强制性。参见曹兴权:《公司法的现代化:方法与制度》,法律出版社2007年版,第103~104页。汤欣认为,在有限公司中,公司治理规则一般应突出任意性,但涉及股东与管理层关系应突出强制性。参见汤欣:《论公司法的性格——强行法抑或任意法?》,载《中国法学》2001年第1期。邓辉认为,对于公司治理规则的强制性与否,要关注是否存有国家强制。参见邓辉:《论公司法中的国家强制》,中国政法大学出版社2004年版,第59页。

矛盾。而以重构后的二元标准加以研讨,在股东会选举董事、监事并决定其报酬权力移转中,因选举监事以及决定监事报酬的权力移转会导致公司法体系内部冲突,即导致监事会无法对董事会进行有效监督,故而此时依据所重构之新标准当然性地不可允诺章程将选举监事以及决定监事报酬权力加以移转至董事会,但章程中股东会将股东会补选董事的权力移转至董事会的效力并不因此而概括无效。进言之,所建构之二元化权力移转效力标准一方面有助于实现公司法之立法目的,实现商法所追求的效率价值;另一方面在公司法的规范属性下,以此标准判断权力移转效力有助于避免因权力移转而引起的体系内矛盾与冲突。

## 四、公司组织机构间权力移转效力的具体展开

公司法的规范属性下国家强制尤为重要,公司法应当保有强制性规范,这些强制应当以一个矫正主义的面貌出现。[1] 但公司法中同样应保有任意性规范,以保障利益相关主体自由意志的实现。在公司法的规范属性下,法律效力一方面对实践中所涉不符合规范的现象具有矫正意义,另一方面其亦承担了对规范容许下私法自治效果的认定功能。作为公司内部治理事项,意欲判断公司法对于具体的权力移转效力的态度需要以历史视角关怀立法变迁以窥探立法目的与价值取向,同时亦要保障规范法体系内的完整性与自洽性,以此综合标准来判断公司法是否赋予某些权力以强制属性。所谓强制属性在公司法视角下体现为,该权力为某机构所专属,其不可为章程所任意移转。赋予强制属性的权力,其移转效力应然地当被认定为无效。赋予任意属性之权力,其权力移转应然认为有效。

### (一)股东会权力向董事会移转的效力

#### 1. 重大事项决定权、章程修改权的移转效力

倘若对重大事项决定权加以广义和狭义的理解,重大事项决定权狭义上指的是决定公司经营方针与投资计划的权力,而广义上重大事项决定权还包括决

〔1〕 参见邓辉:《论公司法中的国家强制》,中国政法大学出版社2004年版,第59页。

议公司增资减资,决议发行公司债券,决议公司合并、分立、解散、清算或者变更公司形式等权力。我国有学者将公司法所规范的股东会与董事会的关系,在角色定位上类比为全国人大与全国人大常委会关系,在权力分工上类比为全国人大与国务院的关系。[1] 在此视角下,狭义的重大事项决定权似乎已然成为组织集群内权力机关享有最高权力的象征以及区分于其他执行机关、常设机关的重要标志。这也就意味着狭义的重大事项决定权相较于董事会决定公司经营计划与投资方案这一权力而言,股东会的决定权更侧重于对重大事项的决定,亦在此与董事会的决策权相区别,因股东会自身的权力机构属性,狭义的重大事项决定权理当作为股东会赖以存在的权力基础,且公司法规定股东会决策权力亦是出于保障股东之合法权益。就此而言,规范设置之立法目的明晰,故而狭义的重大事项决定权理当不可让渡。回归到实然层面的拷问,因公司法"决定公司经营方针与投资计划的权力"所生讼争的源头多因对"经营方针""投资计划"的语义解释存有模糊争议而导致,[2] 其亦是立法者对于二者权力界限以模糊化处理便于个案裁量中兼顾公正,如若对该权利之移转加以容许,那么现行法的技术性规定将丧失意义。是故,决定公司经营方针与投资计划的权力对于股东会自身属性而言其所发挥的是基础性权力的作用,其移转效力当以否认。

广义上的重大事项决定权与狭义上的重大事项决定权不同,其移转效力无明显与公司法立法目的相冲突之处,故而对其移转效力的评断当从该权力移转是否会引发体系性矛盾这一基础出发。股东是公司资产的投资者以及公司最终风险的承受者,股东具有决定重大事务以及选择管理者的权利,而股东会正是股东行权的重要媒介与载体。[3] 股东会权力源于股东自身作为公司所有人的身份资格,所以股东会权力移转得到认可的首要要求是权力移转不可严重减损股东权利。在重大事项决定权与章程修改权所涉事项上,《公司法》第43条

[1] 参见邓峰:《中国法上董事会的角色、职能及思想渊源:实证法的考察》,载《中国法学》2013年第3期。

[2] 参见蒋大兴:《公司董事会的职权再造——基于"夹层代理"及现实主义的逻辑》,载《现代法学》2020年第4期。

[3] 参见施天涛:《公司法论》,法律出版社2018年版,第337页。

第2款规定了股东会作出公司修改章程、增资减资、合并分立、变更公司形式表决时,决议通过必须达到法定比例。《公司法》第43条第1款规定:"股东会的议事方式和表决程序,除本法有规定的外,由公司章程规定"。依反对解释,该条款意称公司法对股东会表决程序、议事方式等有所规定的,公司章程不得另行规定。至于为何,当因增资减资、合并分立、修改章程以及变更公司形式密切关乎股东的出资权益,公司法亦当对该权益加以明确保障。假如容许董事会代为决定上述事项以排除股东通过相关程序表决关乎自身重大利益之事项,那么对公司股东利益催生不可控之风险。因此,如果默认上述权力移转生效,实质上将引发《公司法》第43条被公司章程加以意定排除其法律效果,值此导致与《公司法》赋予第43条强制属性产生冲突。故而,在《公司法》规范属性下广义的重大事项决定权移转效力应然无效。

根据《公司法》第159条的规定,公司债券上市交易需要按照证券交易所的交易规则进行,此规定意在以制定法方式授予证券交易所以一定的自主订立规则的权限。从制定法的公信角度出发,证券交易所所订立之规则当为《公司法》所尊重。截至2021年9月,我国共有三家经国家有关部门批准的交易所:北京证券交易所、上海证券交易所和深圳证券交易所。以《上海证券交易所公司债券发行上市审核规则适用指引第1号——申请文件及编制》(2021年修订)第七章第7.3条规定为例:发行人发起相关发行公司债券审核申请时,须提交发行人有权机构关于本次公开发行公司债券发行事项的决议。其中,发行人有权机构系有权作出发行公司债券最终决策的机构,包括股东(大)会、董事会、其他有权机构(含人员)等。[1] 这就意味着证券交易公司所订立的交易规则中,其发行证券的决议机关既可以是股东会,也可以是董事会。而证券交易所关于债权审核规则的制定权限为公司法所授权,公司法亦当对证券交易所形成的相关规则予以尊重。但基于公司法的一般原理,因公司之负债状况一定意义上决定股东的剩余财产分配权的实现状况,股东对于公司所承担的风险系终局性风险,因此纯粹绕过股东会而由董事会发行债券行为对于股东利益实现存在一定

---

〔1〕 参见《上海证券交易所公司债券发行上市审核规则适用指引第1号——申请文件及编制》(2021年修订),载上海证券交易所,http://www.sse.com.cn/lawandrules/sselawsrules/bond/review/c/c_20210429_5432097.shtml,最后访问日期:2021年10月1日。

风险。在维系制定法的公信力与股东权益的保障之间,法解释似乎应追求一定意义上的平衡。是故,以利益平衡方法检视决议债券发行权力的移转效力,公司章程不妨将发行一定限额内债券的决议权授予董事会,超过该限额则仍由股东会决议,而并不一概将决议债券发行的权力进行移转,对此而言,既尊重了证券交易所的相关规则也避免股东利益所生之减损。

在决议公司清算及相关清算相关权力移转效力认定上,公司清算作为宣告公司解散后,处理公司财产以及了却各种法律关系并消灭公司人格的必经程序。[1] 公司清算依其是否根据法定程序进行,分为法定清算与任意清算,我国公司法未规定任意清算,仅有法定清算。[2] 法定清算既包括清算主体法定亦包含清算程序法定,因此公司法中关于清算法定程序的规定属于强制性规范,公司清算时应严格恪守公司法的规范性,而不得以公司章程或者股东会决议方式任意变更。[3] 故而,公司法关于股东会行使决议公司清算的权力的规定系强制性规定,其决议清算权不可移转。

综上,在股东的重大事项决定权上,决定公司经营方针与投资计划的权力与决议公司增资减资,决议公司合并、分立、解散、清算或者变更公司形式、修改章程的权力基于公司法的规范属性是不可让渡的。而决议公司发行债券,基于公司法现有规定,为避免体系内规范性冲突,通过公司章程(决议)将决议发行一定限额内债券的权力移转至董事会并无违反公司法规范属性下关于强制性规则安排的初衷。

2. 审批权的移转效力

审批权包括审议批准董事会报告的权力,审议批准监事会或者监事报告的权力,审议批准公司年度财务预算方案、决算方案的权力,审议批准公司的利润分配方案和弥补亏损方案的权力。其中,审批董事会报告权力与审批监事会报告权力作为公司治理“三会”分权的架构下董事会与监事会对股东会负责的权力基础,其彰显公司法所追求的公司内部治理的平衡理念。因此公司法对于“三会”之间的隶属与制衡关系的规范性规定,当然性地不容许将其权力进行移

〔1〕 参见施天涛:《公司法论》,法律出版社 2018 年版,第 601 页。

〔2〕 参见郑云瑞:《公司法学》,北京大学出版社 2019 年版,第 546 ~ 547 页。

〔3〕 参见郑云瑞:《公司法学》,北京大学出版社 2019 年版,第 549 页。

转,否则公司内部治理面临治理失灵的风险。[1]

审议批准公司的利润分配方案以及弥补亏损方案权力涉及对公司产生的利润进行处分,与股东的股利分配权关系密切。股利分配权是公司股东的一种固有权,是股东权中的一种必然的权能内容,它是由公司的营利本质所决定的,反映了股东投资目的的必然要求。[2] 根据《公司法》第74条第1款第1项的规定,公司连续5年不向股东分配利润,而公司该5年连续盈利,并且符合本法规定的分配利润条件的,股东投反对票可以请求公司回购股权。该规定赋予异议股东以回购请求权,该权利为公司法所明确规定系股东固有权利。[3] 所谓固有权,又称不可剥夺权,是公司法赋予股东的、不得以公司章程或股东(大)会决议予以剥夺或限制的权利。[4] 假使将审议批准公司的利润分配方案以及弥补亏损方案权力转移至股东会,股东会不再以会议方式决议利润分配,以此将公司法赋予股东具有可强制性效力的异议股东回购请求权束之高阁,变相剥夺了股东行使回购请求权的规范性权利。若公司章程可以此封闭异议股东的退出机制,那么公司法基于保障中小股东利益所创制的关于异议股东的法定救济将失去规范色彩,难以实现立法者之保障目的,亦会引发体系性冲突。

公司年度财务预算方案与决算方案是公司实施投资与经营计划的财务指标,是确保股东会行使重大事项决定权的基础。[5] 股东会作出重大决策要以其明晰公司财务状况为基础,关于年度财务预算以及决算方案的审批权是公司股东会行使决策权的现实基础。该项权力须与重大事项决定权属同一主体,不可发生单独移转。而重大事项决定权尚有大部分存于股东会,为保障股东会决策权的正常行使,公司法应然赋予审议批准公司年度财务预算方案、决算方案的权力以不可移转的强制效力。以此方可维系股东会之决策权行使,维系公司法所建立的“三会”治理体系稳定运转。如若允诺该权力移转至董事会,在公司法体系上极易导致股东的决策权无法实现,背离公司法保障股东权益的立法

---

〔1〕 诸如将审议监事会报告的权利让与董事会,监事会便难以对董事会形成严格的监管与制约。

〔2〕 参见赵万一:《公司治理法律问题研究》,法律出版社2004年版,第55页。

〔3〕 参见高永深:《论异议股东股份回购请求权》,载《河北法学》2008年第4期。

〔4〕 参见叶林主编:《公司法原理与案例教程》,中国人民大学出版社2010年版,第113页。

〔5〕 参见郑云瑞:《公司法学》,北京大学出版社2019年版,第434页。

目的。

综上所述,公司章程将股东会的审批权加以移转极易与公司法之立法目的发生冲突,故而其权力移转不发生法律效力。

3. 选任权的移转效力

公司法中,股东会最重要的权力是人事权,控制人事权即控制了整个公司,人事权包括选举和更换董事、监事并决定他们的报酬的权力。正如在公司并购中,公司收购的核心就是夺取董事选举权。[1] 选任权包括选举和更换非由职工代表担任的董事、监事,决定有关董事、监事的报酬事项的权力。前文有述,由董事会选举监事、决定监事报酬的权力会破坏公司"三会"治理结构,故权力移转不发生效力。关于选举与更换董事以及决定董事报酬的权力,体现为两类实践样态,既包括首次选任董事并决定董事报酬的权力,亦包括后续更换改选董事以及决定董事报酬的权力。在该权力移转上,有学者将这两类权力移转样态加以概括研究。有学者认为,关于股东会选举董事之权力的公司法规范系属于关于权力分配的结构性规范,属于强制性规范。[2] 亦有学者从比较研究角度指出,通过各国立法来看,只有英国在公司法中没有涉及,其他国家都明确规定由股东大会选举董事,这种权力是不能通过公司章程放弃或剥夺的。[3] 还有学者将两种实践样态加以分别研究,其中有学者指出将后续补选、提名董事的权利授予董事会是合理的,其权力移转效力并不因此而无效。[4] 选任董事并决定其报酬权力所体现的两类实践样态在性质上存在差异,故对其移转效力不可一概而论。

关于首次选任董事决定董事报酬的权力,根据公司董事会产生规则,股东会选举董事与职工大会选举产生职工董事共同组成董事会,职工董事对于有限责任公司而言属可选设立项,但股东会行使首次选举董事权力是董事会形成的必要前提。因此,首次选任董事决定董事报酬的权力并无移转至董事会的现实可能性,因股东首次选举董事时董事会尚不存在。对于后续更换改选董事以及

〔1〕 参见朱锦清:《公司法学》,清华大学出版社 2019 年版,第 274 页。

〔2〕 参见罗培新:《公司法的合同解释》,北京大学出版社 2004 年版,第 194 ~ 195 页。

〔3〕 参见张舫:《对董事选任和分类董事会问题的思考》,载《甘肃政法学院学报》2007 年第 3 期。

〔4〕 参见蒋大兴:《公司法的展开与评判:方法 · 判例 · 制度》,法律出版社 2001 年版,第299 页。

决定报酬的权力移转研究,不可回避地需要提及我国公司法关于更换改选董事的条件存有的立法变迁。1993 年《公司法》第 47 条第 2 款规定,“董事在任期届满前,股东会不得无故解除其职务”,而 2005 年《公司法》将该条文废止。该条文的废止标志着立法者在股东会对于董事的职务解任权行使条件问题上所发生的立法态度转变,亦体现出对于董事职务的“无因解除”似乎更为立法者所中意。2019 年,最高人民法院通过《关于适用〈中华人民共和国公司法〉若干问题的规定(五)》(以下简称《公司法司法解释(五)》),而《公司法司法解释(五)》第 3 条[1]出来以后……基本统一了各界观点,与国际通行立法并轨,[2]进一步确定股东会可以无因解除董事职务。公司法表述嬗变与相关司法解释的出台标志着股东会解任董事职务,由过往的“有因解除”发展至“无因解除”。而假使股东会将更换选任董事之权力移转至董事会,尽管在一定意义上可以防止敌意收购,但会引起股东会意欲解聘董事须经董事会进行决议,实质上建立起股东会“有因解除”董事职务的机制,与公司法关于董事职务的“无因解除”趋势有所背离。而对于具有规范法属性的公司法而言,立法的变迁彰显了立法目的与价值取向,随之确定的规范亦应具有强制性,否则立法变迁将丧失立法者以其变更规范表述之本意。同时,由股东会决定董事薪酬对于防止由其董事自己确定薪酬目标以挥霍公司财产具有重要意义。[3] 但至于董事的补选,《公司法》并未加以明确禁止,且因股东会具有无因改选董事之权力,将对董事的补选、提名权力让与董事会,一方面可以提高董事补选效率,另一方面并不会对股东的选任董事的权力加以限制和影响,并不因补选权力的移转而调整公司法的整体规范属性。是故,从公司法之立法目的出发,股东会的选任权在于首次选举董事监事、后续更换改选董事监事、补选监事、决定董事监事薪资的权力,均为公司法加以赋予不可移转效力的权力,其移转无效。但补选、提名董事的权

---

〔1〕《公司法司法解释(五)》第 3 条规定,董事任期届满前被股东会或者股东大会有效决议解除职务,其主张解除不发生法律效力的,人民法院不予支持。董事职务被解除后,因补偿与公司发生纠纷提起诉讼的,人民法院应当依据法律、行政法规、公司章程的规定或者合同的约定,综合考虑解除的原因、剩余任期、董事薪酬等因素,确定是否补偿以及补偿的合理数额。

〔2〕参见袁坚:《董事无因解任的体系评析和制度完善——兼评〈关于适用《中华人民共和国公司法》若干问题的规定(五)〉第三条》,载《东北大学学报(社会科学版)》2020 年第 3 期。

〔3〕参见雷兴虎主编:《公司法学》,北京大学出版社 2006 年版,第 197 页。

力转移至董事会,并不会导致立法目的落空甚至出现体系内矛盾,故其效力可以加以肯定。

(二)董事会权力向股东会权力移转的效力

董事会的法定权力可归为如下几类:股东会召集权、执行权、基于日常经营的决策权、方案制订权、选任权。实践中,董事会权力的移转情形往往集中于选任权的移转。相较于选任权,股东会召集权并无移转至股东会之可能,故对其权力移转效力不加以探讨。基于董事会的执行机关性质,其执行权、基于日常经营的决策权以及方案制订权应然归属于董事会,因上述所列权力兼具董事会作为执行机关之义务色彩,而董事会之执行义务乃法律赋予当然不可发生移转。同时,有限责任公司中,股东会亦可以选举股东作为董事以代表股东集体行使董事会之相关权力,上述权力在属性上并无转让的实质意义。而关于董事会权力转让之争议集中于选任权的移转上,就其效力而言依然具有探讨的价值。

董事会的选任权包括决定聘任或者解聘公司经理及其报酬事项,并根据经理的提名决定聘任或者解聘公司副经理、财务负责人及其报酬事项的权力。在公司治理结构下,学界对于经理地位的定性上,有学者主张经理的辅助与从属角色,否认其独立地位。[1] 我国《公司法》在立法层面似乎持类似观点,根据其第 50 条第 1 款的规定[2]不难发现,公司经理的身份可以当然地为执行董事所吸收,即公司经理作为商辅助人,进而致使董事会对经理形成事实上限制状态。但伴随经济发展,对于经理层应脱离于董事会而独立享有法律地位的呼声越发强烈。[3] 同时,结合公司法关于经理权力的立法变迁,不难发现根据现行《公司法》第 49 条第 2 款的规定[4],股东会可以通过章程对于经理之权力加以限

---

〔1〕 参见徐新意编著:《企业公司法学》,华东理工大学出版社 2012 年版,第 271 ~ 272 页;施天涛:《公司法论》,法律出版社 2018 年版,第 378 ~ 379 页。

〔2〕 《公司法》第 50 条第 1 款规定:"股东人数较少或者规模较小的有限责任公司,可以设一名执行董事,不设董事会。执行董事可以兼任公司经理。"

〔3〕 参见韩长印、吴泽勇:《公司业务执行权之主体归属——兼论公司经理的法律地位》,载《法学研究》1999 年第 4 期。

〔4〕 《公司法》第 49 条第 2 款规定:"公司章程对经理职权另有规定的,从其规定。"

制或扩张,而1993年《公司法》规定章程仅可以就经理权力加以授予而不可限制。[1] 这就意味着立法积极推动股东大会通过公司章程对经理层加以介入与干涉,不再将经理层作为董事会的绝对附属人。那么,对于选聘经理的权力而言,公司章程或决定将董事会将任经理之权力移转至股东会在立法目的层面并无不当。易言之,假使董事会绝对保有选任权,股东会亦可通过章程对经理权力加以限制,故而选任经理权力由董事会加以绝对保有并无意义,且选任经理权力之转移亦不会发生体系矛盾。故而,在权力移转问题上,如公司章程直接将选任经理之权力移转至股东会应为有效。

## 五、结　语

商法的核心价值在于自由[2],公司法对自由价值应加以发扬,故以规范之强制性与否概括认定权力移转的效力实则强化国家强制于公司法中的影响力。然而在最大限度保障公司治理所涉主体意思自由的基础上,公司法的规范属性亦要求加以秩序层面的规制。首先,"三会"治理架构下股东会与董事会的某些权力的移转会带来其组织体性质的变化,故部分权力应然由法律赋予其一定的强制属性以否定发生权力移转的法律效力,以维系公司法的基础性建构作用。其所涉权力包括股东会决定公司的经营方针和投资计划的权力,选任监事决定监事报酬的权力,审议批准董事会的报告、监事会或者监事的报告的权力以及董事会执行股东会的决议的权力,决定公司的经营计划和投资方案的权力,决定公司内部管理机构的设置的权力,制定公司的基本管理制度的权力。其次,公司法虽将投资者权益最大化作为追求之目标,但部分权力的移转可能导致背离公司法的立法目的抑或肯定权力移转发生效力会引起公司法的体系内冲突,那么其权力移转效力亦当予以否认。其所涉权力诸如:股东会审议批准公司的年度财务预算方案、决算方案的权力;审议批准公司的利润分配方案和弥补亏

[1] 1993年《公司法》第50条第1款第8项规定,经理职权包含公司章程和董事会授予的其他职权。而2005年《公司法》的表述改为:经理职权包含董事会授予的其他职权,公司章程对经理职权另有规定的,从其规定。即《公司法》赋予了章程可以对经理职权加以限制的权利。

[2] 参见范健、王建文:《商法总论》,法律出版社2019年版,第59页。

损方案的权力;对公司增加或者减少注册资本作出决议的权力;对公司合并、分立、解散、清算或者变更公司形式作出决议的权力;修改公司章程的权力;选任董事决定董事薪酬的权力;董事会召集股东会会议,并向股东会报告工作的权力;制订公司的年度财务预算方案、决算方案,制订公司的利润分配方案和弥补亏损方案的权力;决议公司增加或者减少注册资本的权力;决议公司合并、分立、解散或者变更公司形式的权力。最后,制度性干涉往往须局限于必要之程度与范围。对于部分权力而言,其本身移转所发生之效力符合公司法之价值追求,抑或虽发生权力移转但对于权力配置结构并无本质影响或虽有影响但可通过章程加以细化规范避免相关冲突,可理解为具有任意属性的权力,其权力移转不会破坏公司法的规范属性,其移转效力亦应予以承认。其所涉权力诸如:股东会补选董事的权力;对发行公司债券作出决议以及董事会决定聘任或者解聘公司经理及其报酬事项,并根据经理的提名决定聘任或者解聘公司副经理、财务负责人及其报酬事项的权力。以公司法规范属性切入,通过类型化方法将公司机构权力加以分类,结合所重构之二元化权力移转的效力认可机制,对于机构权力移转效力加以认定,其不失为解释与评断公司权力移转效力之可行方法。实践证明,商业实践的发展永远走在公司立法的前列。公司法既然没有取代实践中的公司制度的能力,那么伴随着中国市场经济的日渐成熟,公司立法就应当还给公司团体其应有的自治空间,克制扩大强制性规则的冲动。[1]

---

〔1〕 参见温长庆:《论公司决议的形成规则及其在回避表决时的运用——从“万科董事会决议”的争议点切入》,载《法商研究》2018 年第 1 期。

# 论我国董事监督义务之规范困境与具体构建 *

林少伟** 李雪萍***

**内容摘要**:作为公司执行机构,董事会在公司治理中具有举足轻重之地位。我国《公司法》和上市公司治理相关的规范文件虽有提及董事会监督作用,但在信义义务规范方面仍找不到非上市公司董事怠职问责的具体路径,上市公司执法实践中所依据的规范也存在诸如依据模糊、构成要件不明等缺陷。为使董事会管理职能与监督职能共生共行,合理配置监督资源,填补内部监督制度的监督罅漏,有必要参考域外监督义务法典化路径,借助信义义务的开放性特点,将监督义务纳入勤勉义务范畴,并按照积极性强弱程度层次化地构建监督义务的具体内容,结合具象的行为内容与合理性标准认定责任的承担,同时赋予董事因合理信赖他人而得以免责的权利。

**关键词**:董事监督义务 怠职问责 内部控制 信义义务 勤勉义务

## 一、引　言

无论是股东会中心主义还是董事会中心主义,董事会的角色、权力与责任都是公司治理好坏的永动机,[1] 而公司治理本身则是"公司董事会如何运作,

* 本文系国家社科基金项目"公司法程序规范优化路径研究"(21BFX097)的阶段性成果。

** 西南政法大学民商法学院教授,法学博士。

*** 西南政法大学公司治理法律研究中心助理研究员。

[1] 参见邓峰:《中国法上董事会的角色、职能及思想渊源:实证法的考察》,载《中国法学》2013 年第3 期。

如何设定公司的价值,进而有别于公司全职执行者们的日常操作性管理”[1]。一方面,伴随经济的交融化,公司治理模式与公司法在世界范围内趋同性特征越发凸显。就董事监督义务而言,无论是国外立法抑或判例探讨早已不是新奇之事。鉴于此,笔者认为公司本来就是舶来品,且时至今日我国立法中诸如独立董事、职工董事、股东代表诉讼等法律制度无不源于他法域之借鉴,故中国在整体上已拥有世界范围内正在上演的治理趋同。综上,国际视野比较下的董事监督义务探讨对促进我国公司规范治理有着举足轻重的意义。另一方面,董事监督义务的规范确立具有现实必要性,亟须确立责任以督促义务的履行。众所周知,进入千禧年以来,经营公司需投入更多的精力到风险管理和合规经营中,而此次席卷全球的新冠肺炎疫情作为触媒更是让不少企业早已存在的治理“病症”显露出来。其中董事个人责任的缺失引发不少合理性问题,而我们却低估了更强有力的监督职责——以声誉成本而非金钱的损失切实规正董事行为。[2]

“居其位担其责”或许没有任何可变通的道理,2019 年《证券法》修订降低了投资者的诉讼门槛,更加重视对本人追责,进一步激活我国董事责任追究机制。上市公司董事极有可能因股东代表诉讼面临巨额民事赔偿,可见董事责任作为公司治理架构中的重要部分在我国正一步步走向完善。不过上市公司董事怠职问责的依据仍然面临着与《公司法》的衔接问题,况且既然追责机制已经打通,董事监督义务的性质认定、义务要求、判断标准等具体化问题研究更刻不容缓。[3] 要之,本文即以我国公司董事怠职问责规范缺失的现实问题为反刍之思,以董事监督义务的正当性基础为支持之理,以全球视野下已成体系的董事监督义务为参考之资,提出通过在公司法规范层面规定董事监督的职权支持和责任约束机制,从根本上落实董事的监督职能以及完善公司治理内部监督制度。

---

〔1〕 Financial Reporting Council, *The UK Corporate Governance Code*, June 2010.

〔2〕 See Eric J. Pan, *Rethinking the Board's Duty to Monitor: A Critical Assessment of the Delaware Doctrine*, Florida State University Law Review, 38, p. 209(2011).

〔3〕 参见吕成龙:《上市公司董事监督义务的制度构建》,载《环球法律评论》2021 年第 2 期。

## 二、我国董事监督义务之规范困境

一方面,现行《公司法》所构建的信义义务体系无法为非上市公司董事怠职问责路径提供明确依据。忠实义务不言自明,就勤勉义务[1]而言,我国董事勤勉义务规则因粗犷型立法而备受诟病,即便同域外一样是概括性条款,却没有细化义务标准,导致立法期待司法能够对勤勉义务内涵作价值性填充,对勤勉义务外延作具体化判断,然而司法却因缺乏相对步骤化的判断路径而仅对勤勉义务作形式性审查,这完全不利于董事责任之追究,更遑论在实践中见到监督义务问责路径的身影。另一方面,如学者所言,虽然上市公司董事监督义务在证监会长期执法实践中逐渐被"塑造"用以追究董事责任,却面临规范基础不明、内涵不明确、适用条件模糊、认定标准不统一等亟待解决的问题。[2] 以上困境归根结底,在于顶层规范公司法层面董事监督义务处于实质缺位的尴尬境地,没有构建上位义务概念的细化标准,更缺乏经"发展"的一系列"案例群"以提供成熟的规则变迁。[3]

### (一)现行《公司法》中董事怠职问责路径之罅漏

无论是曾经震惊全国的"三鹿奶粉事件",抑或其他公司违法事件,都证明公司违法行为招致的行政处罚抑或市值暴跌,最终实质影响的都是广大投资者。股东至上主义认为董事负有以股东最大利益经营公司的信义义务,股东作为企业最后的监督者有最大动力去"监督"监督者的义务履行。[4] 公司治理的关键任务亦是在经营管理中如何保护企业所有者的利益,因此公司治理不仅要关注如何科学地向职业经理人授权,同时也要合理加强对职业经理人的监督与控制,使经营权人在法律的框架内尽最大努力保障公司的长足发展,实现股东

---

[1] 严格意义而言,注意义务与勤勉义务外延范畴有所不同,但出于论述便利,本文并不区分注意义务与勤勉义务。

[2] 参见吕成龙:《上市公司董事监督义务的制度构建》,载《环球法律评论》2021 年第 2 期。

[3] 参见张怀岭:《德国法董事合规义务的司法适用逻辑——基于对"西门子诉纳伯格案"的分析》,载王洪亮等主编:《中德私法研究(13):合同因违法而无效》,北京大学出版社 2016 年版。

[4] See Andrew Keay, *Company Directors Behaving Poorly: Disciplinary Options for Shareholders*, Journal of Business Law, 656, p. 658 (2007).

价值最大化。但在我国现行董事责任问责机制下,因董事懈怠失职行为而导致的公司利益受损,似乎只能由股东“自食其果”。

现行《公司法》第 147 ~ 149 条规定了董事的问责路径。第 149 条规定,董事、监事、高级管理人员在执行公司职务时违反法律、行政法规或者公司章程的规定,给公司造成损失的,应当承担赔偿责任。显然,该问责路径规制的是董事、监事、高级管理人员积极作为的不当行为,譬如侵占、挪用公司财产,谋取公司商业机会,自我交易等损害公司利益的行为。而董事监督义务问责下的怠职行为,因具备在因果关系上的间接性与懈怠不作为两个特征,无法被此条规制。董事监督责任需要解决的问题是董事应承担的造成公司利益受损的非直接责任依据何在。第 147 条借鉴英美法系国家的立法例,将董事义务分为忠实义务和勤勉义务,并规定了董事违反上述义务将承担的相应法律责任。第 148 条采用概括性条款和禁止性规则相结合的方式,比较细致地规定了忠实义务的具体内涵,在实践中可操作性较强。而相较于忠实义务,第 148 条对董事勤勉义务的具体内容、判断标准及衡平机制等,均未作过多的细化和本土化创新,这无疑增加了司法适用的难度。司法实践中,法官在适用法律时通常十分谨慎,多数法官不会在个案中过度地对法条进行扩充解释。《上市公司治理准则》虽对善良管理义务的原则进行细化,但仍略显粗糙,况且该规定仅适用于上市公司。即便现有规则存在上述罅漏,董事的怠职不作为是否可以适用董事的忠实和勤勉义务规则来问责?

显而易见,《公司法》第 147 条与第 148 条构成的两条问责路径皆不可适用。首先,问题的关键在于董事监督义务的性质尚存争议。其究竟是忠实义务的内容抑或勤勉义务的衍生,甚至从属于诚信义务——有观点认为存在独立于忠实义务和注意义务的第三种义务,尚不无疑问。其次,即便从我国现有的董事信义义务体系进行检视,忠实义务与勤勉义务概不能包容监督失职的问责。怠职问责非忠实路径所能实现是彰明较著的。忠实路径问责采取严格的公平审查标准,基本上是程序性的审查,即首先确定董事有无利益关联,进而判断董事主观上是否为故意。懈怠监督的董事并未发生如自我交易等将自身利益置于公司利益之上的行为,即便是带有隐性利益冲突的“徇情”行为也不属于《公司法》第 148 条所规制的行为范畴。[1] 至于勤勉义务，在立法方面，《公司法》第 147 条没有明确涵摄董事负有监督义务；在司法方面，当下法官判断勤勉义务尚存标准不明之障碍，遑论将监督义务考虑在内。勤勉义务的规范客体是董事的执业行为，在勤勉义务判断标准尚不明朗的情形下，认定当事人的知识背景、经验及其行为时的商业环境等一系列紧密相关的主客观因素，对于法官来说都是寸步难移的挑战。实证研究表征，自 2011 年 1 月 1 日起至 2021 年 10 月 1 日止，在检索到的 121 个有效样本作为勤勉义务司法实践案例中，以守法守章为核心的形式化审查是法院审查董事义务时所采取的普遍标准，而其中很少涉及监督失职的判断。最后，即使把怠职不作为划归为董事违反信义义务的情形，董事依然可以提出相应的抗辩，譬如以并非直接责任人、已尽职尽责、主观上并不存在过失等为由排除可能的问责路径。

## （二）上市公司董事监督义务规范之缺陷

上市公司经营好坏不仅是商业场域的摩拳擦掌，更牵涉大大小小股东切身利益，因此经营权人更应被要求在管理风险与合规经营的监督环境下实现商业目标。中国资本市场 30 余年来，上市公司数量已超 4600 家，总市值突破 90 万亿，[2] 成为亚太地区第一大股票市场和世界第二大股票市场。为加强上市公司治理，我国治理改革措施亦从董事监督职能作出擘画，如建立独立董事制度、引入强制性董事会会议披露要求以及整体要求内部风险控制等。

关于上市公司董事的监督责任散见于部分规范性文件以及证券交易所等主体制定的行业自律规定。其一，关于董事合规义务和风险管理方面的整体要求。根据中国证监会 2022 年修订颁布的《上市公司章程指引》第 98 条第 1 项的规定，董事应谨慎、认真、勤勉地行使公司赋予的权利，以保证公司的商业行为符合国家法律、行政法规以及国家各项经济政策的要求，商业活动不超过营业执照规定的业务范围。其二，具体到监督职能行使之基础——信息披露下的知悉了解。中国证监会在执法实践中，通常援引《上市公司信息披露管理办法》

〔1〕 参见朱羿锟：《论董事问责标准的三元化》，载《商事法论集》2012 年第 1 辑。

〔2〕 参见黄靖斯：《A 股总市值突破 90 万亿大关，逼近 GDP 总量，1 万亿到 90 万亿这样跨过》，载百家号，https://baijiahao.baidu.com/s?id=1719129676844968730&wfr=spider&for=pc，最后访问日期：2022 年 2 月 10 日。

第 35 条的规定,即“董事应当了解并持续关注公司生产经营情况、财务状况和公司已经发生的或者可能发生的重大事件及其影响,主动调查、获取决策所需要的资料”,以判断董事是否达到一定的勤勉标准,且不能以审计机构未发现、未指出违法情形为由,当然免除董事的责任。其三,关于内部控制系统的构建。此方面我国虽起步晚,早期主要旨在强化对商业银行业的内部控制要求,但随着金融风险的刺激与国际经验的引进,无论是国家层面的监督抑或行业自律都将之视为必不可少的事项。2007 年中国证监会发布《关于开展加强上市公司治理专项活动有关事项的通知》,2008 年继而发布《深入推进上市公司治理专项活动有关事项公告》,两部现已失效的规范性文件都对上市公司的内控制度作出了相关要求,并从内部控制之定义、原则要求以及目标等方面进行了具体化延展。2010 年,财政部、证监会、审计署、银监会和保监会(现银保监会)又联合发布《关于印发企业内部控制配套指引的通知》(财会〔2010〕11 号),包括《企业内部控制应用指引》、《企业内部控制评价指引》和《企业内部控制审计指引》三个指引文件。在行业自律方面,《上海证券交易所上市公司内部控制指引》(已失效)中规定公司董事会对公司内部控制制度的建立健全、有效实施及其检查监督负责,董事会及其全体成员应保证内部控制相关信息披露内容的真实、准确、完整。[1]

虽然从上述所列举规范性文件可以看出,在上市公司监督这一个“筐”里似乎装得满满当当,有寸善片长之处,但其也有不慎妥帖可商榷之余地。最关键的问题在于如前所述,在我国现行《公司法》构建的董事信义义务体系下,证监会执法实践所塑造的董事监督义务规范依据不明,与《公司法》的衔接我们无从得知,究竟是将上市公司治理实践中的监督问责定位于忠实义务还是勤勉义务,甚至不无疑问上述规范性文件是否创设了第三种独立义务。此外,这些规范性文件本身存在盘根错节、含糊不明的掣肘问题。第一,这些与董事监督义务直接相关的规范性文件,与域外相比法律位阶较低,[2] 且不具备整合性与统

〔1〕 参见《上海证券交易所上市公司内部控制指引》(上证上字〔2006〕420 号)第 3 条、第 4 条(已失效)。

〔2〕 参见邹梦涵、包洁:《疫情后中国商法制度中企业合规内部控制的发展研究——以律师实务为视角》,载《2020 商法学年会论文集》(上册),第 387 页。

一性,难以提供规则的指引性。具言之,譬如规范我国企业合规内部控制制度的法律文件在效力层级上基本属于部门规章和规范性文件,致使监督制度下的财务制度、审计制度、公司内部控制制度,事实上散见于效力层级不同、适用范围各异的法律文件中。而鸟瞰域外,以公司法规定董事监督义务的要求和责任承担几乎是流行做法。诚然如此,公司法或商法典作为一部更为一般化的法律,规定公司在其整个生命周期中的广泛活动,理应包括财务会计、审计监督、合规管理等具象治理内容。第二,正如学者在执法实践中所发现的,监督义务的构成要件不具规则性且义务内容含糊不明。〔1〕 进而当事人提出证监会塑造的监督义务超出了法定的勤勉义务内容,"是对法律规定的任意扩大解释"也不难理解。〔2〕 第三,就这些已有的监督义务规范而言,这些规范不仅不成体系,而且缺乏相应的激励和约束制度"并驾齐驱",难以让监督效果落到实地,况且没有"惩罚"的后果,这些规定将如同花瓶之摆设。

笔者认为,问责的前提是"有责可问",责任源于义务的违反。如前所述,从公司到董事信义义务都是其他法域的制度嵌入性结果,那我国董事信义义务是否也应如同其他法域一样具备开放性,将监督义务予以法典化,从而解决上述规范层面的问题?从英美法系来看,信义义务具有开放性特点是普遍共识,信义义务条款作为一般条款实则是授权法官通过衡平的方式不断在个案中予以"具体化",通过课予董事责任,以防止董事损害公司和股东利益,最终在司法判例的不断经验总结下确立规则甚至予以法典化。〔3〕 如 2006 年《英国公司法》改革最大的成效之一就是将董事义务成文化,同时法院又被赋予通过判例继续发展成文法规则的使命。〔4〕 经特拉华州多个经典案例发展,美国公司法认为董事注意义务包括监管义务,即对雇员行为进行监督,并对违法行为进行约束纠正,确保公司有适切的信息系统,以此避免自身的重大过失责任。〔5〕 无独有

〔1〕 参见吕成龙:《上市公司董事监督义务的制度构建》,载《环球法律评论》2021 年第 2 期。

〔2〕 参见中国证券监督管理委员会行政复议决定书(徐某)〔2019〕41 号。

〔3〕 参见冯曦:《论作为一般条款的董事信义义务及其司法适用》,载《2020 年商法学会年会论文集》(上册),第 109 ~ 110 页。

〔4〕 See Companies Act 2006, section 171 – 177.

〔5〕 参见陈本寒、艾围利:《董事注意义务与董事过失研究——从英美法与大陆法比较的角度进行考察》,载《清华法学》2011 年第 2 期。

偶,在大陆法系的德国,合规义务亦是判例法的产物,并从判例中逐渐总结出法典化经验,确保下级员工行为合法的监督义务被《德国股份公司法》第 91 条第 2 款"具体化"为一种"组织义务"(Organisationspflicht)。日本同样借鉴美国董事会监督模式,规定董事会的权限之一为业务执行监督权,代表董事、一般董事有义务监视其他代表董事或执行业务董事的行为是否遵守法律和公司章程、是否适当。〔1〕"他山之石,可以攻玉",由于我国公司法中关于董事监督义务体系构建的缺失,从而导致一系列问题,反之,如果明确董事的监督义务,至少是概括性的义务规定,上述问题也会迎刃而解。

## 三、董事监督义务之正当性基础

任何法律术语与法律制度的出现都并非空穴来风,或事物内生性要求所致,或法律移植而来。正当性为人们服从某种强制、某种规则或某种秩序提供与社会行动者主观价值取向相吻合的意义结构,〔2〕为法律实施弥散主观障碍。好比科学家用理论语言思维,用操作语言检验一样,〔3〕关于董事监督义务问责,亦需要在理论层面探讨正当性基础,并在司法实践中予以完善。

### (一)内生需求:董事会职能的演变

无论何国之公司法,董事会角色都包含监督者(monitor)这一身份,只不过因本土化变异,董事会的构造与类型在不同国家有大大小小的差异,从而影响其监督职能是否突出。例如,英国模式的董事会主要作为战略管理者,第二次世界大战后德国模式的董事会分为监督委员会和管理委员会,美国模式的董事会则主要以监督者为其现代身份。〔4〕但毋庸置疑的是,董事会作为监督者这一身份是公司进入准则设立时代进化的结果,其职责也演化成不可外包的"系

---

〔1〕参见黄百立:《董事注意义务之研究——以日本董事注意义务为中心》,台湾中原大学 2007 年硕士学位论文,第 181 页。

〔2〕参见李猛编:《韦伯:法律与价值》,上海人民出版社 2001 年版,第 91 页。

〔3〕参见[美]布莱洛克:《社会统计学》,沈崇麟、李春华、赵平等译,重庆大学出版社 2010 年版,第 7 ~ 8 页。

〔4〕参见邓峰:《中国法上董事会的角色、职能及思想渊源:实证法的考察》,载《中国法学》2013 年第 3 期。

统督导”,以往以战略管理者为定位的英国模式董事会已被称为传统模式。[1]

关于董事会具体职能内涵,大致有以下三种观点。第一,认为董事会具有双重职能:监督职能与咨询职能。[2] 一方面,根据资源依赖理论,董事能够为公司提供有价值的资源。[3] 董事利用他们的个人能力、人际资源等让公司价值提升,同时董事还利用他们的经验和专业技能,为公司决策和战略规划作出宝贵的认知贡献。另一方面,依据代理成本理论,董事会必须充当监督者,收集和评估有关高级管理人员绩效和公司战略有效性的信息,董事会的价值在于其有能力控制管理人员,使他们为股东利益最大化工作,实现代理成本最小化。第二,《日本公司法》认为董事会权限有三项,即经营决策权、对董事的业务执行监督权、对代表董事的人事权。[4] 无独有偶,根据《韩国商法》的规定,股份有限公司的董事会也拥有关于公司业务执行的决策权和对于董事职务执行监督权。[5] 第三,认为董事会的实体目标可以分为四类:战略、运营、报告和合规。[6] 整体来说,这种分类方法实质上依然与第一种两分法如出一辙。战略目标与运营目标即管理职能,如《荷兰公司治理守则》将“与企业相关的战略和相关风险简介、结果发展和企业社会责任问题”作为一般性原则的同时,亦将其确定为管理职责。[7] 而报告和合规则是风险管理框架的组成部分,属于监督

---

〔1〕 See James D. Cox & Thomas Lee Hazen, *Corporations: Including Unincorporated Forms of Doing Business*, 2nd ed., Aspen Publishers, 2003, p. 409.

〔2〕 参见孙光国、郭睿:《CFO 内部董事有助于董事会履行监督职能吗?》,载《会计研究》2015 年第 11 期。另有学者认为董事会职能由监督职能与战略决策职能或管理职能构成。See Eric J. Pan, *Rethinking the Board's Duty to Monitor: A Critical Assessment of the Delaware Doctrine*, Florida State University Law Review, 38, p. 209 (2011).

〔3〕 See Eric Helland & Michael Sykuta, *Regulation and the Evolution of Corporate Boards: Monitoring, Advising, or Window Dressing?*, Journal of Law and Economics, 47, p. 167 (2004).

〔4〕 参见遠藤美光,「取締役の監視義務と内部と統制に関する覚書 - 社外取締役義務化論に関連して」,第 22 頁。转引自郭媛媛:《日本董事监督义务及对我国的启示》,吉林大学 2015 年硕士学位论文,第 3 页。

〔5〕 参见[韩]丁珍燮:《中韩股份有限公司董事的义务、责任与监督机制之比较》,载《法学杂志》2006 年第 6 期。

〔6〕 See Committee of Sponsoring Organizations of the Treadway Commission (COSO), *Enterprise Risk Management-Integrated Framework*, Executive Summary, p. 3 (COSO Ⅱ Report) (AICPA, 2004).

〔7〕 See Monitoring Committee, Dutch Corporate Governance Code, Principle Ⅱ. 1, 2008.

职能的范畴。

无论分类如何,一言以蔽之,监督职能应是董事会的基本职能。马丁 · 利普顿(Martin Lipton)对此不加掩饰地称,“董事会的风险监督职能……占据了中心舞台……对董事会参与风险的预期一直处于高位”[1]。我国公司运作模式为权力分立制约式,股东大会为权力中枢机关,监事会为法定的监督机关,而董事会通常被定位为由多名董事构成的日常经营决策和执行机关,显然在立法上董事会并未被配置监督职能。不过自我国引入独立董事制度之后,董事并不仅仅是监事会的监督对象,其更被期望能够在监督职能方面发挥举足轻重的作用。然而事与愿违的是,单纯地引入独立董事制度,小股东的权利依然无法得到有效保护,独立董事不独立、缺乏足够的监督权限使不少人对其大失所望。就此而言,公司治理并非像买保险一样仅仅单纯地增加监督机构数量就足以达到理想效果。当前我国这种对董事会职能的偏颇定位,实际上并不符合董事会的角色,由此也导致董事会功能的实际发挥与立法所追求的目的相偏离。因为董事会的监督职能实际上与日常经营管理职能是相互交叉、不可分离的,监督职能可谓是管理职能的延伸。代理成本理论与资源依赖理论同样解释董事为何既是管理者又是监督者,董事会如果不首先通过其监督活动收集有关公司运营的信息,就无法履行其管理职责。也只有在对其他董事和经理层进行管控并对不当行为予以纠正后,公司和股东的利益才能得到保障。美国班布里奇(Bainbridge)教授认为董事会的监督职能不可避免地涉及管理性的活动。[2]日本近藤光男教授同样认为,董事会既然有权决定公司的业务执行,也能决定选任和解聘经理,当然也有权对代表公司以及执行业务的人员进行监视。[3]

既然董事会应当天然被配置监督职能,那么董事作为该机关的组成人员,也应当在业务决策过程中行使具体的监督与管控职权。“董事负有合理督导或

---

〔1〕 Martin Lipton, *Risk Management and the Board of Directors*, Harvard Law School Forum on. Corporate Governance and Financial Regulation, http://blogs. law. harvard. edu/corpgov/2009/12/17/risk-management-and-the-board-of-directors-2/.

〔2〕 See Stephen Bainbridge, *Why a Board? Group Decisionmaking in Corporate Governance*, Vanderbilt Law Review, 55, p. 1 (2002).

〔3〕 参见[日]近藤光男:《最新日本公司法》(第 7 版),梁爽译,法律出版社 2016 年版,第 246 ~ 247 页。

看管公司商业行为的职责，同时，作为推论，应当采取合理的步骤，作为督导程序和技巧的结果，及时了解传递给董事会的信息。”[1]董事与经理层的关系犹如将士与士兵的上下级关系，董事不仅需要指挥全局，由于选任值得信赖的经理层，当然也要日常监督其经营行为，并因此承担监督不力引发损失的责任后果。而由此责任的约束对公司治理也是有所裨益的。实证表明，在关联董事受到罚款、市场禁令或两者兼而有之的监管处罚后，董事投票反对管理层的可能性相较于被处罚前的投票行为增加了两倍，从而得出结论：因疏忽而受到监管处罚的后果感知可能性对独立董事履行其受托责任的努力程度有很大的影响，表明“同伴惩罚”为董事努力监督管理层创造了间接激励作用。[2] 故而，法律责任约束即可实现凭借“惩前”的手段以达到“毖后”的目的[3]，通过问责监督义务向董事施加责任负担，对那些“不作为”的董事起到震慑作用，避免因董事懈怠而陷入经营危机，导致公司和股东利益的损失。

（二）治理需求：克服代理成本难题

管理者和股东之间的利益冲突乃公司治理的重要问题不言自明，董事会选任经理层并对其进行监督和激励，以此减少股东和经理人之间的利益冲突，减少潜在的代理成本。[4] 由于两权分离，管理者可能不再被勤勉工作激励，与从“游手好闲”获得的边际回报相比，管理者勤勉工作所获得的边际回报更少，因此管理者的自利行为时常发生。[5]

相较于股东大会而言，董事会被定位为执行股东会决议的机构，而相较于

〔1〕 Melvin A. Eisenberg, *The Duty of Care of Corporate Directors and Officers*, University of Pittsburgh Law Review, 51, p. 948 (1990).

〔2〕 See Ding Wenzhi and Lin Chen and Schmid Thomas and Weisbach Michael S., *Risk Perceptions, Board Networks, and Directors' Monitoring* (June 21, 2021). Fisher College of Business Working Paper No. 2021-03-011, Charles A. Dice Center Working Paper No. 2021-11, SSRN: https://ssrn.com/abstract=3872749, p. 5.

〔3〕 参见邓峰：《领导责任的法律分析——基于董事注意义务的视角》，载《中国社会科学》2006年第3期。

〔4〕 See Eugene Fama & Michael Jensen, *Separation of Owner and Control*, Journal of Law and Economics, 26, p. 301 (1983).

〔5〕 See Michael C. Jensen & William H. Meckling, *Theory of the Firm: Managerial Behavior, Agency costs and Ownership Structure*, Journal of Financial Economics, 3, p. 305 (1976).

经理层来说,董事会也是公司日常事务的决策机构,所做决策由下级雇员负责执行。由此,我国公司的组织形式是一种事实上的夹层结构——董事会居于股东会与经理层之间。但现实是我国公司存在"权力下沉"现象:董事会的经营决策权被经理层"篡夺",由于董事会以集体决策的多数决方式行使职能,董事会会议召开次数有限,因此董事会并未像法律设计的那样完全行使经营管理权。相反,现代企业的大量管理事务实则都由经理层完成。故而,实际上大量经营管理工作是由经理层及下级雇员来完成,"决策者不管理、管理者不负责"的现象普遍存在,〔1〕经理层权力的扩大不可避免地带来代理成本增加。事无百世不移之理,为管控权力滥用,解决内部代理人合规用权的问题,不应执着于董事会的决策力和执行力,而应当尝试索性将董事会从日常经营中解放出来,致力于公司的长远发展战略和对经理层的评价监督,以此压缩利益损害行为发生的权力空间,凸显董事监督义务与公司治理的良性互动关系。

(三)现实需求:补充内部监督制度

借中庸之义,我国兼采大陆法系和英美法系公司监督体系,我国公司法将监事会作为公司法定常设机构。公司法对监事会权能罗列不少,同时采用职工监事制度,监事也可列席董事会会议,并对董事会决议事项提出质询。然而即便是刚性监督,问题的频繁发生也说明监事会的监督功能发挥不尽如人意,质疑监事会作用的声音从未停止,对于进一步改进和强化监事会监督的研究斗量筲计。在董事、高级管理人员损害公司利益,导致公司破产或者清算的恶劣情形下,监事会几乎没有发挥出应有的警示或预防的功能。〔2〕 监事会作为法定监督机构行使职权时还存在一些客观障碍,如监事会对董事日常经营决策参与不够,无法持续、有效了解,"不知悉""未参与"也常常成为监事的责任推脱之借口;〔3〕监事会既有股东代表也有职工代表,各自利益诉求往往不一致,股东要求实现公司利益最大化,职工却心系自身利益。而在证监会执法实践中,监

---

〔1〕 参见蒋大兴:《公司董事会的职权再造——基于"夹层代理"及现实主义的逻辑》,载《现代法学》2020 年第 4 期。

〔2〕 参见陈建军:《如何完善我国公司监事会制度》,载《经济师》2007 年第 6 期。

〔3〕 比如中国证监会行政处罚决定书(山东华阳科技股份有限公司、刘某路、闫某华等 14 名责任人)〔2012〕34 号。

事承担的基于信息披露监督而产生的严格连带责任也往往不具有可执行性，导致大量监事的监督之责无法落实。[1]

美国的“自我管理”监督模式被引入我国，面对董事会不能充分监督的现实问题，代理理论认为增强董事会独立性有助于提升董事会的监督能力。[2] 寄希望于通过创设独立董事制度来起到制衡经营者的决策权力的作用，进而防止内部控制问题，降低代理成本。独立董事对公司及全体股东负有诚信与勤勉义务，其独立性和专业性要求维护公司整体利益，尤其应关注中小股东的合法权益不受侵害。但实际上独立董事的“独立性”也成为部分学者归咎其作用甚微乃至监督失灵的根源，对独立董事的优化讨论也不绝于耳。[3] 独立董事与内部董事无法相比，其存在天然的信息劣势。独立董事由于不在公司任职，难以参与到公司的日常经营中，故而要求独立董事单枪匹马去搜集一个具有复杂科层结构的大公司在经营层面的信息，是一种脱离实际的愿望。独立董事作出监督判断的依据几乎来自现任管理层的“一面之词”，可能会面临控股股东为隐蔽自己的不当行为，在一定程度上向独立董事隐瞒内部信息的情形。即便是独立的专家，在不确定信息真实性面前也会倾向于保守、谨慎，这不仅不利于监督到位，还可能阻碍激进决策者的经营策略。在被称为中国首单特别代表人诉讼案的康美药业虚假陈述民事赔偿案[4]中，在公司财务造假持续三年之久，涉及会计科目众多、金额巨大的情形下，独立董事却完全未发现端倪或发现而置之不理，足以见得独立董事在监督财务造假和企业欺诈方面的无功无益。

监事会的法定监督与独立董事的专司监督都存在监督失效之虞，虽然基于路径依赖以及避免出现科斯所言的以一种制度取代另一种制度时所带来的成本，应当继续强化监事会的监督与独立董事的独立性，而不是剖析如何增强董

[1] 参见蔡伟：《公司内部监督责任体系的困境基于对监事的再考察》，载《中外法学》2018 年第 6 期。

[2] See Amy Hillman & Thomas Dalziel, *Boards of Directors and Firm Performance: Integrating Agency and Resource Dependence Perspectives*, Academy of Management Review, 3, p. 383(2003).

[3] 参见谭袁：《经济法视野下的独立董事制度完善研究》，载《华中师范大学学报(人文社会科学版)》2012 年第 3 期。

[4] 全国首例特别代表人诉讼、康美药业虚假陈述证券侵权案件民事赔偿案，广东省广州市中级人民法院民事判决书，(2020)粤 01 民初 2171 号。

事会监督的实效性与解释董事承担非直接责任的依据何在。但问题在于:第一,如前所述,董事的经营决策职能与监督职能同为一体,通过内部控制体系以及日常管理活动,董事便能及时发现并纠正问题;第二,具备专业知识的董事依靠其丰富的管理经验和敏锐的风险感知力可以减少监督成本;第三,即便是强调董事会的监督职能也并不意味着要替代其他的监督体制设计。相较于董事会,监事会和独立董事对公司事务参与的程度不足比数,为使监督资源达到帕累托最优,并最大可能地保护公司和中小股东的利益,董事会凭借其拥有的人事任免、薪酬决定等职权,最适合担当公司内部监督机关的重任。〔1〕

## 四、董事监督义务之法律地位

监督义务的法律地位系其法律性质的别名。厘清监督义务的法律性质之所以如此重要,是因为作为问责监督义务的前提,其既是法律逻辑上的需要,更决定监督义务落实的可能性,因为从特拉华州等法院的判决来看,法律定性将决定原告的举证难度。

关于监督义务的法律地位,国内外理论和司法实践仍是见仁见智。主要有三种观点:第一种观点是忠实义务说,认为监督义务同样是对董事权力滥用的规制,应按照违反忠实义务的标准来判断;第二种观点是注意义务说,认为董事既然有义务建立一个公司信息和报告系统,此即注意义务的明确要求,监督义务与商业决策两者共同组成董事注意义务内容;〔2〕第三种观点是诚信义务说,认为监督义务属于诚信义务的范畴,而提出诚信义务观点的学者们也对其性质莫衷一是,主要争议点是董事诚信义务究竟是传统董事信义义务中注意义务或忠实义务的附属义务,抑或作为一种独立的第三种信义义务。

忠实义务强调董事对公司及股东的绝对忠实,董事被约束应当忠实履行职责,既不得为了私利利用职位便利,牺牲公司利益,也要在个人利益与公司利益相抵触时优先考虑公司整体利益。忠实义务的违反主要是因为董事"徇私"而

---

〔1〕 参见王真真:《董事会监督职能分析》,华东政法大学2017年硕士学位论文,第8页。

〔2〕 See Charles Hansen, *The Duty of Care, the Business Judgment Rule, and the American Law Institute Corporate Governance Project*, Business Lawyer, 48, p. 1355 (1992).

滥用权力，要求董事是故意，并且也只能是故意而为之，一般不包括过失谋私的行为。这也是为何在 Stone v. Ritter[1]案中，特拉华州最高法院明确表示只有在证明董事不事监督的故意之后，方才会构成义务违反[2]。但实则从语义逻辑来看，落入监督义务问责范畴的通常则是由于董事懈怠履职，即没有尽到合理的注意进而导致没能及时发觉雇员的不当行为，譬如没有充分地获取信息、尽可能地了解情况，轻率信任不该信任之人等过失。此时董事既非谋私，也并非无能。实质上，忠实义务与监督义务的根本区别在于董事是否明知是违法行为，如果认为监督义务从属于忠实义务，则陷入逻辑怪圈。况且虽然特拉华州法院在 Stone v. Ritter 案中，一改从前，将监督义务纳入忠实义务范畴，但正如班布里奇教授的见解，将监督义务纳入忠实义务范畴十分没有道理，超出对忠实义务的一般理解，若非要为之找个理由，法院如此判决仅是一种司法技巧而非法律逻辑运用，只是为了避免因适用勤勉义务规则而被被告依据《特拉华州普通公司法》第 102(b)(7)条抗辩免除或限制责任。[3] 倘若继续坚持 Stone v. Ritter 案中的观点，只有董事主动搜集并掌握了可靠的信息，进而有意不采取措施，才构成对监督义务的违反的话，原告举证之难显然已经让监督义务没有讨论的必要。

诚信义务由来已久，2006 年《英国公司法》以及《美国示范商业公司法》皆有条文规定董事应诚信行事，我国近几年也有不少关于董事诚信义务的研究，并提出诚信义务本土化的构建。[4] 虽然诚信义务的法律地位也存在莫衷一是的观点，但主流观点认为“第三种义务”——诚信义务乃信义义务的下位原则，与忠实义务、注意义务并驾齐驱。在著名的迪士尼案中，特拉华州最高法院的钱德勒(Chandler)法官指出违反诚信义务的基本方式，其包括：第一，董事为了特定的目的行事而非为了公司的利益；第二，董事故意违背法律；第三，董事明知在义务范围内而故意不作为，故意不履行义务。[5] 有国内学者也指出，在诚

---

〔1〕 See 911 A. 2d 362(Del. 2006).

〔2〕 See 911 A. 2d 362(Del. 2006).

〔3〕 See Stephen Bainbridge, Star Lopez & Benjamin Oklan, *The Convergence of Good Faith and Oversight*, UCLA Law Review, 55, p. 559, 585 – 586, 597 – 598(2008).

〔4〕 参见朱羿锟：《论董事问责标准的三元化》，载《商事法论集》2012 年第 1 辑。

〔5〕 See In re Walt Disney Company Derivative Litigation, 906 A. 2d 27, 2006.

信义务的具体行为模式方面,董事的经营管理行为不允许存在非经济的不当动机,董事不得故意对职责漠然置之甚至使公司违法,对其职责也不应存在根本性的疏忽或懈怠。[1] 因而诚信义务更多还是考察主观方面存在不当动机的作为行为以及带有故意性的懈怠行为,而监督义务规制的行为应是主观上过于自信或者疏忽大意的过失,或者仅仅是致使经营不善、董事个人能力不足的行为。此外,"诚"与"信"皆为伦理规范和道德标准,"诚信"可理解为"以真诚之心,行信义之事",因此在某种程度上其与信义义务乃同义等值的概念。并且,如果将监督义务招致诚信义务麾下将会面临更难以解决的问题。诚信义务从"子曰"开始就作为道德义务约束着世人,即便常常被哲学家们常挂嘴边,诚信规范发展至今,也依然是作为高尚的品德常被束之高阁。溯其根本在于诚信作为道德规范给人带来的更多是直觉上的主观情感冲击,因其具有模糊性,无法被定义,延伸无边,给法官增加了解释和判断的难度。因此,既然"诚信义务"无法被定义,那确定判断标准更是难上加难,反而会让董事监督义务的问责更加令人困囿。正如肖恩 · 格里菲斯(Sean Griffith)教授所言,"诚信的运作就像一面西洋镜,在传统的谨慎和忠诚标准之间摇摆,虽降低了每一个原则的门槛,却没有给司法增加任何不同的实质性内容"[2]。

笔者认为,将董事监督义务归属于注意义务范畴内,首先缘于监督义务本身是注意义务的衍生要求。艾森伯格(Eisenberg)教授指出信义义务包括注意义务在内,是种基准概念(baseline concept),其仅提供行为标准,只有当事人违反具体义务要求时,才会对当事人科以法律责任。[3] 而监督义务就是注意义务标准下的具体义务要求,如法理上认为德国公司法中的董事合规义务属于合法义务(Legalitätspflicht)框架下的具象化义务要求,而合法义务也正属于董事对公司所负的注意义务(Sorgfaltspflicht)的主要类型之一,[4] 按此逻辑,合规义

[1] 参见朱羿锟、彭心倩:《论董事诚信义务的法律地位》,载《法学杂志》2007 年第 4 期。

[2] Sean J. Griffith, *The Good Faith Thaumatrope: A Model of Rhetoric in Corporate Law Jurisprudence*, Duke Law Journal, 2005, p. 551.

[3] See Melvin A. Eisenberg, *The Duty of Good Faith in Corporate Law*, Delaware Journal of Corporate Law, 31, p. 1(2006).

[4] Vgl. Hüffer/Koch, AktG § 76 Rn. 11; Goette, ZHR 175(2011), 388, 392; Hemeling, ZHR 175(2011), 368, 370.

务可谓乃注意义务的具体化行为准则。美国律师协会同样在其制定的《美国示范商业公司法》中直接将董事监督义务行为准则描述为“应以一个理性人在类似情形下的标准去充分履行其注意义务”[1]。此外,我国财政部、证监会、审计署、银监会和保监会(现银保监会)联合发布的《企业内部控制基本规范》第4条规定,企业建立与实施内部控制机制应当遵循“成本效益”原则,以适当的成本达到有效控制的目的,由此看出内部控制机制的具体内容应属经营判断,即属于董事注意义务的范畴。[2] 从判例总结的法理来看,1922年古早的特拉华州Lofland v. Cahall案[3]即较早地将董事监督职责确认为注意义务,并要求以“最大诚意和公正”行事。在创造了关于董事监督义务的赫赫有名的Caremark规则的In re Caremark International Inc. Derivative Litigation案[4]中,艾伦(Allen)法官确认了注意义务的注意程度要求意味着董事必须确保信息和报告系统到位,能够使系统正常运行。日本最高法院1969年也在判决中称,代表董事应负注意义务,其他董事或职员的不法行为或懈怠行为可以解释为代表董事自身的懈怠行为。[5] 另外,承认监督义务为注意义务更将有利于真正激活监督义务条款,进而保护中小股东利益。因为注意义务对应着一个潜在的危险即公司利益的损失,而公司或股东皆会因利益损失而激发维权意识。反之而言,董事注意义务是否履行决定了公司利益是否实现或增加,注意义务的积极意义就是董事必须合理注意,以此实现公司利益的最大化,董事监督义务亦是同理。由此作结,如果董事怠于作为,被追究因违反监督义务而产生的一种非直接责任,因是违反了注意义务的积极要求。

## 五、董事监督义务之内涵构造

监督责任之后果需要明晰的“因”包括两个要素:董事会必须采取哪些努力

---

[1] ABA. §8.30(b). Model Business Corporation Act(2010).

[2] 参见梁爽:《内部控制机制的法律化路径——以日本法上董事内部控制义务为视角》,载《金融法苑》2015年第1期。

[3] See 114 A.224(Del. Ch. 1921).

[4] See 698 A.2d 959(Del. Ch. 1996).

[5] 参见最判昭和44年11月26日民集23卷11号2150頁。

来发现可能的风险,以及哪些可能的风险需要董事会采取行动?[1] 笔者认为,董事监督义务属于勤勉义务的范畴,然而如前所述,我国董事勤勉义务自身因无精细化规定而不成方圆,勤勉问责路径进而受到窒碍。而在上市公司执法实践中,亦面临被问责的董事行为存在法律争议而亟待体系化解决的问题。倘若不丰富董事监督义务的具体义务内容,让其成为明确既定的责任要求,不仅会导致法官在审理涉及董事监督内容的勤勉义务之违背案件时因缺乏相应的行为模式而无从下手,亦会影响司法裁量权的统一法律适用。鉴于此,笔者认为,董事监督义务的具体监督义务内涵按积极性程度的强弱可以分为三个层级,按积极性程度要求递减排列为主动构建内部控制体系义务、日常直接监督义务、被动监督义务,三者以在时间层面的点线结合方式共同构筑起公司运作的监督网。

### (一)强积极性:主动构建内部控制体系义务

董事为尽监督职责,应负有主动建立内部控制体系的义务,以尽可能做到对风险的“疏而不漏”。人的精力有限,在力所能及之外更是无法事无巨细地了解所有员工行为。从现实考虑,科以董事时刻完全亲力亲为如同稽查员一样去检查、了解应报告的信息并确认这些信息的真实性,难免强人所难,虽然这并不代表董事不应如此。就替代方案而言,董事会尤其是较大规模公司的董事会,应负有构筑内部控制体系义务,以明确管理层及员工的职责,提高监督执行力。内部控制实质是董事会的事前义务要求,整体而言,乃董事会、管理层和其他人员实施工作的流程,使监督行事方式进一步程序化,旨在为实现以下类别目标提供合理保证:运营的有效性和高效性、财务报告的可靠性和真实性以及经营管理的合法合规性。[2] 按其控制目的不同,内部控制可由诸如财务控制、风险管理控制、合规控制以及信息披露机制构成。

#### 1.财务控制

财务监督是内部控制中的核心内容,也是最为直观的监督形式,内部控制

---

〔1〕 See Eric J. Pan, *Rethinking the Board's Duty to Monitor: A Critical Assessment of the Delaware Doctrine*, Florida State University Law Review, 38, p. 209 (2011).

〔2〕 See Committee of Sponsoring Organizations of the Treadway Commission (COSO), *Internal Control-Integrated Framework*, Executive Summary, p. 2 (COSO Ⅰ Report) (AICPA, 1992).

其本身更多的是一个财务会计上的概念，首见于 R. H. 蒙可马利于 1912 年出版的《审计——理论与实践》一书中。“安然事件”更是使财务报告审计的重要性讨论没有任何转圜余地，直接导致著名的《萨班斯—奥克斯利法案》(Sarbanes-Oxley Act，SOX)的颁布。财务会计监督要求董事会应当在公司内部设置有效的控制机制，从而预防和及时发现公司账簿和现金管理方面的不规范之处。国内医药龙头企业康美药业财务造假高达 300 亿元，除人为贪婪因素使然外，还在于公司资金管理制度不合理，除虚构利润外，上市期间虽多次融资，却没有落实在固定资产、投资性房地产等实处，可见内部控制制度形同虚设。就此而言，虽然我国多数企业内部设有财务制度，但大多尚不完备或者没有达到有效标准，需要法律在这方面予以进一步引导。同时，术业有专攻，因财务制度往往涉及整个企业的运营和流程，CFO 内部董事相较于其他高管更具有信息优势和专业优势。〔1〕

2. 合规控制

合规控制要求董事在保证其个人不得存在违反法律规定的行为外，还应负责监督董事会其他成员以及下级员工的行为合法与否，此即要求董事必须在其所负责的具体业务领域中关于组织措施和监督措施方面有所着力，以确保企业合规运营。1991 年美国制定《联邦组织犯罪量刑指南》，该规定不仅增加了企业犯罪刑事处罚力度，还增加了企业采取有效合规计划的减轻处罚激励机制，〔2〕Caremark 案的结论因此变得举足轻重，因为其实质上拒绝了此前特拉华州最高法院对 Graham v. Allis-chalmers Manufacturing Co. 案的裁决——一种盛行的狭义董事责任概念，即董事基于对员工的信赖只需在“红旗”(red flag)出现后才开启监督义务。Caremark 案通过裁定董事有责任确保他们的公司有合规计划并监督公司对可疑活动的调查，极大地扩大董事的监督作用。就构建合规义务体系而言，还应注意以下理解：一是合规所指的“规”具体涵纳哪些。笔

---

〔1〕 参见孙光国、郭睿：《CFO 内部董事有助于董事会履行监督职能吗?》，载《会计研究》2015 年第 11 期。

〔2〕 See Jennifer Arlen, *The Story of Allis-Chalmers, Caremark, and Stone: Directors' Evolving Duty to Monitor*, in Ramseyer ed., Corporate Law Stories, Foundation Press, 2009, p. 329 – 331.

者认为,其不仅包括遵守刚性法律要求,即所谓的减少雇员的非法行为风险,[1]还包括合乎社会对公司制度运行在一般意义上的规定,此乃作为法律空白的填补,譬如讨论得如火如荼的企业社会责任规范。此外,就公司作为一个实体而言,其还包括公司自治规定,即章程、行为准则、惯例等,甚至还涵盖尊重企业作为客观事物所具有的内在规律性。就《公司法》而言,作为指引性法律应当对公司治理起到示范作用和信息源功能,这就要求《公司法》应当明确底线规范和任意性规范,以减轻公司治理的合规成本。二是将合规义务在企业内部进行横向分工还是纵向分工,都不能因此简单地满足合规义务的要求。随着法律规则的增加或修订等变化,还应适时监控合规控制系统且保证其持续有效性。易言之,合规机制的设置绝不是一次性的,否则如 Caremark 案中艾伦法官所指,董事会将因未能持续或系统地实施监督而承担损失责任。[2]

3. 风险管理

风险管理依美国反虚假财务报告委员会下属的发起人委员会(The Committee of Sponsoring Organizations of the Treadway Commission,COSO)的定义,即"由董事会、管理层和其他人员实施的流程,应用于战略制定和整个企业,旨在识别可能影响企业的潜在事件,并将风险控制在风险偏好范围内,为企业目标的实现提供合理保证"[3]。风险管理因与商业判断挂钩,或许是董事监督义务内涵中最言人人殊的内容,但无论如何,笔者认为如今我国公司治理需要基础性的风险管理,事实上立法也同样关注这一点。依据我国《证券法》第 118 条的规定,证券公司设立时应具备"完善的风险管理与内部控制制度"的条件,同样就证券领域的基金管理公司而言,《证券投资基金法》第 13 条规定,设立管理公开募集基金的基金管理公司,应当具备"良好的内部治理结构、完善的内部稽核监控制度、风险控制制度"。而商业实践实则更为接受企业风险管理的需要,甚至高于法院的"要求"。早在世界大型企业联合会(The Conference Board)和麦肯锡(McKinsey & Co.)于 2005 ~ 2006 年对公司董事的联合调查

---

[1] 参见邓峰:《公司合规的源流及中国的制度局限》,载《比较法研究》2020 年第 1 期。

[2] See 698 A. 2d 959(Del. Ch. 1996).

[3] Committee of Sponsoring Organizations of the Treadway Commission(COSO), *Enterprise Risk Management-Integrated Framework*, Executive Summary, p. 2(COSO Ⅱ Report)(AICPA, 2004).

中,便发现越来越多的董事认为监督业务风险是他们的责任,他们被期望并且许多人已经准备好监督更广泛的公司活动,对业务风险的思考是"他们关于战略的每一次谈话"中的一部分主题。[1]

无可辩驳的是,正常运作的风险管理系统并不能消除风险,也不能消除损失的可能性,甚至灾难性损失也无法避免,因为充其量,风险管理系统只是衡量风险,并帮助公司承担它所能够接受的风险水平,而何种程度的风险可以接受即所谓的"风险胃口"(risk appetite)。风险胃口的确定就是董事会的商业决策职能的发挥空间,包括事先评估固有风险的程度,控制风险的成本,以及企业能接受的剩余风险。[2] 值得注意的是,依据企业经营范围不同,风险管理应是因业而异。董事监控公司业务和提供风险管理系统的总体责任时常伴随着许多特定额外的行业相关义务以及与特定活动相关的必要合规要求。例如食品生产行业,在特拉华州新近案例 Marchand v. Barnhill 案[3]中,冰激凌生产商 Blue Bell 的董事会未对食品卫生和安全建立相关监督机制,董事因而承担赔偿责任。值得一提的是,从本案中也可以看出合规和风控实质存在交叉之处,正如班布里奇教授所称,"风险管理和法律合规制度并没有根本的不同"[4];在制药行业,将医药产品投放市场的实体必须提供风险管理系统,根据欧洲议会的定义,该系统为"一套药物警戒活动和干预措施,旨在识别、预防或最大限度地降低与医药产品相关的风险,包括评估这些活动和干预措施的有效性"[5]。此外,即便不是从事特定行业,但只要经营或开展了相关活动,同样亦应当如此约束自己并进行特定的风险管理。

---

[1] See The Conference Board, *The Role of US Corporate Boards In Enterprise Risk Management*, 2006, p. 5 – 6, 15 – 22, http://ssrn.com/abstract=941179.

[2] 载 https://mp.weixin.qq.com/s?src=11&timestamp=1667362660&ver=4141&signature=812ei0TyNL6LX2QQQNGe8UrV*dTK7O4vPtetogILeJXkbVJrhG25h65837YIJ43on94y-3ggf6P5L7DP05SQHF*8Za8iH*YG2zMmHzNityOZAeGX3AjC*9g29zXv9gfN&new=1。

[3] See 212 A. 3d 805 (Del. Supr. 2019).

[4] Stephen M. Bainbridge, *Caremark and Enterprise Risk Management*, Journal of Corporation Law, 34, p. 967 – 968 (2009).

[5] Article 1, 28b. of Directive 2001/83/EC of the European Parliament and of the Council of 6 November 2001 on the Community code relating to medicinal products for human use, OJ L nr. 311, 28 November 2001, p. 67.

4. 信息披露机制

信息披露机制也被广泛称为信息报告制度或信息传递制度,公司内部应有一个合理设计之“信息及报告系统”(information and reporting system),以使董事会能据此达到在“法规遵循及经营表现”(compliance with law and its business performance)方面满足“信息充足”(informed)。[1] 信息披露是监督能够到位的重要保障,信息披露监督已逐渐成为董事勤勉尽责的关键,我国执法实践中对董事监督义务内涵演绎也主要来自对信息披露违法处罚的相关案例。在特拉华州法院审理的 Caremark 案中,法院认为董事建立相关和及时的信息传递机制是《特拉华州普通公司法》第 141 条关于监督义务之具体要求,此后将 Caremark 规则一以贯之的 Stone v. Ritter 对此进行了重申,Caremark 规则下追究董事未尽监督义务之责的必要条件即董事没有设置汇报或信息传递机制,虽然针对 Caremark 规则存在一些意见相左的声音,但此必要条件却被广泛认可。[2]

由此作结,内部控制系统应被嵌入公司运营中,并成为公司文化的一部分。囿于实务中将勤勉义务几乎等同于守法义务,因而即便许多企业内部存在以上内部控制制度,却在整体上略显浅表化或内部盘根错节。而且至关重要的是,问责与追究效果不尽如人意导致缺乏这些系统执行力。现已失效的《中央企业资产损失责任追究暂行办法》第 27 条曾规定:“企业因未建立内控管理制度或者内控管理制度存在重大缺陷,造成企业重大或者特别重大资产损失的,除按照本办法对其他相关责任人进行责任认定外,企业分管负责人和企业主要负责人应当分别承担分管领导责任和重要领导责任。”这是法律上第一次明确认可,企业负责人关于构建内部控制系统的责任承担。从域外判例来看,实质建立内部控制系统是追究董事责任最清晰的思路,也是原告胜诉可能性最大的诉讼情形。因而,何以让内部控制系统切实地被“活用”于公司治理,此问题的解决在疫情环境影响下更颇值思量,至少有必要重申构建内部控制系统的具体要求和

---

〔1〕 参见冯曦:《论作为一般条款的董事信义义务及其司法适用》,载《2020 年商法学会年会论文集》(上册),第 113 页。

〔2〕 See Eric J. Pan, *Rethinking the Board's Duty to Monitor: A Critical Assessment of the Delaware Doctrine*, Florida State University Law Review, 38, p. 209 (2011).

责任承担。

(二)弱积极性:日常直接监督义务

建立内部控制体系不是董事义务的尽头,对于董事来说也绝非万事大吉,董事应保持对公司业务执行的适当参与,负有在日常经营管理活动中监督公司运营行为的义务,即履行知悉公司生产经营状况的义务。有学者甚至主张,董事有义务时常保持对公司业务的关心,积蓄能够随时随地应对审议那样的知识和情报。[1] 由此看出,虽然某种程度上董事通过查阅账簿等方式获得情报以及确认被提供的情报的正确性等存在一定的现实困难,但董事依然负有最基本的直接监管义务。不过这并非要求董事对企业运营的所有方面都事无巨细地了解,而是董事监督持续性的要求,就像汽车需要经常维修保养以保持其引擎、刹车等零件随时待命有效一样。正如证监会执法时常援引的《上市公司信息披露管理办法》第35条的规定,"董事应当了解并持续关注公司生产经营情况、财务状况和公司已经发生的或者可能发生的重大事件及其影响,主动调查、获取决策所需要的资料"。而1924年创造了侵权法上著名"汉德公式"的汉德(Hand)法官在纽约州Barnes v. Andrews一案中早已认为董事有义务对公司具体事务保持一定程度的了解,否则将构成玩忽职守,[2] 据其所言,及时了解公司情况是董事的一项基础性注意义务。

诚如上文所述,不得不承认,因为董事的日常监督义务很大程度可以在日常经营管理行为中发挥作用,就董事作为执行机构的组成人员以及凭借自身的专业性与经验储备,相较于其他监督机制来说,对公司在运营业务中的风险监督更胜一筹。比如,董事掌握公司状况,更多就来自自己负责领域范围内的情报,在前述信息报告制度下有时甚至无须采取更多积极行为。此外,情报的知悉源于董事特定的行为。比如,通过出席董事会了解公司经营状况;定期召开董事会,从经理层处获取关于业务执行情况的说明;为持续性地了解公司运营情况,董事也可查阅公司的账簿或相关文件。这也说明关于公司法上董事义务的内涵构造无须事无巨细,只需明确如上的一般程序事项即可。

---

〔1〕 参见马太广:《论日本公司法理论上的董事责任行为及其启示》,载《政治与法律》2008年第9期。

〔2〕 See 298 F. 614(S. D. N. Y. 1924).

(三)消极性:被动监督义务

董事监督义务还包括消极监督义务,这是一种被动的狭义监督行为。此种义务要求是最基础、最原始的形态,体现为发现、调查、报告、应对和纠正等一系列行为。[1] 在 1963 年特拉华州最高法院的 Graham v. Allis-chalmers Manufacturing Co. 案[2]中,股东控诉董事没有积极履行其监督和管理公司的义务,应对公司的损失承担责任,沃尔科特(Wolcott)法官最终盖棺定论:董事没有义务实施原告提出的"雄心勃勃"的合规计划,而是可以"依赖其下属的诚实和正直,直到发生让他们怀疑出了问题的情况"。换言之,如果对下属的行为不知情,则董事不负有积极的作为义务,且不被约束设置和实施一套公司内部的雷达体系去"探测"那些值得怀疑的行为。学者认为如果董事主动采取了合规措施且发现"红旗"而未采取后续纠偏行为的话,反而面临法律责任,董事因此被反向激励不必采取内部控制。因此,早前美国公司董事的监督义务就不要求主动发觉,而只包含对呈现在眼前的不当行为采取行动的义务要求。

监督原义,主要是指人们为了达到某种目的或目标,凭借一定的权力或权利,对主体权责、运作效能及其公平公正性等而展开相对独立的检查、审核、评议、批评、督促、纠正和惩戒活动。[3] 在存在违规嫌疑的情况下,上述"调查—终止—惩戒"措施流程逐渐被主流意见所接受,且在法律属性上该要求应为强制性规范,董事会针对违规行为"是否"采取惩戒措施没有自由裁量权。[4] 纠正义务虽是被动的,但作为应对风险的最后一道防线,亦是监督义务的重要组成部分。董事在获得的情报或说明文件中发现下级雇员存在不当行为或者存有疑问时,董事有义务展开调查并及时对不当行为予以纠正。如果董事对内部风险视若无睹或者即便发现也未进一步调查以及采取措施去加以应对,从而造成损失的发生,董事就不能被免责。

---

〔1〕 参见李强:《董事注意义务研究》,武汉大学 2009 年博士学位论文,第 101 ~ 102 页。

〔2〕 See 188 A. 2d 125(Del. 1963).

〔3〕 参见尤光付:《中外监督制度比较》,商务印书馆 2013 年版,第 1 页。

〔4〕 参见张怀岭:《德国法董事合规义务的司法适用逻辑——基于对"西门子诉纳伯格案"的分析》,载王洪亮等主编:《中德私法研究(13):合同因违法而无效》,北京大学出版社 2016 年版。

## 六、监督问责的司法判断标准

如前所述，董事负有监督公司运行的义务，因监督不力或者未健全公司内部风险控制系统，给公司和股东带来重大损失的董事，其虽不是直接责任人，但无法推卸其作为领导者和监督者的责任。而问责的判断将直接关系责任的承担。上述探讨监督义务的正当性依据、法律地位和具体内涵实则是为了明确董事的责任承担依据何在，有了规范性依据，旋即而来的问题是应依据什么样的标准去判断董事是否尽到监督义务，进而追究责任承担。确定明确的监督问责司法判断标准有以下好处：首先，它可以化解同案不同判的问题，给当事人以一定的预期性，防止出现因巨大的诉讼成本而使当事人不敢贸然提出诉讼的冷局面；〔1〕其次，判断标准决定了原告的证明难度如何，是董事监督义务能否真正发挥其约束作用的关键，事关董事怠职问责路径能否切实发挥功效。反之，如若判断标准在宽严程度上设定不当，则可能对董事的商业判断产生寒蝉效应。

监督情形中存在两种情况：一是董事是否有为前文所述的具体义务要求；二是董事在处理具体事务中是否尽到监督义务。就第一种情况而言，根据上述的监督义务的具体内涵，可以使问题判断变得容易一些，尤其是对于积极性要求较高的内部控制体系构建义务来说。当有既定的义务与责任要求时，便可不再纠结于董事的主观注意程度，此时监督责任的认定问题变得易于操作。因而如果董事未能构建或未能适当构建前面所讨论的诸方面的内部控制系统，并由此导致公司损失，就违反了他们注意义务之监督层面的要求。这也是 2005 年《日本公司法》修改之部分背景——大和银行案所认定的责任要求。〔2〕第二种情况是对于那些积极性程度要求较低的监督义务内容而言，讨论董事是否尽到监督义务的要求。譬如，董事是否在日常监督中失职，是否在警示信号出现后未能发现或防止损害的发生？由于并非只要有损失董事就负有责任，因而在司法判断

〔1〕 参见李燕：《论现代公司之董事注意义务》，载《学术论坛》2007 年第 6 期。

〔2〕 Osaka District Court, 20 September 2000, in: Hanrei Jihô 1721 (2000) 3. 该案中，大阪地方法院认为大和银行的董事未能建立适当的内部控制系统，而该系统本可以防止或发现该银行纽约分行在 11 年间未经授权的交易所造成的 11 亿美元损失。

中还需要结合一定的判断标准去确定董事在注意程度方面是否的确失职。

倘若董事监督义务被纳入勤勉义务的范畴,就“承上”而言,监督义务之违反在判断标准上应秉循勤勉义务之违反。由于我国公司法关于勤勉义务判断标准有所欠缺,以其他法域的判断标准作为镜鉴将成为必经之路。而众所周知,法院对董事行为的事后评价与董事的经营管理权之间的博弈需要一定的调节阀,过严的审查会导致董事经营缩手缩脚,过松的审查又会放任怠职行为。借由宽严相济的判断标准可以平衡激励与约束之间的对立关系,因此主客观相结合的判断标准便成为董事监督义务的恰当标准。首先,在主观方面,董事承担违反监督义务的责任,应以应当知道或可能知道为前提,即事前监督是存在可能的。笔者认为,作为可责备心理状态的证据,除故意外,认定为过失是适切的,至于是一般过失还是重大过失,可以根据董事结构以及董事对公司运营管理的知情程度作差异化安排。董事长、执行业务董事应以一般过失标准问责,外部董事则以重大过失标准问责。〔1〕 虽然被奉为经典的 Caremark 规则采用“明知”标准实际确保由于未能发现和预防公司内部控制系统缺陷的监督问责的“注定”失败,但笔者认为其中存在矛盾,即便原告能够证明董事失职行为是有意识的决定,董事亦可抗辩称其“故意”无视出现的“红旗”乃出于商业决定,基于商业判断审查保护董事亦可独善其身。如此的话,只有在没有商业判断保护的情况下,才能成功问责监督义务,这样或许在公平方面有所欠缺,监督问责制度将沦为具文。其次,在接受疏忽大意作为主观判断的一部分基础之上,法院可以根据被告的客观行为(或不作为),判断被告是否真的真诚行事,以减轻原告的举证负担,即原告必须试图证明董事会因缺乏行动而未能勤勉行事。因为关于董事“明知”这一主观方面,从案件性质来看,证明颇为不易,甚至可以毫不夸张地说极其困难。没有广为人知的被泄密的电子邮件或通过窃听收集而来的证据(但非法证据在民事案件中显然不可用),证明被告存在某种主观状态几乎是不可能的。〔2〕 退而求其次,原告只能说服法官从董事的行为并结合客

---

〔1〕 参见王真真:《我国董事监督义务的制度构建:中国问题与美国经验》,载蒋锋、卢文道主编:《证券法苑》2018 年第 25 卷,法律出版社 2018 年版。

〔2〕 See Robert T. Miller, *The Board's Duty to Monitor Risk after Citigroup*, Journal of Business Law, 12, p. 1153(2010).

观合理性标准推断董事是否善意行事。遵循客观合理性要求,应以处于类似职位以及相似情形时的通常谨慎之人所应尽到的注意水平为标准,并结合该董事在公司的影响力、所能够掌握的业务范围以及自身专业能力等因素加以综合考量,[1]而不可事后诸葛亮去评判。不过,由于每一个公司的业务范围、性质、组织结构、规模等都不拘一体,董事们的注意程度也不尽相同,因而要制定出完全适用于所有案件的万能公式是不可能的,此时需要法官行使自由裁量权纾解股东与董事之间的权益冲突。

正如董事作出商业决策可以得到商业判断规则的保护,其履行监督义务也可因合理信赖他人而被免责。如前所述,如今大部分公司规模庞大,董事难以对所有业务亲力亲为,既然董事因无暇兼顾各方面业务,将部分职权委托给经理或者其他实际执行人员,就必然对其产生信赖。即便是监督义务也无法无视此种信赖,信赖乃完全监督义务之边界。但需注意的是,首先,董事的一般性职能不可自由地授权他人,譬如类似于能够知悉公司运营现状和信息等职责不可授权;重大决策权也不可授权他人行使。其次,董事也不可盲目授权,信任的对象应是"合理的",不能因轻率地相信那些明显不值得信任的雇员而获得免责。至于哪些人是合理的授权对象,法官应在具体事实中结合被授权对象的职位、能力等予以合理性判断。最后,即便通过授权,董事可免于诚实执行职务及能力问题的调查与问责,董事也不能完全做"甩手掌柜",还应当对被信任对象履行职责的情况予以适当监督与纠正。在 1961 年的 Lutz v. Boas 案[2]中,法院就认为被告董事完全放弃职务,将公司经营委托给公司的外部董事,实则违反了董事的监督义务。此外,美国公司法默认董事可以合理地信赖别人,不必对日常的管理行为进行监督,可以合理地相信公司是一个运作正常的信息收集系统。[3] 但如果某些引起怀疑的危险信号已然出现[4],董事对此仍然置之不

---

〔1〕 参见王艳梅:《日本董事监督义务及其对我国的启示》,载《2019 年第五届中外商法论坛论文集》,第 81 页。

〔2〕 See 171 A. 2d 381(Del. 1961).

〔3〕 See Lisa Fairfax, *Spare the Rod, Spoil the Director? Revitalizing Directors' Fiduciary Duty Through Legal Liability*, Houston Law Review, 42, p. 393(2005).

〔4〕 See American Bar Association, *Committee on Corporate Laws*, *Corporate Director's Guidebook*, Business Lawyer, 56, p. 1583(2001).

理,则会被视为具有重大过失而不能被免责。值得注意的是,就董事会内部的横向分工而言,德国法学界的主流意见认为,董事会可以将其合规义务通过内部分工的方式委托给特定的董事会成员,但其他董事会成员的合规义务并不因此得以豁免,即横向分工不能改变合规义务的责任主体依然是全体董事会成员。[1] 诚然如是,倘若因此免除其他董事的责任,将导致与我国法定代表人存在的诟病类似的缺陷,即丧失了董事会集体决策、集体担责的基础,由此公司治理的一系列基础原则也将被破坏。

## 七、结　　语

特拉华州关于董事监督义务的相关规定要求较低,一定程度上体现了司法对行政监管的依赖,在是否应扩大董事监督义务方面也争议不断。而反之我国尚在讨论监督义务之有无的问题,恰如学者所言,权力与责任的不对称,是中国公司治理的独有特色。[2] 故而为求其防堵、寻其化弥,从公司法规范层面开放信义义务一般条款,构建监督义务体系,对公司治理和保护股东大有裨益。董事有管理公司的最终责任,这一责任亦对董事施予监督义务,在监事会与独立董事监督机制失效的现实背景下,经营决策权下沉的董事更应负以监督重任。这不仅在于我们应当注重法律与社会互动,以相关法律制度资源最优配置回应客观世界的需要,而且按照行为经济学,人都是趋利避害的,董事将受到同伴处罚事件的影响,更新他们对其失职后果的主观评估,从而调整他们的行为。就如同康美药业虚假陈述特别代表人诉讼之后,独立董事不仅任职可能更加谨慎,行使监督之职时亦会更加谨慎、勤勉之同样道理。故此,构建董事监督义务,使董事会管理职能与监督职能共生共行、权力与责任匹配对称,既可行,也有必要。

---

〔1〕 See Bunting, ZIP 2012, 1542(1543); Goette, ZHR 175(2011), 388, 394.

〔2〕 参见邓峰:《中国法上董事会的角色、职能及思想渊源:实证法的考察》,载《中国法学》2013 年第 3 期。

# 有限责任公司股权转让合同目的实现的判定

## ——基于股权权属与股东资格的区分

胡晓静*

**内容摘要**:有限责任公司股权转让合同的目的包括物的意义上的股权——出资额的权属变动至受让人和受让人取得股东资格。根据现行《公司法》及其司法解释的规定,股权转让满足公司章程规定的转让条件时,出资额的权属在当事人之间发生变动,同时受让人取得股东资格,可以要求公司变更相关文件,将其股东资格彰显于外。未来《公司法》修改应该强制有限责任公司股东名册提交公司登记机关备案,将出资证明书、公司章程和股东登记中的股东记载归于股东名册一个文件中,并确立股东名册在受让人股东资格认定上的法律功能,同时将股东名册变更和提交备案的任务落实到公司法定代表人身上,促进股东名册的及时更新和公司股东结构的透明。

**关键词**:股权转让　股权变动　股权权属　股东资格　股东名册

## 一、案件事实、法院判决及提出的问题

(一)案件事实

东方武联体育文化有限公司(以下简称东方武联公司)于 2006 年 2 月 15 日依法登记成立,注册资本为 1000 万元,股东陈某持有 100% 股权,其亦为公司的法定代表人。2009 年 4 月 10 日,东方武联公司作为甲方与乙方万某签订《股权转让协议书》,约定东方武联公司愿意将东方武联公司的 20% 的股权作价

* 吉林大学法学院教授,法学博士。

500 万元转让给万某,陈某作为东方武联公司的法定代表人在甲方处签名。陈某、东方武联公司认可实际共计收到万某支付的 500 万元。2012 年 11 月 19 日,东方武联公司因未在规定期限内接受年检被吊销营业执照。2017 年 10 月,万某以东方武联公司未将其登记为股东、其未享有股东权利、合同目的没有实现为由向法院起诉要求解除上述股权转让协议。

(二)法院判决

一审法院认为,结合陈某持有东方武联公司 100% 股权的情况,虽然《股权转让协议书》上甲方的名称为东方武联公司,但该协议的真实意思表示就是陈某将东方武联公司 20% 的股权以 500 万元价格转让给万某,由此肯定了陈某与万某之间的股权转让合同关系。但是,由于万某一直未被登记成为东方武联公司的股东,陈某存在怠于履行合同义务的情况,并且亦无证据显示万某实际享有东方武联公司的股东权利,现东方武联公司营业执照被吊销,导致万某与陈某签订《股权转让协议书》的合同目的已经无法实现,所以万某请求法院解除合同,存在事实和法律依据,法院予以支持。

陈某、东方武联公司不服一审判决,提起上诉。二审法院认可一审法院的说理和裁判,判决驳回上诉,维持原判。

再审法院认为,当事人双方的争议焦点在于万某是否已经取得东方武联公司的股东资格,而万某长期未能取得股东资格,合同目的无法实现,股权转让合同应予解除,遂维持原审判决。

(三)提出的问题

该案所涉纠纷因股权转让而起,法院依据原《合同法》以合同目的无法实现为由解除股权转让协议。在合同法意义上,股权转让合同作为合同的一种,“在当事人约定的解除条件成就时或者满足法定解除的条件时都可以解除”[1]。案件事实并不复杂,但是该案并非纯粹的合同法问题,而是还涉及了公司法上的股权转让中的股权变动和股东资格确认问题,而该问题因没有明确的法律规定仍处于众说纷纭状态,尚未有统一认识。因此,基于该案件的裁判说理及结果,提出如下问题:

---

〔1〕 钱玉林:《解除股权转让合同的司法克制与问题讨论》,载《法学杂志》2020 年第 6 期。

1. 股权转让合同的目的是什么?

既然法院以合同目的无法实现为由支持解除合同,则首先需要明确的问题是:对于股权转让合同来说,合同的目的究竟是什么?

2. 股权权属是否发生变动?

顾名思义,股权转让合同的标的是股权,受让方基于合同履行应该取得转让标的的所有权[1],即股权的权属应该从转让人过渡到受让人。问题是:股权并非有形财产,股权权属指的是什么?如何判断股权权属已经变动至受让人?

3. 受让人是否已经取得股东资格?

股东资格是出资人向公司让渡出资财产所有权之后作为对价取得的公司成员的身份。股东能够基于其身份向公司主张股东权利。在股权转让中,转让人的股东资格应该变动至受让人。但是,我国《公司法》及其司法解释中并没有就股权转让中受让人何时取得股东资格作出明确规定,在理论界和司法实务界对此也始终存在争议。

因股权转让问题所引发的理论争议由来已久[2],上述三个问题可谓解决包括本案在内的股权转让纠纷[3]的核心问题。鉴于尚不能从现行法中找到直接适用的规则,有必要结合现行法及相关规范性文件加以分析,寻得确定的线

---

[1] "所有权"是物权法上的概念,针对的是有体物。然而,作为没有物理存在形态的"股权",其从出资财产转化而来,在物和财产的意义上应该指的是出资财产所有权让渡给公司之后形成的"出资额",是出资财产价值在注册资本中所占有的比例,是出资财产价值的另一种表现形态,因此仍应为股东的财产,股东持有该股权(出资额),因此在此借用"所有权"的概念当为适当。

[2] 张双根老师指出:"稍稍梳理公司法二十年来的理论发展,检索关于股权转让的专题文献,翻阅目前比较流行的公司法教材,即可发现,姑且不论其他股东优先购买权等相关问题,单就受让人何时取得股权这一股权转让制度中最基本、最核心的问题,公司法学界并未形成统一的理论,其观点莫衷一是。"张双根:《论股权让与的意思主义构成》,载《中外法学》2019 年第 6 期。由于对股权概念的理解分歧和我国《公司法》在有限责任公司股权转让规定上的疏漏,关于股权变动、股权转让中的股东资格取得等问题论争纷起,且尚无定论。

[3] "长期以来,股权转让纠纷案件数量一直高居各类公司诉讼案件榜首,其原因是多方面的。其中有限公司股权受让人尤其外部受让人何时取得股权的规范依据不明,是主要原因之一,也是此类案件同案不同判、类案不类判的基本缘由。"李建伟:《公司认可生效主义股权变动模式——以股权变动中的公司意思为中心》,载《法律科学(西北政法大学学报)》2021 年第 3 期。"在公司纠纷类诉讼中,近年来有关股权转让方面的纠纷,无疑是最重要的案件类型……更多的原因,或仍在于现行法规定本身的不明不清,对股权交易行为不能起到有效的规范指引或约束作用。"张双根:《论股权让与的意思主义构成》,载《中外法学》2019 年第 6 期。

索和解释路径,并探讨未来通过修改立法加以完善的可能方案。

## 二、股权权属变动与股东资格取得作为合同目的

### (一)股权的双重含义:出资额与股东权利

股权转让是转让人与受让人之间以股权为标的的交易行为。从一般买卖合同的视角,对于股权受让人来说,股权转让合同的目的就是取得股权。然而,股权因不具有物的形态而不同于一般的动产或者不动产,对于股权本身的含义及其与股东资格之间的关系、股权权属变动的标志等问题,目前均没有明确的法律规定,在理论上和司法审判实践中也存在诸多争议。因此,要理解股权转让合同的目的,首先需要明确的问题是:股权是什么?

股权是一个由我国学者所首创的、在西方公司法词汇中找不到词源的词。[1] 2005年《公司法》修改之后,"股权"取代"出资",并集中出现在第三章"有限责任公司的股权转让"[2]部分,而相应的股份有限公司部分,则使用的是"股份转让"的表述。[3] 反推可知,如果将我国《公司法》中股份有限公司的"股份转让"内容对应于有限责任公司的相应规则部分,则"股权转让"应该指的是"出资额转让"。该用语差异产生的原因不得而知,但从学界诸多讨论和争议集中于"股权"而非"股份"的情况来看,"股权"这一概念本身应该是问题的源头。

---

〔1〕 参见郑彧:《论股东的权利》,载顾功耘主编:《公司法律评论》,上海人民出版社2002年版。

〔2〕 沿袭了《有限责任公司规范意见》和《股份有限公司规范意见》的规定,1993年《公司法》第35条、第36条针对有限责任公司的表述是"转让出资",针对股份有限公司的表述是"股份转让"。2005年《公司法》修改后以独立第三章专门规定"有限责任公司的股权转让",自此,"股权转让"这一概念被普遍使用。

〔3〕 例如,《公司法》第26条第1款规定:"有限责任公司的注册资本为在公司登记机关登记的全体股东认缴的出资额。"《公司法》第28条第1款规定:"股东应当按期足额缴纳公司章程中规定的各自所认缴的出资额。股东以货币出资的,应当将货币出资足额存入有限责任公司在银行开设的账户;以非货币财产出资的,应当依法办理其财产权的转移手续。"《公司法》第83条第1款规定:"以发起设立方式设立股份有限公司的,发起人应当书面认足公司章程规定其认购的股份,并按照公司章程规定缴纳出资。以非货币财产出资的,应当依法办理其财产权的转移手续。"《公司法》第84条规定:"以募集设立方式设立股份有限公司的,发起人认购的股份不得少于公司股份总数的百分之三十五;但是,法律、行政法规另有规定的,从其规定。"尽管"出资额"与"股份"在本质上是相同的,为遵从《公司法》的规定,本文中的"股权"概念仅适用于有限责任公司,同时相应地使用"出资额"的概念。

关于股权的含义和性质，学界历来有着不同的认识。学界对于股权概念的比较普遍的认识是：股权就是股东权，是股东权利的简称，指股东基于股东身份在法律上对公司享有的权利总称，是股东身份最具实质性的内容，包括从公司获取经济利益并参与公司经营管理的权利。[1] 而关于股权的法律性质，“是一个公司法乃至民商法理论中至今尚无定论的争议”[2]。或许是因为“股权”这一词语本身包含了“权”字，关于股权性质的各种学说也均是围绕着“权利”展开的，争议仅在于权利的类型，包括物权（所有权）、债权、社员权、综合性权利、独立权利等不同归类。[3] 尽管有些学者在上述股权所属权利类型之外主张股权是财产权，但其内部也有分歧，有的学者区分了股权与股东权利，认为“股权是指股东对股份的所有权，是一种物权、财产权”，而“股东权是区别于股权的一种社员权，是一种非财产性权利”；[4] 有的学者则认为股权是从所有权转化而来的，从股东出资目的和股权权能角度均可以推断出股权的财产权性质，且“股东身份、股东资格就是股权的同义语”。[5] 基于上述理解，有观点认为，股权转让“与债权转让一样，同属于权利转让合同，而非合同法所称的买卖合同”[6]。

笔者认为，要确定股权的内涵，并厘清其与股东资格、股东权利之间的关系，应该首先清楚股权产生的逻辑。股权产生的源头在公司设立，“出资关系构成股权生成的基础关系”[7]。有限责任公司在设立之时，不考虑认缴出资的情

---

〔1〕 参见周有苏：《新公司法论》，法律出版社2006年版，第231页；邓峰：《普通公司法》，中国人民大学出版社2009年版，第360～361页；甘培忠：《企业与公司法学》，北京大学出版社2014年版，第165页；李建伟：《公司法学》，中国人民大学出版社2014年版，第221页；刘俊海：《现代公司法》（上册），法律出版社2015年版，第273页；范健、王建文：《公司法》，法律出版社2015年版，第272页；施天涛：《公司法论》，法律出版社2018年版，第254页。

〔2〕 张双根：《论股权让与的意思主义构成》，载《中外法学》2019年第6期。

〔3〕 关于股权性质的各种学说参见郑彧：《论股东的权利》，载顾功耘主编：《公司法律评论》，上海人民出版社2002年版。

〔4〕 郑彧：《论股东的权利》，载顾功耘主编：《公司法律评论》，上海人民出版社2002年版。

〔5〕 参见程合红、刘智慧、王洪亮：《国有股权研究》，中国政法大学出版社2000年版，第19～20页。

〔6〕 钱玉林：《股权转让行为的属性及其规范》，载《中国法学》2021年第1期。

〔7〕 汪青松：《财产权规则与外观法理的冲突与协调——基于股权转让纠纷司法裁判的实证视角》，载《东北师大学报（哲学社会科学版）》2014年第2期。

形,发起人需要向公司出资,即向公司让渡其对出资财产的所有权,使公司成为股东出资财产所形成的公司财产的所有权人,并以该财产作为其从事经营活动和对外承担法律责任的物质基础。公司成立之后,发起人的出资财产的价值在公司整个注册资本中的比例份额,被称为"出资额",同时,发起人取得股东资格,以及基于股东资格能够向公司主张的股东权利,当然也产生了股东应该向公司履行的义务。由此可见,向公司出资的行为在公司成立后引发了两种法律后果:一是出资财产转化为出资额,记载在股东名下,于是,股东对出资财产的所有权转化为对出资额的所有权,所谓的"持有的股权比例"实际上指的是"持有的出资额比例"[1]。出资额表现为出资财产价值在注册资本中的比例份额,其价值随着公司净资产价值的波动而发生变化。二是产生股东资格,以及能够基于股东资格向公司主张的股东权利和股东应当向公司履行的义务。公司作为一个以人为构成要素的组织体,股东是其成员,所以股东的权利义务以股东资格为前提,其指向的对象是公司。这样看来,将我国《公司法》意义上的"股权"仅仅理解为"权利"或者"股东权利"过于片面,忽视了从出资财产所有权到出资额所有权的财产权属的变化,而是直接从物的处分跨到了公司内部的关系,所以股权应该是包含了股东持有的出资额和股东资格及股东权利义务的一个集合性概念。为此,对于股权应该从两个层面上理解:从物或者财产意义上理解,股权指的是出资额;从公司内部关系上理解,股权指的是股东资格和股东权利。

(二)出资额与股东资格及股东权利的关系

在出资额与股东资格和股东权利之间的关系上,出资额是基础,其直接由出资财产转化而来,而股东资格及股东权利则承载于其上,没有从出资财产转化而来的出资额,股东资格和股东权利则无从谈起。在德国法上,有限责任公

[1] "出资额""出资比例"的表述在《公司法》中均有出现。比如,根据《公司法》第 32 条的规定,股东名册上记载的是"股东的出资额";根据《公司法》第 34 条的规定,股东按照"出资比例"分取红利和认缴出资;根据《公司法》第 42 条的规定,股东按照"出资比例"行使表决权。从上述规定的内容可以推定,"出资额"与"出资比例"的含义是相同的。

司的股东是持有一个或者多个营业份额[1](Geschäftanteil)的自然人和法人,股东的成员身份(Mitgliedschaft)通过在公司成立时及增资时取得营业份额或者通过营业份额的让与获得。[2] “营业份额是成员身份的基础。成员身份是股东权利义务的体现。”[3]根据《日本公司法》第105条的规定,股东就其持有的股份享有包括利润分配、剩余财产分配和表决权等法律规定的权利。[4] 显然,在取得出资额/股份和获得股东资格及股东权利的关系上,因出资或者受让取得出资额/股份在先,并基于此获得股东资格,享有股东权利和承担股东义务。

一般情况下,出资额所有权和股东资格及股东权利集中归属于同一个主体,也就是股东,但实际上,出资额所有权与股东资格和股东权利是可以分离的。出资额从出资财产转化而来,具有物的属性。尽管出资财产的所有权让渡给了公司,出资财产成为公司名下的财产,但出资人既非将出资财产无偿赠与公司,亦不应丧失其对出资财产所蕴含的财产利益的所有权。实际的情形是,出资财产的表现形式和价值衡量标准在公司成立后均发生了变化。出资财产的表现形式转换为出资额,体现为注册资本中的一定比例的价值份额,而且,出资额的价值随着公司净资产的价值波动而不断变化,这也正是股权投资的风险所在。所以,在公司成立后,出资人从出资财产的所有权人转变为出资额的所有权人,其要承受出资额价值因公司亏损而减少的风险,且只能通过将出资额转让给他人或者减资方能退出公司。所以,出资额的所有权归属的确认需要溯及出资财产的来源,但股东资格和股东权利的认定则需要依据公司法上的规则,与出资财产的来源无关。不论真正的出资人为何人,也不论出资财产来自

---

[1] 在德国法上,对于股东出资后形成的价值份额,有限责任公司和股份有限公司分别有不同的用词:在有限责任公司中被称为Geschäftsanteil,在股份有限公司中被称为Aktien。我国《公司法》中对于有限责任公司和股份有限公司也使用了不同的用语,在有限责任公司中被称为“出资额”“出资比例”,在股份有限公司中被称为“股份”。实际上,这只是用语的不同,它们在本质上都是股东让渡出资财产所有权给公司后换取的以出资财产价值在注册资本中的比例表示的价值份额,统称为“股份”亦无不可。美国公司法上以share或者stock指称股份,股东则为shareholder或者stockholder,即股份的持有者或者所有者。

[2] Vgl. Schmidt, Gesellschaftsrecht, 4. Aufl., Carl Heymanns Verlag 2002, S. 1034.

[3] Altmeppen, 10. Aufl. 2021, GmbHG § 14 Rn. 2. Der Geschäftsanteil begründet die Mitgliedschaft. Diese ist der Inbegriff der Rechte und Pflichten des jeweiligen Gesellschafters.

[4] 参见《日本公司法典》,崔延花译,中国政法大学出版社2006年版,第43页。

何人,相较于公司来说,股东资格的确认自有其公司法意义上的标准。作为财产的出资额的所有权归属与公司内部股东资格的区分,在隐名出资的情况下尤为典型。实际出资人以他人名义出资,虽然出资额被记载于名义股东名下,但从物或者财产的角度来看,该出资额乃由出资财产转化而来,仍应属于实际出资人的财产。如果不认可实际出资人对于出资额物的意义上的所有权人身份,则很难理解实际出资人的出资财产中所蕴含的财产利益的归属和去向,而且,最高人民法院《关于适用〈中华人民共和国公司法〉若干问题的规定(三)》(以下简称《公司法司法解释(三)》)第 25 条规定的股权善意取得也将无法成就,因为善意取得必然以无权处分为前提——实际出资人仍然是物的意义上的出资额的所有权人,名义股东未经其同意处分股权/出资额的行为即构成无权处分。然而,实际出资人若想向公司主张其股东资格或者股东权利,则必须满足《公司法司法解释(三)》第 24 条第 3 款所规定的其他股东半数以上同意的条件。也就是说,作为财产的物的意义上的股权——出资额,归属于实际出资人所有,但附着于出资额之上的股东资格及股东权利是否也归属于实际出资人,则取决于其他股东对其在公司内部的实质股东身份是否知情且认可,其遵循的不是出资财产的来源,而是公司法上的特别规则。因此,股权这一概念中所包含的出资额是从物、财产的角度去理解的,而对于股东资格、股东权利则要从股东与公司的关系上去理解,二者是可以分离的。

### (三)股权转让包含股权权属变动和股东资格转移

基于上述对股权和股东资格及股东权利的关系的分析,我们可以发现,所谓的“股权转让”,就转让标的而言,实际上转让的是由出资财产转化而来的“出资额”,并基于出资额权属的变动,其上所承载的股东资格和股东权利发生变动。[1]

---

〔1〕《公司法》第 75 条规定:“自然人股东死亡后,其合法继承人可以继承股东资格;但是,公司章程另有规定的除外。”从出资额乃从出资财产转化而来的角度分析,公司成立后出资人成为公司的股东,其对出资财产的所有权转化为对出资额的所有权,所以无论是从作为转让的标的,还是从可继承的遗产角度来说,均指向的是物的意义上的股权——出资额,而股东资格指的是公司内部的成员身份,受让人是否取得股东资格取决于公司章程的限制。换言之,公司章程可以规定谁能够进入公司成为股东,但是不能限制出资额的所有权人对其财产的处分和依法被继承。因此,上述条文中“继承股东资格”的表述并不适当,实质上应该指的是继承人是否取得股东资格取决于公司章程对此是否有限制,这与股权转让的情形是相同的。

出资额是出资财产的转化形态,是出资人所有的财产,其有权依其自由意志进行处分。股东资格和股东权利虽依附于出资额而产生,但其却是相对于公司而言的,其确认依据是公司法上股东资格认定的标准,“自有一套源于公司运作逻辑的‘形式化’标准”[1],而非基于出资财产的来源。对于股东来说,其所有的出资额与其所有的其他财产无异,有一定的价值且具有可转让性。《英国公司法》在第541条规定中即明确指出,成员在公司中的股份或其他利益是动产,不具有不动产的性质。[2] 股东有权自由处分其所有的出资额,但受让人能否取得股东资格,能否向公司主张股东权利,则可能还要满足一定的要求。比如,《德国有限责任公司法》第16条要求必须将已经变更的股东名单呈交给商事登记簿,之后受让人才能相对于公司取得股东资格。《英国公司法》第772条则规定,“公司股东在进行股份转让时,需要制作转让文书,并连同股份证明交予股份受让者。受让人在取得这些文件后,提交给公司,并申请作变更登记,以获得股东身份”。[3] 上述规定都表明,在股权转让的情形下,作为物的意义上的股权,即出资额,其权属的变动和股东资格及股东权利的取得,是分别进行的。受让人先取得出资额的所有权,之后再经由一定程序或满足一定条件以获得相对于公司的股东资格。

所以,股权转让包含了两个层面的含义:一是作为股东财产的出资额的转让;二是股东资格和股东权利的转让。前者是物的意义上的股权权属的变动,是后者的基础和前提,后者是前者在公司法意义上的法律效果。所以,从受让人的视角来看,股权转让的目的有两个:一是取得出资额的所有权,即物的意义上的股权权属变动至受让人;二是取得股东资格,受让人成为股东并能向公司主张股东权利。只有这两个目的均已达到,才可以说股权转让合同的目的已经实现。

前文所述案例中,法院判决认为,“并无证据证明万某已实际作为东方武联公司的股东参与公司的决策经营或实际享有股东权益”,由于公司已经被吊销营业执照,“该公司已无法正常经营,万某投资东方武联公司期望从该公司取得

---

[1] 张双根:《论有限责任公司股东资格的认定——以股东名册制度的建构为中心》,载《华东政法大学学报》2014年第5期。

[2] 参见林少伟:《英国现代公司法》,中国法制出版社2015年版,第148页。

[3] 林少伟:《英国现代公司法》,中国法制出版社2015年版,第148页。

投资回报的目的已不能实现,且其相应的股东权益亦无法实现,可以认定双方《股权转让协议书》的合同目的已无法实现"。这实际上混淆了股权转让合同目的和股东权利的行使。如前所述,股权转让合同的目的是取得转让标的的所有权和股东资格,而取得股东资格之后,受让人就可以基于其股东身份行使股东权利,包括参加股东会行使表决权、获得利润分配、查阅会计账簿等,如果其权利受到损害或者不能正常行使,则其可以依法主张权利救济,在公司管理者损害公司利益的情况下,也可以依法提起股东派生诉讼,追究管理者对公司的损害赔偿责任。总之,是否能够行使或者享有股东权利/权益不是判断股权转让合同目的是否实现的标准,而是能否主张股东权利救济的前提。而且,从权利的特性来说,是否行使权利是权利人的自由,不能因权利人没有行使权利而否定其对权利的享有,但如果权利的行使遇到障碍,则权利人可以通过相应的权利救济途径维护自己的权利。此外,向公司出资意味着将出资财产所有权让渡给公司,是否能够获得投资回报完全取决于公司的经营状况,如果由于公司经营不善亏损或者倒闭而无法获得投资收益,是股权投资特有的投资风险所在。所以,将无法获得投资收益作为合同目的无法实现的理由,也不符合股权投资的特点。当然,如果公司经营失败或者被吊销营业执照是公司管理者或大股东违反义务造成的,股东可以依法追究其法律责任。总之,法院以没有行使股东权利、投资回报目的不能实现为由,认定股权转让合同目的无法实现,源于其没有正确认识股权转让合同的目的。

## 三、股权权属变动与股东资格取得时点的实然法解释

如前所述,股权权属变动指的是作为股权转让标的的、物的意义上的股权权属从转让股东转移至受让人,即受让人取得出资额的所有权。股东资格变动则指的是受让人取得股东身份,能够向公司主张股东权利和履行股东义务。不同于不动产和动产,作为财产的出资额并没有物理意义上的存在,其表现为记载于公司章程和股东名册中的一定比例的份额,且经过评估才能确定其价值。不动产和动产的物权权属变动的标志和时点,均有法律上的明确规定。依据我国《民法典》第209条和第224条的规定,不动产物权的设立、变更、转让和消

灭,经依法登记,发生效力;动产物权的设立和转让,自交付时发生效力。但我国《公司法》却没有类似规定。我国《公司法》第71条只是规定了股权对外转让的一般条件,但并未涉及股权权属变动和受让人取得股东资格的时点。

对于本文意义上的股权权属变动的时点,可以从合同法与公司法的法域区分的角度进行解释。股权转让过程实际上包含了股权转让合同的生效和履行两个阶段。就股权转让合同的生效而言,只要满足合同法意义上的成立及生效条件,则合同即在当事人之间生效,转让股东有权利要求受让人支付转让款,受让人则有权请求转让股东交付股权。虽然股东出资财产转化为出资额,股东成为出资额的所有权人,但由于出资额上还承载着公司内部的股东身份和股东权利,为了保证公司的人合性,有限责任公司章程往往对股权对外转让作出限制,然而,该限制并非限制股东对其财产的处分,不妨碍其签订股权转让合同的自由,而只是对合同的履行设置障碍,即如果不能满足公司章程规定的限制性条件,则虽然合同法意义上的合同是有效的,但因履行不能而无法发生物的意义上的股权权属的转移,其上承载的股东资格和股权权利的转移自然也无从发生,从而阻止公司外的第三人随意进入公司。而只有满足了公司章程规定的股权转让的条件,股权转让合同才能够被顺利履行,作为转让标的的股权权属从转让股东让渡到受让人,受让人成为该出资额的所有权人。所以,从股权转让的过程来说,要区分合同法和公司法的法域界限,以确认合同的效力和物的意义上的股权权属变动时点。最高人民法院2019年发布的《全国法院民商事审判工作会议纪要》(以下简称《九民纪要》)关于"侵犯优先购买权的股权转让合同的效力"的规定即认为,"为保护股东以外的股权受让人的合法权益,股权转让合同如无其他影响合同效力的事由,应当认定有效。其他股东行使优先购买权的,虽然股东以外的股权受让人关于继续履行股权转让合同的请求不能得到支持,但不影响其依约请求转让股东承担相应的违约责任"。该规定即认识到了股权转让中合同法和公司法的法域界限,确认了违反公司法/章程侵犯优先购买权的行为影响的是股权转让合同的履行,而非股权转让合同的效力。

而对于股权转让中受让人取得股东资格的时点,在现行法下进行解释,则有些复杂。《九民纪要》关于"有限责任公司的股权变动"的规定认为,"当事人之间转让有限责任公司股权,受让人以其姓名或者名称已记载于股东名册为由主张其已经取得股权的,人民法院依法予以支持,但法律、行政法规规定应当办理批准手续生效的股权转让除外。未向公司登记机关办理股权变更登记的,不得对抗善意相对人”。显然,这一规定中将“股权变动”和“取得股权”理解为受让人“取得股东资格”。根据《九民纪要》起草者对该条款的解释,“通过本条纪要规定,在有限责任公司股权转让领域,明确了股东名册变更、公司登记机关变更登记与股权转让合同效力、股权变动效力之间的关系……股权转让生效时点以股东名册变更为准……在不存在规范股东名册的情况下,有关的公司文件,如公司章程、会议纪要等,只要能够证明公司认可受让人为新股东的,都可以产生相应的效力”[1]。该解释提及的“股权转让生效”即指的是“股权变动”,并试图将股东名册变更作为股权变动,也就是受让人取得股东资格的标志,但囿于股东名册的非强制备案性和公司实践中股东名册设置的非规范性,又将“能够证明公司认可受让人为新股东的”其他公司文件确认为受让人取得股东资格的标志。但是,这一解释是否有现行法依据?

《公司法》中并未出现“股权变动”一词。《公司法司法解释(三)》第 22 条通常被作为股东资格确认纠纷的裁判规则,但其使用的是“股权归属”的概念,即当事人之间对“股权归属”发生争议,一方请求人民法院确认其享有股权的,应当证明以下事实之一:(1)已经依法向公司出资或者认缴出资,且不违反法律、法规强制性规定;(2)已经受让或者以其他形式继受公司股权,且不违反法律、法规强制性规定。这里的第 2 项证明事实针对的即是股权的传来取得方式,“已经受让”即指通过股权转让而受让股权的情形,但何为“已经受让”的状态或标志,则语焉不详。而《公司法》第 73 条规定:“依照本法第七十一条、第七十二条转让股权后,公司应当注销原股东的出资证明书,向新股东签发出资证明书,并相应修改公司章程和股东名册中有关股东及其出资额的记载。对公司章程的该项修改不需再由股东会表决。”《公司法司法解释(三)》第 23 条规定:“当事人依法履行出资义务或者依法继受取得股权后,公司未根据公司法第三十一条、第三十二条的规定签发出资证明书、记载于股东名册并办理公司登记

〔1〕 最高人民法院民事审判第二庭编著:《〈全国法院民商事审判工作会议纪要〉理解与适用》,人民法院出版社 2019 年版,第 135 ~ 136 页。

机关登记,当事人请求公司履行上述义务的,人民法院应予支持。"这两个条文中的"转让股权后"和"继受取得股权后"与上文的"已经受让股权"应为同义,但如何理解呢?如果对《公司法》第73条的条文进行文义解释,则"依照本法第七十一条、第七十二条转让股权后",实则指的是:一般转让时满足公司章程规定的股权转让的条件,强制执行转让时其他股东放弃优先购买权。[1] 理由在于:《公司法》第71条和第72条分别规定的是股权一般转让和强制执行转让。针对前者,立法者提供了股东内部自由转让和股权对外转让须经其他股东过半数同意并放弃优先购买权的股权转让条件的范本,但同时允许公司通过章程作出不同的规定;针对后者,立法者则不考虑公司章程的规定,直接赋予了其他股东同等条件下的优先购买权。基于此,从体系解释的角度来看,《公司法司法解释(三)》第22条所指的"已经受让"公司股权和第23条所指的"依法继受取得股权后"亦应在相同的含义上理解。

可见,按照现行法的规定,在股权转让的情形下,"转让股权后"、"取得股权后"或者"已经受让股权"应当指的是股权转让满足公司章程规定的条件。[2]

---

[1] 有观点认为,结合《公司法》第71条,《公司法》第73条规定的"转让股权后"指的是"股权转让合同生效后"。参见钱玉林:《股权转让行为的属性及其规范》,载《中国法学》2021年第1期。但实际上《公司法》第71条规定的恰恰不是股权转让合同,而是股权转让需要履行的公司内部程序和需要满足的公司章程规定的条件,约束的是股权转让合同的履行。所以,这里的"转让股权后"不可能是"股权转让合同生效后"。

[2] 主张意思主义的股权变动模式的学者认为,股权转让协议签订后即发生股权变动的效力。这里的"股权转让协议签订后"应当以符合公司章程的股权转让条件为前提。如果不满足公司章程规定的股权转让条件,比如,该条件为其他股东过半数同意和其他股东放弃优先购买权,即使转让股东与公司外第三人签订了股权转让协议,也不会发生物的意义上的股权——出资额所有权变动的结果。物的意义上的股权——出资额不是普通的财产,其上还承载着股东资格和股东权利,关涉公司的内部关系,所以立法者才允许公司章程对股权转让作出限制。尽管该限制不会干涉股东处分其财产的自由,不会影响股权转让合同的效力,但是会影响股权转让合同的履行,即股权权属的变动和受让人股东资格的取得。李建伟老师在其论及股权变动模式的论文中,直接将文中探讨的股权转让限定为"狭义股权对外转让,其当然前提是在公司内部其他股东多数同意该对外转让、也不主张优先购买权"。参见李建伟:《有限责任公司股权变动模式研究——以公司受通知与认可的程序构建为中心》,载《暨南学报(哲学社会科学版)》2012年第12期。张双根老师所主张的意思主义立场,即股权让与行为一经生效,受让人即取得所受让的股权,在实证法上也是基于对《公司法》第73条"转让股权后"的分析,因此也是以符合公司章程规定的股权转让条件为前提。参见张双根:《论股权让与的意思主义构成》,载《中外法学》2019年第6期。所以,所谓意思主义的股权变动模式实际上就是将符合公司章程规定的股权转让条件之时作为股权变动的时点,和本文基于对现行法的分析的立场是一致的。

但是,受让人何时取得股东资格？对于这一问题,在《公司法》尚未明确规定的情况下,仍需依据对现行法的解释进行回答。首先,依据《公司法》第 32 条的规定,“记载于股东名册的股东,可以依股东名册主张行使股东权利”,“公司应当将股东的姓名或者名称向公司登记机关登记;登记事项发生变更的,应当办理变更登记。未经登记或者变更登记的,不得对抗第三人”。可见,有限责任公司的股东名册仅是公司内置的文件,并不需要向公司登记机关备案,而该条文的规定也只是赋予了股东名册在认定股东资格上的推定证明效力。股东登记虽然是经由公司登记机关对外公示,但其只具有对抗效力,而非股东资格取得的设权性效力。显然,现行法下,就股东资格的确认标准而言,股东名册和股东登记均难承此任。其次,依据《公司法》第 73 条的规定,转让股权后,“公司应当注销原股东的出资证明书,向新股东签发出资证明书,并相应修改公司章程和股东名册中有关股东及其出资额的记载”。该条文中“新股东”一词的使用意味着立法者认为“转让股权后”,即满足公司章程规定的股权转让条件后,受让人就已经取得了股东身份,公司章程和股东名册中有关股东记载的变更则仅是将受让人“新股东”的身份彰显于外。这再次证明了,公司章程、股东名册和股东登记的记载并不具有股东资格取得的设权性效力和证明股东身份的绝对效力。所以,满足了公司章程规定的股权转让条件后,股权转让完成,受让人取得了股东资格,可以要求公司通过变更股东名册、股东登记、公司章程等彰显自己的股东身份。

基于上述分析,我们可以得出结论,根据现行法律、规范性文件的规定,股权权属变动和股东资格取得的时点均为满足公司章程规定的股权转让条件之时,将记载于股东名册或者股东变更登记作为受让人取得股东资格的标志的观点,均缺少现行法的依据。

前文所述案例中,根据东方武联公司为一人有限责任公司,以及陈某接受款项和后续变更公司章程的事实,受理法院认定东方武联公司与万某签订的《股权转让协议书》实际上是陈某将其持有的东方武联公司 20% 的股权以 500 万元的价格转让给万某。法院认定的事实中并未提及东方武联公司章程关于股权对外转让的限制性条件。鉴于东方武联公司只有陈某一个股东,《公司法》第 71 条第 2 款和第 3 款的规定对其并不适用,即无须满足其他股东过半数同意和放弃优先购买权的条件。考虑到法院判决并未提及公司章程的其他特别规定,可以推定陈某转让股权的行为符合公司章程的规定。因此,陈某名下20%的股权已经转让给了万某,即该20%的出资额的权属和受让人的股东资格均已变动至受让人万某。因现行法并未确认股东名册和股东登记对于证明股东资格标准的绝对效力,股东名册或者股东登记是否发生了变化,并不影响公司内部股东资格的认定。所以,基于对现行法的解释,万某的股权转让合同目的已经实现。而且,从法院认定的案件事实可知:“2009年6月16日,万某与陈某共同签署《东方武联公司章程》,第九条公司各股东的出资方式为:1.陈某以货币出资800万元,占注册资本80%。2.万某以货币出资200万元,占注册资本20%”。这说明陈某与万某对于双方东方武联公司的股东身份是相互认可的。而对于公司未将其姓名登记于股东名册和未办理股东变更登记的事实,万某可以基于其股东身份,依据《公司法司法解释(三)》第23条的规定要求公司履行变更义务,将其股东身份彰显于外。如果存在管理者或者大股东损害公司和股东利益的行为,万某均可以在现行法中找到权利救济的依据。

## 四、股权权属变动与股东资格取得的应然法安排

如上文分析,现行法虽然没有明确规定,但依据现行法并非不能解释股权权属变动和股东资格取得的时点,只是存在如下问题:一是在相同含义上使用“股权变动/取得股权”和“取得股东资格”,混淆了作为财产的出资额的转让和公司内部的成员身份变化,模糊了权利人处分财产的法律关系和公司内部的法律关系;二是未明确受让人相对于公司取得股东资格的外部公示的时点,造成股权转让中受让人股东资格认定标准的非统一性和不确定性,也使公司股东结构缺少透明性,人为造成形式上和实质上、公司外和公司内的股东身份割裂,容易引发纠纷。为此,笔者建议借《公司法》修改之机彻底解决股权转让中的股权变动和股东资格认定问题,并提出如下解决方案。

第一,应重新界定股权的概念,区分物的意义上的股权——出资额和公司内部成员身份意义上的股东资格及股东权利,廓清合同法和公司法的边界。如上文所述,我国现行《公司法》和相关规范性文件中并没有区分物的意义上的出

资额的权属变动和股东资格取得。学界对股权转让的讨论通常也并不区分物的意义上的股权——出资额的所有权权属变动和股东资格及股东权利的转移,而是往往仅在股东资格和股东权利转移的意义上使用"股权变动"一词,[1]但同时学者们又注意到股东资格和股东权利相对于公司的意义,于是提出了不同的股权变动模式,[2]也有学者主张区分对抗的主体[3],还有学者主张区分股权转让当事人之间和向公司主张股权的构成要件[4]。笔者认为,争议的原因还在于将股权等同于"股东权",或者囿于"股权"的字面含义将其内涵限定于"权利"。

从出资财产到出资额再到股东资格及股东权利,公司法意义上的股权实际上包含了物的意义上的出资额和股东资格及股东权利,前者指向的是股东对其出资财产转化而来的出资额的所有权,后者则限定于公司内部股东与公司之间的法律关系。从出资人对出资财产的所有权到股东对出资额的所有权,所有权的客体虽然发生了存在形态的变化,但权属关系不应该发生变化。股权转让的最终目的固然是受让人取得股东资格和股东权利,但其必须是以出资额所有权的转移为基础,二者不可混淆。只有区分物的意义上的股权——出资额的所有权和相对于公司的股东资格及股东权利,才能解释隐名出资情况下实际出资人何以主张名义股东未经其同意转让股权构成无权处分,即使实际出资人的公司内部实质股东身份并未得到认可;也能正确区分股权转让中转让人与受让人的财产归属关系、受让人与公司之间的公司内部成员与组织间的法律关系。

第二,以记载于呈交给公司登记机关备案的股东名册作为受让人股东身份确认的唯一标准。转让人与受让人意思表示一致合同即成立且生效,符合公司章程关于股权转让的条件即发生出资额权属变动的合同履行后果,而只有符合公司法关于受让人取得股东资格的规定,受让人相对于公司才能取得股东身份,否则,公司很可能并不掌握其股东的变化情况,这一点恰恰是现行《公司法》

---

〔1〕 参见汪青松:《财产权规则与外观法理的冲突与协调——基于股权转让纠纷司法裁判的实证视角》,载《东北师大学报(哲学社会科学版)》2014 年第 2 期。

〔2〕 参见李建伟:《有限责任公司股权变动模式研究——以公司受通知与认可的程序构建为中心》,载《暨南学报(哲学社会科学版)》2012 年第 12 期。

〔3〕 参见朱庆:《股权变动模式的再梳理》,载《法学杂志》2009 年第 12 期。

〔4〕 参见张双根:《论股权让与的意思主义构成》,载《中外法学》2019 年第 6 期。

的疏漏所在。

我国《公司法》第32条虽然规定有限责任公司必须置备股东名册，但并未将其作为必须提交公司登记机关备案的文件，导致实践中股东名册的设置极其不规范甚至缺失，使其无法在股权转让中具有统一的、法定的受让人股东资格证明功能。关于股东名册在股权转让中的股东资格证明功能，我们可以借鉴《德国有限责任公司法》第16条的规定。《德国有限责任公司法》第16条在修改之后，将提交变更后的股东名册到商事登记簿取代原来的通知公司，作为受让人相对于公司取得股东资格的时点和标志。如果公司章程规定了股权〔1〕转让的前提条件，则该条件满足时股权的物的意义上的归属发生变化，即受让人成为所有人。但是，满足了公司章程规定条件的股权转让，并不会对公司立刻生效，而是要将受让人登记于股东名册，然后将该变更后的股东名册提交给商事登记簿，商事登记簿接受（aufgenommen）股东名册之时，才是受让人相对于公司取得股东资格、享有全部股东权利之时。"登记于股东名册的意义和目的在于使受让人相对于公司取得身份、确保权利的确定性和为股权善意取得创建权利外观载体（Rechtsscheinträger）。也使公司免受股东变更的不确定性带来的损害。"〔2〕

笔者建议我国借鉴《德国有限责任公司法》第16条的规定，修改《公司法》时要求将股东名册提交公司登记机关备案，赋予股东名册在受让人股东资格证明上的"不可推翻的推定效力"〔3〕。为此，应在现有第71条增加如下规定：将受让人的姓名或者名称记载于股东名册，变更后的股东名册在公司登记机关备案之时，受让人相对于公司取得股东资格。按照《公司法》的规定，能够彰显股东身份的文件包括出资证明书、公司章程、股东名册和股东登记。上述文件中均会记载股东的姓名或者名称，但其上关于股东身份的记载在实践中却经常发生冲突，人为造成股东资格确认的矛盾和纠纷。如果未来《公司法》强制要求股

---

〔1〕《德国有限责任公司法》中并没有"股权"这一概念，而是"Geschäftsanteil"，相当于我国公司法上的"出资额"。为了便于理解和全文概念使用上的统一，文中一律使用"股权"的概念。

〔2〕 Jasper, in: Priester/Mayer/Wicke (Hrsg.), Münchener Handbuch des Gesellschaftsrechts, Band 3, Verlag C. H. Beck München 2012, S. 483.

〔3〕 张双根：《论有限责任公司股东资格的认定——以股东名册制度的建构为中心》，载《华东政法大学学报》2014年第5期。

东名册提交公司登记机关备案,并确认其在股权转让中受让人股东资格认定的功能,则其他文件中均可以不再记载股东信息。出资证明书的功能如其名称所示,是为了证明股东出资的事实,但其内容完全可以包含于公司章程、登记事项和股东名册中,重复记载没有意义,如果股东名册中记载股东的出资信息,也无须股东以此证书作为出资证明,登记备案的证明效力显然更强。公司章程虽然需要股东签字,但是如果要求股东名册备案,则股权转让时无须修改章程,只需要股东签字即可,而且如果股东人数众多,也不必占用公司章程的内容,免去频繁变更章程的烦琐。公司登记事项是为了公示与公司有关的重要信息,使与公司进行交易的第三人和社会公众了解与交易有关的重要情况,借助登记的公信力降低交易风险和交易成本。而股东信息与公司及公司交易之间没有直接关系,股东名册的记载和身份推定的效力完全可以使其取代股东登记。随着电子技术的发展,以电子方式提交股东名册备案也非难事,第三人可以通过企业信用信息平台查看公司股东名册的记载,从而增加公司股东结构的透明度,降低交易成本,维护交易安全。

第三,应明确规定股东名册变更及提交备案的义务主体和相应的法律责任。我国《公司法》第 73 条要求公司应当在转让股权后注销原股东的出资证明书,向新股东签发出资证明书,并相应修改公司章程和股东名册中有关股东及其出资额的记载。《公司法司法解释(三)》第 23 条规定:“当事人依法履行出资义务或者依法继受取得股权后,公司未根据公司法第三十一条、第三十二条的规定签发出资证明书、记载于股东名册并办理公司登记机关登记,当事人请求公司履行上述义务的,人民法院应予支持。”上述规定均将公司作为变更股东名册等文件中的股东记载的义务主体,这当然符合公司作为独立主体的法律地位。但是,从当事人的角度来看,虽然其享有向公司主张请求变更股东名册等文件记载的权利,但若不将该义务落实到具体的主体身上,则其并不知道实际上应由谁负责,这也不利于该义务得到重视和保证股东名册等文件变更的及时性。

《德国有限责任公司法》将变更股东名册记载并向商事登记簿提交变更后的股东名册的义务施加给了公司的业务执行人(Geschäftsführer)。根据《德国有限责任公司法》第 40 条的规定,在股东或者其参股比例发生变化后,公司的业务执行人应不迟延地将其签字的股东名册呈交给商事登记簿,该股东名册上应记载股东的姓氏、名字、住址、持股比例及数额等信息,如果股东为公司的,则应记载该公司的名称、章程上的地址、商事登记簿及登记号码等信息。业务执行人对于股东身份的变化负有审查义务,但是该义务履行的前提是转让股东或者受让人通知业务执行人股权有效转让的事实并提出相关证据,否则,即使业务执行人通过其他途径了解了股权转让的事实,其也没有义务直接更改股东名册并将其提交给商事登记簿。业务执行人怠于或者延迟提交股东名册,以及提交内容错误的股东名册,都属于违反义务的行为,其要对转让股东、受让方、其他股东和公司债权人由此产生的损害承担赔偿责任。

在我国,如果《公司法》修改时赋予股东名册股东资格认定的功能,则可以将股东名册的变更记载和提交备案的义务和责任具体落实到公司法定代表人身上,以促使其积极更新股东名册,使受让人的股东身份及时得到认可,确保其能尽快享有股东权利,也使公司的股东结构更具透明性和时效性。

第四,应删除法律及规范性文件中“取得股权后”“转让股权后”等类似表述。《公司法司法解释(三)》第 23 条和《公司法》第 73 条的“取得股权后”和“转让股权后”的表述看似清晰,实则语焉不详。在股权转让中受让人的股东资格确认标准不确定的情况下,这样的表述实际上只能徒增混乱,因为无法依法确定“取得股权后”“转让股权后”的确切时点,自然无法以此确定股东资格取得的时点,而这也是这一问题始终存在争议的原因。如果未来《公司法》修改时将受让人姓名或者名称记载于提交登记备案的股东名册作为受让人取得股东资格的时点,则上述表述自然也不再需要。如果股东名册具有了受让人股东资格取得的法定证明效力,当然也就确定了受让人享有全部股东权利的时点始于变更后的股东名册备案之时,而这必然是一个确定的、公开的时点和标志。

## 五、结　语

在文首引用的“东方武联体育文化有限公司等与万某股权转让案”中,法院认为股权转让合同的目的没有实现,判决合同解除。在这一判决中,人民法院将物的意义上的股权即出资额的权属变动和受让人取得股东资格在同一含义上理解,并在《公司法》没有明确规定的情况下,将股东登记作为受让人取得股东资格的认定标准。这一判决结果不仅忽视了股权产生的源头在于向公司出资,也混淆了出资人对其出资财产转化形式的出资额的所有权与公司内部相对于公司的股东资格及股东权利,模糊了合同法和公司法的适用边界。本案中,受让人不仅取得了物的意义上的股权——出资额的所有权,还取得了股东资格,至于其没有被登记为股东,或者如果其认为权利受损,可以通过相应的救济途径加以解决。为了在立法上澄清和解决有限责任公司股权转让中股权变动的问题,应当将股权这一概念从两个层面进行理解,即物的意义上的出资额和公司内部关系意义上的股东资格及股东权利。基于现行《公司法》及其司法解释的规定,满足公司章程规定的股权转让的条件,受让人取得出资额的所有权,同时取得股东资格,有权要求公司履行相应的变更义务,彰显受让人的股东身份。未来《公司法》修改时应该强制要求将股东名册在公司登记机关备案,将出资证明书、公司章程和股东登记中的股东记载统一归到股东名册一个文件中,确认股东名册在受让人股东资格认定上的法律功能,并将股东名册的变更登记和提交备案的义务落实到法定代表人身上,以促进股东名册的及时更新和公司股东结构的透明。

# 股东优先购买权中转让股东反悔规则的适用限制

刘浩然 *

**内容摘要**:《公司法司法解释(四)》第20条对股东优先购买权中转让股东是否能够进行"反悔"作出了肯定性答复,但作为司法解释中所确认的规则,其适用不能超出《公司法》所限定之框架。无论是从股东优先购买权的功能发挥,还是从激励转让股东理性定价的角度出发,转让股东的"反悔"都必须受到限制。而"同等条件"作为平衡转让股东与受让股东之间利益的关键,可以作为限制转让股东反悔的要素。就反悔规则的具体适用而言,因可归责于转让股东的事由而使受让股东对于"同等条件"的理解存在偏差,基于信赖保护原则,转让股东不得"反悔"。

**关键词**:股东优先购买权　转让股东反悔　信赖保护

## 一、引　　言

股东优先购买权是为确保有限责任公司股东之间的人合性和公司经营稳定而进行的制度设计。在该制度适用过程中,针对其他股东主张优先购买权后,转让股东是否可以拒绝转让,即是否能够行使"反悔权",《公司法》未予明确。[1]对此,最高人民法院《关于适用〈中华人民共和国公司法〉若干问题的规定(四)》(以下简称《公司法司法解释(四)》)作出了回应,其第20条明确规定:

---

* 江汉大学法学院讲师,法学博士。

〔1〕 针对转让股东的"反悔",司法解释的制定者和部分学者以"反悔权"指称。但因转让股东的"反悔"是否为一项权利还需进一步论证,故本文在提及"反悔权"时皆加引号,并在后文中具体论证其是否为一项新的权利。

“有限责任公司的转让股东,在其他股东主张优先购买后又不同意转让股权的,对其他股东优先购买的主张,人民法院不予支持,但公司章程另有规定或者全体股东另有约定的除外。其他股东主张转让股东赔偿其损失合理的,人民法院应当予以支持。”司法解释的出台不仅并未消弭理论界对于转让股东为何能够进行反悔的疑虑,又引发了股东是否能够任意反悔的追问,徒增反悔规则在具体适用上的困扰。鉴于此,本文立足于转让股东反悔规则设置之正当性,主张以“同等条件”作为要素对反悔规则的适用进行限制,并系统论证“同等条件”限制下反悔规则的具体适用,以期为“统一裁判尺度,维护司法权威”贡献一愚之得。

## 二、转让股东反悔规则设置之正当性

长期以来,股东优先购买权的法律性质在理论界和实务界都存在不同程度上的争议。由此争议引申出的一个法律适用问题就是转让股东在其他股东主张优先购买权之后是否能够“反悔”。对此,《公司法司法解释(四)》给予了肯定性答复,究其合理性可以从以下两个维度予以探讨:一是就必要性而言,理论界的争议以及司法实践中类似案件的频频出现需要立法给予必要回应,以平息现有争论妥善解决同案不同判的司法裁判现状;二是就可行性而言,转让股东的“反悔”在现行法框架下亦有存在之空间。

### (一)必要性:理论界和实务界争议的立法回应

针对股权对外转让过程中,其他股东主张优先购买权后,转让股东应否拥有拒绝缔约的选择权,学术界存在观点上的分歧。立足于我国《公司法》,现有论证主要围绕以下两个方面展开:一是立足于反悔规则本身,从功能主义进路探讨制度存在的必要性。就此而言,亦有肯定说和否定说两种观点。肯定说的核心论证依据在于“反悔权”在不改变原有股东权益的基础上能最大限度地实现闭锁公司股权的价格发现功能。[1] 而否定说观点的持有者则认为在股权转

---

〔1〕 参见蒋大兴:《股东优先购买权行使中被忽略的价格形成机制》,载《法学》2012年第6期;杜军:《公司法第七十二条蕴含的商业逻辑及其展开》,载《人民司法》2013年第11期。

让语境下,并不存在一个层级更高的价值观让转让股东或出让股东的利益最大化,而反悔规则的设置以保护出让股东的利益为出发点,凭空在出让股东和受让股东之间创设了代理成本问题。[1] 上述观点均以功能主义为进路,从权益平衡的角度为是否确立反悔规则进行了充分论证,但其亦存在明显缺陷,即忽视了反悔规则是否能够融入现行公司法框架。二是从规范逻辑的角度,以优先购买权的性质认定作为逻辑起点,进一步推演出让股东能否反悔。就此而言,如将优先购买权的性质认定为形成权,一旦其他股东主张此项权利,就意味着转让股东与优先购买权人之间的合同已经成立,转让股东不能以反悔的方式单方解除合同。[2] 还有学者结合我国公司法上的特殊规则,将股东优先购买权认定为特别法上的形成权,其特殊性在于可以通过公司章程予以排除。[3] 除形成权之外,还有一种主要的观点是请求权说,此观点立足于尊重与保护股东股权转让自由的思想。依此,优先权人请求缔约的要约发出后,尚需要转让股东的承诺,合同方可正式缔结,转让股东自然就有了"反悔"的空间。[4]

转让股东反悔规则以司法解释作为载体,对其正当性的论证,亦离不开对司法实践的审视。我国公司法中有限责任公司股东对外转让股权的规则最早出现在 1993 年《公司法》中,此后,在 1999 年、2004 年两次修订中《公司法》都未涉及该条款,直到 2005 年《公司法》修改时对该条款作出了进一步的完善,并延续至今。[5] 但是,对于其他股东主张优先购买权之后,转让股东是否具有拒绝缔约的选择权,也即是否能够进行"反悔",《公司法》始终未予明确。对此,司法实践中出现了两种对立的观点。反对的理由有,股东优先购买权是形成

---

〔1〕 参见罗培新:《抑制股权转让代理成本的法律构造》,载《中国社会科学》2013 年第 7 期。

〔2〕 参见赵旭东:《股东优先购买权的性质和效力》,载《当代法学》2013 年第 5 期;赵磊:《股东优先购买权的性质与效力——兼评〈公司法司法解释四〉第 20 条》,载《法学家》2021 年第 1 期。

〔3〕 参见胡晓静:《论股东优先购买权的效力》,载《环球法律评论》2015 年第 4 期。

〔4〕 基于此,不少学者认为《公司法司法解释(四)》第 20 条采"请求权说"的立场。具有代表性的论证参见赵磊:《股东优先购买权的性质与效力——兼评〈公司法司法解释四〉第 20 条》,载《法学家》2021 年第 1 期;胡晓静:《再析有限公司股权对外转让中的优先购买权》,载《求是学刊》2019 年第 5 期。

〔5〕 相较于 1993 年《公司法》,2005 年《公司法》第 72 条主要在四个方面完善了有限责任公司股权对外转让条款:一是明确了股权转让条款的内容可由公司章程作出变更;二是将转让的对象由"出资"修改为"股权";三是修改股东同意规则,具体包括同意的方式、通知的路径、其他股东答复的期限等;四是完善了股东优先购买权的行使规则,新增两个以上股东主张优先购买权时的处理方式。

权,一旦股东行使此项权利,就在转让股东与受让股东之间成立了股权转让的合同关系。[1] 肯定的理由主要是基于优先购买权并非形成权,其行使还需要优先购买权人与出让股东达成意思表示的一致。因此,应在尊重平等自愿原则的基础上,允许转让股东撤回其意思表示。[2] 上述两种观点可谓势均力敌,致使法院的司法裁判标准在类似案件中不尽一致。针对上述司法适用现状,通过司法解释的方式弥补法律漏洞,显然有利于缓解这类案件"同案不同判"的现象。

为了解决上述理论争议以及司法裁判标准不统一之局面,实现统一《公司法》司法适用的目的,[3]《公司法司法解释(四)》第20条明确在公司章程和全体股东没有除外约定的情况下,转让股东可以在"其他股东主张优先购买后又不同意转让股权"。对此,具有代表性的观点作出的解释是:"肯定转让人的'反悔权'是基于私法自治的法理"[4]。上述司法解释立足于现行法律,填补了《公司法》第72条的制度漏洞,在"同案不同判"的法律适用现状下,对于规范法律适用、树立《公司法》权威的意义重大。但仍应引起关注的是,上述规定虽然从形式上解决了转让股东反悔规则应否设置这一问题,但就实质层面而言却并未回应转让股东反悔规则设置的前提性追问。正如学者所言,"这仅是于'结果'层面对理论和实务争议的回应,使得类案裁判具有了统一的标准,但于'理由'层面,并未消弭长久以来对转让股东'反悔'的正当性争论"[5]。由此,转让股东"反悔权"设置上的争议从"应否设置"进一步转化为"为何设置",而此问题

[1] 参见江苏省新沂市人民法院民事判决书,(2013)新商初字第721号;上海市第一中级人民法院民事判决书,(2011)沪一中民四(商)终字第883号;浙江省高级人民法院民事判决书,(2010)浙商终字第27号。

[2] 参见济南市中级人民法院民事判决书,(2014)济商初字第63号;上海市徐汇区人民法院民事判决书,(2013)徐民二(商)初字第1581号。

[3] 《公司法司法解释(四)》前言部分明确该司法解释是:"为正确适用《中华人民共和国公司法》,结合人民法院审判实践,现就公司决议效力、股东知情权、利润分配权、优先购买权和股东代表诉讼等案件适用法律问题作出如下规定"。

[4] 杜万华主编:《最高人民法院公司法司法解释(四)理解与适用》,人民法院出版社2017年版,第455页。

[5] 于莹:《股权转让自由与信赖保护的角力——以股东优先购买权中转让股东反悔为视角》,载《法制与社会发展》2020年第2期。

的解决能最大限度缩小司法适用中的偏差,真正实现司法解释的立法目的。

(二)可行性:作为现行法框架下法律解释的具体方案

司法解释以发现法律的意义脉络为目标,在这一过程中立法的“规定意向”及关于规范的设想是制约司法解释的重要材料。[1] 因此,从法解释学角度探讨《公司法司法解释(四)》中转让股东反悔规则设置之可行性,需从现有法律规范结构出发,探求“反悔权”存在之可能与空间。

从规范体系来看,所谓转让股东之“反悔权”,并非转让股东的一项“新权利”,而仅仅是现行法框架下法律解释的具体方案。股东优先购买权在性质上属于形成权已是当今公司法学界的主流观点;与此同时,在司法实践中,股东优先购买权的形成权属性亦深入人心。[2] 值得一提的是,优先购买权属形成权在民法学界亦属主流观点。[3] 在形成权中,一旦权利人主张权利,相应的法律后果就以权利人的意思形成法律之力,而相对人则需受此法律后果之拘束。[4] 概言之,权利人可依单方面的意思表示使法律关系发生变动。股东优先购买权的形成权属性就意味着权利人一经作出行使优先购买权的意思表示,无须转让股东予以承诺,即在优先购买权人和转让人之间成立以先合同条款为内容的股权转让合同。循此逻辑,单纯从文义上进行推演,《公司法司法解释(四)》第20条中确立的在其他股东行使优先购买权时,转让股东可以“反悔”,可被视为是合同的法定解除权,而“其他股东主张转让股东赔偿其损失合理的,人民法院应当予以支持”则可以看作合同解除后转让股东所承担之缔约过失责任。但是,《公司法司法解释(四)》是最高人民法院以现行《公司法》为依据,针对法院审判工作中具体应用法律问题所进行的解释,司法解释并不能创设新的

[1] 参见胡玉鸿:《尊重法律:司法解释的首要原则》,载《华东政法大学学报》2010年第1期。

[2] 参见赵磊:《股东优先购买权的性质与效力——兼评〈公司法司法解释四〉第20条》,载《法学家》2021年第1期。

[3] 参见常鹏翱:《论优先购买权的法律效力》,载《中外法学》2014年第2期;王泽鉴:《民法学说与判例研究》,北京大学出版社2015年版,第1516页。

[4] 参见王泽鉴:《民法总则》,北京大学出版社2009年版,第106页。

解除权类型。[1] 具体依据可参见我国《立法法》第 104 条。[2] 据此,所谓之“反悔权”不能被认定为是转让股东的一项“新权利”,其仅仅是现行法框架下法律解释的具体方案。由此,在《公司法司法解释(四)》第 20 条的解释上,反悔规则的适用应被解读为转让股东在何种情况下可以阻却其他股东优先购买权效力的生成。

## 三、限制转让股东反悔的必要性

前已述及,《公司法司法解释(四)》中所确认的股东“反悔权”并非股东的一项“新权利”,而仅仅是现行法框架下进行法律解释的具体方案。而无论是从股东优先购买权制度的功能发挥,还是从激励转让股东合理定价的角度出发,股权转让中转让股东均不能随意“反悔”,其反悔需受必要的限制。从股权处分本身来看,股权处分并非单一处分转让股东与受让人之间的相对法律关系,还必然包含公司利益、其他股东利益甚至相关人利益。[3] 所以,股权处分必须跳出契约论的相对狭隘世界,到股权处分背后的公司团体乃至公司所在的社会中去寻找利益平衡。[4]

### (一)允许转让股东任意“反悔”将使优先购买权名存实亡

区别于具有开放性的股份有限公司,有限责任公司是一个封闭的具有人合性的团体,也即为数不多的股东因彼此之间的信任关系共同出资从事某种经营活动是有限责任公司存在的根本。也正是基于股东之间的信任关系,有限责任公司的经营稳定与股东身份稳定息息相关,除却具有彼此信任关系的股东之

---

〔1〕 最高人民法院 2007 年发布了《关于司法解释工作的规定》(法发〔2007〕12 号),其中第 2 条规定,“人民法院在审判工作中具体应用法律的问题,由最高人民法院作出司法解释”;第 3 条规定,“司法解释应当根据法律和有关立法精神,结合审判工作实际需要制定”。

〔2〕 《立法法》第 104 条规定,“最高人民法院、最高人民检察院作出的属于审判、检察工作中具体应用法律的解释,应当主要针对具体的法律条文,并符合立法的目的、原则和原意”。

〔3〕 参见冯果、段丙华:《公司法中的契约自由——以股权处分抑制条款为视角》,载《中国社会科学》2017 年第 3 期。

〔4〕 参见刘向林:《论公司契约的团体主义特质——以有限责任公司股权转让为例》,载王延川主编:《公司法上的合约》,法律出版社 2011 年版,第 44 页。

外,任何外部人进入公司都可能会破坏这种信任关系,所以外部人进入公司需要受到严格的限制,具体体现为公司法上的全体股东同意规则。不仅如此,当出现股东向外转让股权这一可能破坏公司人合性的情况时,赋予其他股东优先购买权也是维护公司人合性的应有之义。[1] 在有限责任公司中,当股东将其股权转让给公司以外的第三人时,为了防止股东之间和谐稳定、相互信赖的关系遭到破坏,对股东向股东以外的人转让股权进行限制是绝大多数国家(地区)公司法的普遍做法。[2]

而转让股东"反悔"作为内置于股东优先购买权中的一项法律适用规则,不能阻却优先购买权功能的实现。具言之,一旦将转让股东反悔套上"契约自由"原则的外衣,就意味着转让股东可以以任何理由取消出让股权的意思表示,这会增加股权转让交易的不确定性,甚至架空其他股东所具有的法定的优先购买权。虽然转让股东滥用"反悔权"的行为能够受到诚实信用原则的规制,但如何认定转让股东的滥用行为仍然是一道难解之题。根据相关解释,"所谓滥用反悔权,就是多次反悔"[3]。这不免会引发诸多疑问,最典型的是:既然反悔权的目的在于保护转让股东的股权转让自由,为何还要限制"反悔"的次数?转让股东如何行使不构成"滥权"?[4]除此之外,究竟"多次"意指几次,转让股东在多长时间段的再次反悔可以构成"多次反悔"等诸多问题都没有准确的认定标准,实践中如果出现转让股东行使"反悔权"后提高转让价格继续对外转让的情况,很难认定转让股东是因为出现卖方市场试图提高转让价格为自身谋取更大利益还是单纯的恶意阻止其他股东获取股权。由此可见,单纯依靠诚实信用原则并不能对转让股东"滥用"反悔规则的行为进行有效的规制。防止转让股东恣意而为,还需进一步在公司法体系下探索可能存在的限制转让股东反悔的客观因素。

---

〔1〕 参见赵磊:《股东优先购买权的性质与效力——兼评〈公司法司法解释四〉第20条》,载《法学家》2021年第1期。

〔2〕 参见范健、王建文:《商法学》,法律出版社2015年版,第173页。

〔3〕 杜万华主编:《最高人民法院公司法司法解释(四)理解与适用》,人民法院出版社2017年版,第448页。

〔4〕 参见胡晓静:《再析有限公司股权对外转让中的优先购买权》,载《求是学刊》2019年第5期。

### (二)允许转让股东任意"反悔"不利于转让股东理性定价

理论界赞成转让股东"反悔"的一个重要理由在于:"反悔"可以在行使优先购买权的其他股东与外部受让人之间形成一种类似于拍卖市场的价格竞争机制,这种价格发现功能在不影响各方当事人利益的前提下,能够实现闭锁公司股权转让价格形成的公平性。[1] 上述论证不仅忽视了有限责任公司股权转让中转让股东在定价权上的优势地位,还夸大了"反悔"的作用。

首先,从有限责任公司股东的角色定位出发,有限责任公司股东亦具备合理定价的现实基础。与股份公司的股票不同,有限责任公司的股份没有公认的、统一的交易场所和交易平台,确实会出现交易价格过高或者过低的情况。但相较于资合性股份公司中股东的外部人身份,有限责任公司的股东人数较少,且基本直接参与公司的经营管理,其股东更了解公司的运行状况,也可轻易获悉其他股东转让股权的价格,必要时还能够借助《公司法》第33条所赋予的查阅权、复制权,甚至是委托专门的评估机构对股权的价值作出真实的评价。作为理性人,过高或者过低的交易价格形成的背后,必然涵盖有转让股东特殊的权衡因素。如转让股东与第三人之间约定的交易价格明显过高,那么其他股东大概率不会行使优先购买权,股权对外转让的概率将大大提高;如转让股东与第三人约定的转让价格明显过低,此时,交易很可能内置有非财产性的对价,这些对价有时虽然不以白纸黑字的形式释明,但也是交易不可分离的部分,当主张优先购买权的其他股东不能够提供与第三人类似的条件时,肯定无法满足"同等条件"的要求。

其次,不加限制地行使"反悔权"必然导致转让股东和其他股东之间权益配置的失衡。因为就转让股东与其他股东的身份而言,在股权转让语境下,股权转让价格无论是高还是低,其本质上均为转让方和受让方之间的利益分配差异,建立在双方自愿平等的基础之上。[2] 而从理性人角度出发,优先购买权作为公司法赋予其他股东的法定权利,转让股东对此明知,作为自身利益的最佳判断者,从信息控制及交易成本的角度出发,转让股东能够在股权转让之时就

---

〔1〕 参见蒋大兴:《股东优先购买权行使中被忽略的价格形成机制》,载《法学》2012年第6期;杜军:《公司法第七十二条蕴含的商业逻辑及其展开》,载《人民司法》2013年第11期。

〔2〕 参见罗培新:《抑制股权转让代理成本的法律构造》,载《中国社会科学》2013年第7期。

对交易走向作出合理预测。所以,其他股东在接到通知之后主张优先购买权,并未超出转让股东之预期,反而会促使谨慎的当事人对于待转股权的定价更为慎重。实践中,转让股东为了避免因其他股东行使优先购买权而致使其因对第三人履行不能而承担违约责任,还会选择与股东之外的受让人订立附生效条件的股权转让合同。由此,若再赋予转让股东不加限制的“反悔权”,将使股权转让的主动性完全掌握在转让股东手中,不仅会变相鼓励转让股东的不诚信行为,也势必会增添转让股东在初次定价时的随意性。此外,转让股东行使“反悔权”后,本轮对外转让程序宣告终结,如还需对外转让,仍需开启新一轮的对外转让程序,反复启用股权对外转让程序还会严重降低股权转让的效率。因此,通过一定手段限制转让股东的“反悔权”,能够起到倒逼转让股东理性定价,防止无效率的重复性定价活动的目的。

综上所述,优先购买权中的转让股东反悔规则并非意味着转让股东可以随意反悔,如承认转让股东可以任意行使“反悔权”,不仅将使股东优先购买权制度沦为虚幻,还会进一步滋生转让股东针对待转股权定价的随意性,不仅不利于交易安全还徒增交易成本。

## 四、以“同等条件”限制转让股东反悔的内在机理

“法律旨在创设一种正义的社会秩序。”〔1〕在有限责任公司对外转让股权的过程中,“同等条件”不仅能够作为其他股东行使优先购买权的前提,也可作为限制转让股东“反悔”的关键。详言之,因转让股东过错而致使受让股东在“同等条件”的认识上存在偏差,受让股东应受到信赖保护原则的关照。此外,在“同等条件”要素的限定下,转让股东滥用反悔规则的认定标准也更加清晰,即只要存在以主观恶意阻却其他股东行使优先购买权的事实,便可构成滥用。

### (一)其他股东是否具备“同等条件”在认定上的复杂性

在优先购买权制度中,转让人的个人利益和优先权人之间的矛盾贯彻始

〔1〕 [美]E. 博登海默:《法理学:法律哲学与法律方法》,邓正来译,中国政法大学出版社 1999 年版,第 318 页。

终,因为无论其是否愿意转让给先买权人,只要先买权人依法行使权利就可优先取得股权,因此先买权无疑具有限制转让人缔约自由和处分自由的作用。从利益平衡的角度出发,为了避免实质损害转让人的交易利益,在制度设计上,将"同等条件"设置为优先权人行使优先购买权的前提,能在确保转让人不受侵害的同时,最大限度地维持法律原本需要确保的更高位阶的价值的实现。也正是基于此,不仅是股东的优先购买权,按份共有人的优先购买权、房屋承租人的优先购买权等一系列法定优先购买权中优先权人行权的条件皆以符合"同等条件"为限。因此,"同等条件"的重要功能就在于矫正优先购买权机制下转让股东与受让股东之间的利益失衡。详言之,在股权转让中,以"同等条件"限制优先购买权的作用有二:一是维护转让股东的交易利益,就此而言,优先购买权限制的只是股权转让的对象,而在对价上不会因转让对象是公司内部股东而有所差异;二是提升有限责任公司股权的价值,在"同等条件"的作用下,为避免内部股东行使优先购买权,外部股东想要取得股权就必须设置较高的受让对价,这间接提升了有限责任公司的股份价值。

在具体认定上,其他股东提出的对价是否应严格遵照转让股东与受让股东之间约定的对价,目前理论界主要存在"绝对同等说"、"相对同等说"和"折中说"三种观点。[1] 其中,"绝对同等说"认为其他股东购买股权应完全满足转让股东与第三人之间的合同中所载明的条件;"相对同等说"认为其他股东大致符合转让股东与第三人之间的合同条件即可;"折中说"则只要求价格和价款支付条件这两项符合即可。而在司法实践中,若转让股东已经与受让人订立股权转让合同,除不能以白纸黑字载明的条件之外,应以此合同作为认定其他股东是否具备"同等条件"的基础。但当转让股东与受让人之间并未订立正式的买卖合同,仅是将双方协议之意向告知其他股东,如何认定"同等条件"则只能围绕上述意向的大致内容进行衡量。总而言之,针对这一类型的案件法官很难对"同等条件"确定明确的裁判标准,而更多地只能依赖法官在个案中的认识。[2]《公司法司法解释(四)》第 18 条要求法院在解释"同等条件"时不仅需要考量

---

[1] 详细归纳参见周海博:《股权转让论——以有限责任公司为视角》,中国社会科学出版社 2011 年版,第 111 ~ 112 页。

[2] 参见杜军:《公司法第七十二条蕴含的商业逻辑及其展开》,载《人民司法》2013 年第 11 期。

"转让股权的数量、价格、支付方式及期限等因素",还需将接受或安置现有职工、续聘现任高管、承诺增资扩股等一系列非价格因素纳入考量范畴。[1]

（二）"同等条件"实质性欠缺时其他股东信赖利益的生成

在股权对外转让的过程中,其他股东虽然能够行使优先购买权,但对于"同等条件"的产生却没有参与的权利,只能被动地选择是否接受。所以,为了使其他股东知悉转让股东与第三人之间的交易内容,股东优先购买权的运行流程包括两个环节:一是转让股东发出同等条件的通知;二是其他股东主张优先购买权。[2] 当其他股东接到转让股东发出的同等条件通知时,基于对优先购买权的信赖以及对公司组织结构和资本结构变化的预期,会在转让股东给定的期限内积极筹备以使自身具备交易的"同等条件"。而转让股东的"反悔"就势必会伤及其他股东的上述信赖。由此可见,在反悔规则的适用上,转让股东的意思自治与其他股东的信赖保护之间的利益冲突亟待审思。而如何协调上述利益冲突就涉及如何确定不同利益之间的位阶。详言之,上述利益权衡涉及转让股东"反悔"之适用,也即如果内部股东因信赖所受到的通知而进行的投入已经达到信赖原则所保护的程度,则在信赖保护原则下仍应发生信赖者所追求之法律效果,此时,转让股东的意思自治就要让位于其他股东的信赖保护。

与此相对,当出让股东与第三人之间形成的既定交易中的特定交易条件具有非价格属性,甚至无法通过书面形式完全呈现出来,其他股东又无法满足所有的交易条件时,因"同等条件"这一股东优先购买权的行使要件客观上并未达到,出让股东通过"反悔"的方式来寻求自身权益的保障是股东优先购买权规范逻辑的应有之义,反悔规则的适用构成了转让股东抗辩股东优先购买权形成权效力的合理事由。由此可见,在转让股东反悔规则的适用上,转让股东与其他股东分别代表着不同的价值,转让股东是否能够进行"反悔"的关键和核心就在于其他股东的信赖是否达到了法律所保护的程度。换言之,如果信赖原则可适用于此,其他股东所产生的信赖就可以得到法律的保护,客观上将会起到限制

[1] 参见刘俊海:《公司自治与司法干预的平衡艺术:〈公司法解释四〉的创新、缺憾与再解释》,载《法学杂志》2017 年第 12 期。

[2] 参见张其鉴:《我国股权转让限制模式的立法溯源与偏差校正——兼评〈公司法司法解释(四)〉第 16-22 条》,载《现代法学》2018 年第 4 期。

转让股东适用反悔规则的目的。

(三)"同等条件"限制下转让股东"反悔权"滥用行为的清晰化

即使不以"同等条件"限制转让股东"反悔",转让股东不可任意反悔也是诚实信用原则对其作出的基本要求,但诚实信用原则在认定转让股东何种情形下可构成反悔在具体适用时却尤显捉襟见肘,甚至还会出现"所谓滥用反悔,就是多次反悔"之误区。因为"多次反悔"这一含糊的表述不仅不能有效指导司法实践,还会在实践中滋生出新的疑问。例如,反悔几次才可以构成"多次反悔",拒绝转让后多长时间可以再次转让,原第三人的再次转让价格高于之前是否构成滥用等都将成为困扰司法实践的新问题,势必有碍于优先购买权规则在法律适用上的稳定性。而在"同等条件"这一要件的限制下,上述问题皆可迎刃而解。在"同等条件"的作用下,只要其他股东行使优先购买权不会使转让股东的利益受损,转让股东即无权拒绝缔约。据此,转让股东滥用反悔规则必然存在以主观恶意阻却其他股东行使优先购买权的事实,这就使滥用问题变得清晰明确。例如,转让股东在履行通知义务,征求其他股东是否同意转让以及是否行使优先购买权时,隐瞒对外转让的条件,或者对合同约定的履行方式及转让股权后公司债务的承担等予以变更。又如,其提出的股权转让条件与第三人签订的股权转让合同约定的条件相比,虽然价格一致,但为了阻却内部股东行使优先购买权,将股权成功转让给公司外部的第三人,恶意增设了股权受让方的义务和责任。[1] 上述情形显然可以认定为转让股东滥用反悔规则恶意阻却优先购买权,据此,法院应排除反悔规则的适用,判决其他股东在转让股东与第三人真实交易对价的基础上行使优先购买权。

## 五、"同等条件"限制下转让股东反悔规则的适用

(一)转让股东反悔规则适用之积极要件

转让股东进行"反悔"的合理性基础在于优先权人只能在"同等条件"具备时行权,所以"反悔权"的适用也只能限于其他股东不具备"同等条件"这一要

---

〔1〕 参见最高人民法院民事判决书,(2011)民提字第 113 号。

件。此外，为了及时止损，转让股东还应以适当的方式，在合理的时间段内将其拒绝交易之意愿及时告知优先购买权的行权人。

1.“不同意转让股权”的事由正当

前已述及，转让股东能够进行“反悔”的合理性就在于其他股东主张优先购买权后，出让股东与交易第三人之间所形成的既定交易模型中的交易条件客观上并未通过书面形式完全呈现出来，而其他股东又无法满足所有的交易条件。若不能完全以书面形式呈现并非出让股东之过错所致，此时，出让股东一旦认为其原本之交易条件不能获得满足，就可以通过反悔的方式来寻求自身利益的保障。基于此，转让股东“反悔权”的存在前提在于主张优先购买权的股东不满足“同等条件”这一要件。依据《公司法司法解释（四）》第18条之规定，转让股权的数量、价格、支付方式及期限等因素也应纳入“同等条件”的认定范围。由此，转让股东“不同意转让股权”的正当事由应包括以下几个方面。

第一，不满足价格要件。一经股东出资，财产的所有权主体就由股东变更为公司。在公司存续期间，股东想要将自己付出的资金收回只能依靠股权转让。所以，能在多大程度上获取经济利益是转让股东的首要衡量因素。因为有限责任公司的股份没有经过公认的、统一的交易市场和平台，所以股权转让对价只能依靠双方当事人各自评估后协商确定，就此而言，股权转让价格是股权转让过程中股东意志自由最直接的体现，应予确认和保护，基于此，公司其他股东想要获取股权就必须以同等价格受让。这里的价格要件既包括直接的金钱价格，也包括可折算的非金钱价格因素。而就后者而言，可折算的非金钱因素应能够依照市场交易规律进行估价，因为一旦第三人的个人因素影响到这些交易条件时，这些个人因素已经内置于交易，成为交易不可分离的部分，该交易就不是典型的市场交易，先买权人也无法满足同等条件的要件。[1] 如上述价格因素无法满足，则转让股东可以通过行使“反悔权”来进行新一轮的觅价。

第二，未达到股权转让数额的要求。针对有限责任公司股权对外转让过程中，其他股东是否能够主张部分受让这一问题，尚存争议。持肯定论的学者主要立足于“法无禁止皆为自由”的私法精义，并结合优先购买权维护内部股东控

〔1〕 参见常鹏翱：《论优先购买权的行使要件》，载《当代法学》2013年第6期。

制权的立法本意以及有限责任公司股权的可分性进行论证。[1] 而持否定论的学者则认为股权的数量不仅是单纯的数字,其代表了权利的扩大与移转,如允许部分转让,剩余部分的股权因所附着的公司控制权降低,其价格会大大贬值,这将影响转让股东的初衷,损害转让股东的经济利益。[2] 上述观点皆有其合理性,但均过于绝对。特定数量的股权虽直接代表了公司的控制权,但如若其他股东主张部分购买,交易第三人并未表示异议的情况下,其他股东当然可以就部分股权行使优先购买权;若交易第三人因份额减少而放弃购买,则转让股东可以以其他股东不符合"同等条件"为由阻却其优先购买权的行使。上述做法能妥善兼顾私法自治原则和优先购买权的立法本意。[3]

第三,付款期限和方式的变化直接影响到转让股东利益。除购买股权的价格和数量之外,付款期限和方式也是转让股东和第三人之间交易的重要内容。就付款期限而言,若转让人信赖第三人的信用,给第三人以延期付款的额外优待,而转让人对内部股东不存在此种信赖,允许先买权人也享受此种同等条件就不利于转让权人。对此,借鉴《德国民法典》第468条第1款的规定,令先买权人为延期支付的金额提供充分担保具有现实的必要性。[4] 就转让的方式而言,是否能够采取分期付款的方式也应参照关于付款期限的做法,如第三人一次性付款,内部股东也应一次性付款;若转让股东因信赖第三人而允许其分期付款,为确保转让股东利益,内部股东可以选择要么一次性付清、要么对分期付款提供充分担保。此外,付款究竟是采用货币支付还是实物支付也事关转让股东利益的实现,也应该纳入是否具备"同等条件"的考量范畴。

第四,未达到足以影响转让股东利益的其他条件。在股权对外转让过程中,"同等条件"的认定可谓纷繁复杂且标准层出不穷,单以列举的方式恐难以

---

〔1〕 参见王欣新、赵芬萍:《再谈有限责任公司股权转让法律问题》,载《人民法院报》2002年7月9日版。

〔2〕 参见陈立斌主编:《股权转让纠纷》,法律出版社2015年版,第122页。

〔3〕 事实上,最高人民法院在2003年颁布的《关于审理公司纠纷案件若干问题的规定(一)》(征求意见稿)就表达了此种态度,其中第27条规定,"有限责任公司股东主张优先购买部分股权,导致非股东因份额减少而放弃购买的,拟转让股权的股东可以要求主张优先购买权的股东受让全部拟转让股权,其拒绝受让全部股权的,视为放弃优先购买权"。

〔4〕 参见常鹏翱:《论优先购买权的行使要件》,载《当代法学》2013年第6期。

穷尽。由此,《公司法司法解释(四)》在对一些典型化的条件进行列举之后,以“等”字结尾,赋予法官在个案认定中针对具体情况进行自由裁量的空间。结合在优先购买权中设置“同等条件”这一限制性因素的立法目的,“实践中只要为股权转让的当事人所看重、足以对股权交易的成立产生实质性影响的各种因素,都可以认定为同等条件,如受让人是否承担目标公司的债务、以股权置换的方式转让、受让方对公司员工安置和公司管理事项作出的承诺等”[1]。值得一提的是,若转让人与第三人之间存在特殊的身份关系,如在亲属关系中,股权转让往往以无偿的方式或极低的价格实现,此时其他股东是否能够以“同等条件”主张优先购买权不无疑问。对此,可参照《法国商法典》中的做法,对亲属关系下股权转让规则进行特殊规定。一方面,严格限制亲属的范围,将承载转让股东特殊情感利益的亲属限定在“配偶、继承人、直系尊血亲或直系卑血亲”之间;另一方面,如无公司章程上的特殊约定,针对上述人员间的股权转让排除其他股东优先购买权的适用。[2] 事实上,我国《公司法》对此也有规定,但仅限于股东资格的继承,依据《公司法》第 74 条,在近亲属继承的情况下,可排除其他股东优先购买权的适用。

2. “不同意转让股权”的作出时间及方式合理

反悔规则在法律适用过程中的又一难题是转让股东“又不同意转让股权”的,应在哪一时间段内作出不转让股权的意思表示。对此,《公司法司法解释(四)》第 20 条并未予以明确。这一制度缺失难免会使其他股东的权益处于不稳定的状态之下,因此有必要予以澄清。

第一,“不同意转让股权”的意思表示应及时作出。在其他股东优先购买权的行使过程中,为督促股东及时行使优先购买权,避免股权转让事项久拖不决,《公司法司法解释(四)》第 19 条对优先购买权的行使期限作出了必要限制。[3]

---

〔1〕 赵旭东:《股东优先购买权的裁判规范及其法理逻辑》,载《人民法院报》2017 年 9 月4 日,第 4 版。

〔2〕 参见《法国商法典》(上册),罗结珍译,北京大学出版社 2015 年版,第 217 页。

〔3〕 《公司法司法解释(四)》第 19 条规定:“有限责任公司的股东主张优先购买转让股权的,应当在收到通知后,在公司章程规定的行使期间内提出购买请求。公司章程没有规定行使期间或者规定不明确的,以通知确定的期间为准,通知确定的期间短于三十日或者未明确行使期间的,行使期间为三十日。”

与此对应,如转让股东与第三人之间存在其他股东无法满足的信赖基础或股权转让之对价具有不可折价的特征,无论是从避免股权转让事项久拖不决还是基于诚实信用原则的考量,转让股东都应及时作出不同意转让股权的意思表示并送达其他股东。反之,如其未及时作出,则应自行承担不利于己的后果。例如,在"楼某某与方某某等股权转让与优先购买权纠纷"一案〔1〕中,作为其他股东的楼某某为受让方某某等 8 名股东股权,继续经营公司,两次按照转让股东与第三人之间的合同内容准备价款,主张行使优先购买权,但转让股东均以各种理由予以拒绝。再审期间,转让股东在已经与内部股东签订转让协议后再次反悔。本案中,转让股东已经与内部股东签订了转让协议且合同已经生效,即使转让条件不满足"同等条件",也应视为转让股东对法律赋予其权益的放弃,不再具备行使"反悔权"的要件,此时如转让股东拒绝履行,其他股东可以请求法院强制执行已生效的判决。

第二,不同意转让应以适当的方式作出。在其他股东不符合"同等条件"要素时,为避免其他股东因信赖能够取得转让之股权而进行无用的投入,转让股东除应及时告知其不同意转让股权外,还应注意通知作出的方式是否适当。除直接以口头或书面的方式明确表示拒绝外,若转让股东明知其他股东不具备其与第三人之间未以白纸黑字示明之交易条件,且在其他股东积极筹备资金或为购买股权而作出其他努力时不予以制止,其他股东的此种沉默就具有可归责性,为保护其他股东的信赖利益,可将其视为是对股权转让行为的认可。究其原因,盖因在商事领域,沉默通常具有"同意"的典型意义。商法上对事务处理要约的沉默,以及对商事确认函的沉默,都是这方面的典型例子。这与民法体系中的沉默通常并无意思表示之价值,而仅在例外情况下(法律明确将沉默拟制为同意的意思表示〔2〕或当事人以自主行为形成"沉默视为意思表示"的交易习惯〔3〕或者当事人事先约定沉默具有意思表示的效力)具有同意的意思不同,

---

〔1〕 参见最高人民法院民事判决书,(2011)民提字第 113 号。

〔2〕 例如,《民法典》第 638 条对适用买卖中买受人沉默的拟制:"适用期限届满,买受人对是否购买标的物未作表示的,视为购买。"

〔3〕 当事人既以自主行为形成"沉默视为意思表示"的交易习惯,则按照此交易习惯,将沉默视为意思表示亦符合当事人的意思,其实质与按照当事人之间约定将沉默视为意思表示并无本质差异。参见李宇:《基础回填:民法总则中的意思表示与法律行为一般规则》,载《华东政法大学学报》2017 年第 3 期。

商事交往中的沉默被解释为“同意”，并非民法上意思表示理论作用的结果，而是权利表象责任作用的结果。因此，在商事领域，仅凭借当事人沉默这一事实就能够使其承担相应的法律后果，而不考虑沉默者是否有效果意思或效果意思为何，更无基于意思表示错误而行使撤销权的可能。由此，若转让股东明知存在不可折价的非价格因素故意不告知其他股东，致使其他股东作出积极筹备款项以满足“同等条件”要件，则其他股东的“善意”应受到信赖原则的保护。

（二）转让股东“反悔”之阻却事由及法律后果

在“同等条件”的限制下，因其他股东受到信赖原则的保护，故转让股东不得“任意反悔”。具言之，只要其他股东接到转让股东发出的同等条件通知后，在转让股东给定的期限内积极筹备以使自身具备交易“同等条件”的行为已经达到信赖原则所保护的程度，转让股东的意思自治就要让位于其他股东的信赖保护，此时，转让股东反悔规则将无从适用。而从制度构造来看，要构成法律优位的信赖保护，需要具备的条件包括四个方面：表见事实的存在以及信赖者对真实信息的不知；信赖者因信赖而行为；信赖者的信赖具有合理性；责任者具有可归责性。[1] 首先，表见事实客观存在。这在实践中又可区分为两种情况：一是转让股东与外部第三人已经签订好股权转让合同，此时若转让股东在为通知义务时并未如实将股权转让合同中的真实情况转达其他股东，或者合同中确实存在某些不能以白纸黑字示明的条件，其他股东只能被动地接受信息而没有参与转让股东和第三人之间议价的权利，故其对真实的信息不知情；二是转让股东仅与受让方达成意向而并未签订合同，转让股东仅将意向的内容告知其他股东。其次，在接到转让股东信息通知之后，为取得股权，其他股东不可避免地需要按照所知晓之股权转让条件进行必要之准备。再次，在其他股东法定优先购买权的作用下，其他股东完全有理由相信自己可以在“同等条件”下取得所转让之股权，其他股东的信赖具有合理性。最后，转让股东应积极确保通知中所示之交易条件与真实情况中的交易条件一致，一旦两者出现偏差，因风险的发生在其控制领域之内，故其应当承担不利于己之后果。

此外，就法律效果而言，信赖原则的私法效果呈现二元格局：一是积极的信

---

〔1〕 参见叶金强：《信赖原理的私法结构》，北京大学出版社 2014 年版，第 78 页、第 86～165 页。

赖保护,信赖者可以要求所追求之法律效果发生;二是消极的信赖保护,即赔偿信赖损失。[1] 在股权对外转让过程中,对其他股东进行信赖保护的法律效果目前应限于消极的信赖保护。上述法律依据在于《公司法司法解释(四)》第 20 条的适用。依据该条款,转让股东在行使"反悔权"之后,其他股东可以向法院主张转让股东赔偿其合理损失。虽然单纯的经济利益赔偿不能弥补其他股东对公司组织结构和资本结构改变的预期,但采用积极信赖保护的方式令优先购买权人欲达成之法律效果成立,缺乏相应法律依据,在实践中恐难以适用。

综上所述,"同等条件"限制下转让股东反悔规则的适用方式可以用图 1 予以详细展示。

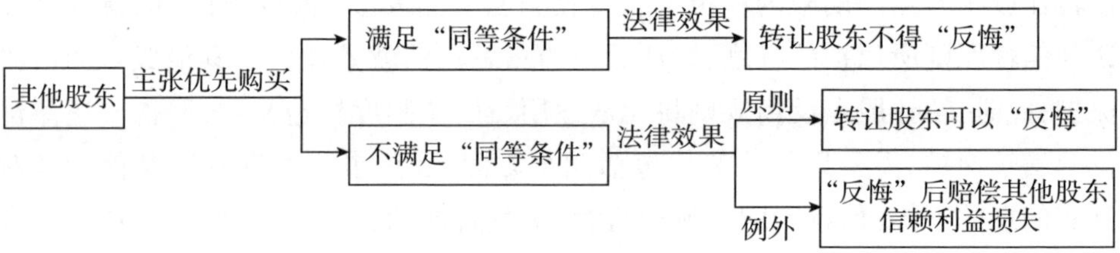


**图 1 "同等条件"限制下转让股东反悔规则的适用**

## 六、结　　语

就诉讼类型的分布而言,在公司纠纷和案件中,股权转让纠纷应占其半数以上,而其中争议甚大的又是因行使或侵犯股东优先购买权发生的纠纷。[2] 针对上述客观情况,为确保公司法股东优先购买权规则适用的安定和稳定,《公司法司法解释(四)》完善了现有《公司法》中股东优先购买权的行使规则,在其第 20 条中明确了转让股东在一定条件下可以拒绝与其他股东缔结交易。针对上述条款,以股东优先购买权的形成权属性为基础,能为转让股东反悔规则的

〔1〕 在民事法律制度中,消极的信赖保护主要发生在诸如合同无效、合同被撤销、无权代理等缔约过失责任的场合;而在善意取得、表见代理等制度中,则适用积极的信赖保护规则。

〔2〕 参见赵旭东:《股东优先购买权的性质和效力》,载《当代法学》2013 年第 5 期。

确立提供解释的空间。但作为以司法解释为载体的规则,以规范化、体系化的视角审视该规则存在之正当性,并进一步探究其在具体适用中的限制因素和适用规则,不仅能有效指导司法实践,统一裁判路径,也是公司法体系化的必然要求。

# 论文

# 信义关系的私法建构

刘文科 *

**内容摘要**:信义关系是在英美法中的一种特殊的私法关系。委托人将财产、权力、信息,甚至是生命健康委托给受信人。信义关系广泛存在,由衡平法所创设,最为典型的是信托关系。除此之外,信义关系还包括代理关系、医患关系、公司与董事之间的关系等。信义关系的法理基础是受信人按照良知应当履行信义义务。在衡平法上,不同类型的信义关系发展出了各种具体的信义义务。本文在考察了信义关系与信义义务的基础上,进一步考察了信义关系与合同关系的区别、与物权关系的联系,大陆法系国家在处理类似问题上的做法,以及我国建构私法上的信义关系的路径。

**关键词**:信义关系　信义义务　信托　代理　合同关系

## 引　言

本文首先介绍信义关系的概念和本质,以及支撑它的法理,即良知。信义关系,在本文中是作为信托的上位概念。接下来本文梳理了衡平法中典型的受信人,并没有体系化整理,因为英美法上各种不同的受信人也不是从概念法学中发展而来的,而是从判例中不断发展的。这些受信人和信托受托人有许多类似的地方,但又存在明显的差别,所以无法用信托来概括。接下来的第二部分,意在说明信义关系不能等同于大陆法上的合同关系,本文希望建构一个非合同关系的私法上的相对关系。第三部分是研究大陆法是如何将信托等类似

* 当代中国出版社法治编辑部主任,法学博士。

制度接入的,也就是说信义关系在大陆法的实践,故而选择了信托、代理、董事、理财四个角度,来看看两大法系在处理相同问题时,立法和实践上有没有共通之处。第四部分,则回到国内,梳理了一下国内立法,探讨统合规制的可能性。

## 一、信义关系的概念

### (一)衡平法上的受信人

英美法中存在许多迥异于大陆法的法律概念,其中就包括 fiduciary 这个独特的衡平法上的概念。fiduciary 通常指信义关系中受到信任的那个人,即受信人。受信人一般而言具有如下特点:第一,受信人通常都是提供满足了社会需要的服务,经常有一定的专业性,如医治、法律服务、教育、资产管理、公司管理以及宗教服务。第二,为了有效地提供这些服务,受信人必须被委托财产或权力。第三,财产或权力的委托对于委托人而言存在受信人不可信的风险。受信人有可能盗用被委托的财产或错误地行使被委托的权力,又或者是没有恰当地完成所许诺的服务。委托人可能在信义关系中无法保护自身的利益;也可能无法利用保护自身的利益;受信人确立起可信性的成本要高于其在信义关系中所获得的收益。[1]

同时,fiduciary 也可以指以受信人的受信义务为主要内容的法律关系,即信义关系。在信义关系中,遵从于受信义务(fiduciary duty)的人被称为受信人(fiduciary);[2]而另一方被称为委托人(principal)。受信人可以期待受托人要么以委托人的最佳利益行事,要么为了他们共同的利益,并且排除了委托人自己的利益。[3] 受信人处于或将处于已然或能够影响另一方的地位。委托人对受信人有特别的信任。受信人有责任首先为了委托人的利益行为。[4]

---

〔1〕 See Tamar Frankel, *Fiduciary Law*, Oxford: Oxford University Press, 2011, p. 6.

〔2〕 See Bristol and West Building Society v. Mothew [1998] Ch 1, 18 (Millett L J).

〔3〕 See Finn, *Fiduciary Law and the Modern Commercial World*, in McKendrick ed., Commercial Aspects of Trusts and Fiduciary Obligations. Oxford: Clarendon Press, 1992, p. 9.

〔4〕 See Denison State Bank v. Madera, 640 P. 2d 1235, 1241 (Kan. 1982).

然而,信义关系并不是一个定义十分严谨的概念,它本身也充满了争议,并且其外延也在不断发展中。在判断某人是否为受信人时,首先需要考虑这个人是否在和其他人一起处于信义关系的类型中。如果不是,则要考虑法律关系的实际环境中,是否存在能够让法庭足以认定其为事实上的信义关系的标志性特征。[1]

### (二)衡平法上的各种受信人

受信人的典型代表是信托受托人,但并不是全部。在英美法中,信义关系是一个范围十分广泛的法律关系。除信托受托人外,受信人还包括公司董事及管理人员、合伙人、代理人。此外还有作为专家的受信人,包括律师、医生、理财经理及理财顾问。每一种信义关系基本上包含三个要素:第一,财产或权力的委托(entrust);第二,委托人对受信人的信任;第三,委托人的风险源自委托。[2] 而不同种类的信义关系,差别只是各个要素的作用不同。

1. 信托受托人

信托是一种和财产有关的信义关系,产生于创造这种关系的意图。对财产拥有产权的人,为了慈善或者一个或多个人的利益处置该等财产要承担责任。[3] 信托符合信义关系的如下特征:第一,所有人(设立人)将财产委托给受托人;第二,意图对受托人施加受信义务;第三,要求受托人管理委托财产;第四,为了特定受益人的利益。[4]

2. 代理人

作为信义关系的代理,是一方同意另一方代表他的利益并遵从他的控制而行为,另一方也同意这样行为。[5] 对代理关系的衡量包括以下几个方面:第一,权力委托给代理人;第二,双方之间存在信任的程度;第三,本人(委托人)因加入这一关系而获得风险的程度。因本人能控制代理人的行为,所以这也意味

---

〔1〕 See Graham Virgo, *The Principles of Equity & Trusts*, 2nd ed., Oxford: Oxford University Press, 2016, p. 498.

〔2〕 See Tamar Frankel, *Fiduciary Law*, Oxford: Oxford University Press, 2011, p. 4.

〔3〕 See Restatement of Trust, Third.

〔4〕 See Branson Sch. Dist. RE-82 v. Romer, 161 F. 3d 619, 633 (10th Cir. 1998).

〔5〕 See Nelson v. Serwold, 687 F. 2d 278, 282 (9th Cir. 1982).

着较低的风险。[1] 值得注意的是,这里所说的代理,是英美法上基于"等同论"基础的代理,在某种程度上相当于大陆法上的委托加代理。

3. 公司董事和经理

公司董事和经理被类比于受托人。自 20 世纪以来,公司管理人员应当对谁负有受信义务的问题就在不断的争议中发展。同时,伴随公司在规模上的增长以及对社会生活产生的巨大影响,不断有人提出公司管理层与公司雇员和公司所在社区同样具有信义关系。[2] 与公司董事和经理类似的还有合伙事务执行人。

4. 专家

医生、律师等专家作为受信人,首先是该领域提供专业服务的人。这一点就如同理财经理(这一点不同于一般的受托人或代理人)。另外,传统上,专家提供的是公共服务,被人们理解为由社会所提供的,而非个人。作为专家的受信人,对于社会来说起到了关键的作用,不像其他类型的信义关系,委托人(病人、诉讼案件委托人)在这种信义关系中很难"逃离"(exit),并且在专家滥用权力时很难保护自己。[3] 尤其设想在危重病情或死刑案件中,委托人所托付的乃是自己的生命。

5. 理财经理

就像大多数受托人一样,理财经理被授权将投资人的财产用于投资,通常来说是投资于金融资产。但是,理财经理又不像公司董事那样可以自由地决定如何投资。理财经理的自由通常受制于受信人的指令或制定法。例如,1940 年《美国投资顾问法》第 80a－8 条规定,投资公司要将其所描述的投资政策登记。因而,一旦投资公司的名字中带有"股权"二字,那么其资产中必须有相当高比例这样的投资。[4]

6. 经纪人和经销商

经纪人将需求某种特殊目的的人笼络到一起。经纪人包括股票经纪人、不

---

〔1〕 See Tamar Frankel, *Fiduciary Law*, Oxford: Oxford University Press, 2011, p. 5.

〔2〕 See Tamar Frankel, *Fiduciary Law*, Oxford: Oxford University Press, 2011, p. 52.

〔3〕 See Tamar Frankel, *Fiduciary Law*, Oxford: Oxford University Press, 2011, p. 43.

〔4〕 See Tamar Frankel, *Fiduciary Law*, Oxford: Oxford University Press, 2011, p. 44.

动产经纪人、按揭经纪人、商业采买经纪人、婚姻中介人等。某些经纪人,也会成为委托人财产的保管人,如证券经纪人;某些经纪人也可能是代理人,他们被授权代理并使他们的委托人承担义务;还有一些经纪人成为委托人的托管代理人,但没有被授权使其委托人承担法律义务,如不动产经纪人;按揭经纪人,则是当事人的中间人,他们会对委托人提出建议。不同类型的经纪人被授予了不同程度的信任,从占有委托人的财产到被授予使委托人承担义务的代理权,再到帮助委托人签订合同的信息持有人。从这个意义上来说,每一种经纪人都必须被授予了当事人所欲达成的交易的信息。如果这种信息没有预先提供,经纪人就无从提供服务。除此之外,经纪人一般来说还是该领域的专业人士,因为他们专注于收集市场条件与近期交易内容的信息。经纪人期待、劝诱、邀请客户相信自己的专业以及信息资源。因而,经纪人作为受信人,被期待:(1)保持所授予财产的完整性;(2)在执行财产转让时代表他们的委托人;(3)提供值得信赖的建议;(4)使用其所提供服务的委托人所授予的信息。[1]

7. 破产债务人

当一家企业破产时,其先前的股权所有人(equity owner)就不再拥有财产的股权所有权。实际上,此时债权人就是股权持有人。因此,债务人即先前的所有人就作为受信人为债权人的利益持有财产。在 Lange v. Schropp 一案中,法官指出,持有财产的债务人以及那些控制财产的人,对破产财产负有受信义务。因此,在破产的合伙中的合伙人,应当像持有财产的债务人一样,必须如同破产财产的代理人一样从事经营,且不得为其个人利益。受信义务包括注意义务和忠实义务。这些义务包括禁止自我交易,避免利益冲突和不妥当事项出现,公平对待本案中的所有当事人,促进财产价值最大化。[2] 因此,股权的风险由债务人转向债权人,而债务人仍然被授予企业财产,并同时将受信义务施加于先前的所有人和管理人员。

---

〔1〕 See Tamar Frankel, *Fiduciary Law*, Oxford: Oxford University Press, 2011, p. 45 – 46.

〔2〕 See Lange v. Schropp (In re Brook Vally Ⅶ), 496 F. 3d 892 (8th Cir. 2007). 在本案中,债务人的管理人员因作为未披露的拍卖出价人参加了破产财产的拍卖,因而法庭认为其违反了对债权人的忠实义务。

8. 不断发展中的新型信义关系

(1)配偶

传统上,婚姻被认为是以感情为基础的关系,由于涉及感情因素,其区别于以逻辑和经验建立起来的认知为基础的关系。法律很少介入感情世界。西方历史上,丈夫和妻子被作为一个人对待,并且这个人被具体化为丈夫。与单身女性不同,已婚妇女不能合法拥有财产,不能提起诉讼也不能被诉。妻子在婚姻开始时的个人财产,在婚姻存续期间完全被投入到丈夫的财产中。婚姻关系完全是法定的,而非意定的。然而,婚姻关系正在逐渐变化为信义关系。一旦妇女要求拥有财产,婚姻中的财政问题便出现了。随着离婚率的上升,在离婚的边缘时,法律开始对控制夫妻财产的那一方配偶施加受信义务。加利福尼亚州上诉法院在婚姻关系临近结束时,对配偶施加了受信义务。最初限定于个人财产处置,后来发展到商事业务。其他州也效仿此做法,当夫妻只存在于法律的名义上时,在商事背景下施加受信义务。尽管法院是在婚姻关系处于边缘状态时才对配偶施加受信义务,但是近年来法院也会在婚姻存续期间认定信义关系的存在,如当配偶欺诈性地或鲁莽地处置财产时。[1] 当然,在婚姻领域认定信义关系,也不断面临问题。例如,谁将财产委托给谁?有学者认为,不仅是在离婚的这段时间,即便是在婚姻存续期间,当夫妻中的一人控制了双方的财产时,属于配偶的财产应当看作被委托人的,因而也由此产生了信义关系。[2]

(2)调解人

美国的调解人类似于中间人,后者促成双方当事人达成一项交易或形成其他法律关系;而调解人是促成双方当事人达成一种特殊类型的交易——解决纠纷。调解人通常是调解程序的设定者,决定了发言规则、发言顺序、发言时长和发言主题,并被委托了权力可以提出调解结果方案。

是否可以对调解人施加受信义务是有争议的。证明调解人违反了调解人的义务造成损害是很难的。此外,由于调解人行为的非标准化以及其固有的灵

---

[1] See Tamar Frankel, *Fiduciary Law*, Oxford: Oxford University Press, 2011, p. 53 - 54.

[2] See Linda C. McClain, *The Place of Families: Fostering Capacity, Equality, and Responsibility*, Cambridge, Mass.: Harvard University Press, 2006.

活性,对调解人的行为进行监督也是成本高昂的。[1] 然而,伴随着调解人的法律风险的增加,美国许多州都要求调解人去购买责任保险。[2] 越来越多的法院也开始认为调解人具有受信人的地位。[3]

(3)朋友

作为一种社会关系的朋友关系也可能成为受信关系。长期的朋友关系可能在商业背景下导致了对信任的滥用和财产权利的损害。例如,两个朋友开发了一种新的指甲油,并且口头提出一起开一家小店。但是,其中一人霸占了整个企业,并且排除了另一个人的权利,企图只分给她1%的股份。法院认为,在这个案例中的委托(entrust),是指基于对指甲油的创意会使发明人受益的理解。[4] 在另一起案件中,得克萨斯州一个法院认定了一项由道德的、社会的、家庭的或者纯粹个人的信任而产生的非正式的受信义务。[5] 尽管当事人之间实际上有合同关系并被朋友关系维系,然而在法院没有走得更远时,非正式的义务就受到限制了。因此,法院试图划清信义关系的模糊界限。[6]

(三)信义关系与良知

信义关系,尤其是信义关系中的受信义务,源于衡平法对"良知"(conscience)的拷问。换句话说,信义关系是衡平法的对人诉讼(in personam)与普通法的对物诉讼(in rem)之间产生冲突的产物。

众所周知,信托关系中受益人的权利是衡平法上的权利。这是因为受托人(受信人)依据普通法取得委托人的财产权之后,便拥有了法定的(普通法上的)所有权。虽然委托人将财产权转让给受托人的前提是基于对受托人的信任,但是当受托人实施了背信的行为时,受益人已经无法从普通法上获得救济。至此,受益人开始向衡平法院寻求救济。衡平法的介入并不会剥夺财产的法定

---

〔1〕 See Tamar Frankel, *Fiduciary Law*, Oxford: Oxford University Press, 2011, p. 55 – 56.

〔2〕 See Michael Moffitt, *Ten Ways to Get Sued: A Guide for Mediators*, Harvard Negotiation Law Review, 8, p. 81, 83(2003).

〔3〕 See Rebekah Ryan Clark, Comment, *The Writing on the Wall: The Potential Liability of Mediators as Fiduciaries*, Brigham Young University Law Review, 4, p. 1033, 1051, 1073(2006).

〔4〕 See Holmes v. Lerner, 74 Cal. App. 4th 442(Ct. App. 1999).

〔5〕 See Associated Indem. Corp. v. CAT Contracting, Inc., 964 S. W. 2d 276, 287(Tex. 1998).

〔6〕 See Tamar Frankel, *Fiduciary Law*, Oxford: Oxford University Press, 2011, p. 57.

权利,衡平法上的权利并没有改变受托人所获得的普通法上的财产权,而只是针对受托人,要求其对受益人负有受信义务,换句话说,衡平法只是确保法定财产权利的行使要符合良知。[1] 衡平法建立在良知之上。[2] 这也是所谓的英美法上存在双重所有权的来源。

衡平法为了完成缓和普通法偶然带来的不公正这项任务,就必须具有并且保持它自己独有的理论基础与身份,这便是所谓的"良知"。衡平法的实施就是为了对抗"反良知"或"没有良知"。[3] 衡平法院的大法官,其职责就是更正因欺诈、背信、错误以及各种因违背人性所致对良知的污染。[4] 衡平法院的大法官起初多为神职人员,其内心道德多少受到宗教道德以及教会法的影响。然而,这种来自道德的良知,在适用于案件审理时,就会出现不确定性的问题。早在 17 世纪,就有人评论道:"就像我们称为'英尺'的长度标准,居然应由大法官来决定,这将造成何等的不确定性! 一位大法官可能对'英尺'赋予较长的尺度,另一位大法官则可能对'英尺'赋予较短的尺度,而第三位大法官则可能又有不同"[5]。随着衡平法程序的不断发展,"良知"被赋予确定性,因为其开始源自法官对法律事实的个人知识或信念。[6] 再后来,衡平法院本着净化被告被污染的良知的目的,开始评估被告的良知,重点在于被告所知道的或所认为的事实,而非道德上的。[7] 在埃尔顿大法官的影响下,衡平法开始朝着法教义学的方向发展,诸多衡平法原则开始确立起来,同时用"良知"来判断其合法性。随着遵循先例原则(doctrine of precedent)的发展,类似案件被归纳出来,尤其是涉及显失公平(unconscious)的案件。因此,与其在每一个具体案件中定义显失

---

[1] See Graham Virgo, *The Principles of Equity & Trusts*, 2nd ed., Oxford: Oxford University Press, 2016, p. 44.

[2] See Westdeutsche Landesbank Girozentrale v. Islilngton LBC, [1996] AC 705 (Lord Brown-Wilkinson).

[3] See Charlie Webb, Tim Akkouh, *Trusts Law*, 5th ed., London: Palgrave Macmillan, 2017, p. 10.

[4] See Earl of Oxford's Case (1615) 1 Ch R 1, 6 (Lord Ellesmere); Allcard v. Skinner (1887) LR 36 Ch D 145, 189 (Bowen L J).

[5] *Table Talk of John Selden*, Pollock ed., Selden Society, 1927, p. 43.

[6] See McNair, *Equity and Conscience*, Oxford Journal of Legal Studies, 27, p. 659 (2007).

[7] See Graham Virgo, *The Principles of Equity & Trusts*, 2nd ed., Oxford: Oxford University Press, 2016, p. 33.

公平，不如判定某一案件是否可被归入特定种类的责任，而这又可通过参考关于良知的古老的话语来判定。[1] 在这里，显失公平作为一种观念存在，许多相似的但又不同的并且经过深思熟虑而作出的判决，以及整个社会的价值塑造并发展了这个观念。这个观念通过对过往的法律和社会传统的反思而得来。[2]

## 二、信义关系与相关法律关系

### （一）信义关系与合同关系

1. 理念上的差异

日本的一位学者曾经讲述了一个非常生动的例子，即名古屋事件。在这个事件中，医生告知一位患者其胆结石恶化了，患者因认为问题不严重就放弃了治疗，但实际上这位患者很有可能患有胆囊癌。之后患者在工作时昏倒并死亡。后来死者家属以"医生没有告知患者癌症诊断结果"为由将医生和医院告上了法院。在日本，由于医患关系是一种合同关系，医院没有违反合同的说明义务，而判原告败诉。日本学者认为，相同的问题，如果发生在美国，结果会完全不同，因为诊断、治疗、说明中的任何一项对于医生来说都是理所当然应当做到的事情。如果医生没有做到，不是合同层面的违约问题，而是侵权的问题。[3]

在英美法系上，尽管信义关系与合同关系不是两个界限清晰的法律范畴，但从历史上看，合同法是由普通法院发展而来的，而以信托法为代表的信义法是由衡平法院发展起来的。合同代表了一项交易，是双方当事人为其自身利益而产生的；而信托受托人则不能从信托中获得利益。合同中，必然要求对价来支撑协议，而在信托中，其强制执行无须对价的存在。[4]

对于大陆法系国家而言，信托与合同之间的界限就更为模糊。日本学者对

---

〔1〕 See Rossiter and Stone, *The Chancellor's New Shoe*, University of New South Wales Law Journal, 11, p. 24 (1988).

〔2〕 See Rossiter and Stone, *The Chancellor's New Shoe*, University of New South Wales Law Journal, 11, p. 24 (1988).

〔3〕 参见樋口範雄『入門信託と信託法』(弘文堂，2014 年) 18 – 19 頁。

〔4〕 See Philip H. Pettit, *Equity and the Law of Trusts*, 12th ed., Oxford: Oxford University Press, 2012, p. 31 – 32.

二者之间的区别作出了很好的概括:第一,合同强调的是自己的责任;而信托则是一种依存关系,即对受托人的依存。第二,合同中的义务被限定在合同条款以及法律规定中,而信托的义务则是广泛的。第三,合同法上的救济是损害赔偿;而信托上的救济则是利益的吐出等多种方式。第四,合同法体现的是私法自治;而信托法则存在明显的公权力的介入。第五,合同法上的财产是无色的、不特定的;而信托法上的财产是有色的、特定的。〔1〕

从英美法的实践来看,衡平法有其自身的规则去确认信义关系的存在,因而信义关系并不存在"建立"的问题。例如,受托人和受益人、公司和公司董事、代理人和本人等,衡平法会在特定情况下将其确认为信义关系。许多法律文本也可以说明这一点,即商事交易双方当事人的信义关系是通过合同治理的。〔2〕当不存在忠实义务的情况下,衡平法不会将其确认为信义关系。〔3〕即使某人不是信义关系中的受信人,也不意味着他就不会承担受信义务。〔4〕并不是因为某人是受信人而遵从受信义务,而是因为他遵从受信义务而成为受信人。信义关系中,如果某人作出了错误的行为,就会有相应的给委托人针对这个做错事的人产生的救济,就像信托受益人(cestui que trust)一样。〔5〕因而,受信义务并不必须产生于已经分类好的"信义关系",而是某人以特定方式承担某一行为或代表另一个人,并因之产生信任与确信的情况下就会成为受信人。〔6〕

2. 一个具体的事例:投资理财

适用于全权理财情景的基本法律形式有两种。在欧洲大陆,倾向于采用委托附加授予委托书的形式。在英格兰、爱尔兰和苏格兰这些拥有完善的信托体制的法域,更倾向于采用信托。〔7〕在信托与合同的不同背景下,以下是一些具

---

〔1〕参见樋口範雄『入門信託と信託法』(弘文堂,2014 年)21 頁。

〔2〕See Sarah Wilson, *Todd & Wilson's Textbook on Trust & Equity*, Oxford: Oxford University Press, 2015, p. 331.

〔3〕See Halifax Building Society v. Thomas [1996] 2 WLR, at 63.

〔4〕See Gary Watt, *Trusts & Equity*, 7th ed., Oxford: Oxford University Press, 2016, p. 323.

〔5〕See Re Hallett's Estate (1880) L R 13 Ch D 696 at 712.

〔6〕See Bristol and West Building Society v. Mothew [1998] Ch 1 (CA), at 18.

〔7〕See Michele Graziadei et al., *Commercial Trusts in European Private Law*, Cambridge: Cambridge University Press, 2005, p. 21.

体的比较。

第一,关于受托人是否要按照委托人(受益人)的指示。在苏格兰、爱尔兰和英格兰,受托人具有独立行事的地位,无须完全遵守受益人指示。大陆法系国家根据委托合同的原理,普遍认为,受托人有义务遵守指示;如果受托人认为该指示欠考虑,可以请辞。[1]

第二,利益冲突的救济。奥地利、丹麦、法国、德国、希腊、西班牙的法律认为,受托人通过违约获得的收益可能是衡量委托人损失的标准,这间接允许其获得管理人的收益。采取信托方式的法域(英格兰,爱尔兰和苏格兰)愿意考虑直接就受托人的收益采取救济措施。尤其在英格兰和爱尔兰,即使收益并非因信托产生,也必须放弃(这通常是一种威慑)。[2]

第三,在关于投资管理人的管理义务、投资管理人的破产等问题中,由于欧盟层面保护投资者立法的存在,不同模式下的差异并不是很大。

在多数欧洲国家,商事交易都要涉及信托。商事信托诉讼案件的数量日益增加。普通法的信托模式与大陆法的合同模式相比,受托人的权力更大,但是所承担的责任也更重。但总体而言,两种体系下的差异正在缩小。欧盟颁布的法律文件为信托提供了明确的指引。[3]

(二)信义关系与物权关系

1. 信义关系是一种财产法上的法律关系:以信托为例

信义关系与物权关系是长期以来比较困扰大陆法系学者的问题,尤其是在

---

〔1〕 See Michele Graziadei et al., *Commercial Trusts in European Private Law*, Cambridge: Cambridge University Press, 2005, p. 216.

〔2〕 See Michele Graziadei et al., *Commercial Trusts in European Private Law*, Cambridge: Cambridge University Press, 2005, p. 282.

〔3〕 See Council Regulation (EC) No. 44/2001 of 22 December 2000, on jurisdiction and the recognition and enforcement of judgments in civil and commercial matters, arts. 5(6), 23(4), 23(5), 60(3); Webb v. Webb [1994] ECRI - 1717 (ECJ); Regulation (EC) No. 805/2004 of 21 April 2004, creating a European enforcement order for uncontested claims; Communication from the Commission on the transfer of small and mediumsized enterprises (98/C 93/02). On Community measures to combat criminal activities which may deploy a number of legal institutions, including trusts, for money laundering purposes, see especially the Council Directive of 10June 1991 on prevention of the use of the financial system for the purpose of money laundering (91/308/EEC), as amended.

信托领域。信托是一项衡平法上的义务,它约束受托人为了受益人的利益而处理他所拥有的信托财产。[1] 信托的实质是对财产的普通法上的所有者施加了衡平法上的义务,要求该人在处理该财产时以有利于受益人的方式、按照自己的良知行事,受益人在财产中拥有衡平法所认可的受益权。[2] 在此,针对信托,如果在民法法系的框架下思考,本部分想提出两个问题。第一个问题是,受益人的权利究竟是一种债法上的权利,还是物权法上的权利。第二个问题则更深入一步,受益人的权利若为物权法上的权利,是否为民法法系中的物权请求权。

关于第一个问题,有学者在比较研究了大陆法系和英美法系中的信托后指出,大陆法系总是将信托作为一个临时的概念,并将之纳入债法的体系,即赋予委托人或受益人强制执行的权利,但是并没有为受益人提供财产法方面的权利:没有谁将信托的概念纳入民法典中的财产法中。然而,信托法上的义务要比合同义务复杂得多,因为信托义务与财产相关,这个财产不能构成受托人遗产的一部分,并且可以对抗受托人的债权人。信托义务也不会因为违反信托、死亡、无行为能力或受托人及委托人清算而终止,除非信托文件另有规定。[3] 总体来说,信托是一种与财产有关的关系,而不仅涉及个人的义务与职责。[4] 大陆法系国家往往由于制度框架的原因,勉强将信托纳入债法的体系。而这一点是对信托的一个重要误解。

以往我们常说,英美法上信托存在的基础是所有权的二重结构,即受托人的普通法上的所有权与受益人的衡平法上的所有权。尽管这样说并没有错误,但是忽视了一个重要的问题,所谓的"衡平法上的所有权"并非我们通常所理解的大陆法系物权法中的所有权。有一种普遍流行的观点是信托关系中,受托人接受了一种负有义务的所有权。比如,1882年《印度信托法》第3条对信托的

---

〔1〕 See D. J. Hayton, *Underhill and Hayton: Law relating Trusts and Trustees*, $16^{th}$ ed., New South Wales: Butterworts LexisNexis, 2003, p. 4.

〔2〕 See Thomas, *A. Hudson*, *The Law of Trusts*, $2^{nd}$ ed., Oxford: Oxford University Press, 2010, p. 71.

〔3〕 See David Hayton, *English Trusts and their Commercial Counterparts in Continental Europe*, in David Hayton eds., Extending the Boundaries of Trusts and Similar Ring-Fenced Funds. Netherlands: Kluwer Law International, 2002, p. 43.

〔4〕 See A. W. Scott, *The Law of Trusts*, Vol. 1, New York: Little Brown and Company, p. 33.

定义是:“附属于财产所有权的一种义务,产生于所有者为他人或他人和所有者的利益而建立和接受或声明和接受的一种信任”。总体来说,受益人的权利并不是债法上的权利,但也不完全是大陆法物权法上的所有权。

关于第二个问题,受益人的权利,是否为民法法系中的物权请求权。“普通法上的所有权”与“衡平法上的所有权”最明显的一个区别是,前者是对物的,后者是对人的。所谓对物的,就是可以针对一切其他人提起诉讼(这也是我们通常所理解的所有权);而所谓对人的,则是指只能针对特定的人即受托人提起诉讼,而诉讼的主张也是要求受托人禁止做某些行为。因而,英美法上的一个箴言就是“衡平法是对人的”(Equity acts in personam)。当衡平法介入的时候,其并非旨在剥夺普通法所有权人的财产,而是意在确保普通法所有权人有道义地行使权利。然而,当今的实践是,衡平法的运用显然也创设了对物权(in rem right),对受益人在信托财产上对物权的认可,而不局限于对受托人的对人救济。但是衡平法上的所有权无法对抗支付对价善意取得财产的所有权人,因此不具有对世效力。[1] 从“衡平法是对人的”这个角度来讲,受益人的权利也不同于民法上的物权请求权。

2. 延伸的话题:股权

在英语中,“equity”这个词可以表示许多含义,但是其中有两个含义值得深思:一是衡平法,二是股权。实际上,这两个含义是有联系的。在信托关系中,如前所述,存在两重所有权:一是普通法上的所有权,也称为法定所有权“legal property”;二是衡平法上的所有权“equity property”。前者由受托人持有,后者由受益人持有。

公司股东持有的是“equity property”。在 Upton v. Tribilcock 一案中,法官指出,“公司股票”是一项信托基金,而董事是受托人。公司存续期间,董事为股东利益管理,在解散时为债权人利益管理。[2]

实际上,如果我们以股权来看待受益人的所有权,有些问题就不是很难理解了。首先,股东对公司没有所有权,因为他已经把财产转让出去,换来的是股

---

〔1〕 See Graham Virgo, *The Principles of Equity & Trusts*, $2^{nd}$ ed., Oxford: Oxford University Press, 2016, p. 2, 15.

〔2〕 See Upton v. Tribilcock, 91 U. S. 45, 47 – 48 (1875).

权。其次,公司对公司财产的所有权是完整的,但是公司的所有权不是由自己来行使,而是由董事作为代理人行使所有权。董事既是代理人又是受托人,是真正行使所有权的人。最后,股权不是一种合同法上的权利,换句话说,股东对公司没有债权,他不能请求返还股权的对价,股东的财产已经和公司之间有了区隔。总体而言,股权既不是股东对公司的所有权,也不是对公司的债权,而是一种独立的权利。在这个意义上,我们可以类比于在英语上术语相同的受益人的衡平法上的所有权,它既不是对受托人的债权,也不是信托财产的完全的所有权。笔者认为,在这个框架下理解衡平法上的所有权以及股权是有意义的。

美国学者在研究了如何在大陆法系框架下植入信托之后提出,应当区分有信托的所有权和无信托的所有权。在无信托的情况下,它是一种作为所有权的权利(主观权利),而此时只存在一方当事人,即所有者。所有者无义务(duty),自我受益。而在有信托的情况下,它是一种作为利益(财产权益)的管理权。受益人无义务而受托人有义务,受益人有收益(benefit)而受托人无收益,受益人有受益上的财产权益(beneficial interests),是一种资格(entitlements);受托人有管理上的财产权益,是一种权利和义务。〔1〕 本质上,股权也是一种资格,是受益上的财产权利,而董事则是一种权利和义务。

## 三、大陆法系若干信义关系的立法与实践

### (一)类似的信托和名义上的信托

类似于普通法上将财产所有权转移至受信人的制度,分离财产至受信人(alienation to a fiduciary)最早形成于德国的受信人管理(fiduziarische treuhand)这样的设计安排。尽管这种设计安排与信托有相当大的差异,但是其在商事领域获得了较多的应用。在受信人管理合同中,合同项下的权利或

〔1〕 See Michael McAuley, *Truth and Reconciliation: Notions of Property in Louisiana's Civil and Trust Codes*, in Lionel Smith eds., Reimagining the Trust: Trusts in Civil Law, Cambridge: Cambridge University Press, 2012, p. 180. 需要解释的是,"interest"是指财产权益。在美国法的语境中,财产权益包含权利(right)和产权(title),某人可能有财产权益,而没有产权或既定的权利;但是其不能没有财产权益而拥有产权或权利。参见[美]布莱恩 · A. 加纳:《牛津现代法律用语词典》,法律出版社 2002 年版,第 773 ~ 774 页。

财产被转移给受让人,但是与之相伴的是受信人义务(fiduciary obligation),这项义务要求买受人以转让人或第三人的利益处置该标的。由于没有限定受信买受人如何具体处置标的,实际上买受人可以将其用作很多目的:管理投资;管理或清算一个困难企业分离出来的财产;开设一个用于特定目的的账户;等等。尽管财产转移至受信人,但转让人针对财产保留了请求权(Sicherungstreuhand)。[1] 在德国,这种分离财产至受信人的安排尽管已经有了近百年的历史,却一直没有被写进立法。在司法实践中,法院对这种安排是认可的。[2]

在法国的法律实践中,许多类似于信托的制度已经长期存在了。比如,"现金质押"(pledge of ready money),即债务人将现金的所有权转让给债权人作为担保。这些类似信托的制度,尤其是在金融业中,不断地被实践发展。[3] 由于在大陆法系的法律传统中,"一物一权"是物权关系的基本原则,英美法中的"双重所有权"显得格格不入。在法国,在明确设立信托制度的法律颁布之前,对受托人所有权的经常性否认,使实践中的信托遭受质疑和歪曲。立法者拒绝将某些制度设计定性为受信转让(fiduciary alienations),而宁愿使用委托(mandate)。这种做法同时也扭曲了委托的本质。2009 年《法国民法典》引入了信托制度,明确地将受托人所接受的权利定义为所有权。受托人的所有权与普通的所有权一样,也是排他的,使用权、收益权和处分权都随之转移,但受托人必须在实现信托目的的过程中,才能行使这个权利。然而,法国的信托制度没有做到完全的财产隔离。[4] 因为按照《法国民法典》第 2025 条第 2 款的规定,受托人的

---

〔1〕 See Madeleine Cantin Cumyn, *Reflection Regarding the Diversity of Ways in Which the Trust Has Been Received or Adapted in Civil Law Countries*, in Lionel Smith eds., Reimagining the Trust: Trusts in Civil Law, Cambridge: Cambridge University Press, 2012, p. 15.

〔2〕 See H. Kötz, *Trusts in Germany*, in M. Cantin Cumyn eds., Trusts vs. Fiducie in a Business Context. Brussels: Bruylant, 1999, p. 175.

〔3〕 See François Barrière, *The French Fiducie*, or *the Chaotic Awakening of a Sleeping Beauty*, in Lionel Smith eds., Reimagining the Trust: Trusts in Civil Law, Cambridge: Cambridge University Press, 2012, p. 224 – 225.

〔4〕 See François Barrière, *The French Fiducie*, or *the Chaotic Awakening of a Sleeping Beauty*, in Lionel Smith eds., Reimagining the Trust: Trusts in Civil Law, Cambridge: Cambridge University Press, 2012, p. 234.

债权人在信托财产不足的情况下,可以追索到委托人在信托中的财产。而其第 3 款则规定,信托合同也可以将对负债的义务限制在信托财产限度之内;但此种条款仅对明文接受该条款的债权人具有对抗效力。

除此之外,西班牙的"fiducia cum amigo"(与朋友的信托)、德国和奥地利的为管理资产而设立的"Treuhand"(信托)、意大利的"fiducia a scopo di gestione"(信托管理机构)等,从历史的角度看,这些都是"信托"概念下的交易,都是罗马法传统复兴以及 19 世纪德国古老习惯法的产物。[1]

在东亚国家和地区(如中国、日本、韩国),目前都存在独立的信托制度。归结起来,在这些国家和地区信托可以通过委托人、信托合同或遗嘱设立,并授予受托人管理信托资产和转让信托资产的权利,信托资产所有权对这些没有影响(授予受托人所有权不是必需的)。受益人有权对初始信托资产的替代物追索,这项权利不需要由物权来解释。信托被视为一种财产管理的协议,而非财产安排。尽管信托财产也是一个隔离的基金,但是信托仍然被归入债法的范畴。[2]

美国的路易斯安那州和加拿大的魁北克省可以被认为是一种混合法系的存在。因为这两个法域虽然身处英美法系国家,但历史上属于大陆法系传统,各自都有民法典,私法体系建立在民法体系之上。建立信托制度、协调跨制度法律差异,应当说更有动力。

《路易斯安那州信托法典》第 1731 条这样定义信托:"财产所有权转移给作为受托人的他人,该人为第三人的利益进行管理的关系"。路易斯安那州最高法院在 Bridges v. Autozone Properties, Inc. 案中指出,信托的目的仅仅是为了受益人的利益而管理财产的行为。根据《路易斯安那州信托法典》,信托财产的产权(title)仅归属于受托人,而受益人对信托财产不享有任何产权或所有权利益,只有针对受托人的民事"对人权",即对该信托关系中任何由委托人选择并授予的利益主张权利。[3] 美国最高法院曾在此前指出,在定义信托时,路易斯安那

---

〔1〕 See Michele Graziadei et al., *Commercial Trusts in European Private Law*, Cambridge: Cambridge University Press, 2005, p. 24 – 25.

〔2〕 See Lusina Ho, Rebecca Lee, eds., *Trust Law in Asian Civil Law jurisdiction: A Comparative Analysis*, Cambridge: Cambridge University Press, 2013, p. 277 – 278.

〔3〕 See Bridges v. Autozone Properties, Inc. (2005) 900 So. 2d.

州与普通法系是不同的。[1]

《路易斯安那州民法典》中有完整的关于所有权的规定(第477A条),但“产权”是完全脱离于所有权概念的一个新的制度,不同于经典的普通法系的信托。为了协调法系之间的制度区隔,有学者提出了使用管理权和所有权构成两个独立的财产机制。这一点是借鉴了魁北克省的经验。在魁北克省,委托人、受托人和受益人对信托财产不享有任何物权,一切都是义务(duty)、权力(power)和权利(right)的一种功能,受托人履行义务的过程就是行使权力。由之,受托人应当被定义为以信托方式持有财产以由他作为受托人管理的人。受托人对信托财产不享有物权。而受益人则是在信托中拥有权利和利益的人,其权利和利益由信托创设。[2]

(二)代理:以经理代理权为例

代理制度在两大法系同样存在很大差异。通常认为,普通法系采取的是等同论(委托等同于代理),而大陆法系采取的是区别论(委托区别于代理)。在大陆法系,商人(公司、合伙企业等商事主体)的经理等商事辅助人(也称商业使用人)也是作为商事代理人存在。经理通过行使代理权,与商人的营业有着密切的关系。通过经理自身以及第三者而与营业主人的营业相竞合的行为,会危及营业主人的营业。[3] 所以,商法会规定经理禁止营业与竞业。例如,《德国商法典》第60条第1款规定:“不经业主的允许,商业辅助人既不得经营商事营利事业,也不得为自己或者他人的计算实施属于业主的营业部类的行为”。再如,《日本商法典》第23条规定:“经理未经商人许可,不得从事以下行为:1. 自己营业;2. 为自己或第三人从事属于商人营业部类的交易;3. 成为其他商人或是其他公司或是外国公司的使用人;4. 成为公司的董事、执行官、执行股东”。自己营业的行为之所以被禁止,是因为它分散了经理的精力,是职业操守义务的一环。它与竞业禁止义务的区别在于,营业所从事的种类在所不问。[4] 学

[1] See Read v. U. S. (1999) 169 F. 3d 243.

[2] See Michael McAuley, *Truth and Reconciliation: Notions of Property in Louisiana's Civil and Trust Codes*, in Lionel Smith eds., Reimagining the Trust: Trusts in Civil Law, Cambridge: Cambridge University Press, 2012, p. 180 – 181.

[3] 参见関俊彦『商法総論総則』(有斐閣,2003年)208頁。

[4] 参见藤田勝利 = 北村雅史『商法総則・商行為法(第2版)』(法律文化社,2006年)91頁。

理上也可以分为营业交易行为与地位就任行为,前者包括自己营业以及为自己或第三人从事属于商人营业部类的交易,后者包括成为其他商人或其他公司或外国公司的使用人以及成为公司的董事、执行官、执行股东。[1] 营业禁止的规定,其目的在于使经理更好地履行职责,是注意义务的体现。而竞业禁止义务的关键就是禁止经理从事属于商人营业部类的交易。所谓属于商人的营业部类,就是指以与商人的营业相同或类似的商品或服务为对象的交易。具体来说,其包括商人所进行的营业,以及商人计划进行的营业。除此之外,这种禁止也包括经理在工作时间之外的时间所进行的竞业行为。[2] 竞业禁止的规定与忠实义务类似。

经理违反营业与竞业禁止义务的法律效果相当于债务不履行,即经理违反了其与商人之间的雇佣契约或委任契约上的债务。日本学者对此的解释是,按照《日本民法典》第 628 条的规定,即"当事人虽已确定雇佣期间,但如果有不得已的事由,各当事人可以立即解除契约。此时,其事由如果因当事人一方的过失而生,则对相对人负损害赔偿责任",则经理违反法定义务的行为构成了过失,是经理存在损害赔偿义务的基础,也是解除经理的正当事由。[3]

但是,如果未经商人的许诺,经理从事营业与竞业行为,则属于法律所规定的禁止行为。然而,未经商人许诺的营业交易行为,并非当然无效的行为,按照日本旧商法的规定,属于商人可以选择介入的行为。例如,《德国商法典》第 61 条第 1 款规定:"商业辅助人侵害自己依第 60 条所负担的义务的,业主可以请求损害赔偿;代之于此,业主可以请求商业辅助人,将以自己计算所实施的行为视作为业主的计算所缔结的行为,并且请求其交出由为他人计算实施的行为中所取得的报酬,或者让与其报酬的请求权。"《日本商法典》(旧)第 41 条第 2 项规定:"经理违反前款规定,为自己进行交易时,营业主人可以将其视为为自己所进行的行为。"这是以经理所为的营业行为或竞业行为有效为前提的。[4]

《日本商法典》改正后,按照新的规定,经理从事禁止的行为是指"经理或第

---

〔1〕 参见関俊彦『商法総論総則』(有斐閣,2003 年)208 頁。

〔2〕 参见関俊彦『商法総論総則』(有斐閣,2003 年)208 頁。

〔3〕 参见藤田勝利 = 北村雅史『商法総則・商行為法(第 2 版)』(法律文化社,2006 年)92 頁。

〔4〕 参见関俊彦『商法総論総則』(有斐閣,2003 年)211 頁。

三人通过该等行为所受利益，推定为商人所受的损失”。这一规定即与《日本民法典》有关雇佣契约解除后的损害赔偿责任衔接上。也就是当商人解除雇佣契约后，经理所负的损害赔偿额，就是他或者第三人所获得的利益。当然，这种赔偿的方案只是法律的推定。经理可以通过举证证明两种数额并不相等。

由上述分析可见，大陆法上的经理代理权的相关规定，类似于英美法上的代理人的相关制度。尽管两者起源不同、发展不同，但是两者对代理人的义务的规定具有一定程度的相似性。

（三）金融资产管理

现代银行与金融活动通常要求经理人持有财产，且这些财产要与经理人个人所有的或为他人持有的其他财产分开。1957年，法国通过了首个关于共同基金（fonds commun de placement）的立法，[1]同年，德国通过投资公司法（Gesetz über die Kapitalanlagesellschaften）[2]引入了一种类似的法律形式以及一种以信托为基础的解决方案。1964年，西班牙也通过了类似的立法，意大利则于1977年将共同投资基金纳入立法。[3] 从发展的眼光来看，传统的受托人或说是受信人是个人，尤其是在受托人的权力和责任方面更是如此。而在现代社会中，衡平法已经将其看作“机构受信人”（fiduciary office）。[4]

在金融资产管理方面，日本的做法比较有特色。在大陆法系，日本是较早制定信托法典的国家（1922年）。日本在理论与实务中，区分了民事信托与商事信托。商事信托与民事信托相对，是指受托人主动管理信托财产的信托类型，而民事信托中受托人是被动管理。商事信托可以分为预付型、运用型、转换型和事业型几种类型。[5] 其中，运用型商事信托即是金融资产管理信托。2000年，神田秀树教授领衔起草了《商事信托立法纲要》，对商事信托立法提出了建议。以商事信托为框架，受托人享有根据信托合同为实现信托目的而进行的一

〔1〕 See Decret 57 - 1342 of 28 December 1957.

〔2〕 See BGBl. I1957,378.

〔3〕 See Michele Graziadei et al., *Commercial Trusts in European Private Law*, Cambridge: Cambridge University Press, 2005, p. 54.

〔4〕 See Sarah Wilson, *Todd & Wilson's Textbook on Trust & Equity*, Oxford: Oxford University Press, 2015, p. 328.

〔5〕 参见神田秀樹「商事信託法講義（1）」信託214号（2003年）33頁。

切必要行为的权利。同时,作为营利事业,受托人也有获得报酬的权利。按照《商事信托立法纲要》的设计,受托人有从信托财产中获得补偿的权利、对受益人的偿还请求权、补偿请求权以及事前支付请求权。受托人的义务包括善良管理人的注意义务、亲自管理义务、分别管理义务、忠实义务、公平义务、制作会计账簿即财务报表的义务等。其中,注意义务借鉴了美国的"谨慎投资人规则"(prudent investor rule)。受托人在违反忠实义务时,应当返还自己所得利益。受托人的责任不得事先概括免除,但是可以在受益人同意的情况下进行放弃或限制。此外,在商事信托中,对受托人作出信托财产运行指示的人,被认定为在信托中发挥实质性作用的人。即使在形式上不是受托人,也应当对受益人承担相同的义务。由于运用型商事信托,是集合了多数的委托人(同时也是受益人)将资产集合起来进行管理,故而在信托运用治理方面,《商事信托立法纲要》借鉴了公司治理的相关制度,如受益人大会制度、异议受益人回购请求权等。〔1〕

(四)公司法上的"受信义务"

在英美法的思维中,作为受信人的受托人拥有完全的法定所有权,即普通法上的所有权。但是,受托人持有的这个所有权,是有所限定的,这个限定就是受信义务。英国 Millett 大法官说,受信人的独特的义务是忠实义务。这一核心义务包含几个方面:受信人必须善意行事;受信人不得通过他获得的信任谋取利益;受信人不得将自身置于其责任与利益可能产生冲突的位置;在未向委托人充分告知的情况下受信人不得为自己或第三人的利益行事。以上并非穷尽受信人的责任,但也足以说明受信人的受信义务。〔2〕 忠实义务作为受信人的基本义务,决定了衡平法对信义关系的确认。从人类本性来说,在某人处在受信人的位置时,让其在利益面前而不是在规则面前摇摆是相当危险的。〔3〕 因而,忠实义务是作为强制性规则被适用,信托设立人不得对此进行变更。〔4〕

在大陆法系上,首先应当明确,受信义务的基础不是信义关系。具体到公

---

〔1〕 参见商事信託研究会『商事信託法の研究:商事信託法要綱及びその説明』(有斐閣,2001年)。

〔2〕 See Bristol and West Building Society v. Mothew [1998] Ch 1(CA), at 18.

〔3〕 See Bray v. Ford [1896] AC 44, at 51 – 52.

〔4〕 See Sarah Wilson, *Todd & Wilson's Textbook on Trust & Equity*, Oxford: Oxford University Press, 2015, p. 330.

司与董事等高级管理人员这一点上,其基础关系是委托(委任)关系。因而,在大陆法系上,所谓“受信义务”,首要的不是忠实义务,而是注意义务。委任又被区分为有偿的与无偿的。无偿的委任,受任人负普通人的注意义务;有偿的委任,受任人负善良管理人的注意义务。善良管理人的注意义务与抽象轻过失相对应。公司与董事之间的关系被定位为有偿的委任。例如,《日本公司法》第330条规定:“股份公司与公司负责人及会计监察人之间的关系从有关委任的规定”。《日本民法典》第644条规定:“受托人负有按照委托的本意,以善良管理人的注意处理委托事务的义务。”《德国股份法》第93条第1款、第2款规定,董事履行其职责时,对公司负有一个正常的、有良知的经理那样的谨慎义务。董事违反这一义务,必须赔偿公司由此所遭受的损失。

日本曾经在1950年借鉴美国公司法引入了“董事的忠实义务”的一般条款,在《日本商法典》第254条之三规定:“董事负有遵守法令或章程规定及股东全会决议,为公司忠实执行其职务的义务”。但是,日本并没有伴随一般义务条款引入美国的救济制度。在美国,对董事违反忠实义务的救济是“吐出”(disgorgement)所受的利益,而非对公司的赔偿。而在日本,董事违反忠实义务,即对第254条之三的适用会牵连适用第266条第1款第5项,即由于“实施违反法令或章程的行为”(第254条之三所规定的“董事负有遵守法令或章程规定”……的义务),“对公司受到的损害,负连带清偿或赔偿责任”。此种做法被推而广之,成为追究董事的赔偿责任的重要依据。但是,它仍然比在美国的适用要狭窄。董事忠实义务的一般条款在1950年被引入日本后一直处于休眠状态。而到了20世纪80年代,这个条款才被“唤醒”。这并不是由于此时的董事更加贪婪,而是在20世纪80年代的晚期,许多法律的、经济的和制度上的变化逐渐促使忠实义务标准和法律基础在微观上的契合(micro-fit),以及忠实义务标准和政治经济制度在宏观上的契合(macro-fit)。从微观上来说,在1950年,作为一项标准适用的忠实义务一般条款(特别是它属于开放性的、模糊性的表述)对法律基础设施(legal infrastructure)的要求非常高,至少是要求一个灵活的派生诉讼制度和律师的激励制度。此外,法官和律师需要熟悉宽泛的法律标准(broad legal standards)而非详细制定的规则;同时法院还要在缺乏明示的制定法指引的情况下具备对自我交易的救济的能力。当时,这一法律基础在日本移植忠实义务一般条款时还相当不成熟。从宏观上来说,当时日本经济的高速发展、公司机会的充裕也在一定程度上减少了对董事“公司机会”侵占的可能性或危害性,再加上在日本“终身雇佣制”的情况下,董事也难以离开公司而实施竞业行为。[1]

## 四、信义关系在民法中的建构的可能性

总结前面所研究的内容,我们可以初步认为,信义关系是一个涵盖面广泛而又种类丰富的法律关系。作为同一类型的法律关系,它们有着共同的特点:第一,受信人通常都是提供服务者(而不是制造者);第二,为了有效地提供这些服务,受信人必须被委托了财产、权力或信息;第三,受信人要遵从受信义务。而这三个特点的背后,是受信人取得了委托人的信任,而委托人把财产、健康、感情甚至生命托付给他,受信人要本着良知,忠实地完成委托人的托付。

接下来将是一项艰难的任务,即如何在民法教义学中,来安排这个非常重要的制度。从制度建构上来讲,以下两个方面尤其重要。

### (一)委托人授予受信人财产、权力、信息等

尽管委托人和受信人之间的关系是建立在信任的基础之上,但是财产、权力和信息等的授予才是确信的基础。如果一方向另一方进行了授予,这种类型的信赖是尤其合理的。[2] 在信义关系中,委托人一方的财产、利益或授权处于由受信人处置的地位。[3] 例如,在信托关系中,所转让的是财产,即委托人将财产所有权转让给受托人。当然,最大的“授予”就是信任。

在代理关系中,所转让的是权力。库克勋爵这样评论:“一个代理人……被放在本人的位置,并且代表他的人格。”(The attorney is... put in place of the principal and represents his person. )[4]代理人通过行使委托人授予的权力,代表

〔1〕 See Hideki Kanda & Curtis J. Milhaupt, *Re-Examining Legal Transplants: The Director's Fiduciary Duty in Japanese Corporate Law*, American Journal of Comparative Law, 51, p. 887 – 901(2003).

〔2〕 See lash v. Cheshire County Sav. Bank, Inc. , 474 A. 2d 980(N. H. 1984).

〔3〕 See Denison State Bank v. Madera, 640 P. 2d 1235, 1241(Kan. 1982).

〔4〕 Hunter v. Parker, (1840)7 M. & W. 322.

委托人订立合同、从事交易。如果将“权力”本身也看作一种财产,那么代理人获得了委托人授予他的一项名为“权力”的财产。

公司的董事,因被授予公司的管理权而也被认为是公司的受信人。已经缴纳的资本或承诺缴纳的资本,就是受托人不能挥霍也不能放弃的基金。[1] 同时,董事也被认为被授予了信息。公司董事不得利用“公司机会”。[2] 内幕交易也是被证券法所禁止的。在合伙企业中,合伙人也不得有竞业行为,这也是因为合伙人被授予了信息。

专家通常具有受信委托人(entrustor)所没有的专业技能。他们通常被授予财产,但更多的情况下是被授予权力和信息。因此,医生必须被授权处置病人的身体,律师必须被授权在法庭上代表委托人。[3] 除此之外,在婚姻关系中,当夫妻中的一人控制了双方的财产时,属于配偶的财产应当看作被委托的,因而也由此产生了信义关系。[4]

总体来说,委托人向受信人授予财产、权力、信息等,是对其存在信任的外在表现,也是信义关系的本质和基础。委托人将财产或权力、信息授予受信人,并不是为了使受信人获益,而是希望委托人(或他指定的人)获益。转让是为了方便受信人更方便地提供服务。但也正因如此,授予是有条件的。授予并不是赠与。[5] 信义关系在民法中的建构,应当以此为本质,当存在这种授予的时候,就应当将其识别为信义关系。

### (二)受信人应当遵从受信义务

#### 1. 对于职业受信人的规范

在立法论上,受托人、代理人、公司董事等高级管理人员、合伙人、律师、医师、基金管理人等典型的受信人,在我国都有明确的法律对其予以规范。

例如,《信托法》第 25 条规定,“受托人应当遵守信托文件的规定,为受益人的最大利益处理信托事务。受托人管理信托财产,必须恪尽职守,履行诚实、信

---

〔1〕 See Upton v. Tribilcock, 91 U. S. 45, 47 – 48(1875).

〔2〕 See Guth v. Grace Co., 5 A. 2d 503(Del. 1939).

〔3〕 See Tamar Frankel, *Fiduciary Law*, Oxford: Oxford University Press, 2011, p. 43.

〔4〕 See Linda C. McClain, *The Place of Families: Fostering Capacity, Equality, and Responsibility*, Cambridge, Mass.: Harvard University Press, 2006.

〔5〕 See Tamar Frankel, *Fiduciary Law*, Oxford: Oxford University Press, 2011, p. 8.

用、谨慎、有效管理的义务”;第 26 条第 1 款规定,“受托人除依照本法规定取得报酬外,不得利用信托财产为自己谋取利益”。《民法典》第 164 条规定,“代理人不履行或者不完全履行职责,造成被代理人损害的,应当承担民事责任。代理人和相对人恶意串通,损害被代理人合法权益的,代理人和相对人应当承担连带责任”;第 168 条规定,“代理人不得以被代理人的名义与自己实施民事法律行为,但是被代理人同意或者追认的除外。代理人不得以被代理人的名义与自己同时代理的其他人实施民事法律行为,但是被代理的双方同意或者追认的除外”。《公司法》第 147 条规定:“董事、监事、高级管理人员应当遵守法律、行政法规和公司章程,对公司负有忠实义务和勤勉义务。董事、监事、高级管理人员不得利用职权收受贿赂或者其他非法收入,不得侵占公司的财产。”《合伙企业法》第 32 条规定:“合伙人不得自营或者同他人合作经营与本合伙企业相竞争的业务。除合伙协议另有约定或者经全体合伙人一致同意外,合伙人不得同本合伙企业进行交易。合伙人不得从事损害本合伙企业利益的活动。”《律师法》第 30 条规定,“律师担任诉讼法律事务代理人或者非诉讼法律事务代理人的,应当在受委托的权限内,维护委托人的合法权益”;第 31 条规定,“律师担任辩护人的,应当根据事实和法律,提出犯罪嫌疑人、被告人无罪、罪轻或者减轻、免除其刑事责任的材料和意见,维护犯罪嫌疑人、被告人的诉讼权利和其他合法权益”;第 38 条规定,“律师应当保守在执业活动中知悉的国家秘密、商业秘密,不得泄露当事人的隐私。律师对在执业活动中知悉的委托人和其他人不愿泄露的有关情况和信息,应当予以保密”。《医师法》第 23 条规定,“医师在执业活动中履行下列义务:(一)树立敬业精神,恪守职业道德,履行医师职责,尽职尽责救治患者,执行疫情防控等公共卫生措施……”第 26 条规定,“医师开展药物、医疗器械临床试验和其他医学临床研究应当符合国家有关规定,遵守医学伦理规范,依法通过伦理审查,取得书面知情同意”。《证券投资基金法》第 9 条第 1 款和第 2 款规定:“基金管理人、基金托管人管理、运用基金财产,基金服务机构从事基金服务活动,应当恪尽职守,履行诚实信用、谨慎勤勉的义务。基金管理人运用基金财产进行证券投资,应当遵守审慎经营规则,制定科学合理的投资策略和风险管理制度,有效防范和控制风险。”

如果将上述规定统合在信义关系中,则可以按照信义关系的基本规则来进行规范:这些受信人都应当遵从受信义务,包括忠实义务和注意义务。忠实义务包括受信人为了委托人(或他指定的人)的利益从事,并且受信人的行为不能产生利益冲突。注意义务则要求受信人提供合乎期待的服务。

但是,在立法论上,应当区分几类职业受信人:第一,被授予财产或权力的受信人,对其规范应当侧重于忠实义务和更高要求的注意义务。第二,被授予信息的受信人,对其规范的重点是不得滥用所被授予的信息。第三,将生命等托付给受信人的情况下,尽管仍然是以通常的职业能力来要求,但是应当以更加细致的行业规范来作为注意义务的准则。第四,应当按照授予的本质来判断属于何种信义关系以及采取何种标准的信义义务。比如,只有完全将财产处置权授予的情况下,才能称为信托,如果委托人对财产及其使用保留了太多权力,尽管二者之间仍然是信义关系,但是从信托变为了代理。[1] 因此,信义关系可以形成一个谱系,一般来说,被授予的越多或者越重要,受信人的责任越重。

2. 对于普通人作为受信人的规范

普通人作为受信人,并不同于委托合同中的受托人,尽管委托合同也是建立在信任的基础之上。二者之间首要的区别是,在信义关系中,受信人被授予了财产、权力或信息。

对于普通人作为受信人而言,由于其受托付往往为无偿,故而对其注意义务方面显然不可要求过高,可以比照大陆法系无偿委托的规则处理。但是,在忠实义务方面,应当与专家受信人并无差异,仍然应当采取比较严格的规则。比如,父母作为未成年人或成年人的监护人,不得侵犯被监护人的财产权。在夫妻之间,一方不得将双方财产用于挥霍。至于夫妻一方是否有能力将共同财产打理好,是否可以保值增值,则不能以一个专家的标准来衡量,这种情况往往也是法外之事。

〔1〕 See Denver Nat'l Bank v. Von Brecht, 322 P. 2d 667 (Colo. 1958).

# 超越股债界分：股债交融如何影响商事审判*

周　游** 林　晟***

**内容摘要：**在商业实践中，股权与债权作为基础的投融资工具常常被混用，在立法层面二者却具有不同的法律地位，因此法律如何规制这一处于夹层之中的投融资工具对商事交易活动具有重大影响。然而，在"股债交融"类司法纠纷中，对于案件所涉的融资工具，法院究竟有无认定股权或债权的必要，值得斟酌。通过分析经济发展过程中融资工具和融资方式的演变脉络，不难发现，随着杂糅股债特征的新型融资工具的出现，作为投融资工具的股权与债权之间的界限已越发模糊。因此，商事司法裁判也有必要逐步顺应商事实践需求，渐次绕过"股债界分"难题，将关注焦点放在当事人的权利义务关系和责任承担问题的认定上，并以资本进入时的合同约定事项和资本退出时对公司资本结构的影响作为审查的核心要点，以更好地理解当事人之交易安排，亦更能契合市场交易之实质。

**关键词：**股债交融　股债界分　名股实债　法律实质主义

## 一、引　言

商业发展离不开创新，创新亦为商事实践的永恒命题。近年来，由于中小企业资产规模小、商业模式轻，无法满足传统商业银行的信贷条件，"融资难"的

---

* 本文系教育部2021年度人文社会科学研究青年基金项目"实际控制人的识别标准及其规则革新研究"(21YJC820054)的阶段性成果。

** 中央财经大学法学院副教授，法学博士。

*** 中央财经大学法学院硕士研究生。

问题让无数中小企业主“苦不堪言”。[1] 为了解决这一问题,各地政府部门及相关机构均出台了一系列文件,尝试通过扩大信贷规模、推进低息贷款等方式降低中小企业的融资成本。[2] 不可否认的是,上述政策措施的确在一定程度上缓解了商事主体所面临的融资窘境,但其多是放宽对金融机构放贷一端的管制,并未切实回应私主体间的投融资交易需求。然而,为了实现规避监管红线和满足资金运作需求的双重目的,私主体间创设的各类交易模式往往可能走在立法的前列。当现有的制度供给无法为此类商事实践提供周全的保障之时,便应尽可能明晰司法裁判路径,以司法手段纾缓商事实践之困,回应企业发展呼声。

## 二、问题的提出

### (一)“或股或债”:司法裁判的惯常做法

“股债交融”式的投融资安排,往往混合了股权和债权两类投融资工具的不同优势,打破了传统上股权与债权之间的严格界限,在实践中多以类别股、分级基金、资产收益权产品、可转换票据以及“名股实债”[3]等样态出现。[4] 其中,以“名股实债”交易模式为例,其作为一种新型投融资形式,因能同时满足投融资双方的需求而逐渐受到青睐。简言之,“名股实债”即指投资方通过向受资一方注入股本金的方式参股受资方公司,同时双方之间一般就固定收益和本金返还等事项事先进行了约定,以便投资方的本金能够在远期实现有计划的退出,

---

〔1〕 近三年来关于“融资难、融资贵”的报道数量逐渐增加,同时多次中央会议和中央文件也都明确提及“要缓解中小企业融资难、融资贵的问题”,可见“融资难”是当前困扰中小企业发展的主要问题之一。

〔2〕 在“北大法宝”平台以“融资难”为关键词进行检索可知,中央及各省市人民政府和有关部门均已印发各类意见及通知,围绕“破解‘融资难、融资贵’问题”提出具体措施,以助力我国中小企业发展。

〔3〕 关于“名股实债”投资模式,学理上尚未形成统一的名称,尚且存在“明股实债”“明股暗债”的词述。笔者认为该模式的显著特征为“名义上为股权投资,实质上是债权投资”,因此采“名股实债”一词更为科学,下文也统一采“名股实债”这一表述。

〔4〕 参见李安安:《股债融合论:公司法贯通式改革的一个解释框架》,载《环球法律评论》2019 年第4 期。

这也是中国证券投资基金业协会对此类交易安排的定义。[1] 此外,同样与“名股实债”存在复杂交易安排的“对赌协议”也混合了股与债之特征。根据《全国法院民商事审判工作会议纪要》的规定,对赌协议的投融资双方往往首先达成股权性融资协议,但同时又将股权回购条款、金钱补偿条款纳入协议内容以减少因公司发展不确定性、信息不对称及代理成本而可能导致损失。[2] 显而易见,其中关于股权回购和金钱补偿的约定,恰恰体现了单纯债权投资要求固定收益的特征。

实践中,投资方或为规避资质监管,融资方或出于降低资本负债率、减少投资风险等目的的考量,双方间协商达成“对赌协议”“名股实债”等交易安排的现象并不少见。然而随着监管规则越发严格,此类交易纠纷的发生亦趋常见,其中不乏学界热议已久的“海富案”[3]、“瀚霖案”[4]及“华工案”[5]对赌三案,也包括诸多“名股实债”类纠纷。例如,在新华信托案[6]、新开发联合创投案[7]等案件中,法院归纳的争议焦点均围绕着“股债界分”(判决书表述为“纠纷所涉法律关系的性质”)这一问题,而司法裁判者往往结合其归纳的股权与债权的各种特征,作出或是股权或是债权的认定。在认定为债或借款合同关系的案件中,法院多以“合同存在固定收益和本金返还安排”为由,否定了当事人关于请求认定为股权投资关系的诉求;然而在法院认定为股权投融资关系的案件,裁判者却不关注“本金退出”的因素而默认了股权投资行为的性质,仅仅关

[1] 参见《证券期货经营机构私募资产管理计划备案管理规范第 4 号——私募资产管理计划投资房地产开发企业、项目》,由中国证券投资基金业协会于 2017 年 2 月 13 日发布。

[2] 参见《全国法院民商事审判工作会议纪要》(法〔2019〕254 号),由最高人民法院于 2019 年 11 月 8 日发布。

[3] 参见最高人民法院民事判决书,(2012)民提字第 11 号。

[4] 参见最高人民法院民事判决书,(2016)最高法民再 128 号。

[5] 参见江苏省高级人民法院民事判决书,(2019)苏民再 62 号。

[6] 参见重庆市高级人民法院民事判决书,(2014)渝高法民初字第 00045 号。本案中,被告以其所持有的目标公司的股权向原告进行信托融资,双方签订一系列合同约定融资利率及回购期限,而最终因被告未能履行回购义务,原告遂提起诉讼。法院根据合同约定的实质内容及各合同之间的相互关系综合判断,认定双方之间为借款合同关系,即债的关系。

[7] 参见广东省高级人民法院民事判决书,(2017)粤民终 859 号。本案中,原、被告之间达成了《增资扩股协议》,并在协议中载明了附条件的回购条款,最终双方在被告是否需要支付股权回购款问题上产生争议,法院根据协议条款的具体内容认定双方之间是股权投融资关系。

注“本金退出是否损及债权人利益”这一问题。由此可见,由于立法规定的不清晰,司法裁判者总是疲于应对“股债交融”类案件究竟是股权投资还是债权投资这一司法裁判难题,“或股或债”裁判路径或许仅将“股债交融”视为一种偶然现象,而非发展趋势。

(二)一则特殊的“名股实债”案例引发的思考

值得一提的是,在缺乏立法层面对其进行定性的前提下,也有法院在面对此类案件时采取了截然不同的裁判思路。例如,在北京时光房产与新华信托合同纠纷案〔1〕中,司法机关便绕开“股债界分”这一难题,而径直对当事人之间的权利义务关系和责任承担问题进行说理和裁判。与其说这是一种巧妙的回避,不如承认其一定程度上顺应了“股债交融”的发展趋势,抑或者其至少为我们提供了一种全新的思路,而不必拘泥于传统的股与债的认定问题中。

在此案中,新华信托公司(以下简称A公司)与北京时光(以下简称B公司)、兴安盟时光(以下简称C公司)于2010年10月共同签署《合作协议》,三方之间约定如下:B公司将其持有的C公司股份全部转让给A公司,A公司通过发行信托的方式募集用于对C公司的增资款项,后续用于某房地产项目的开发建设工程。同时,经各方协商同意,在协议所约定的期限届满后,A公司可以要求收回上述投资本金和收益,并由受让方支付,具体实现途径有二:将其持有的信托受益权转让,或转让其持有的C公司股权。协商一致后,当事人之间就上述事项签订了相关协议并完成了工商变更登记。次年9月,A公司向B公司发函,载明信托计划到期时间,并请求其根据协议约定收购全部股权以实现信托资金的退出,同时履行保证责任。但直至计划到期两个月后,B公司仍未履行协议约定的股权回购义务,A公司遂提起诉讼,要求其履行合同义务。(交易结构见图1)

〔1〕 参见最高人民法院民事判决书,(2014)民二终字第261号。

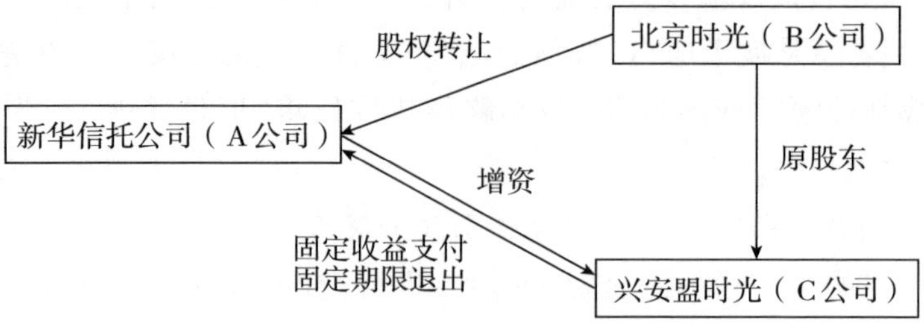


**图1　新华信托公司案交易结构**

法院围绕“双方之间的协议是否有效以及被告是否应当履行合同约定的回购义务”这一争议焦点,作出了如下裁判:上述三方主体间签订的合作协议以及相关协议中所约定的事项及内容,均为各方真实意思表示,不存在违反法律有关规定的情形,上述合同均为有效合同,应受法律保护。法院认为,上述三方主体均应严格按照相互间订立的合同履行相应的合同义务。

显然,本案中当事人设计的交易模式符合“名股实债”投融资方式的特征,即通过信托和其他协议安排,融资方以其对目标公司的股权换取投资人出资,同时双方或多方约定固定收益率及远期资金退出计划,系融合股权与债权的新型交易模式。另外需要特别说明的是,本案暂不涉及第三人利益的问题,换言之,本案中“名股实债”纠纷仅存在于内部人之间,不涉及外部其他债权人利益,这亦为下文展开讨论的前提。

通过这个案例,我们可以看到该法院有别于其他“股债交融”类纠纷的独特的裁判思路:法院没有花费大量时间解决股债性质界定的问题,而是将争议焦点归纳为当事人之间的权利义务关系和责任承担问题的认定上(如是否存在违约情形、是否需要承担责任等)。在立法层面尚未明确回应“名股实债”纠纷应如何解决的背景下,该法院如此裁判存在一定合理性。实践中基于企业和投资者等个性化的投融资需求,双方之间多采用合同或协议的方式实现投融资活动中的风险和利益再分配,以形成不同于传统股权或债权式的新型投融资方式。不可否认的是,此种因当事人间合同约定打破固有模式,并导致法律规定错位而出现的法律纠纷或案件争议,已成为我国商事审判实践中的疑难问题。[1]基于此,下文意图从“股债二分”界限已逐渐模糊的角度出发,反思“股债交融”类纠纷中司法裁判股债界定的必要性问题,并进一步梳理此类案件的裁判路径。

## 三、“股债交融”类纠纷中股债界分的反思

### (一)源起:传统融资方式中的股债二元化

#### 1. 历史视野下的股债区分

商业经营离不开资本,而公司制度为商主体筹集资本提供了极富效率的工具。若以历史的视角考察投融资工具的演进过程,那么也就能够很好地解释股权与债权之间为何存在如此清晰的界限。

追溯公司发展的历史脉络,最早的公司或源自罗马法,但此时的“公司”与现代公司存在本质上的不同,因为罗马法并未将现代公司制度的核心因素——有限责任和法人独立人格赋予该“公司”。[2] 进而,当中世纪的英国将罗马法上自由设立的“公司”改造为具有行政垄断性的“公司”时,其仍然尚不具备“资合”属性而仅是国家权力延伸的工具。[3] 直至16世纪“合股公司”(joint stock company)的出现,才真正拉开了股权投融资实践的序幕。在16世纪为进行海上贸易而出现的合股公司中,虽然其形式与现代公司制企业仍有较大差异,但是其“集合资本,按照股比共担风险与收益”的组织形式显然能够在现代股份制企业“集股经营、按股分红”的理念中摸索到一丝痕迹。随着贸易的不断发展和资本主义的兴起,诸如合股公司的组织形式因能够为工商业经营迅速筹集大量

---

〔1〕 参见潘林:《重新认识“合同”与“公司” 基于“对赌协议”类案的中美比较研究》,载《中外法学》2017年第1期。作者认为,由于“对赌协议”以合同手段改变了公司格局而导致公司法和合同法规则的交叉错位,凸显自由与强制之矛盾。然而当法院以“合同或有效或无效”的僵化思路对待此类纠纷时,往往会进一步导致自由与强制之间的矛盾无法调和。

〔2〕 参见方流芳:《中西公司法律地位历史考察》,载《中国社会科学》1992年第4期。

〔3〕 参见方流芳:《中西公司法律地位历史考察》,载《中国社会科学》1992年第4期。

资本而受到欢迎,并进一步催生出现代公司法中“股份”“股本”等概念,[1]以及“独立法人制”“有限责任制”等现代股份公司的基本要素,实现了公司制与股份化变革。也正是在这种趋势下,股权投融资实践的规模不断壮大,奠定了股作为基础投融资工具的地位。

然而,受资本维持原则的限制,采股权投资方式意味着股东的出资无法得到返还,同时根据风险与收益相匹配的原理,在经济环境动荡时期,股权投资人甚至可能出现“血本无归”的结局。根据学者刘燕关于公司资本与债务之间关系的研究,进入 19 世纪之后,由于经济条件及经营环境发生巨大变化,市场上普遍存在信息不对称和代理成本等问题,公司经营具有较大的经济不确定性。[2] 因此,作为债权凭证的债券因其能够获得当事人商定的固定收益,且具有风险规避的特性,更易受到投资者的青睐。由此,与股权投资相并行的债权投资方式便发展起来,股权和债权即作为企业投融资的两种基本工具存在于商事经营与运作的传统实践中。更是因这两种投资方式各自具有鲜明的特点,股权和债权之间的边界较为容易界定,传统上的“股债二分”便由此产生。

由此可见,股权与债权之所以存在严格的界限区分,或许是因为二者本身便不是源于同一时期的事物,且股权和债权作为商事主体早期投资及筹资的不同工具,其出现便是为了满足商事主体不同的投融资需求。需求分野催生了功能分野,而功能分野经过实践的不断校正最终固化为制度供给上的分野。股权和债权作为两条截然不同的路径,承担着各自的使命,又相互弥补了对方的不足,并在较长的一段时间内固定为投融资方式的两种选择。

2. 制度设置下的股债区分

制度的诞生是对历史实践的抽象概括,正是由于股权和债权在历史演进中逐步被确定为两种基础的投融资工具,二者也被纳入不同的法律制度体系中予以规制。简言之,债权投融资关系往往仅涉及投融资双方之间的权利义务约定,因此其调整主要依据合同法律制度;而在股权投融资关系中,投资人为新股东,融资方为公司和原股东,双方之间的权利义务关系主要依据公司法律制度

〔1〕 参见张民安、左传卫主编:《公司法》,中山大学出版社 2007 年版,第 113 页。进入 16 世纪,随着工商企业的发展,“资本”这一概念的内涵得到丰富和发展,股本开始逐渐成为“资本”的核心内容。

〔2〕 参见刘燕:《公司融资工具演进的法律视角》,载《经贸法律评论》2020 年第 1 期。

进行调整。同样，在公司财务方面，也的确存在股与债的区分，或称债务工具与权益工具的区分。[1] 公司进行财务管理的核心便是要优化自身资本结构（capital structure），换言之，即如何在长期债务和权益的不同组合搭配中找到最优解。[2]

需要补充的是，对股权性质的学理讨论也促进了此种“股债二元化”局面的发展。我国是以成文法为主的大陆法系国家，早期大陆法系国家的学者就已经针对“股债二分”问题进行了相关研究和论述。以域外为例，德国学者 Prenaud 在 19 世纪便主张将股权视为一种单一权利，以区分其与物权和债权。有学者基于此种观点，进一步研究并引申出“社员权”的概念，以具体对应此种单一权利说法，这在当时也一时被大陆法系国家视为关于股权性质的通说。[3] 然而这一说法虽然体现了股权中所蕴含的人身权利这一特征，但是并不能完全体现股权的独立性，正如学者漆多俊对“社员权说”的批评，“主张股权是社员权……强调了股权作为公司法人组织内部的权利、义务……但缺陷在于未能指出公司财产的所有权性质”，“社员权说”仅是“股权（公司股东权）”的别称罢了。[4] 基于此，便进一步产生“股权即股权，系为独立权利”的主张，我国亦有学者作如此主张：江平、孔祥俊认为，当时所存在的各种学说（如债权说、所有权说、股东地位说等）均无法完全反映股权的全貌，其本质特征应系一种独立的民事权利，有其自身的体系而区别于债权、物权等其他权利类型。[5] 学者王平同样认为，“股权就是股权，是一种新型的私法权利”[6]。本文同样认可“股权独立说”，若从内部结构视角解构股权中的权能和利益因素，便可得出股权系为独立权利的

---

〔1〕 我国《企业会计准则第 22 号——金融工具确认和计量》（财会〔2017〕7 号）第 2 条规定：“金融工具，是指形成一方的金融资产并形成其他方的金融负债或权益工具的合同。”可见，在我国财会制度中，负债和权益工具同样为最基本的分类方式。

〔2〕 参见［美］斯蒂芬·A. 罗斯、伦道夫·W. 威斯特菲尔德、布拉德福德·D. 乔丹：《财务管理》，张敦力等译，机械工业出版社 2021 年版，第 5 页。

〔3〕 参见［日］菱田政宏：《会社法》（上卷），中央经济社 1988 年版，第 114 页；［日］松田二郎：《株式会社法的理论》，岩波书店 1962 年版，第 20 页。转引自江平、孔祥俊：《论股权》，载《中国法学》1994 年第 1 期。

〔4〕 参见漆多俊：《论股权》，载《现代法学》1993 年第 4 期。

〔5〕 参见江平、孔祥俊：《论股权》，载《中国法学》1994 年第 1 期。

〔6〕 王平：《也论股权》，载《法学评论》2000 年第 4 期。

结论。[1] 因此,我们可以看到不仅在实践中,同样在学理上股权和债权也并非同一概念。

当然,需要说明的是,本文虽以"股债交融"为视角,但并不否认区分股权与债权的意义与价值,而恰是为了说明学理上对股权和债权的讨论是二者间界限模糊的先决问题,界限在实践操作中的模糊化仍然以界限的存在为前提。

(二)冲击:新型融资方式中的股债融合化

商事活动蕴含着各类经济活动主体的智慧与创造力。为了满足不同商业主体的投融资需求,传统的股权和债权工具之间开始出现交叉融合——诸如优先股、可转换债券、永续债等创新型融资工具,以及 20 世纪各类融合风险管理理念和传统股债投融资工具特征的夹层融资工具的兴起,[2] 都佐证了这一观点。同时,由于受到实践创新的冲击,学理上也开始反思并试图展开"股份公司债化"与"公司债股份化"的讨论。[3]

其实,证券概念涵盖的领域中便包含着许多混合股权与债权的投融资工具,而证券作为一种公司法与证券法领域的融资工具,亦被称为"标准化合同",[4] 合同便意味着其是当事人之间的协议安排。同时,诸如日本公司法中创设的附新股预约权的公司债[5],以及我国商业实践中出现的永续债等,都使传统视野下的股权与债权在投融资工具创新的浪潮中变得难以区分。由于法律内含"重形式判断"的属性而无法回应上述问题,只得由重实质判断的会计制度弥补了法律漏洞。以永续债为例,由于其并无固定赎回期限或明确到期日,无法满足《公司法》规定的公司债券的要件[6],但债券持有人也并不具备债券发行企业的股东资格,法律形式无法对此类交易品种作出准确的判断。而借由我国会计准则的相关规定,在实质考量合同关于到期日、清偿顺序、利率跳升和

---

[1] 参见周游:《股权性质之争:误区释疑与价值重述》,载《经贸法律评论》2019 年第 2 期。

[2] 参见李安安:《股债融合论:公司法贯通式改革的一个解释框架》,载《环球法律评论》2019 年第 4 期。

[3] 参见王健、朱宏文:《股份公司债化与公司债股份化研究》,载《财经研究》1997 年第 1 期。

[4] 参见邢会强:《我国〈证券法〉上证券概念的扩大及其边界》,载《中国法学》2019 年第 1 期。

[5] 参见[日]近藤光男:《最新日本公司法》,梁爽译,法律出版社 2016 年版,第 388 页。

[6] 参见《公司法》第 153 条第 1 款。

间接义务等具体内容后，[1]方可决定按照金融负债或权益工具进行会计处理。即便如此，单纯依靠"永续债"一词，的确无法从法律形式上界定其是"股"还是"债"。

由此可见，虽然法律制度中关于股与债的界分还有所保留，但在当前部分商事交易中，二者之间的差异因投融资方式的创新性及混合性而被模糊化处理，此种趋势并非法律制度能够阻拦的。对此，有学者在研究"股债类型转换"问题时，归纳出了股权与债权工具及处于二者之间模糊地带的其他投融资工具间相互转换的范式。[2] 具体来说，其以现金流和控制权两要素作为投融资双方在确定交易方案时的影响因素构建坐标轴，并组合出了不同的融资模式，得出了股债投融资工具之间并非"水火不容"的结论。相反，相关主体可以基于不同利益的考量，选择单纯的股权或债权的投融资方式进行交易，也可以在二者基础上做"加减法"，选择或设计一种兼具股权和债权部分特征的合作方案，以帮助双方实现利益最大化，达到双赢的局面。

就该观点而言，本文基本持认同的态度，但是同时对"决定投融资双方具体采用何种投融资方式的主要因素"有不同看法。以"收益率固定化程度"[3]这一因素替代"现金流"因素，从而建立起分别以控制权和收益率固定化程度为纵轴和横轴的投融资模式图（见图2），或许能够更加直观地展现其中的逻辑关系。进一步来说，风险控制是投融资双方在进行交易设计时的主要考量因素之一，双方之间的不断磋商正是为了达到风险在双方之间的平衡，以实现各自的利益追求。因此，控制权和收益率之间的互动关系恰好能够反映这一博弈过程。具体而言，风险厌恶型的投资者更强调风险控制以缩小可能影响自身收益的风险敞口，因此其对目标公司行使控制权以影响其决策的程度更高，并限制

[1] 参见《关于印发〈永续债相关会计处理的规定〉的通知》（财会〔2019〕2号）之"附件：永续债相关会计处理的规定"，由财政部于2019年1月28日发布。

[2] 参见陈克：《论不完全合同视角下的公司融资》，载《交大法学》2020年第1期。

[3] 参见管斌：《金融法的风险维度》，法律出版社2015年版，第111页。作者认为，"风险是机会的代名词，风险意味着收益的机会。风险越大，收益也越大"。笔者认为，商主体天生存在"趋利避害"的本性，追求投资高收益的群体更具风险偏好，其往往不会对被投资方设定过于严格的行为限制条款（不追求对被投资主体的绝对控制权），而追求收益稳定的群体则与之相反。因此，本文将收益率固定化程度作为指标，以体现其背后的风险因素。

其行为使之以自己所希望的方式从事商业活动,但收益与风险相伴,低风险往往意味着获取超额收益的可能性较低,亦即收益将被固定在一个较小的范围内;而风险喜好型的投资者恰恰相反,其更倾向于通过投资获取超额回报,因而会在更小的程度内影响目标公司职业经理人的商业判断决策。因此,控制权因素和收益率因素之间通过风险因素搭建了逻辑联系,选择二者构建坐标图有其合理性。

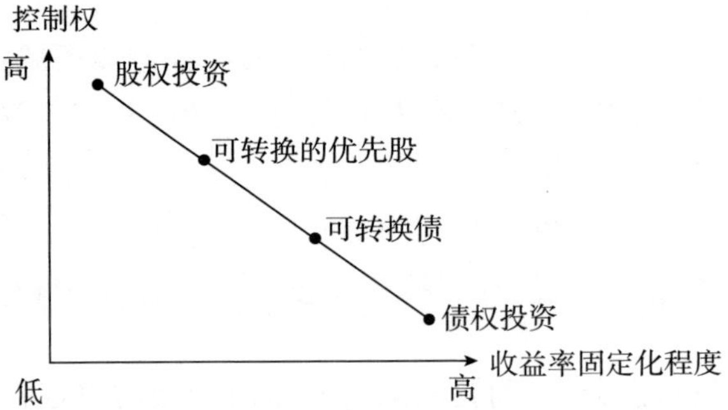


**图 2　控制权和收益率固定化程度两要素控制的融资模式**

图 2 显示,上述两因素之间实际上成反比例关系。在直线的两端分别为单纯的最初始的股权和债权投资方式,而两点之间的线段部分,对应的便是实践中融合股与债特征的各类庞杂的交易结构设计,典型的如可转换优先股和可转债。[1] 根据线性关系图可以看出投融资双方在不同利益考量的立场下进行博弈后,最终所能达成的动态平衡的各种可能性,这也符合现代商事实践实际上突破了传统的"股债二分"界限和二元融资结构的趋势,取而代之的是各种兼具二者部分特征的夹层融资工具,从而使各类商事主体能够在更大程度上实现风险与收益的平衡,促进个人利益和公司价值的最大化。以图 2 中提及的优先股为例,与普通股相比,优先股的优先性体现在两个方面,即利润分配的优先性和剩余财产索取的优先性。而之所以称其具有债的性质,是因为这种优先性在一

〔1〕 为简化模型的搭建,本文仅选取可转换优先股和可转债纳入图例,其他夹层融资工具仅是其内含的股与债因素的比例不同,仍可根据该比例分布于线段之上。

定程度上将投资风险变得相对固定,从而体现了债权的部分因素。也有学者认为,优先股存在另外两种特点体现了其所蕴含的“股债融合”特性,即两种权利经济利益状态的趋同和权利行使机制的交叉。[1] 总而言之,当事人之间为了实现效率和利益最大化而采取合同安排的方式突破股与债之界限的现象并不少见,且在商事实践中屡有发生,“股债交融”之势正在冲击当前制度对投融资工具的原有认知。

(三)失灵:金融创新进程中的二分法失灵

通过上述分析,我们应当认识到商事交易实践中大量采用了突破股权或债权界限的交易安排,同时司法裁判对处于模糊地带的复合型投资工具“是股还是债”的界定尚且缺乏统一的认定标准。其中典型的如“名股实债”投资方式,其特征在于:投资方以投资款项换取受资方部分股权,双方同时在合同中约定固定收益以及到期退出的机制。从形式上看,投资方基于出资或增资行为取得股东身份,具有股权投资的特征;但同时由于投资方的利益并非源于股东身份所带来的本金投资股息分红,而是投融资双方所约定的固定收益,这似乎又体现了债权投资的特征。正如有论者所言,股债融合交易模式中的典型为“名股实债”交易,因其至少在名义上体现了“股性”而实质又体现了“债性”。[2] 的确,与上文所分析的优先股进行对比后我们可以发现,“名股实债”同样是当事人之间通过协议安排,突破了股的收益不确定性,而将债的元素置换于其中,具有复合型投融资工具的特征。因此,不能简单将“名股实债”这类融合了股与债之特征的交易安排“一刀切”式地划归为股权投资或债权投资,传统股债二分的方法在该问题上存在失灵缺陷。

司法实务中,尽管裁判者绞尽脑汁地分析当事人之间的协议安排,期望能够对双方设计的投融资工具进行准确的“或股或债”的界定,但实践中之所以大量出现此类交易安排,一定程度上有其市场合理性,交易主体正是希望通过复杂的交易结构设计以规避严格的监管规则,以便于从艰难的夹缝生存中获利。

---

〔1〕 参见潘林:《优先股与普通股的利益分配——基于信义义务的制度方法》,载《法学研究》2019年第3期。

〔2〕 参见李安安:《股债融合论:公司法贯通式改革的一个解释框架》,载《环球法律评论》2019年第4期。

或许也可以说,由于法律设定了过多限制而导致法律规避行为的出现。而"股债交融"类纠纷之所以成为司法裁判的疑难问题,也是由于此种投融资形式将多种单一因素混为一体,其中包括法定出资义务、约定投资收益、回购条款及增信措施等,[1]使得该问题游离于合同法规则和公司法规则交叉的模糊地带。

当商事主体的避法行为形成规模,其本身或许也是一种民间行为法,只不过其出现的目的就与当前成文规则之精神相背离。倘若乐观看待二者之间的冲突,这也许并非法制建设的缺陷,而是释放了一种改革与制度创新的信号。[2] 在制度规则暂时无法提供解决方案时,司法实践应率先尝试作出改变。因此,司法机关在遇到此类情况时,不应再将裁判和论证的重心放在"究竟是股权投资还是债权投资"的界定上,是否成为被投资公司的股东本身并不是投资方所关注的核心,而只不过是跟踪资金去向,保障自己收益的一种监督方式。[3] 因而一种更具效率的思路是可以尝试绕开这一难点,直接基于合同或协议,对相关主体的权利义务关系和责任承担问题进行判断和认定,以提高司法裁判的效率,也更符合公平正义之意旨。

(四)剖析:股债界分难题中的结构性原因

"股债交融"式交易中传统股债分界模糊化的原因,不仅与股和债特征上的混同有关,还与商事主体主动为实现风险转移目标的多样化结构设计相关。为了更好地分析此类交易背后的交易安排,我们可以以"名股实债"交易及"对赌协议"为分析基础,搭建"股债交融"式交易的分析模型。例如,有学者借用期权的概念展开分析,将"名股实债"及"对赌"安排解构并转化为"股权投资 + 卖出期权"的组合。[4] 根据这一观点,上文图 1 中还应存在"债权投资 + 认股权证"这一组合,二者在股与债的极点之间不断变化组合出了不同的股债交融式的交易结构设计。而"名股实债"及"对赌协议"本质上符合"股权投资 + 卖出期权"这一范式,对该范式的不同认识将进而影响裁判者产生不同的判断思路和裁判

---

[1] 股权投资本身无增信之必要,但是"名股实债"为满足投资资金固定回报的要求,必须设置投资本金退出机制。

[2] 参见苏力:《再论法律规避》,载《中外法学》1996 年第 4 期。

[3] 参见周游:《对赌协议纠纷处理中"履行可能性"问题之省思》,载《证券法苑》2020 年第 1 辑。

[4] 参见许德风:《公司融资语境下股与债的界分》,载《法学研究》2019 年第 2 期。

结果。具体来说:一方面,我们可以将"名股实债"交易过程拆分为"股权买卖"和"股权回购"两个阶段,此时便存在股权买卖和股权回购这两份独立合同,股权在各商事主体之间有对价的转让,体现为股权投资;另一方面,如果把其中的股权转让行为视为一种担保,那么整个交易结构设计的逻辑就体现为债权投资。由此可见,由于合同约定并不能完全体现股权投资或者债权投资的特征,因此裁判时不应直接以"名为买卖,实为借贷"或"商事外观主义"为由对此类交易固化处理。[1] 交易安排中在股债分界模糊的前提下,对此类案件的认定应具体问题具体分析,并归纳同类案件中的相同因素,据此形成一定的裁判路径为往后的司法裁判所遵循。

## 四、"股债交融"类案件司法裁判路径重构

### (一)现有路径之缺陷

鉴于股债投融资工具之间的界限不再清晰,若仍以"权利的法律性质""风险与收益""本金能否实现退出"等因素区分其股权与债权属性,[2]无疑存在操作上的困难。此类案件纠纷的痛点不在于投资合同属于股权投资或债权投资,而是当事人实际权益的救济。或许在部分裁判者看来,股与债之界分系后续权利救济的必要程序,其逻辑在于:倘若认定为股权投资关系,则根据资本维持规则,投资款返还当然构成抽逃出资,因此根据公司法规范应否认此类约定的效力;而如果认定为债权投资,则基于合同相对性原理,自然无须考虑当事人之间的约定对公司的影响。但问题恰恰在于,"股债交融"类纠纷的裁判不能仅局限于合同法或公司法之其一,而应综合运用以解决纠纷。司法实务中法院若总遵循传统股债二分的思路进行裁判将会导致当事人诉争不断出现,一定程度上影响司法效率,浪费司法资源。

因此,在目前立法尚未明确介入的背景下,僵化地适用法律规范并不足以顺利解决争议,应当同时发挥裁判者的主观能动性,从纷繁复杂的表层交易结

〔1〕 司法实践中,法院多基于前者将兼具股和债的特征的投融资方式认定为债权投资,而基于后者认定为股权投资。

〔2〕 参见王健、朱宏文:《股份公司债化与公司债股份化研究》,载《财经研究》1997 年第 1 期。

构中探寻交易实质,围绕当事人之间合同约定的权利义务关系和责任承担的确认进行裁判,以更好地实现当事人的利益保护和平衡。值得注意的是,现有的关于“股债交融”类案件的案例分析和理论研究略有因素分析方法的缩影,〔1〕但是主要观点仍是综合真实意思表示、经营管理权、股权转让价格等因素进行判断的,其缺陷在于:一方面,其主要目的在于界定股权和债权;另一方面,归纳的因素较多且逻辑性不强,并未形成清晰而统一的适用路径,不便于司法实务所借鉴。因此,司法裁判者应着眼于“股债交融”式交易中的两个关键阶段和两个关键问题,即资本进入时对合同约定事项的审查和资本退出时对公司资本结构影响的审查。下文内容将围绕上述两个方面展开,重述“股债交融”类案件司法裁判的路径和逻辑,以期能够为司法实践提供理论路径帮助。

(二)路径重构之必要

“股债交融”式交易主要包含“资本进入”和“资本退出”两个阶段,对当事人权利义务关系纠纷的法律规制或司法审查也主要集中于前述两个阶段。由于在“股债交融”一类纠纷中,作为司法裁判基础的法律规定主要分布于《民法典》与《公司法》之中,因此有必要对二者之间的逻辑边界作出较为明确的界定,以厘清其各自在纠纷解决中的适用范围。

之所以司法裁判中会存在混淆契约法和组织法边界的现象,一部分原因便是法院在定势界分股权投资与债权投资之后,或选择《民法典》或选择《公司法》作为定论的大前提,而没有考虑二者之间实际上存在一定界限,并可在司法裁判的不同阶段适用不同的部门法规范进行审查。因此,在合同自由与公司规制(或契约合同法与商事组织法规制)边界的相关问题上,有论者在分析对赌协议合法性问题时的论述值得借鉴,其认为合同自由与公司规制之间存在清晰的逻辑边界,在不违反公司法对资本维持等规制的前提下,应尊重合同双方的合同自由。〔2〕 当然,这种对契约自由的尊重并非无底线的,基于公司法中强制性

〔1〕 参见李超男:《论明股实债投资模式下股东资格确认制度的完善》,载《浙江金融》2018 年第 7 期。作者总结了司法机关在判断股权投资与债权投资时所考虑的不同因素,包括是否作出到期无条件支付本息的约定、是否参与目标公司的经营管理等 8 个具体因素。

〔2〕 参见李安安、范鑫:《公司实质参与对赌协议的合法性解构:合同自由与公司规制》,载《中国矿业大学学报(社会科学版)》2020 年第 1 期。

规范的限制,契约自由原则之于公司法语境中的运用程度是有限的。[1] 对资本维持的不断强调和重申,体现的便是这个道理。

在金融创新背景下,由于投融资交易模式更加多样化,有论者将通过“对赌”以实现固定收益的交易模式与“名股实债”模式并谈,认为“对赌”中的回购系附条件的,往往未规定明确的期限。[2] 的确,当我们对比这两类兼具股和债特征的交易方式后不难发现,前者实现资本退出的通道具有不确定性,后者则具有确定性,合同双方在协议订立时就确定了远期资本退出的时点;而当对赌协议约定的退出条件发生时,二者在交易模式上就具有较大的相似性,至少在资本退出方面显现出一致路径。因此,同样地,若以资本维持为由一概否决“名股实债”交易中回购条款或行为的效力,实则属于对公司资本维持原则的误读。换言之,“股债交融”类纠纷的裁判要坚持最大化尊重当事人意思自治的原则,同时兼顾投资人利益保护和融资方正常现金流运作的需求,聚焦于权利义务关系的再平衡以实现实质正义。这亦为本文重述此类案件司法裁判路径的必要性和出发点所在。

(三)路径重构之设想

本文关于路径重构的核心思想在于,对于此类案件的司法审查应着重于两个方面:资本进入时对合同约定事项的审查,以及资本退出时对公司资本结构影响的审查(见表1)。前者是起点,是对整个“股债交融”式交易结构设计是否具备合法性要素的前置性审查;后者是终点,抑或为“不能触碰的红线”,即在进行股权回购实现资金退出的过程中不能肆意违背公司资本维持原则的要求,以降低此类融合股债特征的特殊交易模式对公司资本结构的影响。而对位于两端之间的中间部分,仅是当事人运用资金进行资本运作的“艺术发挥”,司法对此应尊重当事人之间的意思自治,以及双方意图通过资本运作以实现价值增值的精巧设计,以下将具体展开。

---

〔1〕 参见黄辉:《对公司法合同进路的反思》,载《法学》2017年第4期。

〔2〕 参见吴潇敏、孙美华、郑扬:《“名股实债”的司法裁判路径探析——以“新华信托—港城置业”案为例》,载《法律适用》2019年第12期。

**表1 路径重构下的司法审查重心**

| 审查阶段 | 资本进入 | 资本退出 |
| --- | --- | --- |
| 审查重点 | 合同约定事项 | 资本结构变化 |

1. 资本进入阶段的司法审查

首先,在审查当事人之间的交易结构设计是否具备合法性要素时(对合同约定事项的审查),应将“收益与风险负担的公平性”作为考量的核心因素。民法将意思表示这一概念划分为主观要件和客观要件两方面,后者即为表示行为。[1] 因此,探求交易主体之间的内心真意还需结合双方表现于外部的各种行为,这又具体体现在协议安排的内容中,而契约内容的经济实质便是对风险与收益的重新分配,即商事经营的风险和收益归结于哪方以及在多大程度上归结该方的问题。之所以将“收益与风险负担的公平性”作为核心考量因素,其逻辑考量在于商事裁判应当尊重商事实践的规律,当事人通过合同关系设计出一种杂糅股与债的交易安排的原因,便是为了实现特定的、更符合当事人双方利益和风险分配的安排。基于合同法律制度尊重意思自治、鼓励契约自由和促进交易实现的价值导向,司法实践也应当尊重当事人之间自愿达成的投融资交易安排。当然,这并不意味着法院应完全尊重甚至是放任当事人自由缔结协议,“契约自由”也应当是受“契约正义”匡正的自由,[2] 因而当协议约定的内容违背公序良俗原则的要求或存在损害社会公共利益等情形时,仍要受到法律严格的约束和限制。

其次,在具体适用方面,可将“收益和风险负担的公平性”这一核心因素作为裁判的起点,如果合同约定的权利义务处于相对公平的状态之下,应采取尊重合同当事人对商事活动的事前安排,判定违反合同约定的主体继续履行或承担相应的责任;如果合同中对固定收益的约定明显属于受法律管制的“高利贷”

〔1〕 参见王泽鉴:《民法概要》,中国政法大学出版社2003年版,第110页。

〔2〕 参见李永军:《从契约自由原则的基础看其在现代合同法上的地位》,载《比较法研究》2002年第4期。作者认为,现代合同法上的契约自由原则并非强调绝对自由,对契约自由的必要限制也并不是契约自由原则的双衰落,而是对契约自由原则真实意义的恢复和匡正。

的范畴,[1]那么此时就存在风险和收益不对等的情形,即投资方既有权收取投资本金及利息以获得固定收益保障,同时又有实现非正常超额收益的可能。此种违背利益分配秩序的交易安排,明显超出了“契约自由”的应有之义,应得到法律的否定性评价。当然,合同形式和内容亦不得违反强制性规定及公序良俗,否则会因触及合同无效的红线而丧失合法性。简言之,不能仅仅因“股债交融”式投融资模式中存在固定收益约定这一安排就否定协议效力,同时司法裁判中确实应当审查当事人之间的真实意思表示,但审查的结果并非旨在界分“名股实债”究竟是股权投资还是债权投资,而是为了衡量不同主体之间的权利义务关系是否公平对等,在天平失衡之时给予受损一方权利救济的渠道,维护商事交易的稳定性。

2. 资本退出阶段的司法审查

资本退出环节的审查重点在于:投资人取回对目标公司的投资本金是否会对其资本结构造成严重影响,这便落入公司法规范调整的范畴。“股债交融”式交易的退出环节是指合同约定期限届满后或条件成就时,融资方需要按照合同约定将投资本金及利息返还于投资方。由于此前投资方是通过出资或增资的方式换取名义股权来实现的,因此该环节便可能涉及公司法上“抽逃出资”问题的审查。对此,下文将从两个方面进行论述。

第一,若当事人仅是根据合同约定,取回其向目标公司进行“形式增资”的资本金,原则上应当予以认可,该行为本身并不会实质性动摇公司资本结构的根基。对此,可以借助“资产 = 负债 + 所有者权益”这一会计恒等式来理解。在“股债交融”交易模式中,目标公司的总资产可分为自有资本和借入资本,前者代表股东的原始投入,即“所有者权益”,后者代表投资方的资金拆借,尽管其在法律形式上属于权益投入,但依会计准则之规定,其仍体现为一项金融负债,即属于借入资本而应归于“负债”范畴。[2] 基于此,尽管公司日常生产经营活动

---

〔1〕 参见最高人民法院《关于审理民间借贷案件适用法律若干问题的规定》(法释〔2020〕17号)第25条。

〔2〕 根据《企业会计准则第37号——金融工具列报》第10条关于金融负债与权益工具的区分的规定,如果“企业不能无条件地避免以交付现金或其他金融资产来履行一项合同义务的,该合同义务符合金融负债的定义”。因此,在如“名股实债”或“对赌”安排中,投入资本往往具有远期退出安排,对于目标公司而言其符合金融负债的定义。

一般以上述两类资本之和为基础,但是贯穿公司"一生"的实际上仅是其自有资本。[1] 投资人的投资款仅是为了满足目标公司的一时之需,回购行为导致的资金逆向流动也并不会导致实质性抽逃出资的发生,且投资人也并无抽逃出资的主观恶意,这仅仅是双方为履行此类特殊交易而为的市场惯常行为,公司资本制度和资本维持原则并不会受一笔正常的资金流动所影响。

第二,从程式上看,"股债交融"交易结构设计中的股权变动往往蕴含着两种"合意"——股东为获得资金融通而与投资方进行股权转让交易的合意,以及公司内部对股东处置其股权的合意(或称为决议),这种合意能够基于融资款项的用途而推论得出。[2] 基于上述实效和程式两方面,一般情况下,若仅是注入资金用于目标公司运作盈利,提高经营效益,同时资本变动通过目标公司的决议程序,则应当尊重当事人的商业经营判断,不应过多干涉。而"不能触碰的红线"则是实质性减少公司原始的注册资本,或可称为严重影响公司偿债能力的资本保障,造成或可能造成对法人或债权人利益的实然损害。换言之,当当事人之间的股权处分行为涉及公司组织体和组织外部主体的利益,抑或存在影响公司资本结构而侵犯公司或外部人利益之可能时,就应当跳出契约安排的世界,平衡保护隐藏于契约背后的其他社会利益。[3]

总而言之,在"股债交融"类纠纷的司法裁判中首先应当遵循"实质优于形式"的逻辑思维,注重审视当事人在合同安排项下的真实意思,将法律实质主义的理念及法律实质推理的方法融入对新兴的"股债交融"投融资模式的理解和审查中。[4] 同时,也应着重于对资本进入阶段的合同约定事项的审查,以及资本退出阶段对公司资本结构影响的审查。

---

〔1〕 参见朱慈蕴:《公司资本理念与债权人利益保护》,载《政法论坛》2005年第3期。

〔2〕 参见冯果、段丙华:《公司法中的契约自由——以股权处分抑制条款为视角》,载《中国社会科学》2017年第3期。

〔3〕 参见刘向林:《论公司契约的团体主义特质——以有限责任公司股权转让为例》,载王延川主编:《公司法上的合约》,法律出版社2011年版,第44页。

〔4〕 关于"法律实质推理"的论述参见黄伟力:《论法律实质推理》,载《政治与法律》2000年第5期。

## 五、结　语

立法总是相对滞后于社会实践,面对此类杂糅股权投资和债权投资性质的新型投融资方式,立法层面尚且感到陌生。因此,司法裁判者应积极发挥主观能动性,在纠纷中绕开"股债界定"这一裁判难题,从平衡不同主体间的权利义务关系的角度出发,确定违约主体的相应责任,以实现风险在交易主体间的再分配正义。如此一来,一方面,其能够有效地维护市场交易的稳定性和安全性,促进商事活动进一步发展;另一方面,在一定条件下允许融资工具的创新,也会刺激法律制度的不断变革和发展。当然,本文也存在一定的局限性,如未将涉及第三人利益的相关纠纷列入讨论范围之中,但现行裁判依据"善意保护"和"商事外观主义"等原则确定了对第三人利益优先保护的做法能够提供一定经验以借鉴。值得肯定的是,我国司法对待"股债交融"类纠纷的态度逐渐明朗,即不再将当事人之间的交易设计视为"以合法形式掩盖非法目的"之行为而否定其效力,相反,最高人民法院已通过《九民纪要》的形式承认了此类交易安排的有效性,并就案件裁判给予了方法论式的指引,避免出现"同案不同判"的司法乱象。我们应当期待未来立法能够尽快对此类新型的投融资方式给予回应,在兼顾企业融资发展需求以及投资者利益保护的同时,以制度创新激励商事创新,促进我国市场经济的进一步发展。

# 我们是否需要一个超级股东*

## ——投服中心持股行权检视与路径重构

吕成龙** 方荣杰***

**内容摘要:**自上海投服中心成立以来,其通过发送股东建议函、公开呼吁、支持诉讼和直接诉讼等多种方式参与到公司治理之中,发挥了积极作用。但其目前持股行权工作,仍有值得商榷之处,包括容易过度介入公司治理、涉嫌违背股东自身义务、行权效果时而有限和行权外观有悖机构初衷。与此同时,从股东积极主义、并购威胁和做空机制等境外发达资本市场常见治理工具的实施效果来看,其对公司治理质量的提升作用仍无定论。客观来看,投服中心持股行权之路径为世界公司治理贡献了重要的东方智慧和经验,理应坚持深入挖掘。但鉴于持股行权的外部性影响,投服中心应当减少商谈型和参与型的行权方式,重点采用诉讼型参与方式。这不仅有助于借由司法裁判增加持股行权的权威性,而且能够督促投服中心自身更加审慎而为。若要实现此目标,司法裁判能力的进一步提升自不待言,我们可以考虑通过完善专家辅助人规则而为法院提供专业支持。当然,法院在裁判时要始终保持谦抑立场,充分考量投服中心诉讼对我国证券法治的重大影响。

**关键词:**投服中心 持股行权 股东积极主义 投资者保护 股东代表诉讼

---

* 本文系国家社会科学基金项目“证券监管介入上市公司治理的体系性构造研究”(21CFX077)的研究成果。

** 深圳大学法学院助理教授,法学博士。

*** 日本东京大学公共政策学硕士。

## 一、引　言

2014 年 12 月,中证中小投资者服务中心有限责任公司(以下简称投服中心)成立,由此开启了中小投资者保护的新阶段。然而,在投服中心积极探索参与上市公司治理的过程中,同样出现了令人担忧的现象。例如,其在 2017 年以“海利生物”公司章程限制股东董事提名权涉嫌违法为由提起了首例股东诉讼,但是,这是否会侵害公司的内部自治？2021 年,投服中心为“中国宝安”大股东“韶关高创”所提议案而首次公开征集股东投票权,这又是否与其作为中小投资者的服务机构的初衷相悖？从该两例持股行权事件来看,投服中心以其仅持有的一手股票即可在资本市场引发惊涛巨浪,在一定程度上,已经变成了所有上市公司的超级股东。利弊权衡之下,我国的上市公司治理到底是否需要这样的超级股东呢？这正是本文试图回答的问题。为此,本文将在对投服中心“持股行权”工作实效进行检验的基础上,[1]结合股东积极主义(shareholder activism)、并购威胁和做空机制等境外投资者保护机制,探讨投服中心持股行权的进一步完善之道,本文将与笔者此前关于投服中心参与代表人诉讼的文章一道,[2]勾勒出目前我国投服中心的主要面相。

## 二、投服中心持股行权的实践与反思

自投服中心成立之后,在不到三年的时间内,通过逐渐持有各个上市公司一手股票而成为沪深两市所有上市公司的最小股东。早在 2017 年,投服中心就制定了《发送股东函件(试行)》《现场行权(试行)》《行权信息公开(试行)》《参加股东大会(试行)》《参加重组上市媒体说明会(试行)》《持股管理办法

〔1〕 根据投服中心官方网站介绍:“持股行权是指投服中心持有沪深交易所每家上市公司一手股票,行使质询、建议、表决、诉讼等股东权利,通过示范引领中小投资者主动行权、依法维权,规范上市公司治理。”投服中心:《行权服务》,载中证中小投资者服务中心,http://www.isc.com.cn/html/xqfw/index.html,最后访问日期:2022 年 4 月 2 日。

〔2〕 参见吕成龙:《投保机构在证券民事诉讼中的角色定位》,载《北方法学》2017 年第 6 期。

(试行)》[1]6 项主要的基本规则,通过参加股东大会、参加上市公司重大资产重组媒体说明会及业绩说明会、发送股东建议函、联合股东召开临时股东大会、公开关注公司资产收购、变更业绩补偿等方式,在维护中小股东利益方面发挥了积极的作用,并获得了不少肯定的评价。但我们认为,投服中心持股行权仍存在四个方面的问题值得进一步探讨。

第一,投服中心持股行权是否会侵害公司的意思自治?2016 年,投服中心首次参加股东大会并对“柘中股份”提出建议。柘中股份对投服中心的股东建议予以积极回应,当天就回复表示接受,并在 2016 年 5 月 11 日召开的年度股东大会中对《公司章程》的相应条款进行修订。[2] 但从我国过去很长一段时间的公司治理情况观察,此等情况恐怕是较为少见的。[3] 那么,为何投服中心的参与却能使上市公司在当天就作出反馈、改正?这实际上正凸显了投服中心本身的特殊地位,因而,我们并不能将其以普通股东对待。[4] 也许有观点认为,投

---

〔1〕 参见杨晓波:《投服中心:完成全面持股 依法行使股东权利》,载新华网,http://www.xinhuanet.com//fortune/2017-05/09/c_129596322.htm,最后访问日期:2022 年 4 月 2 日。

〔2〕 参见投服中心:《持股行权试点启动 持有近 500 家公司股票 投服中心首次参加股东大会行使股东权利》,载中证中小投资者服务中心,http://www.isc.com.cn/html/xqdt/20160512/747.html,最后访问日期:2022 年 4 月 2 日。

〔3〕 例如,2019 年 11 月 29 日,兆新股份董事会收到持股 6.45% 的股东深圳市汇通正源股权投资基金合伙企业(有限合伙)提交的 4 项股东大会临时提案,提议罢免相关董事职务并要求下调部分董事薪酬标准。兆新股份董事会认为上述提案违反了《公司章程》和《股东大会议事规则》的规定,审议未通过相关提案,该事件引来了深圳证券交易所的关注。再如,2018 年新潮能源更换董事长后,中小股东和董事会存在长期分歧。2018 年 4 月 24 日,4 名中小股东拟提名自己认可的董事会和监事会,均被现任董事会以相关委托权存在问题为由否决,引致上海证券交易所和山东证监局的关注。参见《董事会与中小股东起争端 兆新股份 5 天收 3 份问询函》,载百家号,https://baijiahao.baidu.com/s?id=1652575706953584277&wfr=spider&for=pc,最后访问日期:2019 年 11 月 29 日;《关于国金阳光违背公开承诺、企图单方面撤销委托权问题,知名维权律师宋一欣的法律解释来了》,载雪球网,https://xueqiu.com/6718587805/148976061,最后访问日期:2020 年 5 月 10 日。

〔4〕 投服中心股东包括上海证券交易所、深圳证券交易所、上海期货交易所、中国金融期货交易所和中国证券登记结算有限责任公司,其经营范围皆是公益性事项,董事会成员也多为上述机构的领导层人员。经营范围具体为:“面向投资者开展公益性宣传和教育;公益性持有证券等品种,以股东身份或证券持有人身份行权;受投资者委托,提供调解等纠纷解决服务;为投资者提供公益性诉讼支持及其相关工作;中国投资者网站的建设、管理和运行维护;调查、监测投资者意愿和诉求,开展战略研究与规划;代表投资者,向政府机构、监管部门反映诉求;中国证监会委托的其他业务。”国家企业信用信息公示系统 2022 年 2 月 14 日查询。

服中心参与"柘中股份"股东大会正显示了自身的积极作用,但接下来的问题是,投服中心本身能否保证其持股行权的准确性?[1]例如,在"海利生物"案中,海利生物临时股东大会决议修改公司章程,其第 82 条第 2 款第 1 项内容为:"董事会、连续 90 天以上单独或合并持有公司 3% 以上股份的股东有权向董事会提出非独立董事候选人的提名,董事会经征求被提名人意见并对其任职资格进行审查后,向股东大会提出提案。"[2]对此,投服中心认为该内容不合理地限制了股东对董事的提名权而提出诉讼。尽管海利生物在诉讼过程中修改了公司章程[3],但法院仍然判定该项内容无效,并认为此案裁判对完善公司治理规则有积极意义。[4] 再如,在"中捷资源"持股行权事件中,该公司章程规定单独或合并持有公司表决权股份总数 15%(不含投票代理权)以上且持有时间一年以上的股东,若推选董事会成员,需在股东大会召开前 20 日书面向董事会提出,投服中心同样认为该规定不合理地限制了股东临时提案权、董事及监事的提名权,应属无效。[5] 但这里的问题在于,倘若该公司或其股东大会认定该规定是合理的,作为最小股东的投服中心,又如何认为这是不合理的限制?[6]如

---

〔1〕 在此,我们还需要关注投服中心发送股东建议函对公司治理的影响。例如,投服中心在 2016 年持股行权试点期间,向 181 家上市公司发送股东建议函并提出了 388 条关于公司章程完善的建议,收到全部 181 家公司回函并且有 100 余家对公司章程进行了修改。尽管投服中心并未公开上述建议函的具体内容,但不难想到其对公司治理的影响。参见投服中心:《完成全面持股依法行使股东权利》,载中证中小投资者服务中心,http://www. isc. com. cn/html/xqdt/20170512/755. html,最后访问日期:2017 年 5 月 12 日。

〔2〕 上海海利生物技术股份有限公司:《章程(2017 年 4 月修订)》,载 http://static. sse. com. cn/disclosure/listedinfo/announcement/c/2017 - 04 - 20/603718_20170420_23. pdf,最后访问日期:2022 年 4 月 2 日。

〔3〕 参见上海海利生物技术股份有限公司:《关于修订公司章程的公告》,载 http://static. sse. com. cn/disclosure/listedinfo/announcement/c/2017 - 07 - 03/603718 _20170703 _2. pdf,最后访问日期:2022 年 4 月 2 日。

〔4〕 参见上海市奉贤区人民法院民事判决书,(2017)沪 0120 民初 13112 号。

〔5〕 参见投服中心:《投服中心:章程自治不能限制股东权利》,载中证中小投资者服务中心,http://www. isc. com. cn/html/xqdt/20191031/1198. html,最后访问日期:2022 年 4 月 2 日。

〔6〕 除此之外,在上市公司的经营活动中,投服中心时常会探讨上市公司"资产出售是否符合正常商业逻辑"并"结合关联交易估值是否合理分析标的公司是否存在被'贱卖'或潜在利益输送问题等"。作为一个非商业机构,投服中心此等判断的妥当性,同样值得关注。参见投服中心:《投服中心:上市公司资产出售时需关注是否在"黎明前黑暗"时卖出标的公司》,载中证中小投资者服务中心,http://www. isc. com. cn/html/xqdt/20211119/4241. html,最后访问日期:2022 年 4 月 2 日。

若上市公司对投服中心的建议不作回应,其是否有面临股东诉讼的风险?

第二,投服中心持股行权是否违背股东自身的义务?从我国《公司法》第20 条的规定来看,股东"不得滥用股东权利损害公司或者其他股东的利益",但陈运森等人的研究显示,投服中心在行权股东大会后,其"官方背景'标签效应'依然会彰显证监会关注的公共实施色彩,继而给投资者传递出看空被行权公司的信号,引发股价下跌"[1]。不仅如此,投服中心在参加重大资产重组媒体说明会时,其积极质询行为同样可能引发投资者的忧虑。例如,在 2016 年 7 月 15 日"狮头股份"的媒体说明会中,投服中心公开表达了对高估值、夸大信息披露、标的资产独立性不足等问题的担忧,[2]由于狮头股份在 2016 年 1 月 18 日至 7 月 25 日停牌,我们无法直接判断投服中心的行权效果及股价变化,但这里的核心问题在于:公司股东是否适宜公开发表对公司不利的信息?传统上,公司股东可以根据自己的意愿自由行使股东权利,但如王建文教授所论,现代观点越发强调股东行使权利时应秉持善意,不得实施不当行为,不得在行使股东权时故意给公司和其他股东带来妨害。[3] 申言之,此种对持股公司的公开质疑是否会背离股东自身义务呢?尤其作为一个具有官办性质的非营利组织,[4]投服中心公开发声的影响力是巨大的,这是否会对公司财产及声誉造成巨大损失?

第三,投服中心持股行权是否只是"锦上添花"的效果?例如,2018 年 9 月初,投服中心曾对 17 件重组承诺未履行事项在"上证 e 互动"和深圳证券交易所"互动易"平台上公开质询上市公司,但直至 10 月 31 日,仍有部分公司未予回复。[5] 值得关注的是,陈运森等人的研究显示,投服中心在选取行权对象

---

〔1〕 陈运森、袁薇、李哲:《监管型小股东行权的有效性研究:基于投服中心的经验证据》,载《管理世界》2021 年第 6 期。

〔2〕 参见投服中心:《首次亮相上市公司重大资产重组媒体说明会》,载中证中小投资者服务中心,http://www.isc.com.cn/html/xqdt/20160715/754.html,最后访问日期:2022 年 4 月 2 日。

〔3〕 参见王建文:《论我国构建控制股东信义义务的依据与路径》,载《比较法研究》2020 年第 1 期。

〔4〕 参见何慧华、方军雄:《监管型小股东的治理效应:基于财务重述的证据》,载《管理世界》2021 年第 12 期。

〔5〕 参见《投服中心集中梳理重组业绩承诺未履行事项 开展网上行权专项行动》,载百家号,https://baijiahao.baidu.com/s?id=1615828297038965550&wfr=spider&for=pc,最后访问日期:2018 年 10 月 31 日。

时,本身倾向于选择在过去一年受到监管机构问询和处罚、收到非标准审计意见、较少发放股利或者大股东掏空动机较强的企业,〔1〕如此一来,是否与美国证券交易委员会(The Securities and Exchange Commission)备受诟病的摘"低处的果子"(low-hanging fruit)有类似之处?〔2〕举例来说,2020 年 9 月 10 日,对于延安必康收购北盟物流 100% 股权事项,投服中心公开呼吁"希望公司能在临时股东大会召开前以公告的形式对相关疑问进行详细说明,让投资者充分了解标的资产的实际情况及可能面临的风险"〔3〕。但从事后表现来看,同年 9 月 11 日该公司收盘价却比 10 日还要高。而回溯之前的过程,2020 年 9 月 2 日,该公司审议通过了《关于收购徐州北盟物流有限公司 100% 股权暨关联交易的议案》,〔4〕9 月 3 日,深圳证券交易所即对公司发出了《关于对延安必康制药股份有限公司的关注函》,公司于 9 月 12 日公告回函。〔5〕 如此来看,投服中心对此事的持股行权效果恐怕只是锦上添花。

第四,投服中心持股行权是否需要遵循形式上的"外貌主义"? 既然投服中心定位于中小股东的服务机构,其能否以提升公司治理质量为名义而支持大股东的行动? 譬如,2017 年时,投服中心曾向"中国宝安"发送股东函,建议删除章程中的不合理条款,但未得到回应。2021 年 3 月 2 日,"韶关高创"成为第一大股东后,投服中心发现其有关公司章程修改的临时提案与此前的建议相契合,借此开启了首次股东表决权公开征集并最终促使该议案通过。〔6〕 在该事件中,尽管投服中心的本初目的仍在于推动公司治理改革,但也由此带来了两

---

〔1〕 参见陈运森、袁薇、李哲:《监管型小股东行权的有效性研究:基于投服中心的经验证据》,载《管理世界》2021 年第 6 期。

〔2〕 See Jonathan Macey, *The Distorting Incentives Facing the U. S. Securities and Exchange Commission*, Harvard Journal of Law & Public Policy, 33, p. 646 – 647(2010).

〔3〕 投服中心:《延安必康收购实控人资产 投服中心呼吁上市公司充分释疑》,载中证中小投资者服务中心,http://www.isc.com.cn/html/zxxw/20200910/3385.html,最后访问日期:2022 年 4 月 2 日。

〔4〕 参见延安必康制药股份有限公司:《第五届董事会第八次会议决议公告》,载 http://static.cninfo.com.cn/finalpage/2020-09-02/1208373360.PDF,最后访问日期:2022 年 4 月 2 日。

〔5〕 参见延安必康制药股份有限公司:《关于深圳证券交易所关注函的回复公告》,载 http://static.cninfo.com.cn/finalpage/2020-09-12/1208428900.PDF,最后访问日期:2022 年 4 月 2 日。

〔6〕 参见投服中心:《公开征集首战告捷 小股东也能凝聚大力量》,载中证中小投资者服务中心,http://www.isc.com.cn/html/xqdt/20210730/3902.html,最后访问日期:2022 年 4 月 2 日。

个疑问:其一,投服中心本身定位于为中小投资者服务,其为第一大股东的提案征集表决权,是否违背了持股行权的最初目的?其二,公司设置一定反收购条款,是否一定会侵害中小股东的利益?[1]如下文所述,公司是否有权进行反收购以及是否应对公司的反收购措施进行规制,存在反收购价值否定说和肯定说两种主要观点。[2] 至少在一些情况下,收购公司收购潜在目标公司的目的往往不是继续经营,而是将其拆分出售以牟取暴利,并非有利于公司持续发展,此时,反收购条款能够发挥积极作用。因此,在缺乏对反收购条款与中小股东利益之间相关关系明确证据的前提下,投服中心认为反收购条款不当并积极要求修改,是否真的有利于上市公司的治理与发展,实际上是值得审慎研究的。特别是当上市公司面临"门口的野蛮人"时,投服中心的持股行权行为是否客观上会造成"助纣为虐"的效果。

## 三、境外可否提供有效的制度借鉴

上市公司中小投资者的保护是世界性的难题,境外主要资本市场皆有不同的应对策略,涵括股东积极主义、并购威胁和做空机制,[3]我们可以通过对此

---

〔1〕 投服中心类似对公司章程的建议并不罕见并且会对此展开论理。投服中心曾认为 76 家上市公司违反《公司法》、《证券法》、《上市公司股东大会规则》(2016 年修订)、《上市公司章程指引》(2016 年修订)等规定,在章程中不当设置反收购条款,不合理地限制股东权利或增加股东义务。其中,增加股东持股比例、持股期限限制股东权利的 69 家,增加股东信息披露义务的 3 家,限制董事改选比例的 14 家,自行提高表决权通过比例的 1 家,赋予董事会或大股东自行决策反收购措施、限制市场化收购行为的 3 家。比如,其认为"亿阳信通《公司章程》第 110 条第 2 款规定了每年董事改选人数的比例限制,剥夺限制了股东选任董事的基本权利,不符合公司法的立法本意"。参见投服中心:《投服中心:对 238 家公司集中行权完成公司章程全覆盖》,载中证中小投资者服务中心,http://www. isc. com. cn/html/xqdt/20180222/759. html,最后访问日期:2022 年 4 月 2 日;投服中心:《投服中心反对亿阳信通无正当理由取消股东大会》,载中证中小投资者服务中心,http://www. isc. com. cn/html/xqdt/20210730/3903. html,最后访问日期:2022 年 4 月 2 日。

〔2〕 参见汤欣:《公司治理与上市公司收购》,中国人民大学出版社 2001 年版,第 171 页。

〔3〕 特别需要说明的是,股东代表诉讼亦是可能的重要选项,但股东代表诉讼在美国实践中却并非股东常用的权利救济手段,有研究发现,尽管股东代表诉讼在美国案例书和法学期刊中收获了诸多关注,但因董事信义义务而提起的股东代表诉讼却不常见。1999 ~ 2000 年,在特拉华州衡平法院涉及董事信义义务的 1048 件案件中,仅有 137 件股东代表诉讼,还有 824 件集团诉讼和 87 件直接诉讼。See Robert B. Thompson & Randall S. Thomas, *The Public and Private Faces of Derivative Lawsuits*, Vanderbilt Law Review, 57, p. 1761 – 1762(2004).

三种制度的比较观察，来尝试分析未来进一步巩固上市公司中小股东保护的前进方向。

(一)股东积极主义

一般而言，小股东对公司治理并不积极，不仅较少参加股东大会及投票，而且也很少挑战现有董事席位和公司决策，尽管其可以通过提出提案来影响管理层的行为决策，但现实中少有股东如此行事。[1] 正因如此，机构投资者的兴起被视为小股东的福音。尤其在20世纪80年代后，股东积极主义者的核心目标从承担社会责任转移到获得更多的利润。[2] 近年来，股东积极主义被机构投资者践行，如在2018年，131名积极主义投资者介入了226家目标公司并获得了161名董事会席位。[3] 如今，机构投资者已持有美国资本市场上70% ~ 80%的股份。[4] 传统机构投资者以美国加利福尼亚州雇员退休基金(California Public Employees' Retirement System，CalPERS)为践行股东积极主义的代表，他们倾向于在公司治理中提出与劳动相关的社会议题，除借由代理权投票来行权外，CalPERS还善于通过组合性手段如公共呼吁(public jawboning)、非正式磋商来行使权利，更编制了一份焦点名单以评估目标公司的表现。[5]

在诸多机构投资者中，对冲基金(Hedge Fund)无疑是机构投资者股东积极主义的扛大旗者。相较于传统机构投资者，对冲基金没有多样化投资的要求且面临更低的披露责任，可以只专注于两至三家公司并持有其5% ~10%的流通股份，[6]这与

---

[1] See Lisa M. Fairfax, *From Apathy to Activism: The Emergence, Impact, and Future of Shareholder Activism as the New Corporate Governance Norm*, Boston University Law Review, 99, p. 1307 – 1310(2019).

[2] See Joel Slawotsky, *The Virtues of Shareholder Value Driven Activism: Avoiding Governance Pitfalls*, Hastings Business Law Journal, 12, p. 529 – 531(2016).

[3] See Assaf Hamdani & Sharon Hannes, *The Future of Shareholder Activism*, Boston University Law Review, 99, p. 973(2019).

[4] See Assaf Hamdani & Sharon Hannes, *The Future of Shareholder Activism*, Boston University Law Review, 99, p. 973(2019).

[5] See Bruce E. Aronson, *A Japanese Calpers or a New Model for Institutional Investor Activism-Japan's Pension Fund Association and the Emergence of Shareholder Activism in Japan*, NYU Journal of Law & Business, 7, p. 600 – 603(2011).

[6] See Iman Anabtawi & Lynn Stout, *Fiduciary Duties for Activist Shareholders*, Stanford Law Review, 60, p. 1279(2008); Bernard S. Sharfman, *The Tension between Hedge Fund Activism and Corporate Law*, Journal of Law, Economics & Policy, 12, p. 255(2016).

传统机构投资者的投资策略有所不同。从对冲基金介入公司治理的方式来看,共同基金和公共养老基金的积极主义往往是事后的(ex post)和防御性的(defensive),即当基金管理层注意到所投公司表现不佳或存在缺陷时,会采取积极行动。[1] 对冲基金的介入则是事前的(ex ante),他们往往以存在"非效率管理"(managerial inefficiencies)的公司为目标,进行管理矫正。那么,对冲基金具体是如何介入公司治理的呢?Alon Brav、Wei Jiang 和 Hyunseob Kim 以 2001 年到 2007 年 1172 件积极事件(activist event)为样本,对对冲基金介入公司治理的目标实现进行了研究,他们将对冲基金的目标及介入重点分为五类。具言之:[2](1)在所有追求"最大化股东价值"目标的事件中,对冲基金采取与公司管理层进行友好交流的方式;(2)在"改变资本结构"的目标事件中,对冲基金主要关注公司的支付政策和资本结构,并希望推动减少多余现金流、增加公司杠杆、支付更高的股利、实现再融资或债务重组;(3)在"改善经营策略"的目标达致中,积极主义者希望提高经营效率、实现商业重组、进行并购及完善增长策略;(4)在"出售目标公司"中,对冲基金希望将目标公司出售给第三方,甚至在个别情况下其会自己完成对公司的收购;(5)在"完善公司治理"中,对冲基金尝试撤销公司的反收购防御、驱逐首席执行官、挑战董事会的公平和独立性、要求更多的信息披露、质疑潜在的公司欺诈、质疑现行的薪酬政策。[3] 就结果而言,考虑到目标公司通常会采取激烈的反抗措施,因而,其行权行动平均 52.4% 的事件成功率(完全成功及部分成功)让人印象深刻。[4]

公允而言,从机构投资者践行股东积极主义的评价来看,目前并没有达成

---

〔1〕 See Paul Rose & Bernard S. Sharfman, *Shareholder Activism as a Corrective Mechanism in Corporate Governance*, Brigham Young University Law Review, p. 1034(2014).

〔2〕 他们的目标分类大体与 Robin Greenwood 和 Michael Schorb 的研究相印证。See Robin Greenwood & Michael Schor, *Investor Activism and Takeovers*, Journal of Financial Economics, 92, p. 362 – 375(2009).

〔3〕 See Alon Brav, Wei Jiang & Hyunseob Kim, *Hedge Fund Activism: A Review*, Foundations and Trends in Finance, 4, p. 12 – 15(2010).

〔4〕 对于上述行动,有 31.3% 的事件实现了对冲基金的目标,21.1% 的事件部分实现了目标,在 22.1% 的事件中对冲基金放弃了其努力或宣告努力失败,在 22.5% 的事件中,事件仍在发展或美国证券交易委员会与新闻媒体没有披露最终结果。See Alon Brav, Wei Jiang & Hyunseob Kim, *Hedge Fund Activism: A Review*, Foundations and Trends in Finance, 4, p. 14(2010).

普遍共识。

一方面,不少观点认为,积极的机构投资者可以通过监督公司管理层来降低管理人代理成本,使股东利益最大化得以实现。[1] 尽管有反对意见认为对冲基金会以牺牲长期利益来获取短期收入,但此种"抽水与丢下"(pump-and-dump)的模式并没有被证据充分证实。[2] 反之,有研究表明对冲基金的介入使目标公司在股利政策、公司治理、收购和重组方面都表现得更好,[3] Lucian A. Bebchuk 教授也赞同此种观点。[4] Joel Slawotsky 以 2007 年的公司为样本,其发现对冲基金介入公司治理后,公司在此后 5 年都表现得更好,[5] 其以对冲基金潘兴广场(Pershing Square)投资加拿大太平洋铁路公司为例,说明对冲基金改善了常年的低效经营从而使长期股东受益。[6]

另一方面,积极的机构投资者也遭受了诸多批评。从商业经营来看,由于可能的机构投资者和被投资企业之间的商业关系,机构投资者为了避免利益冲

[1] See Randall S. Thomas, *The Evolving Role of Institutional Investors in Corporate Governance and Corporate Litigation*, Vanderbilt Law Review, 61, p. 300(2008).

[2] See Gaia Balp, *Activist Shareholders at De Facto Controlled Companies*, Brooklyn Journal of Corporate, Financial & Commercial Law, 13, p. 350(2019).

[3] See Gaia Balp, *Activist Shareholders at De Facto Controlled Companies*, Brooklyn Journal of Corporate, Financial & Commercial Law, 13, p. 343(2019).

[4] See Lucian A. Bebchuk, Alon Brav & Wei Jiang, T*he Long-Term Effects of Hedge Funds Activism*, Columbia Law Review, 115, p. 1085 – 1156(2015).

[5] See Joel Slawotsky, *Hedge Fund Activism in an Age of Global Collaboration and Financial Innovation: The Need for a Regulatory Update of United States Disclosure Rules*, Review of Banking and Financial Law, 35, p. 306(2015).

[6] 当然,这一点实际上也面临争议。有研究指出,从 20 世纪 80 年代中期开始,以公共退休基金为代表的积极机构投资者就通过 SEC Rule 14a – 8 广泛参与公司治理,使他们可以就广泛的议题提出议案,但这对提升公司价值和表现的作用有限。或许在部分情况下,积极的对冲基金确实会给股东带来长期的收益,但这也是以牺牲雇员和债券持有人的利益为代价的。因而,与其说这些机构投资者创造了财富,不如说他们转移了财富,这一观点也得到了哥伦比亚大学 John Coffee 教授的支持。Martin Lipton 尖锐地批评道:"美国如今遇到的诸多问题,如增长缓慢、蔓延的公司丑闻、长期投资项目的不足、难以对抗通胀的低廉薪资、失业和不平等加剧等,都是由积极对冲基金的短视主义引起的。" See Roberta Romano, *Less is More: Making Institutional Investor Activism a Valuable Mechanism of Corporate Governance*, Yale Journal on Regulation, 18, p. 183(2001); Randall S. Thomas, *The Evolving Role of Institutional Investors in Corporate Governance and Corporate Litigation*, Vanderbilt Law Review, 61: 2, p. 316(2008); Joel Slawotsky, *The Virtues of Shareholder Value Driven Activism: Avoiding Governance Pitfalls*, Hastings Business Law Journal, 12, p. 521 – 569(2016).

突,通常不愿过多干预公司经营。[1] 即便他们积极介入,在不完美的市场里,鉴于市场价格无法及时反映董事会和管理层所知悉的内部信息,积极股东可能以短期的股票价格低,进而得出管理层表现不佳的结论,其忽视了公司长期可能获得的利润,甚至错误地替换掉公司良好的管理层或者实施低效的公司政策。[2] 如 Robert Clark 所揭示的那样,公司最重要的特征就在于管理层权力的法定集中,公司法则为此赋予公开公司董事会排他性的权力来执行各种显性和隐性的合同,借由此种结构方有助于促进完成大规模作业的合作,组织中分散的信息也能够被筛选并传输至权力中枢,最终有利于管理层在有限的信息中作出审慎的决策并减少判断失误。[3] 反之,如果股东始终尝试对管理层的决策进行纠错,那么公司管理层"权威的真实价值"(the genuine values of authority)可能会被损害。[4] 还有批评者认为,对冲基金利用 1934 年《美国证券交易法》Section 13(d)的规则漏洞[5],在没有及时地通知市场的情况下,就可以对公共公司施加巨大的影响力。对此,特拉华州最高法院首席大法官 Leo Strine 认为 Section 13(d)需要被修改以回应如今的科技和市场发展,积极主义者需要面临更严格的披露要求。[6]

(二)并购威胁

并购威胁对于公司治理起到了不容小觑的作用,即敌意收购的潜在威胁可

---

[1] See Randall S. Thomas, *The Evolving Role of Institutional Investors in Corporate Governance and Corporate Litigation*, Vanderbilt Law Review, 61, p. 300(2008).

[2] See Gaia Balp, *Activist Shareholders at De Facto Controlled Companies*, Brooklyn Journal of Corporate, Financial & Commercial Law, 13, p. 352(2019).

[3] See Paul Rose & Bernard S. Sharfman, *Shareholder Activism as a Corrective Mechanism in Corporate Governance*, Brigham Young University Law Review, p. 1022 – 1024(2014).

[4] See Paul Rose & Bernard S. Sharfman, *Shareholder Activism as a Corrective Mechanism in Corporate Governance*, Brigham Young University Law Review, p. 1028(2014).

[5] 具体来说,金融衍生品的广泛使用、先进的电子交易技术和越发增大的证券交易量,也为对冲基金迅速获得上市公司控制权推波助澜。自 2011 年 3 月以来,美国证券交易委员会希望推动相关规则的修改,即收购者在取得 5% 的有控制权的股份之后,需要在 1 天内对公众予以披露,而当时的 Section 13(d)规则制定于 40 年前,该规则仅要求收购者在 10 天内披露相关情况。See Martin Lipton, *Current Thoughts About Activism*, Harvard Law School Forum on Corporate Governance Website, https://corpgov.law.harvard.edu/2013/08/09/current-thoughts-about-activism/#more-50945.

[6] See Joel Slawotsky, *The Virtues of Shareholder Value Driven Activism: Avoiding Governance Pitfalls*, Hastings Business Law Journal, 12, p. 537(2016).

以约束管理层,让管理层改善非效率的管理方式以提升公司价值。收购方的收购意愿是基于其认为公司目前经营效率不高,而收购成功后经营可以被改善,相应而言,公司股东愿意以低价出售股份,也是因为其认识到管理层经营效率不佳。相反,若公司价值低下并非缘于管理不佳,而是由于整体市场低迷,则收购方并无强烈意愿进行收购,因为其很难通过矫正管理来提升公司价值。因此,收购提供了一种精准地惩罚不负责的管理层方式。〔1〕若并购成功,现有管理层通常会被更有效率的管理人员替换,〔2〕这种效率竞争有助于保护广大小股东的利益。〔3〕同时,成功的并购能够让公司享受协同效益(synergistic gains),原因在于规模效应显现、资金和借款成本降低、产品互补等因素。〔4〕如此一来,从美国、英国等主要资本市场的公司表现来看,并购后公司的股东都收到了20% ~30%的收益,〔5〕亦有日本学者指出,在收购声明发表后的3天内,目标公司股东的累计超额收益率增加了8.18%。〔6〕

遗憾的是,学界关于并购威胁究竟能在多大程度上保护目标公司股东利益仍无定论。至少从20世纪80年代Unocal v. Mesa Petroleum Co.案开始,如何既不阻碍能真正提高公司价值的收购计划,又不至于让掠夺公司资产者得逞,并在可能同时增加公司价值和损害小股东利益的情形下,倾向于保护小股东不受过度压榨,始终是学界争论的议题。〔7〕不少学者由此对并购的效益持怀疑态度,他们坚持认为敌意收购使目标公司管理层仅关注短期收益。一项以美国各州立法为样本的实证研究显示,公司被收购的概率和其管理层短视之间具有

---

〔1〕 See David S. Scharfstein, *The Disciplinary Role of Takeovers*, The Review of Economic Studies, 55, p. 186(1988).

〔2〕 See C. Steven Bradford, *Protecting Shareholders from Themselves-A Policy and Constitutional Review of a State Takeover Statute*, Nebraska Law Review, 67, p. 460(1988).

〔3〕 See David S. Scharfstein, *The Disciplinary Role of Takeovers*, The Review of Economic Studies, 55, p. 185(1988).

〔4〕 See C. Steven Bradford, *Protecting Shareholders from Themselves-A Policy and Constitutional Review of a State Takeover Statute*, Nebraska Law Review, 67, p. 508(1988).

〔5〕 See José Manuel Campa & Ignacio Hernando, *Shareholder Value Ccreation in European M&As*, European Financial Management, 10, p. 50(2004).

〔6〕 See Yasuhiro Monden ed., *M&A for Value Creation in Japan*, World Scientific Publishing Co. Pte. Ltd., 2010, p. 121.

〔7〕 参见张巍:《资本的规则》,中国法制出版社2017年版,第51页。

因果关系,较高的被收购可能性减少了管理层的工作保障,使管理层更专注于能够迅速产生收益的短期项目,从而导致公司的复杂性降低。[1] 与此同时,敌意收购可能增加公司负债,收购方可能用垃圾债券或过桥贷款来为收购融资,而目标公司往往为此埋单。[2] 退一步而言,即便并购能给大股东带来高额的股价收益,但这对小股东未必是一件好事。鉴于并购后公司收益的提升是通过产品或服务价格上涨来实现的,这将会导致消费者的花销上升,而小股东微薄的股利收入,甚至可能不足以覆盖同为消费者的他们的支出。[3] 因此,精确地界定“股东”和“股东福利”是重要的,否则我们不能轻易声称并购有利于整体股东。

(三)证券市场做空机制

经济金融学家一般认为,做空者的存在能增强市场效率、流动性、价格发现和投资效率。[4] 在此,我们更关心的是:股票市场做空威胁的存在对目标公司管理层或控股股东的直接约束机制为何?其又可否促进保护小股东的利益?目前来看,做空机制对公司治理的促进作用主要体现在两个主要维度。

一方面,做空机制有利于约束管理层的不当行为。对此,学界提出了约束假设(disciplining hypothesis)和价格压力假设(price pressure hypothesis)之两种理论:约束假设认为,做空者揭露更多真实价格信息并曝光管理层的不当行为,

---

[1] See Pattanaporn Chatjuthamard, Viput Ongsakul & Pornsit Jiraporn, *Corporate Complexity, Managerial Myopia, and Hostile Takeover Exposure: Evidence From Textual Analysis*, Journal of Behavioral and Experimental Finance, 33, p. 9 (2022).

[2] See C. Steven Bradford, *Protecting Shareholders from Themselves-A Policy and Constitutional Review of a State Takeover Statute*, Nebraska Law Review, 67, p. 523 – 524 (1988).

[3] See Caleb N. Griffin, *The Hidden Cost of M&A*, Columbia Business Law Review, p. 113 – 114 (2018).

[4] 有关研究可以参见 Douglas W. Diamond & Robert E. Verrecchia, *Constraints on Short-Selling and Asset Price Adjustment to Private Information*, Journal of Financial Economics, 18, p. 277 – 311 (1987); Eric C. Chang, Joseph W. Cheng & Yinghui Yu, *Short-Sales Constraints and Price Discovery: Evidence from the Hong Kong Market*, The Journal of Finance, 62, p. 2097 – 2121 (2007); Ekkehart Boehmer & Juan Wu, *Short Selling and the Price Discovery Process*, The Review of Financial Studies, 26, p. 287 – 322 (2013); Jie He & Xuan Tian, *Do Short Sellers Exacerbate or Mitigate Managerial Myopia? Evidence from Patenting Activities*, SSRN (September 15, 2016), https://ssrn.com/abstract=2380352 or http://dx.doi.org/10.2139/ssrn.2380352。

会使管理层减少相关行为;价格压力假设则认为,做空的潜在威胁更能激励管理层去操纵收入来躲避做空者的注意。[1] 从学界整体研究来看,只有少数的研究支持了价格压力假设,[2]更多研究支持了约束假设,这表明做空是一种有益于保护目标公司股东的外部治理机制。在美国,做空机制的威胁使公司更自愿、及时地披露利空消息预测。[3] 从我国的情况来看,有研究者以在 A 股和 H 股双重上市的公司为样本进行了比较研究,发现做空机制对于管理层报告的监督作用效果,取决于法律对股东的保护程度和公司内控机制这两项指标,当这两项指标不佳时,做空机制的监督作用更为突出。[4]

另一方面,在股权集中度比英美高的亚洲和欧洲国家,做空者的存在或可防范控股股东对小股东的利益侵害。换言之,做空可遏制控股股东掏空公司,当控股股东通过榨取公司来谋取不当利益时,做空者可以进行针对性交易来导致股价下跌,最终使相关股东财富受损。[5] 有趣的是,理论推演表明,如果我国放弃对做空机制的限制,可以使资本市场整体关联交易减少 7.35%,[6]而且做空消息可以提高证监会锁定和处罚目标公司的概率。[7] 与此同时,做空机制能有效激励股东加强对管理层的监督,因为做空者对股东退出公司的回报构

---

〔1〕 See Massimo Massa, Bohui Zhang & Hong Zhang, *The Invisible Hand of Short Selling: Does Short Selling Discipline Earnings Management*?, The Review of Financial Studies, 28, p. 1701 – 1736(2015).

〔2〕 例如,有学者指出,做空压力和管理者的自愿披露选择之间有因果关系。详言之,经理人将通过降低坏消息预测的精确性来应对做空的威胁和降低价格对利空消息的敏感性。同时,管理者也倾向于降低与利空消息相关的年度报告的可读性,或增加其模糊性,以此来模糊外部人的视线。这种现象在小公司、首席财务官薪酬组合对股票价格敏感度较高的公司和分析师关注度较低的公司更为明显。See Yinghua Li & Liandong Zhang, *Short Selling Pressure, Stock Price Behavior, and Management Forecast Precision: Evidence from a Natural Experiment*, Journal of Accounting Research, 53, p. 79 – 117(2015).

〔3〕 See Gregory J. Clinch, Wei Li & Yunyan Zhang, *Short Selling and Firms' Disclosure of Bad News: Evidence from Regulation SHO*, Journal of Financial Reporting, 4, p. 1 – 23(2019).

〔4〕 See Haiyan Jiang & Jun Chen, *Short Selling and Financial Reporting Quality: Evidence from Chinese AH Shares*, Journal of Contemporary Accounting & Economics, 15, p. 118 – 130(2019).

〔5〕 See Shenglan Chen, Bingxuan Lin, Rui Lu & Hui Ma, *The Disciplinary Effects of Short Sales on Controlling Shareholders*, Journal of Empirical Finance, 46, p. 57(2018).

〔6〕 See Shenglan Chen, Bingxuan Lin, Rui Lu & Hui Ma, *The Disciplinary Effects of Short Sales on Controlling Shareholders*, Journal of Empirical Finance, 46, p. 57(2018).

〔7〕 See Xiaohu Deng & Lei Gao, *The Monitoring of Short Selling: Evidence From China*, Research in International Business and Finance, 43, p. 68 – 78(2018).

成了威胁,这种威胁使股东更愿意对公司的内部治理进行监督,从源头上对公司的不当行为进行限制。有研究者基于对 23 个发达国家的调查发现,做空威胁显著增强了由公司治理指数(RiskMetrics/ISS)所衡量的内部治理质量。这种效果对财务受限的公司(如那些更依赖股权融资的公司)更强,且该效果在制度环境薄弱(如市场信息披露质量低、证券监管保护不足、会计准则不完善)的国家和地区更明显。[1] 但是,做空机制可能导致投资者的短视主义,亦使公司更关注短期目标而非长远的发展,这对于小股东而言未必是件幸事。[2]

## 四、投服中心将何去何从

从前述境外主要资本市场促进公司治理及中小股东保护的经验来看,似乎都处于制度自身的天人交战之中,没有一项制度能够直接回应我国目前上市公司治理的难题,这也是投服中心本身存在的重大意义,无怪乎美国知名学者 Curtis J. Milhaupt 教授对我国台湾地区投资者保护机构的持股行权模式予以赞誉。[3] 但正如本文第一部分所述,投服中心目前的持股行权存在对公司治理过度介入的隐患、面临自身股东义务履行的窘境、存在"挑软柿子捏"的选择性行权的问题,等等。那么,投服中心该何去何从?我们认为,投服中心尽管面临上述问题,但其持股行权在现阶段仍然有其积极意义,[4] 应当着眼于进一步转变其行权方式、明确行权逻辑。

---

[1] See Massimo Massa, Bohui Zhang & Hong Zhang, *Governance Through Threat: Does Short Selling Improve Internal Governance?*, SSRN(July 9, 2013), https://ssrn.com/abstract=2291474.

[2] See Massimo Massa, Fei Wu, Bohui Zhang & Hong Zhang, *Saving Long-Term Investment from Short-Termism: The Surprising Role of Short Selling*, SSRN(February 6, 2015), https://ssrn.com/abstract=2564380.

[3] See Curtis J. Milhaupt, *Nonprofit Organizations as Investor Protection: Economic Theory and Evidence from East Asia*, The Yale Journal of International Law, 29, p. 196(2004).

[4] 邓峰教授认为,投服中心可以填补监管弱项,弥补执法水平、频度、强度等质量不足的缺点;陈洁教授等则认为鉴于中小投资者分散的多元利益和天然的弱势地位,又受困于"搭便车心理"和"集体行动的困境",投服中心无疑是迅速提升中小投资者维权能力的现实路径。参见陈洁等:《持股行权理论与中国实践研究》,载郭文英、徐明主编:《投服研究》2018 年第 2 辑,法律出版社 2018 年版;邓峰:《论投服中心的定位、职能与前景》,载《投资者》2018 年第 2 期。

## （一）投服中心持股行权的工具箱

根据投服中心《中证中小投资者服务中心持股行权工作规则（试行）》（以下简称《行权规则》）的规定，持股行权是指“以股东身份自行或联合其他股东，行使查阅、建议、质询、表决、短线交易归入请求、提名、提案、提起诉讼、请求召开股东大会、召集及主持股东大会等法律赋予的股东权利”。结合投服中心此前持股行权的事件，我们按照持股行权的介入时机和方式，可以将其分成三大类。

其一，商谈型方式。商谈型方式既包括投服中心以股东身份行使建议、质询等非决策性权利，也包括其公开呼吁号召其他股东参与公司治理的行为。此类方式若由公司中小股东行使恐怕难以泛起丝毫涟漪，但若由大股东、控股股东或投服中心行使，则容易在证券市场引起较大关注，甚至个别情况下能够引发股票价格的大幅振动。商谈型方式看似是一种较为弱势的行权方案，但由不同主体行使实际上却有天壤之别的效果。

其二，参与型方式。参与型方式既包括提案、提名、请求召开股东大会等股东权利下的非直接决策性工具，也包括表决（含征集表决）之决策性工具，此种行权方式的特点是与持股数量密切相关。同时，当股东以此等方式参与公司治理时，公司都需要作出一定的回应。不过，根据投服中心《行权规则》第 5 条的规定，投服中心原则上不得干预或参与公司日常经营、不得参与涉及公司董事、监事、高级管理人员等的重要人事变更事项、不得参与涉及公司控制权争夺等利益纠纷的事项。尽管投服中心可以采取请求召开股东大会的方式，但根据《公司法》第 100 条第 3 项的规定，仍需与其他股东联合方能实现。从行权成本来看，较之于前述商谈型方式，参与型方式的成本要更高且被紧密地嵌刻在公司法之中。从行权效果来看，鉴于投服中心的身份特征及行权方式，同样容易产生较大的市场影响。

其三，诉讼型方式。诉讼型方式是股东参与公司治理及权利救济的最后防线，也是最重要的法律武器。从行权成本来看，诉讼型方式是成本最高的行权方式。根据《公司法》的规定，公司股东可以采取股东直接诉讼和股东代表诉讼的方式，前述海利生物案件所采取的正是股东直接诉讼方式，而《证券法》（2019 年修订）第 94 条第 3 款赋予了投服中心提起股东代表诉讼极大的便利，其持股比例和持股期限不受《公司法》规定的限制。目前,投服中心尚未采取此种方式行权。但从理论上来看,投服中心被豁免《公司法》第 151 条之限制的基础是值得讨论的。结合前述持股行权的情况来看,此等股东代表诉讼权限赋予最大的风险在于投服中心有无可能导致滥诉。对此,投服中心认为,“投资者保护机构作为以维护中小投资者合法权益为目标的公益机构,基于此现实考量,新证券法的规定并无造成滥诉进而影响上市公司治理的后顾之忧”〔1〕。如此说明和判断,恐怕仍然没有足够的说服力。投服中心并非商业实体,其是否有能力去判断公司具体运行决策与商业选择的对错？不仅如此,若其怠于提起诉讼,监管机构与公众又有何种方式对其进行监督呢？这些问题亟待回答。但是,暂时抛却这些问题不谈,相较于前两种行权方式,诉讼型方式本身成本所包含的审慎性,仍然是促进投服中心保持谦抑性的次优方案。

(二)投服中心应侧重诉讼型方式

从实践来看,投服中心目前较为偏向第一种方式,对第二种和第三种方式运用情形较少,〔2〕这正是本文第一部分所述问题的根源所在。对于商谈型方式而言,投服中心的具体行权方式较为简单,其不需要与上市公司其他股东联系而可径行发布建议、质询等公告,且容易引发市场的一定关注。对于参与型方式,尽管其可能需要与其他股东联合行权,但在“中国宝安”征集表决权等类似事件情形下,仍然存在缺乏充分论证的风险,尤其在缺少对抗的情况下,投服中心有可能因对相关问题的精细化剖析有所不足而产生失误。若是如此,则不但不利于投资者和上市公司充分学习、无助于各界广泛讨论,而且一旦投服中心在大量参与治理工作中出现一两例判断失误,还可能削弱投服中心的公信力,致其日后行权更加困难。举重以明轻,哪怕是证监会的行政处罚,也允许行政相对人提起复议和诉讼,但在投服中心或新闻媒体披露的材料中,我们却很

---

〔1〕 投服中心:《结合新证券法规定谈谈股东代表诉讼》,载中国证券监督管理委员会,http://www.csrc.gov.cn/shanghai/c105573/c1282281/content.shtml,最后访问日期:2020 年 7 月 21 日。

〔2〕 截至 2022 年 2 月 9 日,我们对投服中心官网上的“媒体报道”(共 434 条)和“中心新闻”(共 232 条)栏目披露的持股行权案例进行了整理,剔除重复的报道和涉及上诉的案例(例如,若某案件涉及一审和二审,新闻均予以报道的情况下,仅记作 1 个行权案例),共获得 89 个行权案例。其中,诉讼型方式(含支持起诉)有 25 个,占比约 28%。尽管披露的案例数目有限,但我们仍可看出诉讼型的行权方式并非主流。

难找到上市公司对投服中心行权的针对性辩解。[1] 鉴于在缺少对抗的情况下,投服中心此种行权缺乏充分约束,[2]因而商谈型、参与型两种方式所引致的误伤上市公司治理之风险不容小觑。

我们之所以主张诉讼型方式,原因有三:第一,就机构本身职能履行的角度而言,有限的资源必然要求其寻找出一条高效的行权道路,无可厚非,更何况投服中心建立了一定的内部约束机制,包括行权事项分类决策制度、行权立项会、持股行权专家委员会等。但我们认为,有效的外部监督更加重要,不能寄希望于纯粹的自身纪律约束,因为若有特定事件下的声誉考虑,内部程序瑕疵可能会被事后遮掩,而令外部视角如坠云雾。即便是美国证券交易委员会,其大量民事罚款亦以原告的身份向法院诉讼为之,这使其执法更具有权威性和说服力。因而,将持股行权重心放在诉讼型参与方式之上,有助于司法机关与市场各界予以有效监督。第二,投服中心的最终目标并不仅仅在于对个别上市公司治理问题的介入,而应该着力促进我国证券市场公司治理与投资者保护的整体进步。[3] 具言之,尽管投服中心的性质为有限责任公司,但其本质上并非单纯的市场机构,而作为一个准行政机构,其理应以更高的要求和更加宽阔的视野来开展工作,尤其要防范其持股行权行为本身给市场造成的负外部性影响。[4] 基于此目标之实现,尽管诉讼型方式短期内行权成本高,但经过对典型案件的

---

〔1〕 在极少数案例中,确实存在上市公司方的辩解,但其音量通常不大,遑论与投服中心的行权声明抗衡。

〔2〕 现实中,上市公司对于投服中心持股行权(诉讼除外)的对抗大多是消极的不服从,而缺乏统一的申辩平台。例如,投服中心曾于2017年6月9日参加山东金泰2016年年度股东大会,并对上市公司的年度审计报告和内控事项提出质疑。对此,山东金泰拒绝回答,并宣称投服中心的质询和建议干扰了会议的进行。投服中心则表示将向监管部门汇报上述情况。参见吴绮玥:《山东金泰无视质询建议 投服中心将向监管部门报告》,载新华网,http://m. xinhuanet. com/fortune/2017 - 06/19/c_1121166041. html,最后访问日期:2022年4月2日。

〔3〕 我国《证券法》(2019年修订)第1条开宗明义地阐述了我国证券法治的根本目标——"规范证券发行和交易行为,保护投资者的合法权益,维护社会经济秩序和社会公共利益,促进社会主义市场经济的发展"。

〔4〕 投服中心自身亦指出其"持股行权应立足于公司普通股东地位,淡化行政色彩,严格根据法律赋予的股东权利,用好法律赋予的手段,反映公司中小股东的利益诉求"。参见投服中心:《证监会召开持股行权试点工作座谈会》,载中证中小投资者服务中心,http://www. isc. com. cn/html/xqdt/20160701/750. html,最后访问日期:2022年4月2日。

充分论证和抗辩后,其有助于形成更具约束力的“先例”和释放更具权威的市场信号。这也与投服中心所寻求的“示范引导原则”相呼应,该原则要求“选择具有普遍、典型意义,对中小投资者具有引领、示范作用的事项行权”[1]。因而,投服中心要借助诉讼方式精准行权,而不是漫天撒网。第三,从目前实践情况来看,无论是投服中心自身提起的还是其支持的诉讼,均未出现原告败诉的案例,[2]这在一定程度上恐怕已经导致投服中心面临公正性质疑,因而前述商谈型和参与型的行权方式可能更令市场机构感到忧虑。因此,综合考虑到提高行权门槛、拉长行权时间、加强行权论理、允许行权对抗和引入外部监督等因素,我们认为,增大诉讼行权的比例都会是更好的途径。

(三)增强法院在诉讼型行权中的能动作用

金融市场纠纷是较为复杂专业的一种纠纷类型。正因如此,上海金融法院、北京金融法院相继成立并开始发挥积极作用,这从侧面显示出我国法院在金融商事领域审判工作的挑战与困难,但也呈现了法院对金融市场纠纷解决的积极态度。为更好地实现证券市场的治理,法院在金融商事诉讼中要发挥出其应有的作用。尤其对投服中心所提起的或者支持起诉的案件,法院应当借由自身的金融商事专业裁判能力向市场释放出权威、准确、专业的信号,以向前看的思维促进社会财富的最大化。我们认为,法院目前可以从两个方面提高其在相应诉讼中的权威裁判作用。

其一,在专业性层面,美国的法院之友(Amicus Curiae)制度值得借鉴,应允许专家以更多元的形式参与到专业诉讼之中。在该制度下,诉讼程序对公众、政府的意见与司法的专业判断进行了整合,虽然各主体并非直接进行对话,程序运作却实现了保持司法独立性的前提下法院与民意的有效沟通。[3] 在美国,法院在审理股票、期货等专业性很强的纠纷时,允许有关专家主动或在一方

---

〔1〕《行权规则》第4条。

〔2〕 如果一审法院作出了对原告不利的判决,而在投服中心支持上诉后,二审法院均倾向于改判原告胜诉。参见同花顺财经:《投服中心支持上诉获胜:大连控股实控人承担损害赔偿责任》,载百家号,https://baijiahao.baidu.com/s?id=1650900805484997299&wfr=spider&for=pc,最后访问日期:2019年11月22日;祁豆豆:《投服中心再次支持投资者上诉 藏格控股案二审胜诉》,载上海证券报网易,https://www.163.com/dy/article/GQQHNAO10552C2FY.html,最后访问日期:2021年12月9日。

〔3〕 参见徐阳:《“舆情再审”:司法决策的困境与出路》,载《中国法学》2012年第2期。

当事人倡议之下以法院之友的身份介入诉讼,这些专家区别于警察或司法机关指派的鉴定人,并且能够促使鉴定人采取更审慎的态度得出影响案件走向的结论。[1] 目前而言,我国近似于法院之友的制度为专家辅助人,但专家辅助人参与民事诉讼仅限于当事人申请[2],只有在刑事诉讼中才允许被法院指派[3],也不允许专家自己申请参与诉讼,这与美国法院之友可以主动申请、经当事人请求或依法院邀请而参与诉讼存在差异。[4] 譬如,美国的机构投资者委员会(The Council of Institutional Investors)就曾主动以法院之友的身份提出动议,认为特拉华州公司无权在《特拉华州普通公司法》第102条(b)(1)项下制定限制股东提起证券欺诈诉讼的章程条款。[5]

尽管我国有学者呼吁立法应允许部分主体在受到一定约束的前提下向法院呈递意见[6],但专家自行申请参与诉讼目前仍未落地。我们认为,专家辅助人制度至少可以从证券纠纷领域先行尝试,建立类似于美国法院之友的实施机制。事实上,我国此前已有不少专家参与金融商事诉讼的有益经验,其包括:在飞乐音响案中,上海金融法院通过随机抽取而确定中证资本市场法律服务中心

---

〔1〕 参见张泽涛:《美国“法院之友”制度研究》,载《中国法学》2004年第1期。

〔2〕 《民事诉讼法》(2021年修正)第82条规定:“当事人可以申请人民法院通知有专门知识的人出庭,就鉴定人作出的鉴定意见或者专业问题提出意见。”最高人民法院《关于适用〈中华人民共和国民事诉讼法〉的解释》(法释〔2022〕11号)第122条第1款规定:“当事人可以依照民事诉讼法第八十二条的规定,在举证期限届满前申请一至二名具有专门知识的人出庭,代表当事人对鉴定意见进行质证,或者对案件事实所涉及的专业问题提出意见。”

〔3〕 最高人民法院《关于适用〈中华人民共和国刑事诉讼法〉的解释》(法释〔2021〕1号)第251条规定:“为查明案件事实、调查核实证据,人民法院可以依职权通知证人、鉴定人、有专门知识的人、调查人员、侦查人员或者其他人员出庭。”

〔4〕 参见张泽涛、陈斌:《法学家论证意见书及其规范——美国“法院之友”制度的启示》,载《法商研究》2004年第4期。

〔5〕 《特拉华州普通公司法》第102条(b)(1)项是对公司章程的授权性条款,其规定了不违反州法律的章程条款有效。但是,美国的机构投资者委员会指出,私人民事证券欺诈诉讼是对司法部的刑事诉讼和SEC的执法行动的重要补充,若公司试图在章程中包含限制其股东提起证券欺诈诉讼的条款,则该条款不应被法院接受。See *The Council of Institutional Investors*, *Beief Amicus Curiae of the Council of Insititutional Investors in Support of Plaintiff-Appellee and Affirmance*, Delaware Judiciary, https://courts.delaware.gov/supreme/oralarguments/download.aspx? id = 3284.

〔6〕 参见张泽涛:《美国“法院之友”制度研究》,载《中国法学》2004年第1期。

为损失核定机构;[1]在上海普天案中,上海金融法院委托上海交通大学中国金融研究院采用"收益率曲线同步对比法"核定投资者损失;[2]在中安科二审案中,投服中心也首次推荐了专家辅助人出庭发表意见;[3]在方正科技案中,投服中心自身亦为法院提供意见。[4] 因此,能否以投服中心作为原告或支持起诉的案件为试点,允许行业或法律专家等自主申请成为法院之友,值得进一步研究。

其二,法院在相关金融商事案件的裁判中,应当秉持较为谦抑性的立场。投服中心并非单纯的民事主体,而是一个准行政机构,其诉讼事件往往容易获得更多的关注。因而,在法院居中裁判之时,理应对双方的理由予以更为充分的空间,并且审慎地介入到具体的公司治理当中。譬如,从前述海利生物案件来看,上海市奉贤区人民法院认为,"被告在 2015 年第一次临时股东大会决议中有关《公司章程》第八十二条第二款第(一)项内容,其中设定'连续 90 天以上'的条件,违反了《公司法》的规定,限制了部分股东就非独立董事候选人提出临时提案的权利,该决议内容应认定为无效"[5]。尽管法院没有正面、直接地对《公司法》条款的效力进行认定,但其所赋予的"无效后果"仍显示了法院态度,更何况此等判断与投服中心在诉讼中所主张的"董事的提名权是股东选择管理者权利的重要内容之一,是股东的基本权利,对这种权利的保护属于《公司法》中的强制性规定"相互对应。在存在不同解释的情况下,即便我们不去评论《公司法》该条款的效力性质,法院如此简单地认定是具有很大风险的,因为这可能涉及反收购措施合法性的重大问题。简言之,投服中心所提起的诉讼不是一个市场机构经济利益驱动下的案件,而是将要对资本市场产生一定引导性的示范案件。不管法院最终作出何种裁判和认定,但一定要有充分的论理,否则不利于发挥司法裁判应有的矫正作用。

---

[1] 参见上海金融法院民事判决书,(2020)沪 74 民初 2402 号。

[2] 参见上海金融法院民事判决书,(2019)沪 74 民初 1049 号。

[3] 参见《投服中心首次为证券虚假陈述案推荐专家辅助人》,载新华网,http://www.xinhuanet.com/fortune/2021-06/02/c_1127520200.htm,最后访问日期:2021 年 12 月 9 日。

[4] 参见上海金融法院民事判决书,(2018)沪 74 民初 330 号。

[5] 上海市奉贤区人民法院民事判决书,(2017)沪 0120 民初 13112 号。

## 五、结　论

面对中小投资者保护的普遍难题,作为一种世界范围内创新的投资者保护形式,投服中心自建立以来,通过其积极的持股行权工作对完善上市公司治理起到了一定作用。与此同时,其本身准行政机构的性质,又使持股行权工作面临过度介入公司治理的可能性。面向未来,投服中心理应以更高的要求开展工作,减少商谈型和参与型的持股行权方式,而多采用诉讼型参与方式。由此,不仅有助于把"好钢用在刀刃上",而且借助诉讼这一对抗式的纠纷解决方式,更有利于为市场释放权威信号。美国证券交易委员会第二任主席威廉姆·道格拉斯(William O. Douglas)在谈到交易所与证监会的关系时曾经说道:"交易所施展其市场的领导作用,而政府则发挥剩余作用。打个比方来说,政府就像举着一把猎枪,站在门后面,子弹上好膛、抹好油并拉开了枪栓,等着随时开枪,但他其实希望这把枪永远不开火。"[1]这生动地呈现了证券市场监管的理想图景,我们期待投服中心亦能在一定程度上实现此等目标,由此成为威慑资本市场公司治理违法行为的利剑。

---

〔1〕 See William O. Douglas, *Democracy and Finance*, Yale University Press, 1940, p. 82.

# 韩国商法中的守法支援人制度

董新义*

**内容摘要**:近年来我国发生多起上市公司违法违规甚至犯罪案件,其中均反映出上市公司内部控制缺位的问题,许多上市公司都未设置合规负责人这一职务。这源于《公司法》、《证券法》以及《上市公司章程指引》、《上市公司治理指引》等法律法规均未规定上市公司应当设立合规负责人。与此相对,韩国商法引入守法支援人制度已近10年,其议论的焦点集中于两个方面:一是守法支援人制度适用对象企业扩大的问题;二是处罚和激励相结合的守法支援人制度完善的问题。我国可以借鉴韩国守法支援人制度以确立我国合规负责人制度。

**关键词**:守法支援人　合规负责人　上市公司

## 一、引　　言

当代,合规经营已经成为企业治理的重要内容。合规是企业为预防、控制和应对各种法律风险所采取的一种管理机制,本质上合规是一种公司治理方式。[1] 我国政府对企业合规管理体系的重视,始于对金融机构的治理,经过多年金融机构治理制度的建设和发展,我国在金融机构治理相关法律规定中几乎

---

* 中央财经大学副教授,法学博士。

〔1〕 参见陈瑞华:《论企业合规的中国化问题》,载《法律科学(西北政法大学学报)》2020年第3期。

都确立了合规负责人这一制度,[1]合规负责人制度已经成为我国金融机构治理制度的重要组成部分,对完善金融机构的内部治理发挥了显著的作用。但作为公司治理的一般性法律的《公司法》和《证券法》,却并未对一般性公司尤其是上市公司的合规负责人制度作出任何安排,《上市公司章程指引》和《上市公司治理指引》等部门规制也都未对上市公司应当设立合规负责人作出法律规定。可见,现有企业合规管理体系建设指导文件中,都对合规负责人制度重视不够。[2] 近年来,在我国发生的多起上市公司违法违规甚至犯罪案件中,均反映出上市公司内部控制缺位的问题,许多上市公司未设置合规负责人(或首席合规官、合规总监)这一职务。上市公司是公司群体的主力军、带头人,"创新与合规经营是上市公司的生命线"[3],"在转型和创新发展中,所有的上市公司必须依法经营,这是一条生命线。如果不合规经营,不遵守法律法规,无视诚信道德……越是上市公司越是大企业,你更加输不起,更加要依法合规经营……"在公司治理结构尤其是大公司的治理结构中,增加设置合规负责人制度,是公司内控机制建设的重要内容,是保证公司合法合规经营的重要保障。本文中,笔者建议我国拥有一定资产规模的上市公司应当强制性地设立合规负责人,并发挥合规负责人合规经营管理职责,以加强公司内控机制建设。之后,随着上市公司试点再进行调整,然后扩大到所有的上市公司甚至是所有的股份有限公司。为此,本文以韩国商法确立的合规负责人或首席合规官制度,即守法支援

[1] 例如,《证券公司治理准则》第五章规定高级管理人员时,在第 54 条第 1 款规定,"本准则所称高级管理人员,是指证券公司的总经理……合规负责人……以及实际履行上述职务的人员";第 2 款还规定了高级管理人员须从证券监管机构取得任职资格。另外,中国证监会还专门就证券公司的合规管理作出了规定,如专门颁布了《证券公司和证券投资基金管理公司合规管理办法》,中国证券业协会发布了《证券公司合规管理实施指引》。再如,《中国银保监会中资商业银行行政许可事项实施办法》第 78 条第 2 款规定,"中资商业银行行长、副行长……合规总监……等高级管理人员,须经任职资格许可"。

[2] 虽然国内多个政府部门出台了企业合规管理体系建设指引性文件,但这些文件没有把首席合规官上升到制度设计层面。原银监会发布的《商业银行合规风险管理指引》、原保监会发布的更新版本的《保险公司合规管理指引》(已失效)、证监会发布的《证券公司和证券投资基金管理公司合规管理办法》、国务院国资委发布的《中央企业合规管理指引(试行)》都没明确要求设置首席合规官。只有国家发展改革委等发布的《企业境外经营合规管理指引》明确要求有境外业务的企业可以结合实际任命专职的首席合规官,这也是首次明确提出在企业设置首席合规官的官方文件。

[3] 任兴洲、余瀛波:《创新与合规经营是上市公司的生命线》,载《法制日报》2015 年 11 月 16 日,第 7 版。

人制度[1]为研究对象,拟对该制度的出台背景、核心内容以及运行现状和问题表现进行检讨,“他山之石,可以攻玉”,从而为我国公司法律修改引入上市公司合规负责人制度提供借鉴建议。

## 二、韩国商法确立的守法支援人制度的背景

韩国商法引入守法支援人制度,其大背景是顺应公司内部控制机制建设的公司治理建设的趋势,是要加强对公司尤其是上市公司的内部控制,希望强化内部控制促使上市公司合法合规经营。尤其是已在所有金融机构建立合规负责人制度的背景下,韩国试图把合规经营义务扩大到所有公司,为此作为制度改革的重要环节,首先在上市公司中强制推行守法支援人制度是符合韩国国情的正确举措。

为此,韩国于 2011 年在修改《韩国商法》时增加了一个新的条文,即第 542 条之 13,从而正式在商法中确立守法支援人制度。当时,韩国修改商法引入守法支援人的目的是将守法支援人定位于在公司内部诊断法律风险,进而预防上市公司纠纷的内部法律专家;同时希望引入守法支援人以提高上市公司的竞争力,强化上市公司的伦理性、守法性经营,为上市公司的稳健发展发挥出重要作用。同时,韩国也深受美国企业合规官(美国称之为 Compliance Officer)制度的影响,故决定引入守法支援人制度。

该制度确立后,自 2012 年 4 月起正式实施。但是,在此期间,根据《韩国商法施行令》(类似于我国国务院制定的行政法规)即《韩国商法总统令》附则第 5

---

[1] 在韩国,合规官制度首先在金融法律中使用,金融法律更早使用了汉字词“遵法监察人”(준법감시인),例如韩国《金融机构治理结构法》使用“遵法支援人”(준법감시인)。而韩国在 2011 年修改《商法》时才正式引入“遵法支援人”(준법지원인)制度,其字面意义为遵守法律的支援者,从韩国学者的观点来看,“遵法监察人”和“遵法支援人”在选任和任职资格、职务组织体系存在一定的差异,参见[韩]金荣禄:《内部控制相关法律的问题点及改善方案研究》,汉阳大学 2016 年博士学位论文,第 63 ~ 67 页。但是,这两种职务都是履行合规管理职责的,其内涵与我国语境下的“合规负责人”、“合规总监”或“首席合规官”相似。因此,为论述方便,除非有另行论述,本文统一用“遵法支援人”来指代这两种术语展开论述。同时需要指出的是,由于汉语很少使用“遵法”一词,往往使用“守法”一词。为最大限度地保持与韩国法条内容一致,本文在介绍韩国合规负责人(或首席合规官)制度时,将“遵法支援人”翻译为“守法支援人”,将法条中的“遵法”全部翻译为“守法”。

条的规定,对特定期间一定规模的公司予以豁免适用。具体来讲,其是指资产规模在5000 亿韩元以上不满1 兆韩元(约30 亿元人民币以上不满60 亿元人民币,人民币与韩元的汇率约为1:165)的上市公司,截至2013 年12 月31 日,可以豁免适用守法支援人制度。但是,自2014 年1 月1 日起,所有资产规模在5000 亿韩元以上的上市公司均须适用守法支援人制度。

《韩国商法》规定,守法支援人制度的适用对象企业是上市公司,但并未直接规定符合哪些条件的上市公司应当适用守法支援人制度,而是将规定一定资产规模的标准设定权委任给商法总统令来加以规定,而商法总统令对前述标准的提出主要由韩国法务部来具体执行。从立法过程来看,从设立到目前,将守法支援人制度的判定标准设定为资产规模在5000 亿韩元以上,这一标准一直都有争议。在商法总统令修改的当时,守法支援人制度适用对象企业的基准设定和守法支援人的资格条件的冲突异常激烈。韩国法务部(类似于机构改革后的我国司法部)在公布的《韩国商法总统令》(立法预告案)中,曾试图将标准确定为3000 亿韩元(约18 亿元人民币),即资产总额在3000 亿韩元以上的上市公司须选任守法支援人,但对于该方案,韩国经济界表达了担忧,认为这会加重企业的负担,著名的经济团体——韩国全国经济人联合会、大韩商工会议所、中小企业中央会、科斯达克协会、韩国上市公司协议会等韩国大的经济团体,曾向韩国中央政府建议,守法支援人制度只应适用于那些适用上市公司特例规定的、资产规模在5 兆韩元(以2010 年为基准,该规模的上市公司仅占整个上市公司总数的3%)、商法上董事总数过半必须选任独立董事、严格条件的监事委员会设置等,资产总额在2 亿韩元以上(以2010 年为基准,该规模的上市公司仅占整个上市公司总数的5%)的那些大规模上市公司。[1] 通过各方谈判妥协,最终公布的商法总统令中将3000 亿韩元标准调高到总资产在5000 亿韩元以上(《韩国商法总统令》第39 条)。这一标准至今尚未调整过。

---

〔1〕 该争论的详细情况,参见2011 年12 月28 日韩国法务部报道资料。参见韩国法务部官网,https://www.moj.go.kr/moj/221/subview.do?enc=Zm5jdDF8QEB8JTJGYmJzJTJGbW9qJTJGMTgyJTJGMjIyNDU3JTJGYXJ0Y2xWaWV3LmRvJTNG,最后访问日期:2022 年11 月1 日。

## 三、韩国商法守法支援人制度的核心内容

根据《韩国商法》和《韩国商法总统令》的规定,守法支援人制度的基本内容是:在上一个会计年度末,资产总额在 5000 亿韩元以上的上市公司,必须配备一名以上负责守法控制标准业务的守法支援人(《韩国商法》第 542 条之 13、《韩国商法总统令》第 39 条)。守法支援人应当监察公司是否遵守了守法控制标准,并将结果报告给董事会,守法支援人的任免须通过董事会决议(《韩国商法》第 542 条之 13)。另外,该条款规定了一个例外条款,即如果根据其他法律必须设立内部控制标准及守法监察人的上市公司除外。此处所指适用例外的上市公司,在韩国法律体系中,主要指金融机构,因为根据《韩国金融机构治理结构法》的规定,金融公司必须配备承担设置内部控制基准义务和履行守法监察人选任义务的人员。因此,这里所指豁免适用守法支援人制度的上市公司就主要是指金融公司。(《韩国金融机构治理结构法》第 25 条、《韩国金融机构治理结构法总统令》第 39 条)。

### (一)守法支援人的法律地位

最近一个会计年度末,资产总额超过 5000 亿韩元的上市公司,须通过董事会决议选任守法支援人。《韩国商法》明文规定了守法支援人的善良管理义务(《韩国商法》第 542 条之 13 第 7 款)。同时,守法支援人必须检查公司是否遵守了守法控制基准,并将检查结果向董事会进行报告(《韩国商法》第 542 条之 13 第 3 款)。鉴于守法支援人的任免须经过董事会决议这一要求,虽然《韩国商法》未明文规定守法支援人的法律地位,但是通过对前述条文的体系性解释,以及综合守法支援人的运营情况,守法支援人的法律地位相当于执行高管。基于公司高级管理人员的地位,因此根据韩国公司法理,守法支援人和公司的关系就是委任关系。[1] 但是,对于守法支援人是否属于商法上的独立机关,韩国学界的通说是,守法支援人不能独自作出决策,并最终负有向董事会报告是否

---

〔1〕 参见李哲松:《公司法讲义》(第 25 版),博英社 2017 年版,第 864 页;另外也可参见朴世华:《内部控制与守法支援人》,载《株式会社法大计 Ⅱ》,博英社 2016 年版,第 1359 页。

遵守了守法控制基准相关检查结果的义务，守法支援人的责任也没有在商法中予以规定等情况，以这些情况为根据，守法支援人并不具有商法上独立机关的地位。[1] 守法支援人主要是通过帮助董事履行监督义务，并检查公司是否遵守守法控制基准，并向董事会报告检查结果来发挥其主要作用。从这一规定和现实情况来看，守法支援人起到的是“守法”（合法合规经营）和“支援”（帮助或辅佐）作用。

（二）守法支援人的任免与任期

根据《韩国商法》的规定，资产总额在5000亿韩元以上的上市公司，应通过董事会决议来任免守法支援人。正如前述，由于守法支援人与公司的关系是委任关系，因此除任期届满的退任外，还有因发生委托终止事由的退任（《韩国民法》第690条）。另外，根据《韩国民法》规定的约定解除权（《韩国民法》第689条），守法支援人可以根据自己的选择随时辞职，董事会也可以解任守法支援人，当然其赔偿或补偿主要根据委任协议来予以约定。《韩国商法》规定的守法支援人的任期为3年。但是，若有其他法律规定其任期短于3年的，将优先适用《韩国商法》关于守法支援人任期的规定。《韩国商法》保障守法支援人的任期为3年，主要是为了保证其稳定履职，从而对公司的合法经营发挥作用。故守法支援人在任期内，若无法定或约定的正当理由被解任，守法支援人当然可类推适用《韩国商法》第385条（关于董事解任的规定）第1款的规定，向解任守法支援人的公司请求损害赔偿。

（三）守法支援人的资格要件

《韩国商法》规定，能够担任守法支援人职务须为具有律师资格的人、符合《韩国高等教育法》第2条规定的在学校法律学科担任助理教授5年以上的人，或者是《韩国商法总统令》规定的具有法律知识和经验丰富的其他人员（《韩国商法》第542条之13第5款）。同时根据总统令的规定，可以根据总统令被委任为守法支援人的资格条件是：(1)曾在上市公司担任过监事、监察委员、守法

---

[1] 但是，在韩国，也有部分学者主张，以监事地位的发展为例，如果通过对商法进行修改，赋予了守法支援人的权限和义务，与其他机关的关系以及对第三人的商法上责任等进行规定，对守法支援人的机关性也是可以再讨论的。参见朴世华：《内部控制与守法支援人》，载《株式会社法大计Ⅱ》，博英社2016年版，第1359～1360页。

监察人或者与此相关的法务部工作经历合计达 10 年以上;(2)获得法学硕士以上学位并在上市公司担任监事、监察委员、守法监察人或者与此相关的法务部工作经历合计达 5 年以上(《韩国商法总统令》第 41 条)。

在韩国确立守法支援人资格条件的讨论中,从引进守法支援人制度之日起到《韩国商法总统令》修改为止,曾有过多次争议。根据当时韩国法务部《韩国商法总统令》(立法预告案)的内容,守法支援人的资格除法律上直接规定的律师、法学助理教授之外,还增加了曾毕业于法学专业并在上市公司具有 5 年(法学硕士)或者 10 年以上(法学学士)工作经历的人员。但是,在最终的立法案中,韩国法务部排除了关于"法学专业"的要件,采纳了"在上市公司担任过监事、监察委员、守法监察人或者与此相关的法务部门工作经历合计达 10 年以上"的最终方案。关于资格要件,需要与《韩国金融机构治理结构法》的守法监察人的资格条件相匹配的观点,以及是否认可外国律师资格的问题也曾被讨论过。与《韩国金融机构治理结构法》不同的是,现行商法并未对守法支援人的消极资格事由作出任何规定。而《韩国金融机构治理结构法》规定,最近 5 年内,违反《韩国金融机构治理结构法》或其他相关金融法令,被金融委员会或金融监督院采取过问责或减薪以上监管措施的,根据该法第 26 条第 1 款第 2 项第 4 目的规定,从金融机构卸任未满 5 年的也不得被任命。这是考虑到与《韩国金融机构治理结构法》的守法监察人及商法上的执行董事是相匹配的,但是在韩国学界,赞成引入守法支援人消极事由规定的主张是较多的。

### (四)守法支援人的义务与责任

#### 1. 守法支援人的职责

守法支援人的职责是检查是否遵守了守法控制基准,并向董事会报告(《韩国商法》第 542 条之 13 第 1 款、第 3 款)。韩国商法在规定守法控制基准的立法目的时,使用了"为了遵守法令、适当地经营公司"的表述。商法将守法支援人制度引入内部控制制度中只是为了守法控制,因此条文中"为了适当地经营公司"的表述在解释上是存在争议的。因为该条文中"适当地经营公司"的表述,从目的性解释来看,将可能与提高公司经营效率的董事会或高级管理人员的职权发生重复,因此有必要对该表述作缩小解释。故笔者认为,确立守法支援人制度的立法目的,守法支援人的职责是督促公司合法合规经营,故《韩国商法》中的“适当地经营公司”的条文应被解释为“合法合规地经营公司”。

《韩国商法》第542条之13第9款规定,“上市公司应确保守法支援人独立地履行职责”。从该规定来看,其不受董事会或代表董事的监督,与独任制机关(如股东会、监事会等)相类似地履行职责。在履职过程中,守法支援人要求上市公司相关高管职员提交履职相关资料时,接受要求的人应诚实地提交。

此外,韩国商法还对守法支援人的人事保障给予了规定。《韩国商法》第542条之13第10款规定,“对于曾担任过守法支援人的人员,上市公司不得因其履行职责相关的事由,而对其给予人事上的不利待遇”,该规定的核心是禁止上市公司给予守法支援人在人事方面的不公正和不利待遇。也就是说,担任过守法支援人的人员在其任期结束后,恢复到从事其他业务的高管或职员时,不会因为自己曾经是守法支援人而遭受打击报复。这也从制度上保障了守法支援人安心大胆地履职,不会因为担心将来可能遭受人事方面的不利待遇而消极、怠慢地履职。

2. 守法支援人的义务

守法支援人不得从事会给自己履职带来影响的营业相关业务。现行商法规定了守法支援人的善良管理义务及报告义务等。例如,修改后的《韩国商法》第408条之2第4款规定,董事会不得将一部分事项委托给执行高管行使,而这些禁止事项就包括《韩国商法》第542条之13第3款规定的守法支援人的报告事项,以及第4款规定的守法支援人的任免相关事项。可见,韩国商法非常确保守法支援人的报告义务和任免的重要性。

还需指出的是,尽管商法对守法支援人的善良管理义务与报告义务作出了规定,但是《韩国商法总统令》规定了禁止兼职的义务,即守法支援人“不得担任影响自身业务执行相关的营业业务”。该禁止性规定的立法宗旨是,如果守法支援人履行与被检查对象相关业务时,就会产生利益冲突,同时具有事前防止业务负担过重而阻挠守法监察工作正常进行的重要意义。[1] 此外,更为重要的是,《韩国商法》也规定了守法支援人在履职时,须承担善良管理者的义务以

〔1〕 参见朴世华:《内部控制与守法支援人》,载《株式会社法大计Ⅱ》,博英社2016年版,第1364页。

及保密义务,守法支援人不仅是在任职期间,退任后也不能泄露因职务原因获知的公司商业秘密(《韩国商法》第 542 条之 13 第 8 款)。

3. 守法支援人的责任

韩国商法并未明文规定守法支援人的法律责任。但是,从商法法理来讲,依然可以以守法支援人违反对公司的善良管理注意义务为由,追究其损害赔偿责任和侵权责任等。[1] 与韩国商法直接规定董事和执行高管的法律责任不同的是,韩国商法并未规定守法支援人对公司和第三人的损害赔偿责任。另外,《韩国金融机构治理结构法》规定了守法监察人原则上应从公司内部董事或业务执行负责人中选任(《韩国金融机构管理结构法》第 25 条第 2 款),但韩国商法并未对守法支援人必须从这类人员中加以选任作出限制。如果上市公司从董事或执行高管中选任守法支援人,当然适用商法对这些人员的相关责任规定。相反,如果守法支援人从公司内部的非董事或执行高管人员中选任,从韩国商法现行规定来看,在追究守法支援人对公司或第三人的损害赔偿责任时,就缺乏商法上的明文依据。

实践中,从守法支援人运营状况来看,大部分情况下都未从董事或执行高管人选中加以选任。社团法人韩国法政策学会曾于 2014 年对设立了守法支援人的 108 家上市公司进行了调查,主要就守法支援人在公司内的地位进行调查。调查结果显示,同时兼任董事或执行高管的守法支援人的比率仅为 2.9%,[2] 守法支援人大部分为公司的全职职员,是作为高管层的业务辅助者来执行业务的。与前述原因类似的是,虽然目前在韩国商法上很难认定守法支援人的独立机关性,但是从守法支援人是通过董事会予以任免的这一规定来看,笔者认为守法支援人的地位与执行高管是类似的。因此,从韩国商法的学理解释来看,将其明确纳入类似执行高管的范畴,采取与执行高管法律责任规定的立法方式,并新设准用董事、执行高管责任相关规定也是可行的。

---

〔1〕 参见朴世华:《内部控制与守法支援人》,载《株式会社法大计Ⅱ》,博英社 2016 年版,第 1364 页。

〔2〕 参见社团法人韩国法政策学会:《守法支援人制度和守法经营的活性化方案》(法务部委托课题报告书),2014 年,第 198 页。

### (五)守法支援人制度的激励及违反时的制裁

对于守法支援人的激励,韩国拟采取的方案是:(1)对于忠实地履行守法支援人制度中所规定义务的公司,韩国拟修改《韩国商法》第634条之3双罚制规定,在该条中增加补偿体系,以减轻守法经营上市公司的责任承担。(2)对于诚实地履行《韩国商法》第542条之13等规定的守法支援人义务的上市公司,其主要股东等利害关系人在违反第542条之9第1款而授信时,因授信而被征收的公司罚金刑会被免除。(3)在违反监督义务的案件中,是否构建内部控制体系将成为判断是否履行监督义务,以及是否减轻董事损害赔偿责任的理由。(4)除商法外,还有公平交易委员对自律遵守公正交易程序的公司,会减免对相关公司的处罚,以此法律手段作为激励机制。

对于守法支援人法律责任相关事项,依据韩国商法法理,对于商法要求适用守法支援人制度对象的上市公司,若未选任守法支援人的,公司或第三人可以追究董事们的法律责任。此时,董事也可以成为解任诉讼请求的对象。根据董事会的决议,需要诚实地构建和运用守法控制体制的代表董事或执行高管代表,如果懈怠履行前述义务,将承担对公司或第三人的损害赔偿责任(《韩国商法》第399条、第401条)。对于违反守法支援人制度,虽然《韩国商法》并未直接规定处罚或不利相关规定,但其规定了守法支援人是作为法定机构的,符合条件的上市公司必须选任和运营守法支援人。

## 四、韩国守法支援人制度运营现状、存在的问题以及改革动向

韩国自2012年起正式施行守法支援人制度以来,大多数上市公司均能按照商法的规定,选任了守法支援人,也让守法支援人在公司内部控制中发挥了重要的作用。但是,至今仍有多数公司并未选任守法支援人,从近10年运营来看,该制度本身存在不少问题。

### (一)韩国守法支援人选任情况

以韩国官方公布的数据为准,从2012年正式实施守法支援人制度以来,在2016年以前,应当适用该制度选任守法支援人的上市公司的比例均不足50%,在最近有统计数据的2019年度,也只有59.2%。从表1韩国金融监督院的统

计数据可以看出,守法支援人制度在韩国的实施并不理想。

**表 1　韩国上市公司选任守法支援人的情况**

| 年度 | 符合条件的企业数(个) | 选任企业数(个) | 比例(%) |
|---|---|---|---|
| 2012 | 172(1 兆韩元以上) | 69 | 40.1 |
| 2014 | 306(5000 亿韩元以上) | 108 | 35.3 |
| 2015 | 304(5000 亿韩元以上) | 123 | 40.5 |
| 2016 | 311(5000 亿韩元以上) | 183 | 58.8 |
| 2019 | 358(5000 亿韩元以上) | 212 | 59.2 |

数据来源:韩国金融监督院,2012 年是以资产在 1 兆韩元以上的企业为准。

从表 1 可以看出,应当选任守法支援人的许多上市公司,并未遵守商法有关选任守法支援人的强制性规定。在 2019 年,应当设立守法支援人的上市公司共有 358 个,但是其中只有 212 个公司选任了守法支援人,仅占 59.2%,与 2016 年选任率相比,上升率竟然不足 1%(仅上升了 0.4%)。

另外,从韩国上市公司关于守法支援人选任和运营的信息披露来看,韩国金融监督院曾于 2015 年 8 月发布了新的《事业报告书信息披露格式》,要求从该时间起上市公司须记载和披露守法支援人的选任情况和主要经历等。但是,从 2015 年度的事业报告书的检查结果来看,关于守法支援人相关信息记载和披露缺陷的比率高达 61.1%。对守法支援人信息记载和披露的缺陷主要体现在未记载守法支援人,或者从记载的守法支援人经历中难以判断是否符合商法规定的守法支援人要件等。[1] 具体情况可见表 2。

---

〔1〕 资料来源:韩国金融监督院:《2015 年会计年度事业报告迅速检查结果》(2016 年 5 月 23 日报道资料),载韩国金融监督院官网,https://www.fss.or.kr/fss/bbs/B0000154/view.do?nttId=45945&menuNo=200467,最后访问日期:2022 年 11 月 1 日。

**表 2 2015 年度事业报告书中迅速检查的非财务事项记载的缺陷比率情况**

| 检查项目 | 对象企业（A） | 适当（B） | 缺陷（C） | 缺陷比率（C/A） |
|---|---|---|---|---|
| 未偿还新种资本证券现状 | 61 | 26 | 35 | 57.4% |
| 公司债管理合同履行现状 | 242 | 101 | 141 | 58.3% |
| 独立董事活动现状 | 1968 | 1368 | 582 | 29.6% |
| 守法支援人（自 2015 年 8 月起实施） | 311 | 121 | 190 | 61.1% |
| 最大股东变动现状 | 356 | 152 | 204 | 57.3% |
| 各高管的薪酬情况 | 514 | 356 | 158 | 30.7% |
| 并购等事后信息 | 580 | 317 | 263 | 45.3% |

数据来源：韩国金融监督院《2015 年会计年度事业报告迅速检查结果》。

从表 1 和表 2 的统计数据易知，目前守法支援人制度在韩国上市公司的运作中还不是很理想，还存在许多需要改进的地方。

（二）韩国守法支援人制度运营中存在的主要问题分析

2014 年，社团法人韩国法政策学会曾对守法支援人制度运营不足的原因做过一次问卷调查，其调查结果见表 3。[1]

**表 3 守法支援人制度运营不足的原因**

| 未选任的理由 | 有价证券市场 | | 科斯达克市场 | | 合计 | |
|---|---|---|---|---|---|---|
| | 公司数（家） | 比例（%） | 公司数（家） | 比例（%） | 公司数（家） | 比例（%） |
| 费用过高（守法支援人的报酬等） | 40 | 36.4 | 5 | 4.5 | 45 | 40.9 |
| 感觉没多大用 | 42 | 38.2 | 3 | 2.7 | 45 | 40.9 |
| 无激励机制（刑事、行政、民事责任制裁减免，税金减免等） | 23 | 20.9 | 5 | 4.5 | 28 | 25.5 |
| 其他 | 32 | 29.1 | 2 | 1.8 | 34 | 30.9 |

〔1〕 参见社团法人韩国法政策学会：《守法支援人制度和守法经营的活性化方案》（法务部委托课题报告书），2014 年，第 164～165 页。

从表 3 可以看出,占 40.9% 的上市公司认为未选任守法支援人的一个重要原因是,企业要付出过高费用(薪酬)的成本。但是,根据韩国上市公司协议会的调查,从已经选任守法支援人的企业的实际支出情况来看,仅以 2014 年为例,过半的企业在选任守法支援人上总费用增加约 1000 万韩元(约 6 万元人民币)。特别是很多上市公司是将公司内部法律事务部门中从事公司律师业务相关人员选任为守法支援人,实际上选任费用并不会有巨大的增加。因此,那些关于上市公司未选任韩国守法支援人的主要原因在于费用的大量增加的说法,与实际情况并不相符。

不过,倒是有两个理由得到多数人的认可,即现行守法支援人制度缺乏激励机制(占 25.5%),以及商法并未规定违反守法支援人制度的处罚规则,基于这两个理由而直接导致上市公司在选任守法支援人时缺乏动力。也正因如此,韩国个别国会议员在提出商法修正案时,提出应增加处罚条款和激励条款的"大棒 + 胡萝卜"立法建议来促进守法支援人制度的实效性。遗憾的是,这些修改提案,还未在商法修改中予以吸纳。

(三)韩国守法支援人制度改革动向

近年来,韩国商法立法的一个基本特点是多吸收借鉴美国的制度,甚至有研究者对韩国守法支援人制度与美国的合规官(Compliance Officer)制度进行了比较(见表 4),并得出虽然在美国公司法中并未强制性地规定合规官制度,但在实践中许多上市公司主动设置了合规官,两国的类似制度在结果上却形成了鲜明的对比,因此认为有必要借鉴美国的相关做法。

**表 4　韩国、美国合规官的制度比较**

| 比较项目 | 韩国 | 美国 |
|---|---|---|
| 制度引入的法律 | 2012 年修改商法时引入 | 1991 年出台联邦量刑指南时引入 |
| 职位名称 | 守法支援人 | Compliance Officer |
| 强制条款 | 资产在 5000 亿韩元以上的上市公司必须选任 | 无强制 |
| 处罚条款 | 无 | 无 |
| 是否遵守 | 被动性 | 能动性 |

因此,要使该制度在上市公司中得以普遍推广,需要让企业知道为什么选任和运营守法支援人制度,这才是极其重要的,而这需要惩罚和激励相结合的配套机制作为保障。美国于1977年制定了《反海外腐败法》(Foreign Corrupt Practices Act, FCPA)[1],并在1991年制定了《联邦量刑指南》(Federal Sentencing Guidelines),这两部法律和规范性文件都规定了合规官制度,韩国守法支援人制度也正是借鉴了该制度。但是,美国并未在法律规定中强制性要求企业必须选任合规官。在实践中,美国主要头部企业中绝大多数都选任了合规官。而对比韩国的守法支援人制度和美国的合规官制度实施效果,其存在巨大差异的原因是美国合规官制度本身包含了激励机制,而韩国守法支援人制度未配套激励机制。一般而言,设立首席合规官,可以管理内部风险,可以减少法律费用开支以及提高企业的良好形象。另有研究认为,合规官制度也能提高企业的营销质量,提高企业的收益。

也正是基于对本国守法支援人制度存在上述弊端的认识,韩国立法界和学者均在推动对守法支援人制度的改革。为了提高守法支援人制度的实效性,韩国国会议员不断提出修改草案。例如,在2015年,由闵炳斗国会议员代表提议的商法修改案(议案号为3034号)提出,如果有义务选任守法支援人的上市公司不选任时,应处以5000万韩元以下的过怠料(罚款);在2017年,由权先东国会议员代表提议的对《关于垄断的规制和公正交易的法律》修改案(议案号为7448号)中提出,对于选任守法支援人并高效运营守法体制的企业,可以减轻追加罚的金额,实质上是对运营守法支援人的一种激励。

另外一个改革动向是,要扩大守法支援人制度适用对象企业的范围,即要调低资产规模。韩国现行商法规定,适用守法支援人制度的对象企业为在上个会计年度末资产总额在5000亿韩元以上的上市公司。尤其是现在韩国财阀企业的守法经营和伦理经营方面成为社会争议的焦点,守法支援人制度应当扩大适用的呼声也非常高。在韩国大韩律师协会对全国律师的问卷调查中,绝大多数律师认为应当将守法支援人制度扩大适用到所有的上市公司。具体来看,应

---

〔1〕 该法于1977年制定后,截至目前经过1988年、1994年和1998年三次修改,旨在限制美国公司利用个人贿赂国外政府官员的行为,并对美国上市公司的财会制度作出了相关规定。

当扩大到所有的上市公司的答复占 53%，应当扩大到资产总额在 1000 亿韩元以上的上市公司的意见占 27%，应当维持在 5000 亿韩元以上的意见占 11%。[1]

## 五、韩国守法支援人制度及实施状况对我国的启示

韩国在《韩国商法》这个一般法中确立守法支援人制度，奠定了合规负责人制度的基本框架，且经过近 10 年的运营，积累了不少经验，但也显示出很多不足。对于韩国守法支援人制度，我们基本的做法还是“扬弃”，在立足我国国情的基础上，吸取其经验，摒弃其教训。为此，我国在建立一般性上市公司合规负责人制度时，可从以下几个方面入手。

### (一)我国应在公司法中原则性地规定适用合规负责人制度

鉴于合规管理已经成为公司治理内部控制集中中极其重要的一环，合规负责人制度对于公司提高内部风险管理、减少公司法律费用、提高企业形象以及改善企业业绩都有极其积极的意义和影响。而公司又成为企业的主体，所以未来我国像韩国一样在一般性法律规范，即《公司法》中确立合规负责人制度，当然考虑我国语言，也可以将合规负责人规定为“合规官”或“首席合规官”这样的法律用语。借鉴《韩国商法》第 542 条之 13 第 1 ~ 8 款的规定，在《公司法》第四章第三节(董事会、经理)经理有关条文(《公司法》第 113 条)中，原则性地规定合规负责人相关的如下主要条款(见表 5)，并在《公司法》第 216 条本法用语“高级管理人员”相关规定中增加“上市公司合规负责人”这一职务。

〔1〕 资料来源:머니투데이, 변협설문조사 53% “전 상장사에 준법지원인 의무화해야”, 2017. 6. 16. 〈http://thel.mt.co.kr/newsView.html? no=2017061617428287159&ref=http%3A%2F%2Fsearch.naver.com〉

**表 5 主要条款条文建议**

| 条款 | 条文建议 |
|---|---|
| 第 1 款 | 为确保公司遵守法律法规和国家政策,合法合规地经营公司,一定资产规模以上的上市公司应当制定并运营合规控制相关的基准和程序。资产规模的具体标准由国务院证券监督管理部门确定 |
| 第 2 款 | 符合前款条件的上市公司,应当经董事会决议,选任一名以上人员担任合规负责人。罢免合规负责人的,也须经董事会决议 |
| 第 3 款 | 合规负责人应当负责公司的合规管理业务,检查和监督公司的合规管理,并定期向董事会进行报告 |
| 第 4 款 | 合规负责人应从符合上市公司董事和高级管理人员资格条件中的人员中选任,合规负责人属于公司高级管理人员。合规负责人的任期为三年,可连选连任一届 |
| 第 5 款 | 上市公司应确保合规负责人独立地履行合规管理业务,同时合规负责人应忠实、勤勉地履行公司合规管理的义务;若因故意或重大过失给公司或第三人造成损失的,负有损害赔偿责任 |
| 第 6 款 | 合规负责人对履职中获悉的公司商业秘密,在职期间或离职后均应承担保密义务 |
| 第 7 款 | 合规负责人履职相关其他事项,由国务院证券监督管理部门确定 |

### (二)确定适当的资产规模标准作为合规负责人制度适用公司的范围

从韩国实施守法支援人制度的情况来看,确定哪类企业、哪种规模的企业要强制建立合规负责人制度,其实是一个国家政策考量的问题。从韩国选择的过程来看,韩国法务部在综合考虑了多种情况后,才最终确定资产总额在5000亿韩元以上的上市公司须强制性适用守法支援人制度。韩国在确定时选择参考的因素包括韩国上市公司的整体情况,特别是上市公司资产规模分布区间,成为确立适用对象企业判断标准的重要因素,这些做法值得我国借鉴。未来,我国在确定应适用合规负责人制度的上市公司的适用要件时,应根据上市公司的整体规模,在整个范围中来确定适用条件,并将此作为一个政策判断因素。同时,韩国商法规定的守法支援人制度并不适用于所有的公司,但是该法律规定暗含着鼓励所有有条件的企业都建立守法支援人的寓意,也间接地鼓励所有公司构建合规经营内部控制指南,这对我国公司合规法治建设具有重大意义。我国也可借鉴韩国的这一做法,以上一会计年度上市公司的总资产规模作为确定适用合规负责人制度的对象公司的范围,以资产规模作为顺序,将前 20% 的上市公司纳入强制性适用合规负责人制度的企业范围,并通过要求这些上市公司强制披露合规负责人及其合规经营信息,在全社会所有公司中推行合规负责人制度,使所有公司的合规经营内部控制制度得以积极利用,从而使公司合规经营在我国生根发芽。

(三)确立激励和惩罚相结合的合规负责人奖惩机制

近年来,在我国学界和实务界,将合规经营作为企业和相关人员从宽处理的根据的研究,已经成为我国当下热度很高的一个话题。从韩国实施情况来看,未建立处罚和激励相结合的机制是守法支援人制度未能有效运营的一个重大原因。未来,我国在借鉴韩国守法支援人制度时,应当构建一个合规经营受激励、未合规经营受罚的机制。可以像上述几位韩国国会议员提出的那种方案,提出处罚和激励相结合的方案。

可资借鉴的是,《韩国金融机构治理结构法》也规定了同样的行政法律责任的内容,即金融机构或者金融机构的高管职员未履行内部控制基准相关义务、金融机构未选任守法监察人以及未依法任命守法监察人、未依法向守法监察人支付报酬及评价义务(第 25 条)、选任不符合资格条件的守法监察人(第 26 条)、守法监察人违反兼职限制相关规定(第 29 条)、金融机构违反第 30 条第 2 款未向金融委员会报告或者虚假报告守法监察人的任免情况、金融机构及其高管员工未诚实地向金融委员会提交守法监察人履职相关的资料,或者金融机构对守法监察人在人事上给予不利等情况时,金融委员会可以要求金融机构限期改正、要求终止违法行为和对金融机构处以警告或者谴责等制裁。此外,对违反内部控制基准和违反守法监察人相关义务的,可以处以 1 亿韩元以下的过怠料罚款或者 3000 万韩元以下的过怠料罚款(第 43 条)。

另外,为了提高企业的合规经营,我国在未来也有必要引入合规激励制度。要吸取的韩国的教训是尚未引入该激励制度,因为我国和美国的刑法处罚幅度有比较相似的地方,而韩国的刑法处罚相对量刑较轻;同时对于量刑等,我国有必要通过修改公司法、反不正当竞争法、反垄断法以及刑法相关规定,规定企业在合规经营企业时,应当在处罚方面给予从轻、减轻甚至是免除,以此激励制度为基准,引导上市公司合法合规经营。

## 六、结　语

自韩国商法引入守法支援人制度以来,韩国社会一直在持续地提出要提高守法支援人制度的运营效果的主张,其议论的焦点集中于两个方面:一是守法支援人制度适用对象企业扩大的问题;二是处罚和激励相结合的守法支援人制度完善的问题。韩国学界、政治界和政府部门的这些讨论无疑具有借鉴意义。我国可以借鉴韩国守法支援人制度以确立我国合规负责人制度,为此,除前述修改公司法引入外,笔者还有如下建议:一是目前我国应引入合规负责人制度的企业应当限于上市公司,不能扩及一般的有限责任公司和股份有限公司;二是应根据我国上市公司资产规模情况,由国务院或中国证监会确定强制适用合规负责人制度的上市公司的资产规模,但是金融控股公司和所有持牌金融机构均应强制设立合规负责人;三是我国在确立合规负责人制度上也要坚持处罚和激励并重,结合对相关法律的修改以及单独出台行政处罚和刑罚量刑标准,将是否合规经营作为处罚幅度量定的一个重要基准;四是制定合规负责人履职指引,并建议所有的并非强制性选任合规负责人的其他企业也可以根据自身条件自愿选任合规负责人,以此作为契机,推动合规负责人及至企业合规经营文化在我国商业社会落地、生根、发芽。

# “一带一路”商事和投资争议解决机制的实务分析

陈　敏*

**内容摘要**:在世纪疫情和全球经济复苏乏力的背景下,“一带一路”建设取得令世界瞩目的丰硕成果,越来越多的国内企业投身其中。同时,沿线国家以及市场主体之间也产生了越来越多的跨境商事和投资争议。本文简要阐释诉讼、仲裁和调解三类国际商事和投资争议解决途径的利弊,从实务角度分析“一带一路”商事和投资争议特殊性,以及当前我国构建“一带一路”争议解决机制的总体方向。

**关键词**:“一带一路”　商事争议　投资争议　新加坡调解公约

## 引　言

2013年9月和10月,中国国家主席习近平分别提出建设“丝绸之路经济带”和“21世纪海上丝绸之路”的合作倡议(以下简称“一带一路”)。共建“一带一路”顺应了世界多极化、经济全球化、文化多样化、社会信息化的潮流,依靠中国与沿线国家和地区已有的双多边合作机制,能够促进经济要素有序自由流动、资源高效配置和市场深度融合,有助于开展更大范围、更高水平、更深层次的区域合作,共同打造开放、包容、均衡、普惠的区域经济合作架构。2021年,我国与“一带一路”沿线国家贸易额达到1.8万亿美元,同比增长32.4%;对沿线国家直接投资214.6亿美元,增长15.3%;自沿线国家吸收外资112.5亿美元,

---

* 上海国创律师事务所主任。

增长 36%。我国在沿线国家承包工程完成营业额 897 亿美元。[1]

我国企业在积极参与"一带一路"倡议实施的同时,也面临严峻的挑战。"一带一路"覆盖的国家大多数属于新兴经济体和发展中国家,在法律体系、市场准入、行业监管、金融税收、劳工保护等诸多方面差异显著。若不做充分的前期尽职调查,我国企业将遭遇在当地经营的合规性风险。此外,"一带一路"国家严格的市场准入限制和贸易保护政策,特别是在石油化工、国防、基础设施等关键行业的准入限制、跨国并购限制等,都可能增加我国企业"走出去"的贸易投资纠纷概率。[2] 如何提高海外贸易、投资风险防范能力,如何在争议发生时用最合适的方式和途径解决,就成为我国企业"走出去"必须要考虑的因素。

## 一、国际商事和投资争议解决途径及利弊分析

企业在跨境交易过程中产生的国际商事及投资争议,其性质和类型与跨境交易直接相关。从主体上看,跨境交易涉及交易企业双方,企业的母国和东道国,所属国家加入的国际经济、贸易组织等。在参加"一带一路"建设过程中,我国企业可能遇到的争议范围涵盖了我国企业在与外国企业的交易过程中产生的企业与企业间的商事争议,以及我国企业在境外投资中受东道国政府税收、土地、环境、宗教等各方面政策制约下产生的企业与政府间的争议。前种类型的争议是一般商事争议;后种类型的争议涉及东道国政府的具体行政行为,为投资争议。对于这两种争议的解决,现有国际规则提供了跨境诉讼、国际仲裁、跨境调解的三类纠纷解决机制,此三者各有利弊。

### (一)跨境诉讼

跨境诉讼作为国际商事和投资争议的最终解决途径,具备司法强制力、可上诉性、强制执行等特点,但在跨境管辖权确定、跨境及时有效送达、跨境可执行性等方面存在明显局限。在管辖和受理角度上,跨境诉讼一般可以分为东道

---

〔1〕 参见《2021 年我对"一带一路"沿线国家投资合作情况》,载商务部,http://fec. mofcom. gov. cn/article/fwydyl/tjsj/202201/20220103239004. shtml,最后访问日期:2022 年 3 月 18 日。

〔2〕 参见何晶晶、惠宁宁:《"一带一路"建设与法治保障——专访中国国际贸易促进委员会法律部副部长刘超》,载《人民法治》2018 年第 3 期。

国法院诉讼和母国法院诉讼。东道国法院诉讼一般选择投资项目所在地法院管辖,或者由管辖法律所规定的专属管辖而确定的东道国专门法院进行管辖。这一纠纷解决机制能够较为快速、便利地开展,裁判结果也较容易获得当地司法系统的认可和执行。然而这种机制在司法便捷、熟悉程度、所需时间和精力等方面对外国企业不利。另外,东道国法官习惯于本国的实体和程序法等,即便是依照国际法原则适用国际规则和非本国实体法,也不可避免会受到固有的法律思维和方式、社会习惯、人文背景等因素的影响和强化。[1] 外国企业在聘请东道国律师的情况下也存在无法确信东道国律师的职业操守和专业水准等问题。如果选择母国法院诉讼,投资企业对于母国法律程序及实体公正方面都更有信心,但母国法院的判决能否被东道国司法系统承认和执行存在较大不确定性。

2019 年 7 月 2 日,海牙国际私法会议第 22 次外交大会期间,我国代表对《承认与执行外国民商事判决公约》谈判文本进行了签署确认。[2] 目前,只有塞浦路斯、葡萄牙和荷兰三国批准《承认与执行外国民商事判决公约》,该公约远未达到正式生效条件,而我国在 2019 年也只是正式签署确认了文本而非签署该公约。该公约虽然对推进完善国际商事争议解决渠道,强化国际司法合作,降低跨境诉讼成本,增强缔约国在商事裁判的便捷性、有效性和互相认可度具有重要影响,但是当前的观点普遍认为《承认与执行外国民商事判决公约》生效为时尚早。

(二)国际仲裁

仲裁具有当事人自主程度高、方式较为灵活、过程和结果保密等特点,尤其是国际仲裁相较于国外法院判决具有更高的可执行性,因此国际仲裁是更为普及的跨境争端解决机制,跨境交易合同 70% 以上都约定有仲裁条款。仲裁一般选择在东道国和母国以外的第三国,由双方一致认可的机构和人员来裁决,在一定程度上避免了在诉讼机制下法院对本国企业的裁判存在偏袒风险,有助于

---

〔1〕 参见陈卫佐:《比较法对国际私法的意义——以国际私法的适用、研究和法典编纂为视角》,载《环球法律评论》2008 年第 5 期。

〔2〕 参见《承认与执行外国民商事判决公约》,载 https://www.hcch.net/en/instruments/conventions/full-text/?cid=137,最后访问日期:2022 年 3 月 19 日。

实现公平公正原则。根据交易类型,国际仲裁可以分为国际商事仲裁和国际投资仲裁。

在国际商事仲裁方面,交易双方当事人可供选择的国际知名仲裁机构众多,[1]由于仲裁规则随仲裁机构变动而变动,并不稳定,因此,国际商事仲裁中为统一仲裁承认和执行程序的国际公约,即于1958年在纽约订立的《承认及执行外国仲裁裁决公约》(以下简称《纽约公约》),成为最核心的关注点。该公约作为联合国在国际贸易法领域最重要的条约之一,也是国际仲裁制度的基石,旨在寻求为承认仲裁协议的效力以及法院承认和执行在其他国家作出的外国仲裁裁决提供共同的立法标准。目前已有164个国家加入该公约,我国于1987年1月22日加入,同时作出互惠保留和商事保留。[2]

在国际投资仲裁方面,经世界银行创议,《关于解决国家与其他国国民之间投资争端公约》(以下简称《华盛顿公约》)于1966年10月正式生效,为跨境投资者寻求东道国诉讼以外的争议解决途径,削弱政治、外交等方面的偏袒和影响提供了可能。依据《华盛顿公约》,世界银行设立了国际投资争端解决中心(ICSID),缔约国有义务承认并执行仲裁庭作出的裁决。[3] 相较于其他仲裁机构或临时仲裁庭作出的裁决执行有赖于被执行财产所在地国家自愿或按照《纽约公约》执行,ICSID作出的仲裁裁决在缔约国一定程度上具有获得强制执行的优势。[4] 我国已经于1992年7月1日批准通过该公约,并在我国签订的第三代双边投资条约中放弃了加入公约时所作“仅同意因征收和国有化产生补偿

---

〔1〕 在国际上,业务量大、知名度高、影响力广泛的国际仲裁机构主要有伦敦国际仲裁院(LCIA)、瑞士苏黎世商会仲裁院(ZCC)、国际商会国际仲裁院(ICC)、美国仲裁协会(AAA)、德国仲裁协会(DIS)、斯德哥尔摩商会仲裁院(SCC)、荷兰仲裁协会(NAI)、日本商事仲裁协会(JCAA)、中国国际经济贸易仲裁委员会(CIETAC)、意大利仲裁协会(AIA)、国际投资争端解决中心(ICSID)、印度仲裁协会(ICA)、中国香港国际仲裁中心(HKIAC)、新加坡国际仲裁中心(SIAC)、世界知识产权组织仲裁与调解中心(WIPO ADR Service),其中,国际商会国际仲裁院是国际上最主要和最受欢迎的国际商事仲裁机构。

〔2〕 仅在互惠基础上对另一缔约国领土内作出的仲裁裁决的承认和执行适用公约;仅根据中华人民共和国法律认为属于契约性和非契约性商事法律关系所引起的争议适用公约。

〔3〕 参见《关于解决国家与其他国国民之间投资争端公约》,载世界银行,https://icsid.worldbank.org/resources/rules-and-regulations/convention/institution-rules,最后访问日期:2022年3月19日。

〔4〕 参见王贵国:《“一带一路”争端解决制度研究》,载《中国法学》2017年第6期。

的争议提交 ICSID 仲裁”的保留,继而转向全面接受 ICSID 管辖权。

推动国际仲裁规则进一步趋同化,消除国际商事、投资仲裁中的国别政治影响,强化国际仲裁结果的可预见性,是联合国国际贸易法委员会持续努力的方向。1976 年联合国第 31 次大会通过的《联合国国际贸易法委员会仲裁规则》为商事当事人间、国家与投资者间的争议仲裁提供了全面规则,在临时仲裁和机构仲裁中获得广泛适用。1985 年联合国大会通过的《联合国国际贸易法委员会国际商事仲裁示范法》协调统一了仲裁程序,包括仲裁协议、仲裁庭的组成和管辖权,以及法院通过承认和执行仲裁裁决进行干预的程度。以上规则反映出:在全世界范围内,奉行不同经济制度或不同法律体系的国家在国际仲裁的关键问题上已经达成了一定程度的共识。[1] 我国多地仲裁机构均出台了适用《联合国国际贸易法委员会仲裁规则》的程序指引,但我国目前并不接受《联合国国际贸易法委员会国际商事仲裁示范法》作为我国法律渊源。

为平衡投资人与东道国间利益,建立国际贸易投资仲裁透明度规则成为联合国国际贸易法委员会延展触点的新方向。2013 年,《贸易法委员会投资人与国家间基于条约仲裁透明度规则》被签订,并于 2014 年 4 月 1 日生效。为进一步扩大该规则的适用范围,联合国国际贸易法委员会随后又出台了《联合国关于投资人与国家间基于条约仲裁的透明度公约》,其于 2017 年 10 月 18 日自动生效。当前,我国基于仲裁一贯的保密性原则,不同意将透明度条款增加在投资仲裁中,但在双边投资协定中增加了仲裁透明度的一些表述。[2]

(三)跨境调解

调解是在诉讼、仲裁之外的第三条纠纷救济渠道,强调商事主体的自治性、自主性,比诉讼、仲裁更具灵活性,同时也更便捷、节约诉讼资源。从 20 世纪 90 年代中后期开始,随着国际商会国际仲裁院、伦敦国际仲裁院、亚洲国际仲裁中心等国际商事仲裁机构推出跨境调解服务,争议双方基于合同中的柔性调解条款启动跨境调解,跨境调解开始进入制度化阶段。跨境调解覆盖的电子商务纠

---

〔1〕 参见《联合国国际贸易法委员会国际商事仲裁示范法》,载联合国国际贸易法委员会,https://uncitral.un.org/zh/texts/arbitration/modellaw/commercial_arbitration,最后访问日期:2022 年 3 月 12 日。

〔2〕 例如,中国—墨西哥双边投资协定(2008 年)、中国—加拿大双边投资协定(2012 年)均对仲裁透明度进行了规定。

纷、家事纠纷、知识产权纠纷、投资纠纷等领域均出现了在区域或国际范围内倡导国际调解的做法。[1] 2002年,联合国国际贸易法委员会推出了《国际商事调解示范法》,[2]提出了国际商事调解的一般规则和程序,为各国制定本国调解法提供了参考。

然而,在许多国家的司法实践中,仲裁庭或法院对争议方的调解协议确认后,即使该份调解协议被转换为具有强制执行力的裁决或调解书,[3]国际调解仍然面临执行不力的挑战,跨境执行调解协议缺乏一个如前述诉讼、仲裁机制下关于执行的统一框架。为改变这一状况,2018年12月,联合国大会通过《联合国关于调解所产生的国际和解协议公约》(以下简称《新加坡调解公约》)赋予了国际调解协议与仲裁裁决等同的效力,并建立了一个颇为简化的执行机制:在适用公约执行调解协议时,除非当事人提出请求,否则执行机构仅对调解协议进行形式审查;只要调解协议不违反《新加坡调解公约》第5条规定的缔约国拒绝执行的情形,则法院应当直接执行。目前,已有54个国家签署加入《新加坡调解公约》,[4]我国于2019年8月7日签署该公约,该公约已于2020年9月12日生效。

[1] 例如,2013年生效的《欧盟消费者替代纠纷解决方式指令》和《欧盟消费者在线纠纷解决指令》鼓励使用者选择在线调解;海牙国际私法会议工作组制定了《海牙保护儿童权利公约》(1996年)、《成年人国际保护公约》(2000年)和《国际诱拐儿童民事方面公约》(1980年),提倡以调解方式解决公约范围内的纠纷;世界知识产权组织、欧盟知识产权组织作为知识产权领域的主要调解机构,在相当数量的案件中均采用调解结案;多个国际机构为推动投资争端解决中的国际调解,制定了《ICSID调解规则建议》(国际投资争端解决中心)、《投资纠纷调解指南》(国际能源宪章大会)、《投资者—东道国调解规则》(国际律师协会等)。参见[澳]娜嘉·亚历山大、赵蕾、樊文颖:《国际调解十大发展趋势》,载《商事仲裁与调解》2021年第3期。

[2] 该法在2018年被修正,新增了国际调解协议与执行。

[3] 参见温先涛:《〈新加坡公约〉与中国商事调解——与〈纽约公约〉〈选择法院协议公约〉相比较》,载《中国法律评论》2019年第1期。

[4] 参见《联合国关于调解所产生的国际和解协议公约》介绍,载联合国国际贸易法委员会,https://uncitral.un.org/zh/texts/mediation/conventions/international_settlement_agreements/status,最后访问日期:2022年3月11日。

## 二、"一带一路"商事和投资争议实例中诉讼、仲裁机制的应用

截至 2022 年 1 月 18 日,中国共与 147 个国家和 32 个国际组织签署了 200 余份共建"一带一路"合作文件。[1] 在法律性质上,合作文件是一种合作意向,而真正规范双边商事和投资的法律依据则是相互间签订的双边、多边投资条约以及区域、多边贸易协定。权威数据显示:中国企业签订的 90% 以上的涉外合同都约定通过仲裁方式解决纠纷;中国企业 90% 的涉外商事纠纷都选择了国外仲裁机构;中国企业涉外商事纠纷仲裁结果中 90% 以上为败诉。[2]

### (一)诉讼机制

采用诉讼机制解决"一带一路"中的商事争议,目前主要是在最高人民法院层面获得了推进。自 2011 年 12 月至 2019 年 2 月,最高人民法院已经发布 21 批共 112 件指导性案例,其中涉外商事及海事海商类指导案例 11 个,主要涉及国际货物买卖合同纠纷、海上货物运输合同纠纷、保函欺诈纠纷、海难救助合同纠纷、信用证开证纠纷、申请设立海事赔偿责任限制基金纠纷等问题。[3] 在机构设置上,我国借鉴了英国伦敦商事法庭(London Commercial Court)、新加坡国际商事法庭(Singapore International Commercial Court)、迪拜国际金融中心法庭(Dubai International Financial Centre Court)的设立经验,最高人民法院于 2018 年 6 月 29 日分别在深圳、西安成立了第一国际商事法庭、第二国际商事法庭。经中国裁判文书网查询,最高人民法院国际商事法庭目前公开的裁判有 5

---

〔1〕 参见《我国已与 147 个国家、32 个国际组织签署 200 多份共建"一带一路"合作文件》,载政府网,http://www.gov.cn/xinwen/2022-01/19/content_5669215.htm,最后访问日期:2022 年 3 月 15 日。

〔2〕 参见何晶晶、惠宁宁:《"一带一路"建设与法治保障——专访中国国际贸易促进委员会法律部副部长刘超》,载《人民法治》2018 年第 3 期。

〔3〕 参见《最高人民法院发布涉"一带一路"建设专题指导性案例》,载最高人民法院国际商事法庭,http://cicc.court.gov.cn/html/1/218/149/192/1190.html,最后访问日期:2022 年 3 月 14 日。

个,均是对仲裁条款或仲裁协议效力的确认。[1] 受案量少以及纠纷类型聚焦于仲裁协议效力的现象,间接反映了"一带一路"中交易双方主要采用仲裁而非诉讼机制解决商事争议的现状。

撇开跨境诉讼涉及的调查取证、送达、法律查明等难点问题,从最核心的承认和执行来看,由于《承认与执行外国民商事判决公约》生效遥遥无期,出于司法主权保护的目的,国际范围并不存在多边体系下承认和执行外国法院裁判的规则。一直以来,美国不断强化其长臂管辖以实现其国内法院裁判的域外效力,而更多国家依靠多边、双边协议解决。目前,我国缔结的双边司法协助条约共39项,涉及"一带一路"沿线国家的只有22项,这些国家包括东亚国家(蒙古国)、东盟国家(越南和老挝)、中亚国家(哈萨克斯坦、吉尔吉斯斯坦、乌兹别克斯坦和塔吉克斯坦)、西亚国家(埃及、塞浦路斯、希腊、土耳其、阿联酋和科威特)、独联体国家(俄罗斯、白俄罗斯和乌克兰)、中东欧国家(波兰、匈牙利、保加利亚、罗马尼亚、立陶宛和波兰)。[2]

当前,为弥补我国双边司法协助条约的缺憾,从国内法出发,在互惠的基础上承认和执行外国法院判决正在成为我国尝试的途径。2015年,最高人民法院《关于人民法院为"一带一路"建设提供司法服务和保障的若干意见》积极倡导在互惠基础上扩大国际司法协助范围,[3] 明确了"有条件地接受推定互惠之标

---

〔1〕 5个案件分别为广州飞机维修工程有限公司、泰国东方航空有限公司留置权纠纷案[(2020)最高法商初4号],亚洲光学股份有限公司、东莞信泰光学有限公司等与富士胶片株式会社等加工合同纠纷案[(2019)最高法商初2号],张某、盛兰控股集团(BVI)有限公司、俏江澜发展有限公司申请撤销仲裁裁决案[(2019)最高法民特4号],运裕有限公司、深圳市中苑城商业投资控股有限公司申请确认仲裁协议效力案[(2019)最高法民特1号],新劲企业公司、深圳市中苑城商业投资控股有限公司申请确认仲裁协议效力案[(2019)最高法民特2号]。

〔2〕 参见雷清清:《"一带一路"背景下我国承认和执行外国民商事判决制度的思考》,载《西部学刊》2019年第12期。

〔3〕 最高人民法院《关于人民法院为"一带一路"建设提供司法服务和保障的若干意见》第6条规定:"加强与'一带一路'沿线各国的国际司法协助,切实保障中外当事人合法权益。要积极探讨加强区域司法协助,配合有关部门适时推出新型司法协助协定范本,推动缔结双边或者多边司法协助协定,促进沿线各国司法判决的相互承认与执行。要在沿线一些国家尚未与我国缔结司法协助协定的情况下,根据国际司法合作交流意向、对方国家承诺将给予我国司法互惠等情况,可以考虑由我国法院先行给予对方国家当事人司法协助,积极促成形成互惠关系,积极倡导并逐步扩大国际司法协助范围。要严格依照我国与沿线国家缔结或者共同参加的国际条约,积极办理司法文书送达、调查取证、承认与执行外国法院判决等司法协助请求,为中外当事人合法权益提供高效、快捷的司法救济。"

准”,这一观点在 2017 年第二届中国—东盟大法官论坛通过的《南宁声明》中再次得到强调。[1]

(二)仲裁机制

1. 商事仲裁

国内仲裁机构具有受理“一带一路”的商事仲裁案件的经验。2021 年,上海国际经济贸易仲裁委员会受理案件的当事人涉及 14 个“一带一路”国家和 7 个区域全面经济伙伴关系协定(RCEP)国家,[2] 中国国际经济贸易仲裁委员会受理的涉“一带一路”案件 136 件,涵盖 36 个“一带一路”国家和地区。[3] 这些商事仲裁类型多元,覆盖了国际货物买卖、工程建设、股权转让、贷款、招标合同等多个类型。其中,由于我国企业在“走出去”战略下承接了“一带一路”多国的基础设施互联互通和国际大通道建设,工程建设类案件成为“重头戏”。

然而,与境外仲裁机构受理的涉“一带一路”案件相比,国内仲裁机构的案件受理量偏低。这主要有三方面原因:一是国内仲裁员使用英文作为工作语言的难度高,对外国法、外国法律体系、国际仲裁规则的理解和适用能力不强;二是国内企业在与境外企业接洽中普遍不重视仲裁条款,并为获得业务而选择退让妥协,迁就外方选择国外仲裁机构;三是为企业提供涉外法律服务的机构通常为国际律所,不推荐中国籍仲裁员和仲裁机构。

那么,对于外国仲裁机构作出的仲裁裁决,实践中境外和境内法院的承认和执行情况又如何?从规则角度来看,境外仲裁裁决的执行适用《纽约公约》和双边司法协助条约中关于承认与执行仲裁裁决的规则,《纽约公约》不排斥双边司法协助条约的优先适用。[4] 目前,“一带一路”国家中只有 6 个未加入《纽约

---

〔1〕 参见徐伟功:《我国承认与执行外国法院判决制度的构建路径——兼论我国认定互惠关系态度的转变》,载《法商研究》2018 年第 2 期。

〔2〕 参见《2021 年度仲裁业务报告》,载上海国际经济贸易仲裁委员会,http://www.cietac-sh.org/SHIAC/news_detail.aspx? id = 1978,最后访问日期:2022 年 3 月 11 日。

〔3〕 参见《2021 年工作报告与 2022 年工作计划》,载中国国际经济贸易仲裁委员会,http://www.cietac.org/index.php? m = Article&a = show&id = 18233,最后访问日期:2022 年 3 月 11 日。

〔4〕 《纽约公约》第 7 条规定,本公约之规定不影响缔约国间所订关于承认及执行仲裁裁决之多边或双边协定之效力,亦不剥夺任何利害关系人可依援引裁决地所在国之法律或条约所认许之方式,在其许可范围内,援用仲裁裁决之任何权利。

公约》,[1]如执行地法院遵守《纽约公约》精神,商事仲裁有望在"一带一路"国家获得较为妥善的执行。然而,《纽约公约》的实践情况表明,外国仲裁裁决的执行困难主要在发展中国家,[2]而"一带一路"覆盖的国家恰多为发展中国家,我国企业涉"一带一路"商事仲裁案中即使获得外国仲裁裁决,在"一带一路"国家具体执行时也面临执行不确定的风险。

最高人民法院近年来努力强化《纽约公约》在我国的适用,纠偏下级法院拒绝承认与执行外国仲裁裁决的案件。数据显示,中国法院在 2015 ~ 2017 年作出裁决的 81 个承认与执行外国仲裁裁决案件中,只有 3 个仲裁裁决被拒绝承认与执行,4 个裁决在超裁部分被拒绝承认与执行,61 个裁决获得中国法院的全面承认与执行。我国不以司法主权为借口拒绝外国仲裁裁决在我国境内执行的开放、包容态度,将在互惠基础上鼓励"一带一路"沿线国家作出同等开放姿态。

2. 投资仲裁

我国企业在"一带一路"倡议和"走出去"战略下,与东道国之间触发的投资争端屡屡见报。例如,2014 年乍得政府暂停中石油在当地的石油开采,墨西哥取消中国铁建联合体中标的高铁项目;2015 年中国交通建设集团投资开发的斯里兰卡科伦坡港口城项目被迫叫停;2016 年中国企业承建的委内瑞拉高铁因其国内经济形势恶化被迫停摆。诸多"走出去"过程中的困境表明,我国企业寻求投资纠纷解决平台的保驾护航需求非常迫切。

拥有 164 个成员国的 ICSID 已经全面涵盖了"一带一路"沿线国家,可以作为我国企业与东道国之间解决投资争议的机制。然而,我国企业实际向 ICSID 申请仲裁的案例屈指可数,截至 2022 年 2 月,中国企业作为申请人向东道国提起的投资仲裁案件共有 18 起,其中 ICSID 案件 10 起,临时仲裁案件 8 起,其中有 9 起涉及建设工程、房地产、信息和通信、能源和矿业项目等传统基建和新基建相关领域,基建类争议占比超过 80% 。

---

〔1〕 参见《从承认与执行角度浅析"一带一路"跨境争议解决的趋势》,载 http://www.zhonglun.com/Content/2018/02-07/1157234022.html,最后访问日期:2022 年 3 月 15 日。

〔2〕 参见肖蓓:《〈纽约公约〉背景下我国对外国仲裁裁决承认及执行的实证研究》,载《现代法学》2016 年第 3 期。

我国企业怠于通过 ICSID 解决投资争端,原因在于:一方面,我国在 20 世纪八九十年代签订的双边投资保护协定是从东道国而非投资国立场出发,限制了可以提交 ICSID 仲裁的争端范围。目前,我国与“一带一路”沿线国家签署的双边投资协定中,除中国—泰国、中国—土库曼斯坦双边投资外均规定了投资仲裁机制,但适用范围非常有限,约 60% 的协定规定只有“涉及征收补偿款额的争端”才可以提交仲裁。[1] 另一方面,企业止步于 ICSID 裁判结果的不确定性和高昂费用,转而寻求我国政府介入斡旋或通过事前投保方式防范和弥补投资风险。然而,这些非直接解决投资争端的方式均难以优化保障我国企业投资权利,而我国企业也未能享受 ICSID 裁决独特的执行便利。

即使 ICSID 作为“一带一路”投资争端解决机制具有广泛的国别基础,但是,2008 年全球金融危机以来,随着新兴经济体与发展中国家投资激增以及来自发达经济体对 ICSID 透明度诟病、对金融危机后频繁投资争端的警觉,ICSID 的改革趋势已经不可逆转。多国、多个区域已经在酝酿替代机制:南美国家联盟已经开展了新的区域争端解决机制的谈判合作,2015 年的巴西双边投资合作与便利协定范本完全抛弃了投资仲裁立场,2015 年印度双边投资协定范本趋向于采用国内争端解决方式代替 ICSID 管辖,2018 年美国与加拿大和墨西哥达成的《美墨加协定》废除了投资者与国家争端解决制度,欧盟则提出了欧盟版投资争端解决模式新方案。[2] 多国以及区域性投资争端解决机制的变革将在很大程度上动摇 ICSID 当前在投资争端解决中的垄断影响力。显而易见,ICSID 不能全面承担作为“一带一路”中投资争端机制的重任。

## 三、重视跨境调解机制在“一带一路”中的作用及与国内法的适配

作为柔性化处理跨境商事、投资纠纷的争端解决机制,协商调解凭借其灵活有效的沟通优势,一直以来都未缺位于争端解决过程。当前,由于跨境诉讼这一东道国救济的刚性机制正在趋向强制,而以 ICSID 为代表的投资仲裁这一

---

〔1〕 参见龚冠华:《试论“一带一路”投资争端解决体系的构建——以我国双边投资协定为视角》,载《南方论刊》2020 年第 4 期。

〔2〕 参见陶立峰:《金砖国家国际投资仲裁的差异立场及中国对策》,载《法学》2019 年第 1 期。

救济刚性机制又遭遇变革挑战,[1]总体来看,刚性化的争端解决机制将面临进一步分裂。《新加坡调解公约》通过促成调解这一柔性争端解决机制的可执行性进而强化调解在国际商事、投资争端解决机制中的地位,旨在扭转当前刚性争端解决机制内部的分歧造成的争端解决困境。从《新加坡调解公约》的形成背景来看,提升跨境调解协议的可执行性是全球争端解决机制发展的趋势,而“一带一路”争端的解决也不可避免地需要顺势发展。

从《新加坡调解公约》2018年12月经联合国大会会议审议通过,到2020年9月12日该公约正式生效,期间仅经过约2年时间,说明公约在国际范围内已然受到迅速认可。我国与“一带一路”沿线共43个国家均签署了该条约,[2]可以预见该条约将在“一带一路”国家间商事争端解决中发挥重要作用。然而,国际商事、投资争端解决机制不可回避国家司法主权、东道国利益保护问题,与刚性争端解决机制下国内法和多个国际条约长期磨合、调适不同,作为“一带一路”的倡议国,我国应当立足于国家利益,在充分审视新兴的《新加坡调解公约》与我国国内法的冲突,以及充分测算条款保留空间后,再进一步推广该条约在“一带一路”争端解决机制中的应用。当下,该公约与国内司法实践存在如下三个亟待回应的矛盾。

### (一)公约赋予的调解协议直接可执行性与我国调解协议须经司法审查间的矛盾

目前,在以法律形式确定的调解方式下,我国只认可以机构名义作出的调解协议。其中,由人民法院、国内仲裁机构作出的调解协议具有直接的强制执行效力[3],而由人民调解委员会达成的调解协议,需经法院确认才具有强制执行力。[4]

---

〔1〕 参见陶立峰:《投资者与国家争端解决机制的变革发展及中国的选择》,载《当代法学》2019年第6期。

〔2〕 参见陈洁:《我国国际和解协议准予救济制度的构建——以〈新加坡调解公约〉的签署为契机》,载《东南大学学报(哲学社会科学版)》2020年第2期。

〔3〕 《民事诉讼法》第100条明确了由人民法院调解的案件达成调解协议后,法院制作的调解书经双方当事人签收后,即具有法律效力。《仲裁法》第51条明确了由仲裁庭调解后制作的调解书与裁决书具有同等法律效力。

〔4〕 《人民调解法》第33条规定双方当事人可以向法院申请司法确认调解协议的效力。

《新加坡调解公约》第2条第3款对“调解”的定义是“由一位或几位第三人(调解人)协助,在其无权对争议当事人强加解决办法的情况下,当事人设法友好解决其争议的过程”,也即《新加坡调解公约》所指的调解协议包括了“个人”与“机构”作为调解人的两种情况。2017年,最高人民法院、司法部联合发布《关于开展律师调解试点工作的意见》,允许一名或多名律师中立地主持调解,推出了律师以“个人”身份作为调解人参与调解的方式,同时规定调解协议的性质是民事合同,当事人如希望该份协议获得强制履行的效力,则需向法院申请确认。[1]

《新加坡调解公约》赋予国际调解协议直接可执行性,各国主管机关只能在执行阶段就国际调解协议的形式要件、公共政策等少数问题进行审查,这与我国当前立法司法实践中强调调解协议需经法院确认才具有强制执行力相矛盾。

### (二)公约限制各国主管机关的审查范围与调解协议合法性认定的矛盾

《新加坡调解公约》第4条明确了当事人寻求救济时向主管机关出具的文件内容,也就是主管机关可对调解协议主动进行形式审查的内容,该内容的范围仅限于调解协议、调解员签署的调解证据。此外,该公约第5条第2款规定了主管机关可以主动拒绝救济的两种情况,即准予救济将违反公约该当事方的公共政策,或者根据公约该当事方法律,争议事项无法以调解方式解决。简言之,即与执行地公共政策相违或执行地法律禁止调解两种情况。

《新加坡调解公约》第5条相较于第4条而言,规定了被执行人向缔约国主管机关申请拒绝准予救济时所要提出的证明,对于这些事项,主管机关不能主动审查,仅在当事人提出抗辩以及证据的情况下才可以进行被动审查。其范围包括当事人应当具备的民事行为能力、调解协议的真实有效、有明确的可履行的内容以及调解员在调解过程中是否公平中立和遵从职业规范。

我国当前国内的调解协议审查范围依附于前述调解协议司法审查。在以机构调解为主、个人调解为辅,且调解协议均经法院司法审查才具备强制执行力的制度安排下,一方面,调解协议已经是在法院、仲裁委员会、人民调解委员会这些机构调解主体主导下进行,相较于个人调解机制,调解协议的真实、合法

[1] 参见最高人民法院、司法部《关于开展律师调解试点工作的意见》第12条。

性可以获得更大程度保障;另一方面,即使调解协议在订立之初偏离合法公正,由于我国现行法律未对随后由法院主导的司法审查范围作出规定,也就意味着司法审查可以全方位覆盖调解协议。与国内法可以彻底审查调解协议的规定相比,在《新加坡调解公约》下,主管机关仅凭调解协议及证据核实整个调解全貌,不排除存在当事双方通过虚构的实体争议,意图借助民事程序达到损害第三人权利或权益的调解目的,也即"虚假调解"。〔1〕

(三)公约设置的无互惠保留与"普惠执行"公平性的矛盾

《新加坡调解公约》不允许缔约国作出互惠保留,也即只要满足公约要求,缔约方对所有国家(不论缔约方与否)的国际调解协议均应承担执行的国际义务,这给了非缔约方国家"搭便车"的机会。〔2〕与他国经贸往来频繁的国家易于成为调解协议的执行地,互惠执行的缺乏,无异于要求一国在获得经贸利益的同时也成为调解执行的热点,并且不能对等地从其非公约缔约国的经贸伙伴方取得同样直接、便捷的调解执行。

## 四、"一带一路"争议解决的总体走向及企业应对举措

"一带一路"争议解决机制的构建是"一带一路"倡议成功推进的必要制度保障。立足于当前全球争端解决机制的发展情况来看,依托已经运转多年的跨境诉讼、国际仲裁的国际条约,适时引进《新加坡调解公约》中跨境调解执行规则,建立多元化的争议解决平台,是解决"一带一路"中商事、投资争议的理想方式。我国在构建、维护多元化争端解决平台的同时,需要将争端解决机制中的公平、开放、包容理念与国家经济主权、司法主权相兼顾;在作为国际条约共同缔约国基础上,通过双边经贸、投资协定的差别化设置以及司法互惠安排,实现我国与"一带一路"沿线国家的利益双赢。国家层面关于"一带一路"倡议争议解决机制的谋划是实现国家、企业利益的顶层设计,并且将经历中长期动态调整的过程。对于企业而言,在现有制度下,在"一带一路"倡议和"走出去"战略

---

〔1〕 参见李浩:《民事调解书的检察监督》,载《法学研究》2014 年第 3 期。

〔2〕 参见孙南翔:《〈新加坡调解公约〉在中国的批准与实施》,载《法学研究》2021 年第 2 期。

中保护合法利益,需要做到以下几点:

(一)贸易、投资对象及东道国营商环境的尽职调查工作

国际诉讼、仲裁以及通过调解方式解决纠纷的方式都属于事后机制,企业更需要考虑的是做好事前预防措施。从事前尽职调查角度来看,企业有必要提前对贸易投资对象以及东道国营商环境开展充分尽职调查,最大限度减少后续贸易、投资风险。

一是研究和熟悉东道国的法律法规。“一带一路”沿线国家众多,英美法系、大陆法系和伊斯兰法系等都有涉及,且各国法治化程度不一。除关注和研究日本、韩国、欧盟等发达国家的法律体系外,尤其要对南亚、中亚、西亚、东欧和非洲等新兴经济体和发展中国家法律体系加强研究,了解其中由于国家历史背景和发展程度而带来的法律和政策风险,提前做好防范和预案。目前,中国在诸多领域的发展上已然超越了大部分“一带一路”国家,因此在对外投资和贸易过程中不能用中国思维来进行考量。比如,土地登记制度在一些国家并不是如同中国一样透明和唯一的;又如,在投资办厂过程中,有些国家虽然经济上比较落后却有着更加严格的环保要求;还有一些国家的政策不是通过法律条文的形式固定,而是以“总统令”的形式确认,则更具不可预测性。诸如此类,都会因为相关法律政策无法查明而最终造成投资回报率降低甚至投资失败的风险。

二是了解和把握东道国的营商环境。在目前国际政治、军事和经济形势复杂多变,世界面临百年未有之大变局的情况下,企业要充分认识到形势的复杂性和艰巨性,对东道国的政治、文化、经济、宗教、社会等多方面进行全面细致的考察,理解其与企业所熟悉的国内营商环境的巨大差异性,根据东道国的实际情况制定优化投资策略和项目方案。我国各驻外领事馆每年都会发布所在国家的投资指南,会对于当地风土人情、政治局势、自然资源、宗教文化等各方面作出介绍。同时,实地探访也是非常必要的,部分“一带一路”国家对于女性工作人员的限制、对于劳动者的就业保护以及招商引资政策、外汇政策都存在较大的差异,因此能够在当地切实生活、考察一段时间是投资的必要前提。

三是降低企业合规风险。很多时候,中国企业在海外经营和投资遇到困难和问题,是因为未能严格遵守东道国的金融、税收、环保、土地和用工等法律和政策,也有一部分是由于文化不通引起的群体纠纷或者大规模罢工事件。因

此，在“走出去”过程中，我国企业一定要加强依法经营意识，除了严格遵守有关法律法规，还要积极履行社会义务，树立良好的企业形象，更快更好地融入当地。比如，充分尊重当地的节日，在中国的吉祥团聚的节日里邀请当地员工、合作伙伴等共同度过，同时对于当地学校、医疗、技术培训机构等积极加强投入，形成良性互动，能够进一步降低企业自身的经营风险。

（二）本土法律服务优势与国际仲裁规则等的结合

在国际商事和投资争议的三大解决途径中，我国企业主要倚重的还是国际仲裁，这符合国际商事投资争议解决的国际潮流。在“一带一路”经贸往来中，国际仲裁仍将成为我国企业解决争端的首选。然而，我国企业在国际仲裁中战绩不佳的现状，也值得企业深刻反思，有准备、有预见地采用国际仲裁这一纠纷解决方式，企业需要提前做好功课。

一是重视法律服务的价值。我国与“一带一路”国家企业通常将合意选择有国际声誉的第三方仲裁机构，有很大概率会面对普通法下的仲裁规则。争端解决中最重要的是证据环节，从中方企业败诉原因来看，证据搜集准备不充分，完全不了解普通法中不同于我国国内法的证人陈述、证据开示、交叉询问证人等特殊规则等，均是我国败诉的血泪教训。仲裁证据质证环节的成功很大程度上取决于贸易、投资自启动开始的法律服务保障。我国企业习惯于延续国内交易中口头协商，不保留书面、电邮、电话资料的做法，这些与国际贸易、投资惯例不相容的落后交易习惯，均将在日后仲裁中造成我方举证不利的境地。为在源头上遏制交易陋习，企业应当重视聘用熟悉普通法仲裁规则，熟悉国际贸易、投资业务的国内律所提供长期法律服务，并借助国内律所与贸易、投资地区国外律所的业务往来关系，熟悉当地法律法规，了解合规风险。

二是审慎选择仲裁机构与仲裁员。为拿下订单和投资项目，我国企业一贯迁就外商选择仲裁机构、仲裁员，这将引发争端解决中的重大败诉风险。一方面，很多“一带一路”国家经济发展落后于我国；另一方面，我国国内的多个仲裁机构，如中国国际经济贸易仲裁委员会、上海国际经济贸易仲裁委员会、深圳国际仲裁院均已经受理了众多涉外仲裁案件，所配备的中国和外籍仲裁员资历深厚，完全具备承接“一带一路”商事仲裁的资格。我国企业在“一带一路”商事纠纷中，应当积极主动地优先选择国内仲裁机构，而非完全一边倒地顺应外方需求选择外国仲裁机构,同时应当慎重选择仲裁员,至少确保有中国籍仲裁员参与仲裁,进而尽可能在仲裁机构与仲裁员的选择上排除国家、地域政治分歧导致的仲裁裁决不公。

三是利用好国际仲裁裁决承认与执行的互惠政策。最高人民法院近年来努力推动《纽约公约》在我国的适用,彰显了我国在国际商事仲裁领域开放、包容的态度,在互惠基础上,也将鼓励"一带一路"沿线国家作出同等开放姿态。我国企业在与这些国家发生贸易、投资关系时,应当通过当地律师事务所、我国驻该国使领馆以及仲裁案件检索等方式,全面了解东道国在承认与执行涉及我国企业仲裁案件上的态度,配合最高人民法院在互惠问题上的推动力度,切实谋划实现互惠下的国际商事仲裁的承认与执行。

四是密切关注我国对《新加坡调解公约》的态度与国内法变动。当前,《新加坡调解公约》与我国国内法存在诸多抵触之处,且我国虽签署加入但尚未批准该公约。放眼全球,仅有 6 个国家批准,包括欧盟、日本在内的诸多国家均处于观望之中。[1] 在国家顶层设计尚不明朗之际,我国企业在"一带一路"沿线国家进行贸易、投资活动时,无须主动尝试调解途径,以免造成不必要的损失。然而,鉴于"一带一路"沿线国家中已有 43 个国家签署了该公约,公约倡导的诚信调解、友好解决争议的精神,与"一带一路"倡导的"共商、共建、共享"原则高度契合,基于《新加坡调解公约》的国际调解有望成为"一带一路"商事争端未来倚重的方案。我国企业有必要关注当前国内调解制度的改革动向,可以积极尝试国内"一带一路"商事调解中心为调解机构提供的调解服务,[2] 在一定程度上也可以为我国明确下一步调解制度改革方向指引需求。

---

〔1〕 参见孙南翔:《〈新加坡调解公约〉在中国的批准与实施》,载《法学研究》2021 年第 2 期。

〔2〕 参见周瑾:《一带一路国际商事调解中心:中国法务新名片》,载人民画报,http://www.rmhb.com.cn/zt/ydyl/202012/t20201209_800229513.html,最后访问日期:2022 年 4 月 18 日。